中国名镇志文化工程
Culture Project of Local Records of China's Famous Towns
中　国　名　镇　志　丛　书

石龙镇志

LOCAL RECORDS OF SHILONG

广东省东莞市石龙镇志编纂委员会　编

方志出版社
Publishing House of Local Records

图书在版编目（CIP）数据

石龙镇志 / 广东省东莞市石龙镇志编纂委员会编.
北京 : 方志出版社, 2024.8
（中国名镇志丛书）
ISBN 978-7-5144-5656-1

Ⅰ. ①石… Ⅱ. ①广… Ⅲ. ①乡镇－地方志－东莞
Ⅳ. ①K296.55

中国国家版本馆 CIP 数据核字(2024)第 063517 号

责任编辑：高孟君
责任校对：张玉霞
责任印制：梅中英
出 版 者：方志出版社
地　　址：北京市朝阳区潘家园东里 9 号（国家方志馆 4 层）
邮　　编：100021
网　　址：http://www.zgfzcb.cn
发　　行：方志出版社图书营销中心（010-67110500）
印　　刷：北京中科印刷有限公司
开　　本：787 毫米×1092 毫米　1/16
印　　张：24.5
字　　数：440 千字
版　　次：2024 年 8 月第 1 版
印　　次：2024 年 8 月第 1 次印刷
定　　价：189.00 元

序一

习近平总书记指出："不忘历史才能开辟未来，善于继承才能善于创新……只有坚持从历史走向未来，从延续民族文化血脉中开拓前进，我们才能做好今天的事业。"中国优秀传统文化是在漫长的历史长河中历经无数次涤荡和沉淀而形成的思想精髓，蕴藏着无穷的宝藏和无尽的力量。发掘和继承优秀传统文化，是延续中华文明"根"与"魂"的必由之路。与时俱进，推动传统文化不断开拓创新，是中华文明常葆勃勃生机的重要保证。

"国有史，邑有志。"编修地方志是中国特有的文化现象，是中华民族的优秀文化传统。数千年来，连绵不断的志书编修为保护中华民族根脉，传承中华文明发挥了不可替代的作用。中国现存古志有 8000 余种，占现存古籍的十分之一。中华人民共和国成立以来，编修完成数万种省、市、县三级综合性行政区域志、部门志、行业志、专志等，编纂数万种地方综合年鉴、行业年鉴和专门年鉴等，整理出版数千种历代方志及相关研究成果，发表相当数量的方志理论与年鉴理论研究成果。这既是对我国国情、地情持续开展的大规模普遍调查，也是对各地自然与社会发展状况进行的综合研究，其成果构成了一座丰富的文化资源宝藏，为各级领导科学决策提供了重要参考，为推动经济社会发展和文化建设发挥了重要作用。

当前，中国特色社会主义进入新时代，全国地方志事业也进入新时代。如今的地方志事业围绕党和国家利益、经济社会发展，以人民为中心开拓创新，志、鉴、馆、史"四驾马车"并驾齐驱，志、鉴、馆、网、库、用、会、刊、研、史"十业并举"，加快实现在全国范围内全面推进地方志从一项工作向一项事业转型升级。在党中央、国务院的亲切关怀和各级地方志工作者的共同努力下，一批紧密结合社会发展需求、具有独特创造性的工作逐步开展，涵盖中国名镇志、中国名村志、中国名山志、中国名水志、中国名街志等"名志"系列文化工程是其中代表。作为首个"名志"系列文化工程的中国名镇志文化工程，启动于 2015 年，至今已是第三个年头。中国名镇志丛书在记述主体上，选择中国历史文化名镇、经济强镇、特色镇等在全国具有影响力和代表性的乡镇，旨在全面展示中国名镇的文化精髓；在内容题材选择上，重在突出不同名镇的“名”和“特”，力求集中体现不同名镇最精彩的部分，增强可读性；在志书编纂程序设置方面，志书申报、篇目设计、专家审读、专家组验收等流程环环相扣，紧密结合，力争把每一部志书都打造成精品佳志。

习近平总书记指出：“历史和现实都表明，一个抛弃了或者背叛了自己历史文化的民族，不仅不可能发展起来，而且很可能上演一场历史悲剧。”2018 年是改革开放 40 周年，40 年来中华大地发生了翻天覆地的变化，乡镇发生了极为深刻的改变，从粗茶淡饭到有机食品，从粗布衣裙到精美时装，从土屋平房到高楼大厦，人民生活水平大大提高，城乡差距不断缩小。然而，在感受辉煌成就的同时，我们也应该看到，许多精巧的古建、精湛的工艺、亲切的乡音、独特的乡俗也在快节奏的发展中与我们渐行渐远，曾经的家乡正逐渐变为记忆中的故园。

党的十九大报告提出乡村振兴战略，此后党中央、国务院又推出一系列重大举措。实施乡村振兴战略，必须全面加强乡村文化建设，培养乡村文化自信，培植文化之“根”，铸牢文化之“魂”。没有乡村文化的高度自信，没有乡村文化的繁荣发展，就难以实现乡村振兴的伟大使命。振兴乡村文化，既要塑形，更要铸魂，必须遵循乡村发展的客观规律，在发展中把文化的精髓保留下来，把乡土味道、乡村风貌的“魂”传承下去。在保留优秀乡村文化内核的基础上，用现代表现方式，把反映时代精神、先进理念的内容通过群众喜闻乐见的文化产品表达出来，才能够让乡土文化具有更强大的生命力。用创新性的模式书写乡镇志，传承和抢救乡土历史文化，激发爱国爱乡情怀，为探索中国特色新型城镇化发展经验、发展模式、发展道路提供历史智慧和现实借鉴，正是实施中国名镇志文化工程的目的和意义所在。

“月是故乡明”。中国人素有“家国情怀”，家乡的山水是最为美丽的，家乡的风俗是充满温暖的，一声亲切的乡音，一口熟悉的家乡菜，都能拨动游子的心弦，让其魂牵梦萦。中国名镇志丛书是一套全面梳理中国名镇历史人文，挖掘文化特色，突出“名”和“特”的镇志。它能让人民群众深刻感受到本土本乡自然的优美、历史的醇厚、人物的杰出、艺文的风雅等，有助于培养人民群众对家乡文化的自信，激发起人民群众浓烈的爱乡爱国情怀，助力国家新型城镇化建设和乡村振兴战略的实施。

是为序。

中国社会科学院原院长
原中国地方志指导小组组长　谢伏瞻

序二

连绵不断地编修地方志是我国特有的文化传统，为传承中华文明作出了巨大的贡献。在党中央、国务院的高度重视和支持下，这一古老的文化传统焕发勃勃生机，展现新的活力，成为保存、继承、发扬光大中华优秀传统文化的重要依托，培育和践行社会主义核心价值观的重要媒介，社会主义先进文化建设的重要组成部分，发展中国特色社会主义，增强道路自信、制度自信、理论自信的重要载体，在实现“两个一百年”奋斗目标和中华民族伟大复兴中国梦进程中具有不可替代的地位和作用。

事物总是在不断发展中前进。经过改革开放以来 30 余年的发展，中国特色地方志事业与传统的编修地方志已不可同日而语，形成了志（志书）、鉴（年鉴）、库（地情数据库）、馆（方志馆）、网（地情网站）、刊（期刊）、会（学会）、研（理论研究）、用（开发利用）等多业并举的新格局。截至 2015 年 10 月底，全国编纂完成首轮、二轮省、市、县志书 8000 多种，编修部门志、行业志、专业志、乡镇村志 27000 多种，编纂地方综合年鉴 2300 多种，累计整理旧志 2500 多种，还编纂出版了大量的地情书，字数以百亿计，形成以反映国情、地情为主要内容，全面系统、持续不断、卷帙浩繁的社会科学成果群。另外，还开通了 27 个省级网站、230 个市级网站、816 个县级网站；建成国家方志馆 1 个、省级方志馆 16 个、市级方志馆 86 个、县级方志馆近 300 个。这些成果，成为国家极为重要的文化资源，是国家文化软实力和公共文化服务体系的重要组成部分。

最近几年，地方志工作的触角在不断延伸，部门志、行业志、专业志、特色志、乡镇村志编纂方兴未艾，成为当前地方志事业发展新的增长点和亮点。特别是乡镇志，兴起了编纂热潮，从自发的民间行为逐渐过渡为政府组织的文化行为，有的省份以政府令形式将其纳入地方志编修范畴，像河南省还以省政府办公厅名义要求全省普修乡镇志。乡镇志并不是一个新生事物，据现有资料可考，宋代常棠所撰《澉水志》是现存最早的一部乡镇志。与省、市、县三级志书相比，乡镇志虽属小志，但意义却不小，特别是在当前国家全力推进新型城镇化建设的背景下，乡镇志的作用更显重要。

启动中国名镇志文化工程，是适应当前新型城镇化建设形势发展需要、地方志事业发展形势需要的重要举措，也是充分发挥地方志存史、资政、育人功能的重要手段。作为最基层行政组织的志书，镇志是最接近中国社会发展变迁的国情、地情记录文本，具有重要的历史文献价值。而作为充分反映本区域自然、政治、经济、文化和社会的历史与现状的资料性文献，镇志又能全面展示发展脉络，摸索发展经验，为探索中国乡镇未来发展方向提供借鉴和参考。当然，对于祖祖辈辈生于斯长于斯的中国人来说，故乡就是一个魂牵梦萦的地方，故乡的情怀终生难忘。留得住乡愁，记得住乡思，充分展示名镇文化魅力，激发爱乡、爱国情怀，正是中国名镇志文化工程题中应有之义。

是为序。

中国社会科学院原院长
原中国地方志指导小组组长 王伟光

序三

“国有史，邑有志”，中国自古就有注重编史修志的传统。按照我国目前地方志行政法规，国家各级地方志机构的法定职责是编纂省、市、县三级志书，并不包括县以下的乡镇志和村志。这种规定，一方面可能因为全国有数百万自然村落和数万乡镇，全部实行官修很难实现；另一方面可能因为我国历史上就有“皇权止于县”的说法，县以下的民间社会历来是一个以自治为主的领域。然而，改革开放几十年来，我国社会正在发生巨变，这种巨变在基层社会的乡镇、村落、家庭领域更为深刻。作为“乡之首，城之尾”的镇，逐渐被日益崛起的大都市淹没了光彩，村落在快速的城镇化过程中每天都在大量消失，农村家庭的小型化、空巢化趋势非常突出。在这种情况下，我一直在思考，如何留得住历史文化记忆和乡愁，如何把修志的工作向基层社会延伸？

中国人的“家国情怀”，是从“诚意、正心、修身”开始，到实现“齐家、治国、平天下”。所以从国家一统志，省、市、县三级志，到乡镇志、村志、家谱，也是一个完整的系统。

正是在这种背景下，我们决定启动中国名镇志文化工程。乡镇是无数中国人生命的底色和成长的摇篮。如何在城镇化进程中，留得住乡愁，记得住乡音，忘不了乡思，事关城镇化进程的人文关怀和文化保护，事关文化血脉的传承。同时，科学记录城镇化进程，反映城镇化成就，也为今后探索城镇化发展规律、积累经验提供了基本素材。作为全面系统记述一定行政区域的自然、政治、经济、文化和社会的资料性文献，志书是以上功能最好的载体。

我国目前有 4 万多个乡镇，全部修乡镇志还不具备条件。中国名镇志丛书选择的是传统文化名镇、历史军事重镇、革命历史名镇、民族特色名镇、特色经济名镇、旅游景观名镇等类型的乡镇，应该是最具代表性的，在中国乡镇文化传承和社会发展中具有标杆意义。

编纂中国名镇志丛书是对乡土历史文化的保护。随着城镇化进程加快，有不少乡镇被撤并，有些还是在历史上有重要意义的历史文化名镇、特色镇等。如不及时对其历史进行整理、记录，这些重要的历史资料将散佚殆尽。因此，中国名镇志丛书的编纂是对宝贵历史资料的抢救。

编纂中国名镇志丛书是对乡土意识的传承。什么东西有魅力？故乡的山水，乡音乡情的记忆，乡土的气息和家乡菜的味道，不管走到哪里，总是触动心弦。中国名镇志丛书记录的是家乡的山山水水，家乡的历史文化，家乡的风土人情，留住的是乡愁。这些最能激发远方游子和本地民众的爱乡情怀、爱国情怀。

编纂中国名镇志丛书是一种学术探索。镇志的编纂，实质也是一次深入的社会调查研究。“麻雀虽小五脏俱全”，相比省、市、县，乡镇第一手资料的获得需要付出更大的努力。我们也希望在志书编纂上有所创新，使中国名镇志丛书成为一套图文并茂、雅俗共赏的新型志书。

中国社会科学院原副院长
原中国地方志指导小组常务副组长
李培林

中国名镇志丛书凡例

一、以马克思列宁主义、毛泽东思想、邓小平理论、“三个代表”重要思想、科学发展观、习近平新时代中国特色社会主义思想为指导，坚持辩证唯物主义和历史唯物主义的立场、观点和方法，存真求实，全面、客观、系统记述中国名镇城镇化进程和改革开放成果，反映小康社会建设及乡村振兴过程，传承和抢救乡土历史文化，激发爱国爱乡情怀，留住乡愁，为探索中国特色新型城镇化建设、服务乡村振兴战略提供历史智慧和现实借鉴。

二、为全面反映入志事物发展脉络，各志上限尽量追溯至事物发端，下限一般断至各志启动编修年份，个别重大事项可延至搁笔。详今明古，着重反映时代特色和地方特点，重点体现各镇的“名”与“特”。

三、记述地域范围以下限年份的行政辖区为主。为体现名镇在更大区域内的意义，可以从更开阔的区域视野记述与该镇相关的内容。

四、统一采用纲目体，设类目、分目、条目三个层次。横排门类，纵述史实，述而不论。

五、综合运用述、记、志、传、图、表、录等体裁，以志体为主。体裁运用适当创新，篇目设置不求面面俱到。

六、除引用文字和附录文献资料外，统一使用规范的现代语体文记述，行文力求朴实、严谨、简洁、流畅、优美，可读性强。

七、人物部类遵循“生不立传”原则，人物传主按生年排序，只选录对本镇发展有重大影响的人物，不面面俱到。

八、各项数据一般采用国家统计部门数据。数据缺乏的，采用主管部门或主办单位正式提供的数据。

九、数字用法、标点符号用法分别采用国家标准《出版物上数字用法》（GB/T 15835—2011）、《标点符号用法》（GB/T 15834—2011），计量单位采用国家技术监督局 1993 年 12 月发布的《量和单位》系列国家标准。历史上使用的计量单位，如斗、石、里、尺、磅、华氏度等，在引文时可照录。考虑到社会使用习惯，全书中亩不统一换算。

十、中华民国成立前的纪年，使用朝代年号纪年，括注公元年份；中华民国成立后的纪年，均使用公元纪年。志中所称“解放前（后）”，以该镇解放日为界；“新中国成立前（后）”，以中华人民共和国成立日 1949 年 10 月 1 日为界；“改革开放前（后）”，以 1978 年 12 月中共十一届三中全会召开为界。本志“××年代”，凡未加世纪者，均指 20 世纪。

十一、为节省篇幅，避免重复，本志采用条目互见法。参见条目的表示形式为：参见本志“××类目·××分目·××条目”。

十二、对旧志、古籍中的繁体字、冷僻字一般用简化字或通用字替换，易引起误解的则保留。

十三、记述各个历史时期的党派、机构、职务、地名等，均以当时的名称为准。对频繁使用的名称，首次用全称并括注简称，其后用简称。

十四、各镇志需要单独说明的事项，均在各自编后记中记述。

石龙镇在中国的位置

审图号：GS 京（2023）2377 号

石龙镇在广东省的位置

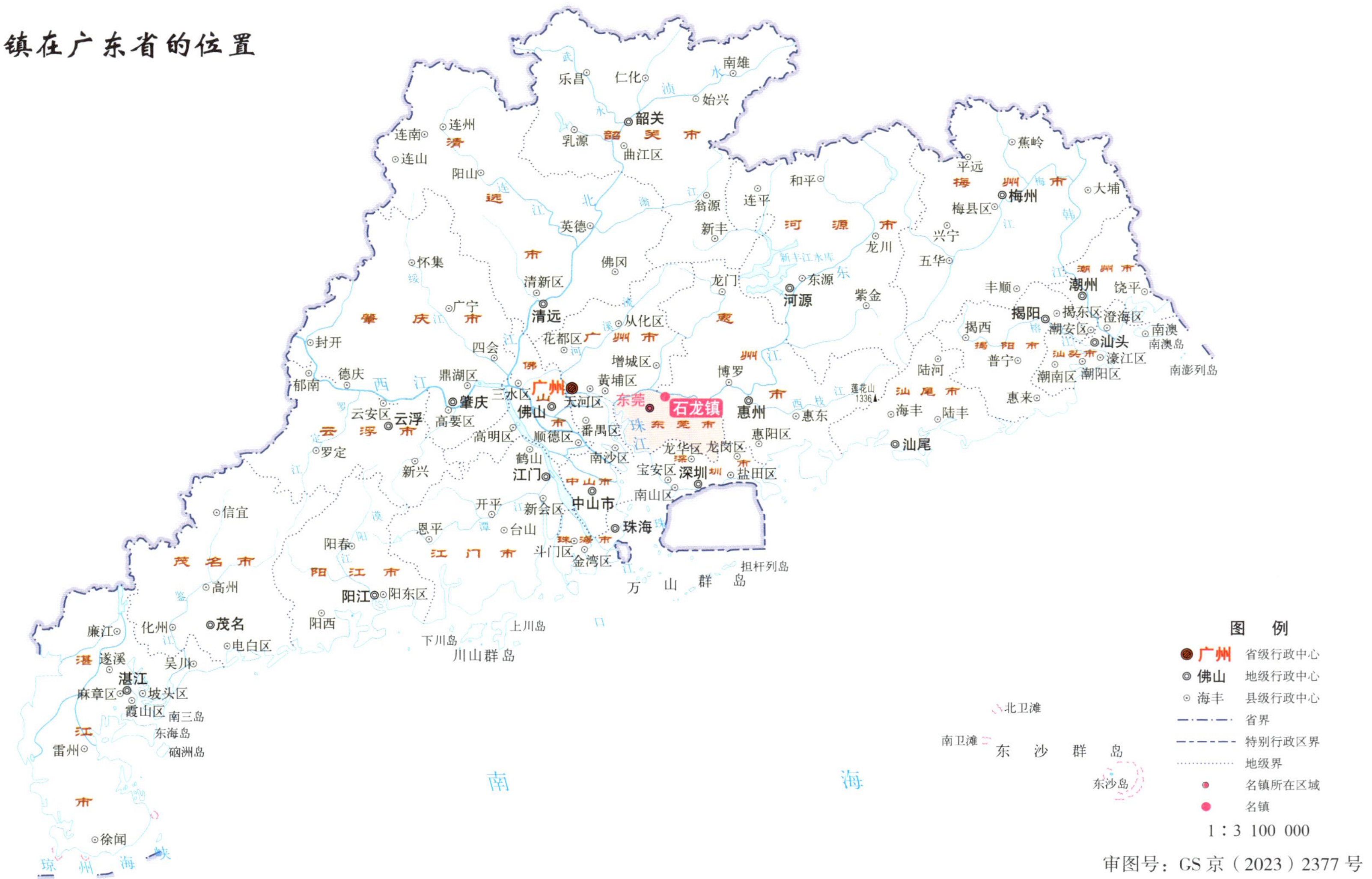

审图号：GS 京（2023）2377 号

石龙镇地图

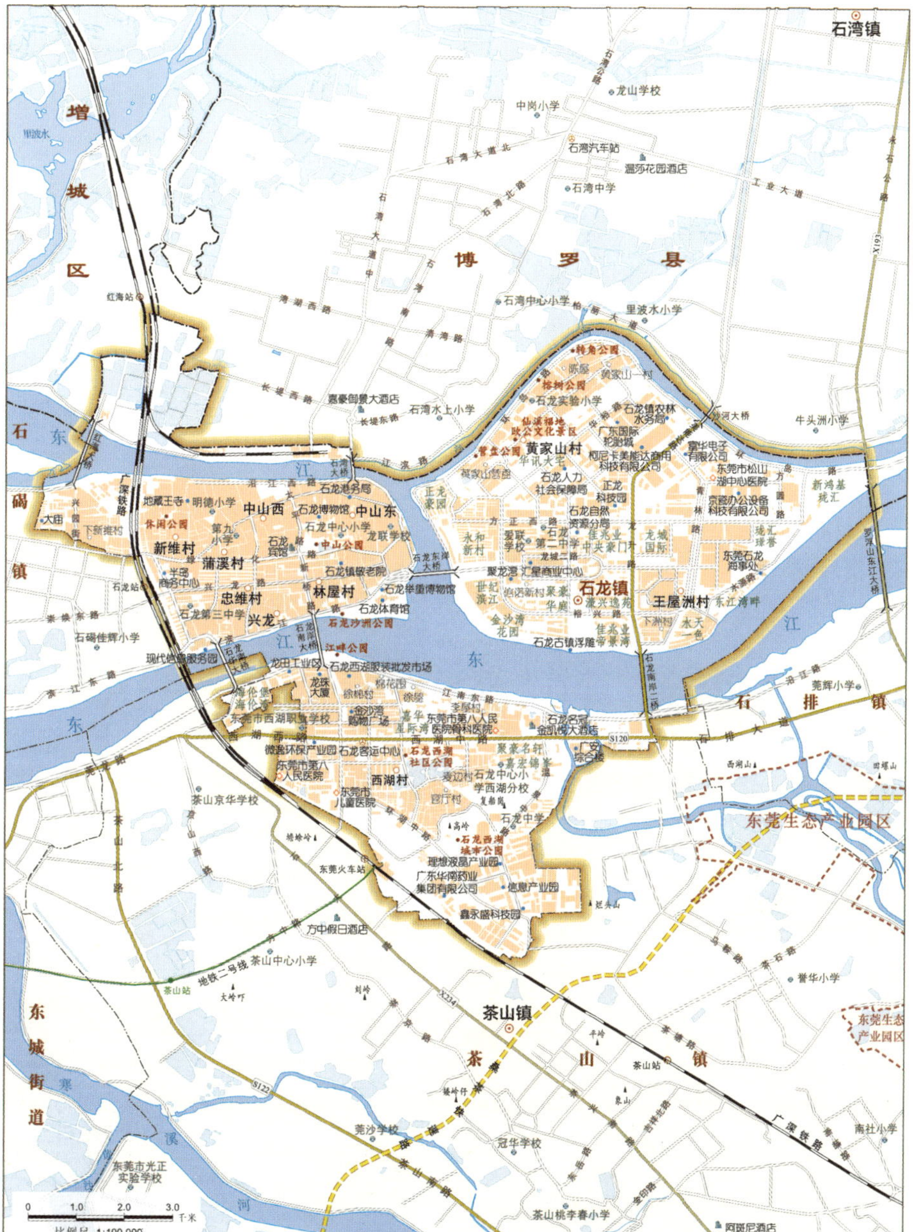

审图号：粤 S（2020）11-026 号

东莞市自然资源局　制作

石龙南岸公园（2019 年）

1956 年 6 月 7 日，陈镜开在上海卢湾体育馆举行的中苏举重比赛中第一次打破世界纪录

石龙镇中华龙民俗文化节龙舟比赛（2011 年）

石龙老城区商业中心（2012 年）

位于石龙镇西湖区的东莞站（2016 年）

石龙南铁路桥（2016 年）

俯瞰龙城（2017 年）

东莞新八景之一——金沙漾月（2017 年）

2016 年 6 月 8 日，全国统一品牌的中欧班列在石龙发出并开往欧洲以及“一带一路”沿线各国

国家 AAA 级旅游景区——仙溪福地欧公文化景区（2019 年）

目录

1 千年古邑　岭南名镇

11 基本镇情

13 **政区　建置**
13 地理位置
14 镇名由来
14 建置沿革
15 行政区划
15 社区　村庄
21 **自然环境**
21 地质地貌
22 河流水文
23 气候气象
24 自然资源
26 **人口　姓氏**
26 人口总量
27 外来人口
28 人口迁徙源流
28 人口构成
29 姓氏构成
30 民族构成
32 **镇域经济**
32 经济总量与结构
32 产业经济
39 **社会事业**
39 文化
42 教育
45 体育
47 卫生医疗
48 居民生活
50 社会保障
51 休闲娱乐
54 **基础设施**
54 水利设施
55 交通运输设施
64 水上运输
65 公路交通
66 邮驿
68 公用事业

73 经济强镇

75 **商贸古镇**
75 古圩市
77 古商铺
77 商业街
78 十四坊
80 特色贸易与经营行业
86 饮食业
89 服务业
91 农贸市场与大型商场
94 贸易与通邮
97 进出口贸易
98 **制造名镇**
98 工业门类
106 主要企业
110 **丝路小镇**
110 丝路枢纽
113 贸易产业园与国际物流基地

115 军事重镇

117 **军事地位与设施**
117 战略地位
118 军事设施
119 **驻军与地方武装**
119 驻军
123 地方武装
124 **东征大本营**
125 1923 年孙中山东征
130 第一次东征
131 第二次东征
133 **主要兵事活动**
133 疍民起义
133 何六起义
135 石龙光复
135 “反袁讨龙”石龙之战
136 驱逐桂系军阀之战
137 石龙抗击日军纪实
138 **党建丰碑**
138 中共石龙市委成立
140 兵运挫折
140 成立民众抗敌后援会
141 黄家山、西湖保卫战
141 **纪念设施**
141 李文甫纪念亭
141 中山纪念堂
142 莫公璧纪念碑
142 孙中山铜像
142 周恩来东征演讲处
143 凯旋门
143 中山公园

143 东征博物馆

145 举重之乡

147 **威震举坛**
147 中国破世界举重纪录第一人
148 群星璀璨
150 奥运会披金戴银
152 **力士摇篮**
152 石龙体校
153 人才培养
155 教练员和裁判员
157 人才输送
158 **承办举重赛与参赛**
158 承办国际举重赛
160 承办全国及广东省举重赛
161 参赛

171 宜居小镇

173 **生态之城**
173 创建“国家级生态乡镇”
174 公园
174 绿道
175 绿化
176 **宜居之城**
176 城市规划
178 公共建设
180 住宅
181 **健康之城**
181 3 分钟健康生活圈
182 公民健康教育与健康促进行动示范镇
183 打造健康活动品牌
185 香港家庭医生服务
185 百年惠育
186 东莞市第八人民医院
187 东莞市儿童医院
187 社区卫生服务中心
188 “平安铃”居家养老服务项目
189 百岁寿星
189 **智慧之镇**
189 全国首个信息化试点镇
192 “三网融洽”开先河
192 中国打假论坛与《石龙宣言》
193 **文化之城**
193 曲艺之乡
195 名人荟萃
196 文化设施
198 文化团体（协会）
200 **文明之镇**
200 文明创建

202 孝德之星
203 贤长有为
203 全国文明镇
204 **慈善之镇**
204 慈善机构
206 慈善活动及服务

209 文物胜迹

211 **古迹　古建筑**
211 古遗址
212 古遗迹
213 古桥　古井
215 古民居
217 古街巷
219 **信仰场所**
219 宗祠
222 古庙宇
226 **文物保护与收藏**
226 文物保护
227 馆藏文物
230 **石龙胜景**
230 中山公园
231 城市公园、堤岸公园
232 杜鹃长廊
232 仙溪福地欧公文化景区
232 金沙漾月
233 百米浮雕《石龙古镇》图
233 金沙湾广场
234 **特色技艺**
234 雕塑
235 木雕
235 微雕
236 **非物质文化遗产**
236 醒狮头制作技艺
238 新昌鼓制作技艺
238 灯笼仔制作技艺
239 麒麟制作技艺
240 红漆描花传统木屐制作技艺
241 李全和麦芽糖、糖柚皮制作技艺

243 风土民情

245 **特产美食**
245 土特名产
246 美食小吃
248 **生活习俗**
248 衣履
250 饮食
251 居住
252 出行

254 用品 家具
255 **岁时习俗**
255 春节
258 元宵节
258 清明节
259 端午节
259 乞巧节
259 盂兰节
259 中秋节
260 重阳节
260 冬至
261 **礼仪习俗**
261 婚嫁
263 自梳女
264 出世
264 满月
264 百日
264 开灯
265 生日
265 入伙
266 挽面
266 丧葬礼仪
267 **特色习俗**
267 游会
271 端午节划龙舟
273 做“祃”
274 **方言与歇后语、谚语**
274 石龙话特点
275 部分石龙话释义
277 歇后语
277 谚语

279 人物

281 **人物传略**
281 刘碧清
281 林震洲
281 刘杰
282 蔡殷宝
282 何六
282 杨晟
283 黄侠毅
283 莫纪彭
284 林直勉
285 李文甫
285 殷仲铭
286 林克明
286 徐民纲
287 李源
287 古鸿烈
288 周埈年
288 周锡年

288 张荫麟
289 陈志仁
290 黄不灭
290 莫公璧
291 朱敬修
291 陈枝
292 陈镜开
293 黄松坚
294 叶浩波
294 **名人履痕**
294 东莞名士王希文挂名石龙开圩人
295 龙溪书院山长卢应、邓淳、张其淦育英才
295 孙中山到石龙视察
296 巴甫洛夫将军石龙殉难
296 周恩来在石龙发表演讲
296 蒋介石提议修建莞龙路
297 廖仲恺被扣石龙书舍街
297 “中国革命空军之父”杨仙逸驾驶飞机降落石龙
298 **人物表**

305 大事纪略

307 **4500 年前石龙西湖村人类遗址**
308 **明嘉靖年间石龙开圩**
308 **清咸丰三年（1853）何六起义**
309 **清光绪二十九年（1903）石龙建成首家医疗机构**
309 **清宣统三年（1911）石龙建成南北铁路桥**
311 **1923 年孙中山在石龙设立东征大本营**
311 **1927 年中共石龙市委成立**
312 **1929 年中山路建成**
312 **1956 年陈镜开首创世界举重纪录**
313 **1984 年曾国强为中国夺得首枚奥运举重金牌**
314 **1984 年石龙镇获“举重之乡”称号**
314 **1987 年石龙镇承办第六届全运会举重赛**
315 **1988 年石龙镇承办亚洲举重赛**
316 **1999 年石龙镇被评为首个国家信息化试点城镇**
316 **2006 年石龙镇列全国千强镇第 19 名**

317 **2008年石龙镇获“中国历史文化名镇”称号**
318 **2009年石龙镇夺得国际宜居城镇第一名**
319 **2009年石龙镇获“中国十大特色名镇”称号**
320 **2013年石龙镇获“全国法治县（市、区）创建活动先进单位”称号**
321 **2015年广东（石龙）铁路国际物流基地开通运营**
322 **2016年石龙镇获“全国社区教育示范镇”称号**

323 附录

325 **文献辑录**
325 东征军与石龙人民联欢情形
326 国民革命军第一军政治部敬告石龙各界同胞书
327 周恩来在石龙军民联欢大会的演说词
327 举重之乡　曾经一个小镇对抗整个世界“石龙三杰”“陈氏三杰”共谱石龙举重雄风，昔日豪门如今仍在默默坚守
329 东莞市石龙历史古镇保护规划
336 石龙镇国民经济和社会发展第十三个五年规划纲要
338 **艺文**
340 **传说轶事（故事）**
340 唐承恩传说
343 欧仙公显灵传说
344 神篙故事
344 宋湘与豆豉街
345 燕窝村王姓官员放木鹅封地
345 泗洲村得名

355 主要参考文献

357 编后记

龙城日出（2006 年）

千年古邑　岭南名镇

石龙镇地处东江中下游南岸，坐拥三江，襟连穗、港、惠，处西进、东上、南下的咽喉要道。西湖樊屋村发现的贝丘遗址证明4500年前就有人类在这一带活动。境内的黄家山村始建于宋中期，距今有1000余年的历史。石龙镇自明代开圩始，因其水运便利引来众多客商云集，百业兴旺，进而成为岭南商贸繁盛的富庶之地。清代与广州、佛山、陈村并称“广东四大名镇”。改革开放后，石龙人发扬敢于挑战、勇于拼搏的举重精神，大力发展经济、文化和科教各项事业，均取得辉煌成绩。

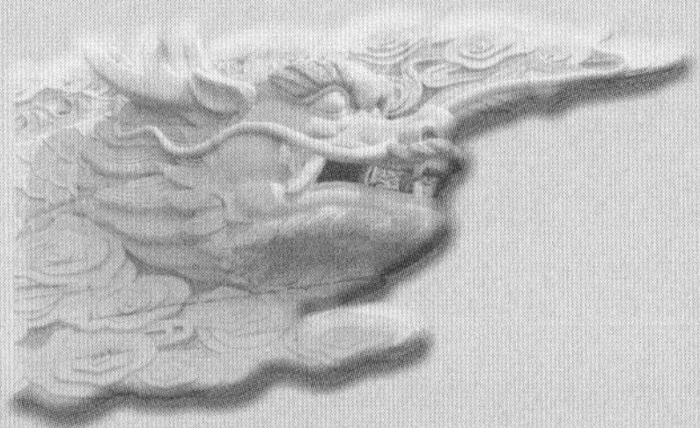

点石成金

盛世腾龙

江海汇流百业兴　石龙镇位于广东省珠江三角洲东部，东莞市北部。东邻惠州市博罗县园洲镇，南与东莞市茶山镇相连，西靠石碣镇，北与惠州市博罗县石湾镇隔东江相望。秦汉以前，石龙区域是一片冲积三角洲，地基由红石岩层构成的暗礁组成。由于东江上游带来的大量泥沙在此淤积加高，加上从珠江口涌来的大潮在此交汇，在两者推动作用下，石龙这片陆地逐渐露出水面。

据考古专家在石龙沿江一带实地考察，西湖樊屋村发现的贝丘遗址证明在 4500 年前就有人类在石龙西湖一带活动。

石龙最早出现的居民点是黄家山村，始建于宋中期。宋末，老城区一带的人口逐渐增加，并形成一个小圩市。其时，石龙周边土地平坦，加上受亚热带季风气候影响，附近一带的农业、渔业相当发达，是珠三角地区东部著名的鱼米之乡，水稻、荔枝、甘蔗、橘、柚、蕉、柑等均为有名物产。

石龙圩于明嘉靖年间（1522—1566）开圩。一时间，各路商家、手工业者蜂拥而至。各地粮食、水果、蔬菜及水产品汇聚石龙，加上东江上游的河源、梅县等地丰富的木材、竹料和茶叶、山货等都在此聚集转运。至清代，石龙已是珠三角地区重要的粮食、木材储存和转运中心，因而得以与广州、佛山、陈村齐名，并称“广东四大名镇”，简称省、佛、陈、龙。明末清初学者屈大均在《广东新语》中写道：“石龙亦邑之一会，其地千树荔，千亩潮蔗，橘、柚、蕉、柑如之。”介绍石龙是物产丰盛、繁华富庶之地。

石龙清晨（2019 年）

19世纪中叶，香港开埠，东莞县大量物资销售到香港，其中木材绝大部分直接从石龙发运。土纸、黄麻、大头菜、竹制品、寿枋等物品大批运往香港，有的物品还转运到东南亚等地，而西药、怀表、五金、火水（煤油）、肥田粉等舶来品也纷纷涌入石龙。清同治年间（1862—1874），开始有定期航班船来往于香港与石龙。至20世纪初，石龙先后设立3家火水代理商，为苏柏记代理美孚行、东兴发代理亚细亚、福祥代理德士古。商户在东江北干流北岸建有火水库、石油库，而黄家山沙河出口处更建有火水厂。民国初期，石龙不但运输业发达，棉纺业、粮食加工业、木材加工业也在广州、香港、澳门有着极重要的影响。因而，石龙在广东近代商贸史上占据举足轻重的位置。

中华人民共和国成立后，国家实行一系列政策，对商业进行调整，首先在石龙成立中国百货公司广东省东莞县支公司，管理东莞、宝安两县的百货、针棉织品、纺织品、文化用品、煤油、白糖、香烟等商品的批发业务。其次，设石龙镇摊贩管理委员会，管理区内的小商贩和集市贸易。之后，为加强对私营经济的管理和指导，相继进行“私私联营”“公私合营”，将各行业小商贩组成合作商店或编入国营商店，生产销售统一纳入国家计划。建立批发、零售统一供应制度，按行业分属供销、商业、粮食、水产等部门管理。

改革开放后，东莞日杂公司石龙分公司首先打破行业界限、冲破商业批发零售级别规定，开设大型综合商场。其他行业分公司也纷纷效仿，成立有限公司或办起连锁经销店。1980年12月，东莞第一家莞（东莞）港（中国香港）合作企业——远东电视维修中心在石龙开业，从此翻开了东莞引进港资的新一页。

20世纪80年代末，石龙个体商户越来越多，规模也逐渐扩大。1995年开业的大华广场楼高6层，建筑面积2万平方米，后又增开大华名店城，总建筑面积1.8万平方米；2001年1月开业的广东大华国际轮胎市场，经营面积2.5万平方米；2001年10月开业的金沙湾购物广场，经营面积达6万平方米，是当时东莞市最大的综合性商场。接着，富升百货公司石龙店、购物城、汇联商业步行街、新维沙头角综合商场、时代广场、天和百货、国际电子城、汇星商业中心等大型综合商业体相继在石龙开业。至2019年年底，石龙个体工商户有1.26万户、酒店（旅店）40个、食肆（饮品）1722家，年社会消费品零售总额55.91亿元。

商业繁荣带动了手工业的发展，石龙最早出现的手工业是棉织、竹木器加工。石龙附近农村几乎家家织布，有些妇女以织布为生，她们售布购棉，以布兑棉，逐渐形成由

7条相连街道组成的棉布业中心。1929年，石龙出现第一个机械化工厂——民一布厂，厂中有近百台国外先进的织布机，有工人100多人，是石龙新工业的开始。石龙生产的竹器主要利用从东江上游运过来的丹竹、毛竹、黄竹等做成农具和家具，销往方圆几十里的乡村；运至石龙的原木多作建筑材料和农具、木船、家具、寿枋、木屐等。至民国初期，石龙木器店铺林立，有250多户，工人800多人。其间，石龙从最初的粮食集散地发展形成集粮食收购、大米加工及销售于一体的完整产业链。民国初期，石龙的大米加工业成为石龙的一大支柱产业，有加工、销售的米店100余家。20世纪30年代，石龙开始用机械加工稻米，人们称之为“米机”，其中较大型的机械加工企业有7家，每年可加工大米1500万公斤，从业人员超过200人。另外，石龙镇内的铸造、电池、火柴等工业和发电业也逐步发展起来。

20世纪50年代，石龙先后开办合资联营的大同纸厂、石龙火柴厂、永光明电池厂等较大型工业企业。1956年社会主义改造时，先后建立镇办企业40家，另有地方国营企业8家和县属企业10余家。经营行业涉及竹木器、机械铸造、纺织、食品、烟花、建材、五金、草织等10余个行业。1978年11月，石龙引进第一家服装厂——石龙服装一厂。几年间，石龙服装厂迅速发展到162家，成为珠江三角洲地区有名的服装制造业基地之一。之后，石龙镇政府采用“三来一补”（来料加工、来件装配、来样加工和补偿贸易）方式，大量吸引外资到石龙投资。不久，以出口为主的服装厂、玩具厂、工艺厂在石龙遍地开花。1985年，石龙镇第一个集团式企业——通达实业有限公司成立。1987年，引进石龙镇首家日资来料加工企业——东莞石龙环球光学制品厂。京瓷的落户带动2家世界500强企业及多家高科技外资企业到石龙发展，使IT（信息技术）产业渐渐成为石龙的优势支柱产业。至2019年，全镇有工业企业1204家，工业总产值54.13亿元，出口总额124.23亿元。制造行业涵盖数十个门类，主要涉及光学、电子、医药、服装、食品、饮料等领域。

石龙自开埠后，经商者、手工业者涌入，人口激增，商贸业的发展催生石龙商旅及其他行业的繁盛。一时间成为东江下游的文化和经济中心，更是附近居民出行购物首选地，因此与城镇相配套的各类饮食业迅猛发展。民国初期，石龙在东莞一带享有盛名的茶楼酒家为数甚多。其中名声特响的有清宣统元年（1909）开业的“洪栈”，1927年开业的万胜酒家，1938年开业的陆羽亭茶楼。这些茶楼酒家装饰豪华，用具精美，还有各自不同的招牌菜式。1925年孙中山到石龙指挥东征时，曾数次前往“洪栈”品尝其美

2001 年完成的石雕《石龙古镇》图（局部）（2008 年）

味的点心。部分高级茶楼如陆羽亭、品香等，设有女伶唱粤曲及折子戏为茶客助兴。旅店有永安、大群、新洲、石龙、太平、人民、克怀等，还有许多只有几张床位的小型旅店。

清光绪二十八年（1902），石龙就已设立邮局，开办包裹邮寄和电报业务。清宣统三年（1911），广东省政府在石龙设电报分局，办理国内外和船舶电报业务，东莞县所有电报业务都通过石龙电报分局发出。广东省、香港一些大报也在石龙设发行点，不但将各地的信息通过报纸带到石龙，同时也将石龙的商业信息反馈到各地。许多省、市一级的大报甚至设有石龙专版，报道石龙的社会及商业动态，反映出石龙在广东近代商贸史上举足轻重的地位。

20 世纪 80 年代初，石龙的饮食服务业开始从国营独家经营向集体和个体商业转变。1980 年，丽轩商业发展有限公司的老板石龙人黄栋鸿与人合资开办石龙首家西餐厅——丽轩西餐厅。到 20 世纪 90 年代初，有石龙宾馆、趣园、林苑、东江、百花、龙轩、金龙、富林、腾龙阁、聚福楼、新和庆、唐人佳等大型酒店、食肆。2019 年，石龙有酒楼、酒店、食肆近 1800 家。

东江要塞腾丝路 从明代起，石龙虽然仅是一个小商埠，但因三面被宽阔的东江包围，进入石龙非经过众多的渡口不可，东江成为保护石龙的天然屏障，也成为东上、西下的咽喉要道。也正因为此，石龙一直以来是兵家必争之地。清代，石龙镇内便有驻军。清宣统三年（1911），广（州）九（香港九龙）铁路建成通车后，石龙更凸显其在经济及战略上的重要性。之后，无论是“反袁讨龙”斗争（反对袁世凯称帝，驱逐其广东代理人龙济光），还是孙中山主导的东征之战，或是在抗日战争珠三角战事上，各方都将石龙视为必争的战略据点。

晨曦（2014 年）

由于石龙水运业发达，沿江一带码头众多。清末民国初期，客货轮停泊于石龙的固定船只有 100 余艘。东江上游惠州、河源、老隆一带的货物都以石龙为集散地。广州和西江的各类商品多经过石龙转运至东江上游，石龙商人也从香港运回各类洋货销售。

20 世纪 50 年代，由石龙"联合"商行发送到香港的蔬菜每天有 6 节火车皮。直至 20 世纪 60 年代，惠阳地区销售到香港的农产品也都集中在石龙发送。1973 年成立的石龙出口站专门从事出口当地及周边乡镇出产的特色蔬菜和瓜果。1975 年 8 月，石龙建成新港水铁转运码头，并成立石龙港务管理局。石龙港是东江及珠江三角洲一带水铁运输中转港，设有专用铁路直达港区。水转铁大宗货物有食糖、铁矿、松香、废钢、木材、农副产品等，铁转水大宗物资有煤、磷矿、非金属矿石、钢材、水泥、化肥、百杂货等。时至今日，石龙仍是珠江三角洲唯一可进行水铁联运的港口。

20 世纪 80 年代中期，石龙港有码头泊位 58 个，总长 1869 米，最大靠泊能力 300 吨。有仓库 44 座、堆场 33 座、装卸机械 114 台、港口工作船 3 艘、铁路专用线 3 股。1985 年，石龙港被广东省政府批准为进口物资装卸点，东江上游惠阳、河源等一带大宗物资，南北水陆衔接都以该港为集散地，并且是惠阳地区水铁联运和 24 小时装卸的港口。2002 年，石龙出口总额 4.8 亿美元。

2009 年 1 月 15 日，中国外运长航集团与石龙镇政府签订《关于东莞中外运物流中心项目》合作协议。2013 年 3 月 1 日，石龙港水铁码头的东莞中外运物流有限公司开始运作。至 2019 年，广东（石龙）铁路国际物流基地始发国际班列 608 列，其中中亚班列 392 列、中欧班列 216 列，铁路集装箱货运量 5.76 万标准箱，出口货值 26.01 亿美元。是年，实现"一个第一"和"两个首次"（发运量居全省第一，中欧班列首次开通进口班列、首次开展整车出口业务）。中欧、中亚班列实现每周常态化运营，其中中欧班列每周发车 1 ～ 2 班列、中亚班列每周发车 2 班列。

宜居龙城展新姿 亘古美丽的东江迤逦而下，在石龙分支为北干流和南支流，将石龙分割成 4 块，形成“一河四埠”的格局。

石龙从开圩起就筑堤填滩，平整土地，修建码头，从而奠定石龙数百年的商业基础。自此，围绕石龙的城市建设和设施不断增加，有街道、商铺、庙宇、书院等。至清代，石龙已成为周边乡村的中心区。1929 年建成的中山路，更将大小街道串联在一起，从而奠定了石龙新的城镇格局。

中华人民共和国成立后，石龙数次进行城市建设规划，尤其是改革开放后，积极实施“科技兴镇”战略，推进新型城市化建设，并确立石龙区域为信息中心、商贸中心、交通中心、文化中心、科技服务中心。彰显“历史名城、生态江城、E-TOWN 新城”的崭新形象。2002 年，石龙镇被确定为广东省中心镇。其间，石龙镇通过改造、建设和规划的实施，先后将田野变成宽敞整齐的马路，简陋的村居被平地崛起的高楼所替代，将原先自然冲积的沙滩和参差的旧堤修建成旅游休闲的公园胜地。

石龙自 2008 年开展“国家生态乡镇”创建工作，用近 10 年的时间创造性地将东江堤岸的防洪、水利功能与公园建设融为一体，将石龙东江两岸打造成沿江公园、绿道。石龙段成为东江流域沿岸最亮丽的风景线。其中最具代表性的是金沙湾公园，被评为东莞新八景之一。西湖堤岸公园的十里杜鹃长廊是龙城春天里最浓墨重彩的一笔。在寸土寸金的石龙，公园数达到每平方千米 1 个，即使是繁华的老城区，保存许多革命历史旧迹的中山公园面积不减反增，从原来的 3000 平方米到后来的 2.6 万平方米，并被不断修缮美化。沙洲公园、体育公园、果栏公园以及村中的小公园比比皆是，或临江而立，或于住宅群中，繁花似锦，绿树成荫。石龙城镇绿化环境建设不但有政府的投入，也有市民的自发参与，居民以个人冠名和认养的方式参与镇内的植树造林和园林绿化。在全社会的共同参与和支持下，石龙的居住环境越来越好。2019 年，石龙建成区绿化覆盖面积为 149 万平方米，建成区绿地面积 136 万平方米，镇内有 13 座大小公园，公园绿地总面积 77 万平方米，人均公园绿地面积 4 平方米；种植各类乔木 15.57 万株，栽培树种过百种。其中，列入市级保护的古树名木 27 株。2013 年，石龙被环境保护部授予“国家

宜居龙城（2018 年）

级生态乡镇”称号。2019 年，石龙城市水质评价指数（CWQI）位居东莞市前列。

2009 年 10 月 13 日，在捷克共和国比尔森市举行的国际花园城市评选决赛中，石龙镇凭借深厚的历史文化底蕴以及对未来详细的规划，对城市环境的管理保护，夺得该届国际宜居城镇组别的第一名。

东江潜龙人杰灵　石龙这座小镇之所以能够成就数百年来的商业辉煌，一方面得益于得天独厚的自然环境，另一方面来自石龙人敢于创造、勇于拼搏的精神传承。一代代石龙人在这块土地上生产、生活，谱写出一个个时代的最强音，描绘出一道道靓丽的风景线。石龙历史上有宋末跟随熊飞起兵抗元的刘碧清兄弟，有最早开圩、奠定石龙数百年商业基础的林震洲，有在石龙龙溪书院读书的学子、清末探花陈伯陶，有黄花岗七十二烈士之一的李文甫，有中国第一个打破举重世界纪录的陈镜开，有“华南建筑”创建人、中国建筑界知识先行者林克明，有人称“梁任公第二”、被誉为中国新史学带路人的天才史学家张荫麟，有蜚声粤剧界的黄氏四英（黄不灭、黄壮谋、黄继谋、黄英谋），有“中国馆之父”、中国工程院院士何镜堂等，他们都是石龙人的骄傲。

多年来，从石龙走出了一大批震惊世界的举重名将，其中作为领军人物的陈镜开在上海卢湾体育馆首次打破举重世界纪录后，石龙运动员叶浩波、陈满林、曾国强、陈伟强等名将走向国际赛场。这个只有 1 万多人的小镇，就培育了近百名举重健将，石龙的运动员共打破 21 次世界纪录、13 次世界青年纪录、27 次亚洲纪录，荣获世界举重赛 50 个第一名。为中国夺得第一枚举重奥运金牌的就是石龙业余体校培养的运动员曾国强。

其间，在石龙历史上还有一批在石龙生活、居住或游历，并对石龙的发展起到重要作用的人物。其中有首倡石龙开圩的东莞名士王希文，有主持龙溪书院和宝安书院 20 多年的卢应，有助力林则徐主持禁烟、献禁烟平英善后十策的邓淳，有进士、学者、兼明伦堂（东莞地方财团组织）沙田总办的张其淦等。他们精心教书育人，培养了众多的东莞名士。1923 年，孙中山在对叛军陈炯明的讨伐战争中，先后 20 多次进出石龙，并会见石龙各界代表；1925 年 10 月，东征军总政治部主任周恩来到石龙，并发表演说，号召人民与革命军联合，共同打败陈炯明。这些都给石龙人民留下了深刻的记忆。

龙文化节中的火龙舞（2015 年）

基本镇情

“石龙”之名来源于东江地表下一条红石脉，像龙，故名石龙。早在 4500 年前已有先民在这里渔猎采集，秦汉以降，石龙逐渐在汹涌而下的东江冲击下被分割成 4 块，形成“一河四埠”格局。2019 年，石龙下辖 3 个社区、7 个行政村，常住人口 14.54 万人，其中户籍人口 8.28 万人，外来务工及暂住人口 11.26 万人。

石龙镇地势平缓，自然环境优美；镇内有广深铁路东莞火车站和东莞轨道交通 2 号线，交通便利；区内水、电、路、天然气、光纤等基础设施配套齐全，经济区位优势明显。

自明代始，石龙水运发达，商贸兴盛。尤其改革开放后，经济、社会各项事业全面发展。2019 年，全镇地区生产总值 116.13 亿元。

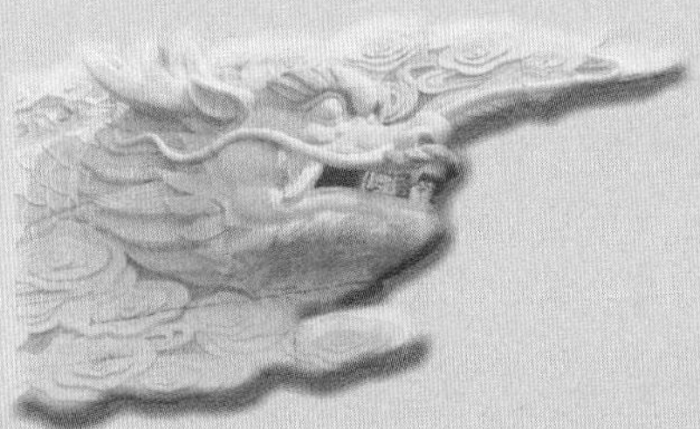

石龙今日市廛开
车马纷纷拥进来
午后酒阑人尽散
白云依旧锁苍苔

政区 建置

地理位置 石龙镇位于广东省珠江三角洲东部，东莞市北部。地理坐标北纬 23° 6′ 32.03″、东经 113° 51′ 33.45″。东邻惠州市博罗县园洲镇，南与东莞市茶山镇相连，西靠石碣镇，北与惠州市博罗县石湾镇隔东江相望。南距东莞市政府所在地南城街道 15 千米。2019 年，石龙辖区水、陆总面积 13.83 平方千米。其中，老城区面积 2.12 平方千米，西湖区面积 3.76 平方千米，新城区面积 4.5 平方千米，处于北干流北岸的红海区面积 2 平方千米，其余为水面面积 1.45 平方千米。

石龙镇周边 100 千米以内水陆相通的重要城市有广州、深圳、珠海、佛山、中山、惠州等。石龙毗邻港澳，处于香港、澳门、广州的几何中心带，位于广州、深圳、珠海经济走廊和海运与河运的交接点。石龙港从水路的北干流往西走 54 千米便到广州的黄

一河四埠（2019 年）

埔港，从南支流往西南走 59 千米可达珠江口的虎门港，顺东江往东走 79 千米到惠州港。从石龙沿广深铁路往西北走 69 千米到广州东站，往南走 78 千米到深圳罗湖站。

镇名由来 石龙镇镇名由来有二：一是，石龙老城区地表下有一条红石脉，像龙，因此而得名。二是，因石龙沙滩中有数块大石隆起，乡人便依石筑防洪堤，并取名“石隆壆”，因“隆”与“龙”同音，后人便称此地为“石龙”。据说曾有“有石隆焉，故曰石隆”的碑文记载。在石龙西北部九龙涌旁曾有一个大码头，叫隆江渡头，这是出现较早的带有“隆”字的地名。明代，“石隆”与“石龙”通用。在石龙新庙《福禄寿三坊众等遵示审断碑》中，就是“石隆”与“石龙”并用，但“石隆”何时改为“石龙”则无从考证。如今仍保存的清顺治十四年（1657）的石碑，上面已经以“石龙”为名记事。这是最早见于文字的“石龙”镇名。清康熙二十八年（1689）《东莞县志》中图考，也以石龙来标志镇名。

建置沿革 先秦时期，石龙一带为百越地。秦始皇三十三年（前 214），石龙境域属南海郡番禺县管辖。东汉时，石龙境域属交州管辖。自东晋咸和六年（331），东官郡置宝安县（后名东莞县），石龙为东莞县辖地。明代，石龙属东莞县归城乡管辖。清初沿明制，石龙仍属东莞县归城乡管辖。清雍正八年（1730），石龙属东莞县归文顺乡管辖。清乾隆中期，石龙改设为镇。清乾隆十九年（1754），东莞县在石龙设戎厅，并将县丞移驻石龙，管理巡防事务。

民国初期，东莞县以下划分为区、乡（镇），石龙镇属东莞县第三区管辖。1927 年 8 月 20 日，广东省批准石龙设为市，属省管辖。1928 年 11 月，广东省撤石龙市改设为镇，复归东莞县第三区管辖。1938 年 10 月 30 日，复改石龙镇为石龙市，直属东莞县管辖。1940 年，石龙市改为石龙区，属东莞县第二区管辖。1943 年，石龙区又改为镇，仍属东莞县第二区管辖。1945 年 10 月 1 日，石龙镇属东莞县第二区管辖。

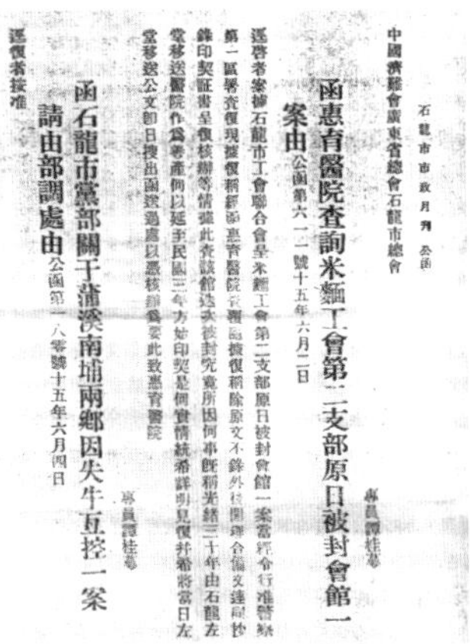
石龍市市政月刊 公函
中國濟難會廣東省總會石龍市總會
函惠育醫院查詢米麵工會第二支部原日被封會館一案由 公函第六一二號十五年六月二日
函石龍市黨部關于蒲溪南埔兩鄉因失牛互控一案請由部調處由 公函第一八零號十五年六月四日
逕復者接准

1926 年有关石龙的《市政月刊》

1949 年 10 月 15 日，石龙解放。不久，东莞县将石龙镇改设为市，仍属东莞县管辖。1950 年 7 月，石龙撤市为镇。1958 年 9 月，石龙镇与石碣、高埗、茶山大乡合并组成石龙人民公社。1959 年 6 月，石龙人民公社分设为石龙乡人民公社和石龙镇人民公社。1963 年 1 月，撤销石龙乡人民公社，成立石龙渔业人民公社。1974 年 4 月 11 日，莞城、石龙、太平 3 个渔业人民公社合并为东莞县新湾渔业人民公社。1983 年 10 月，石龙镇人民公社改设为石龙镇。至 2019 年，石龙镇一直属东莞市管辖。

行政区划 明代，石龙区域分属东莞县归城乡第一都、第三都，都下设里、甲。清初沿明制，石龙区域仍属东莞县归城乡第一都、第三都。清雍正八年（1730），石龙区域属东莞县文顺乡，乡下以居民聚居点划分为 14 个坊，分别是存智坊、仁厚坊、沙边坊、粤隆坊、庙右坊、庙左坊、平乐坊、绿元坊、东庆坊、阜物坊、胜聚坊、凤液坊、福庆坊、永寿坊。

民国初期，坊改设为保、甲，初为 23 个保，1947 年改为 29 个，其中有 4 个是“联保”。

中华人民共和国成立初期，撤保甲，设东、南、西、北、中 5 个管理区（片），并把忠维乡（含新维村、蒲溪村）、西湖乡、黄家山乡、王屋洲乡划归石龙市管辖。1950 年 7 月，石龙撤市改镇，各乡划出石龙。1953 年，石龙各管理区改设为居民委员会（曾称街道分会），下设居民小组。1959 年 6 月，石龙老城区从石龙人民公社中分出，成立石龙镇人民公社，设 5 个管理区。1971 年，石龙镇人民公社把街道分会并为东、西区 2 个居委会。1979 年，东莞县将忠维大队（含新维、蒲溪）划归石龙镇人民公社，恢复建立东区办事处、西区办事处。1985 年，东莞市将西湖村划归石龙镇。1989 年，将黄家山村及王屋洲村划入石龙镇。至 2019 年，石龙下辖中山东、中山西、兴龙 3 个社区，新维、蒲溪、忠维、林屋、西湖、黄家山、王屋洲 7 个行政村。

社区 村庄

石龙最早出现的居民点是黄家山村，始建于宋中期。石龙老城区在初建时只是一个小圩，历史上镇内的自然村在不同时期几度划进划出，直至 1989 年才基本稳定。中山东、中山西、兴龙 3 个社区和新维、蒲溪、忠维、林屋 4 个村都位于石龙老城区，黄家山、王屋洲村位于新城区，其中王屋洲村是石龙镇政府所在地。西湖村位于石龙老城区的南面，是东莞对外的重要窗口，这里有东莞火车站，是东莞轨道交通 2 号线的起点，还有东莞最早的公路——莞龙公路。

中山东社区 位于石龙镇老城区东部，辖区面积 1.5 平方千米。2019 年，全区户籍居民 8262 户 2.75 万人，外来暂住人口 2.71 万人；下设 8 个居民小组。历史上，中山东是石龙最繁华兴旺的商业中心，也是东江上、中游大宗竹、木、稻谷、矿产等物资的集散地。社区内有中山公园以及 20 世纪 30 年代兴建的骑楼街等建筑，还有石龙最早设立的中山东农贸市场。

中山东社区（2019 年）

中山西社区（2019 年）

中山西社区　东起太平路，与东区相接，西至石龙木材厂，与石碣镇唐洪相连，南以绿化路为界接兴龙社区，北傍东江北干流，辖区面积 0.8 平方千米。2019 年，全区户籍居民 6158 户 2.11 万人，外来暂住人口 2513 人；下设居民小组 10 个。区内有东莞市松山湖中心医院惠育分院、东莞市第八人民医院博爱分院、社区卫生服务中心，有形成于清代的竹器街、福音堂、地藏王寺。

兴龙社区　位于老城区绿化路以南，辖区面积 0.8 平方千米。2019 年，全区户籍居民 7032 户 2.34 万人，外来暂住人口 1.32 万人；下设居民小组 8 个。

兴龙社区（2019 年）

新维村 位于老城区西面，辖区面积 0.57 平方千米。该村于清代中期立村，因村中叶姓来自莞城及增城多处，为团结互助发展，取名“新维”，有“新的维系”之意。2019 年，新维村户籍人口 603 人，外来暂住人口 8000 多人。自广（州）九（香港九龙）铁路建成后，该村被铁路分为东、西两部分，铁路以东的名为上新维村，铁路以西的名为下新维村。立村以来，村民习文尚武。清同治六年（1867），叶雄韬中乡试武举第六名；清同治九年（1870），叶遇春中乡试武举第三十七名；清光绪三年（1877），叶国昌中进士，被钦点为营用守备。

新维村（2016 年）

蒲溪村（2018 年）

忠维村（2017 年）

蒲溪村 位于老城区西北，东江北干流南岸，辖区面积 1 平方千米。清初，福建莆田县几户陈姓人家辗转搬迁到此定居。因村边有条叫九龙涌的小河，村民为让后代记住自己的祖先是从福建莆田迁过来的，故取村名“蒲溪村”。2019 年，蒲溪村户籍人口 634 人，外来暂住人口 307 人。清代，该村曾有水师驻守，并筑有炮台，设有船舶维修厂，码头附近有“疍家围”，是水上渔民的聚居点。

忠维村 位于石龙镇老城区南，依东江南支流北岸而建。辖区面积 0.6 平方千米，最早由十几个自然村组合而成。2019 年，忠维村户籍人口 1063 人，外来暂住人口 2000 人。明清时期，石龙布业兴盛，村民多以纺织为生。20 世纪 80 年代后，石龙扩大城市建设，忠维村辖区内有绿化路、兴龙路和商业街及多个服装批发市场、综合市场。

林屋村 位于石龙镇老城区东南部，总面积 0.28 平方千米，依东江南支流而建。宋

林屋村（2017 年）

末元初，林氏先祖从福建路兴化军莆田县迁至广南东路南雄州，再迁东莞县石龙镇定居，为该村迁入最早的姓氏。2019 年，林屋村户籍人口 696 人，外来暂住人口 1530 人。林屋村传统经济以商业租赁为主，石龙开圩时的用地全部是林屋村的土地。因大部分土地出租为圩市，村民多以捕鱼为生，后来有许多人转做“鱼花”（幼小的鱼苗）生意，人们利用鱼塘做鱼花铺，饲养捕捞鱼花，卖给有鱼塘的农民。全盛时期，林屋人开的“鱼花”铺有六七十家，曾一度成为东莞县鱼花主要生产及销售点。清代著名的龙溪书院分院也曾开设在林屋村。

西湖村 位于石龙镇南部，总面积 3.5 平方千米。始建于南宋宝庆年间（1225—1227），迁居西湖村的张姓系初唐名相张九龄后人，宋末至元代迁至石龙。迁居最早的樊氏先祖先从山东蒲东村迁至广东宝安四都陈村，南宋宝庆年间（1225—1227）再迁至此地。2019 年，户籍人口 3128 人，外来暂住人口 1.05 万人。

传统经济以农业为主，种植的主要作物有水稻、番薯、花生、大豆、甘蔗、黄麻等。特色农产品有荔枝、橙橘、韭黄，其中 1985 年种韭黄 23.33 公顷，年产值 70 多万元。改革开放初期，村中有榨糖、碾米、红砖等加工厂。1991 年，西湖村统筹村内土地集中发展，建水厂、学校、肉菜市场、服装厂。辖区内有石龙汽车客运站、东莞火车站，是东莞轨道交通 2 号线起点站所在地。2003 年，被广东省爱国卫生委员会授予“广东省卫生村”称号。2014 年，被广东省环境保护厅授予“广东省生态村”称号。2019 年，全村商铺有 28.84 万平方米，厂房有 23.97 万平方米，村组总资产 11.11 亿元。

西湖村（2018 年）

黄家山村（2019 年）

黄家山村　位于石龙镇新城区北部，总面积 2.56 平方千米。北宋皇祐年间（1049—1054），麦永泰从长安乌沙迁至黄家山，初名“禾架沙”。后因黄氏人口迁入，遂改名为黄家山。2019 年，黄家山村户籍人口 2048 人，外来暂住人口 7000 多人。

传统经济以农业为主，种植的农作物有水稻、蔬菜，养殖有鸡、鸭、鹅、猪。民国初年，石龙人在此地开办染布加工厂。20 世纪 80 年代后，石龙引进多家大型企业入驻黄家山村，其中有 2 家世界 500 强企业、1 家世界连锁企业。辖区内有建于清乾隆五年（1740）的欧仙院，为市级文物保护单位。2012 年，镇政府以欧仙院为基础，打造仙溪福地欧公文化景区，并创建为国家 AAA 级旅游景区。

王屋洲村　位于石龙镇东部，总面积 2 平方千米。始建于清代，因该村土地原属石排燕窝村王氏族人，而

王屋洲村（2019 年）

取名“王屋洲”。世居村民以陈姓为主。其先祖于明末清初从福建莆田迁至广东惠东县，其后有兄弟俩迁至石龙蒲溪村落户。再后，兄弟中弟弟的后人迁至王屋洲定居。2019 年，王屋洲村户籍人口 1779 人，外来人口 4800 人。

王屋洲传统经济以农业为主，种植有水稻、甘蔗、粉葛、花生、蔬菜等，副业有花卉、养鱼、家禽。改革开放初期，村中建有篾缆厂、藤器厂、草席厂、电线厂、玉器厂、水泥厂、电镀厂、砖厂等加工厂。传统特色工艺为灯笼仔制作技艺，是东莞市非物质文化遗产代表性项目。2015 年 12 月，王屋洲村被评为“广东省卫生村”。

自然环境

地质地貌

地质　石龙老城区地层是红砂岩山脉在地下的伸延。建筑控测资料证明，表土下至 14 米是红砂岩风化层（是东江下游游荡区中的石礁），其上为各种沉积物。沉积物以中沙为主，表土下几米处有红石岩层，其下是三四米的花岗岩层，再下是淤泥。石龙西面有黏土层，但不厚。

地貌 石龙地处丘陵、埔田地带，南部原有19座小山丘，面积约1平方千米，高20～40米。北部是埔田区，河流穿插其间，形成两个三角海面和东、南、北三个方向的4个埠。

河流水文

石龙区域内水网纵横，老城区东、南、北三面被东江水包围，出门便见水。

东江 源出江西省寻乌县桠髻钵山，源河为三桐河，西流至东莞市石龙镇西湖区的樊屋水文站，全长523千米，年径流量555.7亿立方米。东江在石龙分为北干流和南支流两支。一般季节，北干流流量大于南支流。出现大洪水时，两者基本接近。每年12月至翌年4月为枯水期，每年5—9月为洪水期。

东江北干流。经石龙老城区北部西流，至东莞市麻涌镇涌口围入狮子洋，长42千米，河道平均坡降0.000473%。该干流河面窄而水深，为内河主干航道。

东江南支流。经石龙老城区南部西南流，至峡口接寒溪水，又分许多河汊流入狮子洋。

沙河 发源于罗浮山的大、小源坑，从何家田、黄竹坑至河上，与河肚支流汇合称横河，是西沙河的干流。流至博罗县湖镇显岗与响水河汇合，称为西沙河。经龙华至白

东江环绕石龙老城区（2019年）

石龙新城区 1996 年（上图）与 2019 年（下图）对比

勘角后分流，干流向西南流至石龙黄家山村入东江北干流；支流向南，流至马嘶水闸入东江。

咸潮 南海潮汐会使咸水上涌到石龙一带。当东江流量从 300 米^3/秒减到 200 米^3/秒之时，咸水会再上涌 2.2 千米。石龙白天、黑夜各有一次涨潮、退潮。潮水涨落差 1 米。每月农历初三、十八两天为高潮期；初九、二十四为低潮期。潮平每次不超过 20 分钟。

河涌 东江南支流河道宽、河床高、弯多、分流多。明崇祯年间（1628—1644），曾任尚书的徐兆魁开凿石龙九龙涌，引东江水由石龙西北入，至石龙中心（今人民广场北侧），长 2.67 千米，宽 0.03 千米，横跨九龙涌，筑有青云、天妃、东兴、百花、西隆、新维 6 座桥。石龙两边的东江水自东向西流，镇内的九龙涌水道自西向东流，流向与东江水相反，故当地人又称九龙涌为九龙家（家即逆流之水）。后随着石龙定居人口的增多以及经济发展，九龙涌被填平改作街道，青云、天妃、东兴、百花、西隆、新维 6 座桥也被拆除。从此，石龙老城区内无水道。

气候气象

气候 石龙位于北回归线以南，濒临南海，属亚热带季风气候，夏季长、冬季短。全年阳光充足，气候温和，雨量充沛，温差振幅小，季风明显，年平均气温 23℃。一年中 2—3 月日照最少，7 月日照最多；最冷为 1 月，最热为 7 月。多吹东风，夏、秋常有台风侵袭，但持续时间短暂。

温度 石龙夏至日昼长约13小时，冬至日昼长约10小时。一年中，日平均气温大于20℃，日照数达230天，年平均日照时数1959.4小时，小于15℃的只有50～60天，年平均23℃。冬季1月最冷，夏季7月、8月最热。历年极端最高气温41℃（1953年8月12日），最低气温-1℃（1955年1月12日）。

降雨 据1958—1987年这30年的统计，年均降雨量1615.2毫米，但基本集中在4—9月，这6个月占全年雨量的80%，且常有骤雨、暴雨。在5月以前，历年均少暴雨，清明时节，多是蒙蒙细雨。其中4—6月为前汛期，以锋面低槽降水为多，年平均降水量1651.2毫米。历年连续无降雨日数最长的是112天（1979年9月26日至1980年1月15日）。

风 石龙受大气环流影响，风向、风速随季节不同而异。全年平均风速1.8米/秒，全年最大风速2.5米/秒，最小风速1.3米/秒。以7月风速最大，12月最小。全年最多为东风，最少是西北风。年平均侵袭和影响石龙的台风数约3次，一年中7月、8月受台风影响概率最高。

土壤 石龙表土下5～14米为红砂岩风化层，其上为各种沉积物，以中沙为主。石龙火车站（位于老城区老站址）北有黏土层，但不厚，其他地方则为半砂半黏土质。

植被 石龙境内的植被为亚热带常绿植物，自然植被主要有林木以及灌木、蕨类等，人工栽培植物以樟科、大戟科、桑科为主，河流水生植被主要有水蓼、鸭舌草、凤眼莲等。

自然资源

水资源 石龙水资源以东江为主，多年平均径流量555.7亿立方米，枯水年150.8亿立方米；降水量年平均1651.2毫米。

河沙 由于东江大段河床为沙质，因此，东江给石龙带来大量河沙。每年12月至翌年4月为枯水期，河水含沙量最小，为0.01公斤/米^3。每年5—9月雨季洪水期含沙量最多，月平均含沙量0.2～0.5公斤/米^3。据上游博罗县水文站统计，1954—1978年，年平均悬移质输沙294万吨。1950—1985年，东江河床抬高0.42米。但东江南支流石龙河段，因有船只长期采集建筑用沙，河床反而有所降低。石龙段的河沙有近千万立方米，其中粗沙、中沙、细沙都有，以中沙为主。

动物 历史上，在石龙西湖一带山丘曾出现黄猄、野猪，随着居民数量不断增多，其生存空间不断收窄，因此今已不存在。两栖动物有眼镜蛇、银环蛇、金环索蛇、水律蛇、水蛇、三角线蛇、灰鼠蛇、青蛙、蟾蜍、蜥蜴等。鸟类有水鸭、乌鸦、麻雀、白眼圈、了哥（鹦鹉）、田水鸡、鹧鸪等。鱼类有鲩（草鱼）、鳙、鲢、鲤、塘虱、乌鱼等。1992年1月2日凌晨1时，石龙沙滩上发现一条长2.5米、重200多公斤的国家一级保护水生野生动物——中华白海豚，被送往广州文化公园水产博物馆。截至2019年，石龙有哺乳类、鸟类、鱼类、甲壳类和多种贝类、两栖、爬行类、昆虫类等73种。

植物 明末，广东学者屈大均在《广东新语》一书中，曾对石龙作物有此描述："石龙亦邑之一会，其地千树荔，千亩潮蔗，橘、柚、蕉、柑如之。"此外，石龙还有竹子、桉树、龙眼、榕树、黄麻、枸杞等。种植有水稻、花生、薯类、瓜类、蔬菜类，其中节瓜、粉葛为东莞的名产。至2019年，石龙有树类42种、竹类8种、水果类22种。

西湖堤岸公园的杜鹃花长廊（2006年）

人口　姓氏

人口总量　据考古学家对石龙西湖樊屋村贝丘遗址考察，表明数千年前就有先民在此以渔猎为生。宋代后期，石龙人口逐渐增加。清末民国初期，石龙人口达到六七万人。

20世纪20—30年代，大批石龙人纷纷迁移到乡下避祸或迁居中国香港及海外。在日军侵占石龙时期，全镇人口不足万人。抗日战争胜利后，百废待兴，许多外迁避战祸的石龙人又重新回到石龙，再加上部分手工业的恢复，如火柴厂、造纸厂、粮食加工厂等，工厂的从业人员也随之落户石龙，石龙人口又逐渐增加起来。到1948年，石龙人口增至2万余人。中华人民共和国成立后，人民安居乐业，人口增长迅速。1970年，石龙人口增至35714人。20世纪80年代，随着改革开放的深入发展，大批外来务工人员涌入石龙。至2019年，石龙常住人口14.54万人，其中户籍人口8.28万人，外来务工及暂住人口11.26万人。

1948—2019年若干年份石龙镇户籍人口统计表

表1

年份	户数（户）	人数（人）			总人口中（人）	
	合计	合计	男	女	非农业户	农业人口
1948	—	23423	—	—	—	—
1952	—	24037	—	—	—	—
1964	—	33429	16341	17088	—	—
1970	—	35714	17818	17896	—	—
1975	—	33673	16844	16829	—	—
2000	20350	66822	33241	33581	58634	8188
2005	20995	67900	33733	34167	59046	8854

续表 1

年份	户数（户）	人数（人）			总人口中（人）	
	合计	合计	男	女	非农业户	农业人口
2010	21187	70770	35175	35595	61851	8919
2011	21481	71183	35388	35795	62260	8923
2012	21586	71444	35502	35942	62514	8930
2013	21704	71705	35658	36047	62828	8877
2014	21776	71940	35766	36174	63080	8860
2015	21883	71852	35705	36147	71852	0
2016	22073	72779	36143	36636	72779	0
2017	22417	74788	37062	37726	74788	0
2018	23249	78839	38768	40071	78839	0
2019	24126	82751	40454	42297	82751	0

外来人口 20 世纪 80 年代，随着石龙工业和商贸业的迅速发展，劳动力明显不足，一些企业开始大量招收外来务工人员。此后，石龙又引进“三来一补”（来料加工、来件装配、来样加工、补偿贸易）、“三资”（中外合资、中外合作、外商独资）企业，从而吸引越来越多的来自全国各地的外来务工者，石龙人口迅速增多。石龙的人口结构也发生变化，外来人口所占比例成倍增加。2000 年，石龙有外来人口 7.45 万人，占石龙总人口数的 52.71%。之后，随着石龙经济结构的调整，外来人口逐年减少。至 2019 年年底，全镇外来暂住人口 11.26 万人，占石龙常住人口数的 77.44%。

参加迎新年晚会的市民（2013 年）

2000—2019 年石龙镇外来暂住人口统计表

表 2　　单位：人

年份	合计	其中		年份	合计	其中	
		男	女			男	女
2000	74485	—	—	2014	54514	22492	32022
2005	77465	35801	41664	2015	53202	24088	29114
2010	56289	26242	30047	2016	54300	24636	29664
2011	52046	24892	27154	2017	52331	23536	28795
2012	53941	22300	31641	2018	53964	24271	29693
2013	55020	22745	32275	2019	112597	58498	54099

人口迁徙源流　明清时期，石龙由圩市进而为城镇，吸引周边乡村的人以及外乡手工业者经营、办手工作坊。各地移民带着工艺技术和资金陆续到石龙定居，后代成为石龙人口最初的构成部分，促进了石龙工商业和交通运输业的迅猛发展。由于同一行业的经营者多来自同一个地方，如烟丝业来自新会，药材业、铜铁业来自佛山南海，毛笔业来自兴宁，竹器业来自邻县增城，染布业来自福建，蔬菜种植业、家禽（鸡、鸭、鹅）饲养业、种苗业来自潮汕，建筑业来自西邻的石碣镇唐洪村和北邻的石湾镇鸾岗村，水上运输大多来自番禺的莲花山。所以，石龙人口来源较为复杂。

早期迁入石龙的人，还有其他原因。如茶山塘角乡牛过萌有个麦姓小村，因受邻村大族人欺负，因此全村人一起迁到石龙，先在北面堤外江边搭竹棚居住，后随着生活的安定，集体择地改建瓦房，人们便将这条新形成的街道取名叫新街。

石龙还有清代以前被充军到南方而落脚石龙或其他原因迁来的外地人，多聚居于石龙的边缘地带。

人口构成

性别构成　2000 年，石龙镇人口普查户籍总人口 66822 人。其中，男性 33241 人，占 49.75%；女性 33581 人，占 50.25%。性别比（女性为 100）为 98.99。2019 年，石龙镇人口普查户籍总人口 82751 人。其中，男性 40454 人，占 48.89%；女性 42297 人，占 51.11%。性别比（女性为 100）为 95.64。

年龄构成　2019 年，在石龙镇人口普查户籍总人口中，0 ～ 17 岁人口 16889 人，占 20.41%；18 ～ 34 岁人口 20562 人，占 24.85%；35 ～ 59 岁人口 31087 人，占 37.57%；

60 岁及以上人口 14213 人，占 17.18%。

姓氏构成

最早迁入石龙的姓氏是麦姓和樊姓。石龙开圩后，随着众多商人、手工业者的迁入，石龙姓氏构成逐渐多元化。在石龙农村，多以同姓族人聚居，并形成郭屋、李屋、胡家庄、陆家窝等以姓为名的聚居地。在石龙镇老城区内，则有郭屋巷、柏屋巷、李屋巷、钟屋巷、刘屋巷等街巷。据史料记载，石龙林屋的林姓原是福建泉州世称“九牧林”的后人，王屋洲的王姓来自石排燕窝村王氏族人，石龙任姓由黄江梅塘随当地火柴厂并入石龙跟随而来的产业工人，石龙熊姓多数来自园洲的菉兰，据说是东城峡口抗元英雄熊飞的后人，石龙吴姓多从事水上运输业，他们是从番禺的莲花山迁居过来的。中华人民共和国成立前，石龙水上运输业有句谚语“周家天下，吴姓子孙”，意思是运输业的船东多姓周，从业人员多姓吴。

周姓 石龙的周姓有两支，居住豆豉街的称为旧周，住在火柴厂及林屋（靠江边的）称为新周。清光绪十二年（1886），宋代名儒周敦儒二十世孙周永泰从石碣梁家村迁居石龙，后再迁香港，其子周少岐为香港太平绅士，其孙周锡年在香港创立华人银行，后任行政局首席非官守议员。另一支是石碣梁家村的一位财主于清光绪年间在石龙豆豉街附近买地建屋聚居而成。

刘姓 主要分布在忠维村，是宋末随东莞人熊飞起兵抗元的南雄珠玑巷人刘碧清后人。他在抗元失败后，与四弟刘仲琛在东莞水南（后石龙忠维）落脚避祸，其后人在此地繁衍，并成大族。

叶姓 主要分布在忠维村、新维村，他们有的来自石碣村，有的来自高埗的卢溪，也有的来自莞城和增城。忠维叶氏为宋代丞相叶颙（谥号“正简”）第六子叶元洙的后人。

陈姓 主要分布在蒲溪村，多来自福建的莆田。

张姓 主要分布在西湖村，于明初迁至东莞，清初迁至石龙。

徐姓 主要分布在忠维村，部分居住在西湖棉花围旁。

黄姓 主要分布在黄家山村，是东莞黄氏始祖黄希圣“九十六房”的后人。

麦姓 主要分布在黄家山村，是宋末南雄珠玑巷因“皇妃之祸”而南迁的麦三壁长子麦必荣的后人。石龙老城区新街的麦姓，原籍企石铁冈人。

顾姓 黄家山村顾姓是从增城石滩迁入的，其族人聚居地叫“顾屋村”，村内还有顾氏祠堂，约在清中末期，由于某种原因，族人将村子卖给黄姓，然后集体迁走。

20世纪80年代，在石龙登记的人口中，西湖村多姓张，忠维、新维村多姓叶，黄家山村多姓黄，王屋洲村多姓王。城镇居民中以陈、黄、叶、李、张、钟、袁等姓为多。复姓有3个（欧阳、司徒、夏侯）。2019年，石龙居民姓氏有248个，其中复姓3个。其中，人数较多的为陈姓6183人，黄姓5307人，李姓4643人。

2019年12月石龙镇姓氏人口数量前十名情况表

表3　　单位：人

社区（村）	陈	黄	李	叶	刘	梁	张	吴	何	钟
中山东	2189	1732	1829	1055	1413	873	962	791	670	482
中山西	1612	1293	1182	1179	822	686	651	602	573	521
兴龙	939	1401	1351	1016	1191	746	935	795	514	390
新维	19	18	9	370	14	10	5	3	26	4
蒲溪	358	28	12	14	27	11	8	3	9	5
忠维	58	46	40	528	61	61	14	14	24	5
林屋	29	20	23	16	51	17	8	6	16	8
西湖	170	45	67	30	98	23	1686	15	15	52
黄家山	273	683	71	48	72	37	50	19	28	21
王屋洲	536	41	59	25	54	34	102	31	22	18
合计	6183	5307	4643	4281	3803	2498	4421	2279	1897	1506

民族构成　清代，石龙人多为汉族，少数民族有满族人（多为随军家属），数量不多，他们聚居于戎厅衙门后面的竹街，因此石龙人称竹街为旗下街。1912年后，旗下街的满族人四散避祸，留下来的也改名换姓，不敢称自己为旗人。

20世纪80年代，大量从业人员从四面八方涌入石龙，石龙人口倍增，民族构成趋向多元化。

据1982年统计，石龙有少数民族21个700人，其中白族2人，布依族5人，朝鲜族45人，傣族1人，侗族30人，哈尼族1人，回族42人，黎族3人，满族46人，毛南族1人，蒙古族31人，苗族38人，仫佬族2人，羌族2人，畲族33人，水族1人，土家族79人，瑶族71人，仡佬族1人，壮族169人，彝族97人。2019年，全镇有少数民族23个792人。

石龙人民欢聚金沙湾广场庆祝中华人民共和国成立 70 周年（2019 年）

2019 年 12 月石龙镇少数民族户籍人口情况表

表 4　　　　单位：人

民族	合计	其中		民族	合计	其中	
		男	女			男	女
壮族	248	94	154	白族	2	1	1
土家族	105	44	61	布依族	5	2	3
朝鲜族	60	34	26	黎族	6	4	2
苗族	48	17	31	彝族	1	1	—
瑶族	85	46	39	仫佬族	2	1	1
侗族	39	16	23	羌族	2	—	2
满族	48	23	25	哈尼族	1	1	—
回族	63	29	34	水族	1	—	1
蒙古族	30	16	14	毛南族	1	—	1
藏族	2	1	1	畲族	41	27	14
傣族	1	1	—				

镇域经济

经济总量与结构 数百年来，石龙经济以商业为主，并伴随着手工业的发展。民国初期，现代工业出现萌芽，首先是机械化的织布厂在石龙出现，接着是机械碾米业的蓬勃发展。但在日军侵占期间，石龙的工商业受到严重破坏。抗日战争胜利后，虽然有所恢复，但发展缓慢。

中华人民共和国成立后，石龙各项事业都得到极大发展。1965 年，石龙有县办企业 19 家、镇办企业 21 家，生产总值 824.06 万元。1978 年，石龙为提高生产力，将小型企业进行合并。合并后，有镇办企业 17 家，另有街道办企业 10 家，生产总值上升到 3429.51 万元。

改革开放后，随着“三来一补”“三资”企业的进入和民营企业的迅猛发展，先进的生产技术代替了手工作坊和低产值的传统制造，现代化的经营模式和理念改变了原有的落后模式。从立足本地市场到放眼世界，从沿东江做贸易到加入国家“一带一路”体系，成为广东新丝路的陆上起点，石龙经济总量快速增长。1990 年，石龙镇地区生产总值 2.41 亿元。其中，经济结构比例为第一产业产值占 4.02%，第二产业产值占 60.92%，第三产业产值占 35.06%。2006 年，成为全国小城镇综合发展水平 1000 强镇，排第 19 位。

20 世纪 80 年代起，石龙第一产业逐年下降，第二产业持续发展，第三产业不断攀升。至 2019 年，石龙实现地区生产总值 116.13 亿元，社会消费品零售总额 55.91 亿元，全镇三大产业比重为 0.01 : 44.99 : 55.00。

产业经济

第一产业 明代石龙开圩前，居民多以耕种、捕鱼为生。开圩后至清末，石龙辖区只有老城区不到 2 平方千米的面积，没有农村。民国时期，东莞县几度将周边的农村划归石龙管辖。1950 年，又将农村划出，石龙又成为只有工业和商业的镇。1959 年 6 月，东莞县把忠维乡、王屋洲乡、黄家山乡划归石龙，石龙镇人民公社又有了第一产业。1963 年，又把这 3 个乡划归石碣人民公社管辖。1979 年，东莞县将忠维村、新维村、

石龙早期耕地（1983 年）

20 世纪 50 年代水稻收割

蒲溪村划归石龙，全镇有耕地 63.2 公顷，鱼塘 19.8 公顷，粮食总产量 785 吨，农业产值 108 万元。之后，随着西湖、黄家山、王屋洲等村的划入，石龙耕地面积有所增加，但由于中心区建设速度加快，城市建设规模不断扩大，耕地大量减少。2000 年，石龙镇粮食播种面积仅 0.2 公顷，粮食总产量 2 吨；水果面积 3.73 公顷，总产量 43 吨；水产养殖面积 22.33 公顷，总产量 118 吨；家禽（鸡、鸭、鹅）养殖年末存栏量 7600 只，生猪年末存栏量 4404 头。农业总产值 189 万元，占工农业总产值的比重仅 0.19%。至 2019 年，农业总产值占工农业总产值的比重为 0.02%。

第二产业　从明朝中期开始，伴随着城镇商业的发展，刀、钉、铜煲、铁鼎以及焊铜、焊锡等小五金制品需求日增，石龙相继形成数条以小五金、打石等手工业作坊林立的街道，有打锁街、打石街等。清宣统二年（1910），石龙人黄美寿创办石龙第一个草席作坊——福和草席厂。从此，零散的个体手工业开始向作坊式转型，尤其是石龙的竹器业，一跃成为石龙的支柱产业。据统计，清末，石龙聚集了增城、兴宁、梅县一带数千名竹器手工业人员，他们在石龙主要从事竹器编织业。民国初期，石龙约有竹器店 300 个，基本上是厂店合一，产、销一体，为石龙竹器业最鼎盛时期。其间，由于东江流域的谷米、花生（油）多以石龙为集散地，因而大米加工和粮油加工成为石龙一大产业。民国初期，石龙有加工、销售的米店百余个。其中两盛、同安、同利栈、富兴等规模较大。民国中期，石龙开始使用机械加工大米，有利丰、大同、大安、裕荣、裕丰、利民、厚隆 7 家机械加工厂，年产 5200 万司斤（1 司斤 =604.79 克）。纺织业是石龙一大产业。早期，农村妇女多以织布为生。石龙生产的土布被称为“东莞布”，由于质厚耐用，受到百姓的欢迎。1929 年，石龙出现第一个机械化工厂——民一布厂，由石龙布商莫德明投资开办。该厂有近百台当时国外先进的织布机，有工人 100 多人，是石龙新工业的开始。另外，石龙其他手工业制造发展很快。1936年，石龙有犁头厂、机械厂、铸造厂、机器厂、玻璃厂、火柴厂等。

20世纪50—60年代，石龙先后开办合资联营大同纸厂、石龙火柴厂、永光明电池厂等较大型企业，全县较大的国营企业有24家，有8家在石龙。此外，还有永光明电池厂、农机厂、玻璃厂、副食厂、煤矿机械厂、纸制工艺品厂等一批县办集体企业，有镇、街道办集体企业40家。

1978年11月，石龙引进第一家服装厂——石龙服装一厂。紧接着，石龙服装二厂、三厂陆续开工，并迅速发展到162家，成为珠江三角洲地区有名的服装制造业基地之一。之后，石龙镇政府大力开展招商引资，并以优惠政策吸引外资到石龙投资。短短几年，以出口为主的服装厂、玩具厂、工艺厂在石龙遍地开花。

1985年，石龙镇第一家集团式企业——通达实业有限公司成立。公司主要生产经营食品、手表、皮具制品、电子器材、制衣、服装配件、运动服、运动鞋、汽车配件、无线电器材等，产品销售到国内外。另外，该公司还开办汽车维修、期货等业务。

1986年6月7日，石龙另一家集团式企业——东莞市粤龙实业公司成立。1987年，引进石龙镇首家日资来料加工企业——东莞石龙环球光学制品厂。不久，京瓷集团相继成立京瓷连接器（东莞）有限公司、京瓷办公设备科技（东莞）有限公司、京瓷光电科技（东莞）有限公司等企业。京瓷的落户，带动了另2家世界500强企业及多家高科技外资企业到石龙发展，IT产业成为石龙的优势支柱产业。

20世纪90年代，石龙镇开始将一些污染大的企业逐步转移，纸厂、火柴厂、烟花

20世纪70年代的石龙纸厂车间

石龙服装厂车间（1983年）

厂、电池厂等相继搬离石龙或关停。同时，石龙引进高新技术企业，不断加快镇内企业转型升级步伐。

1994 年，世界 500 强企业柯尼卡美能达商用科技株式会社到石龙投资，主要生产复印机和激光打字机。同年，粤龙实业公司引进另一家世界 500 强企业——日本电产三协株式会社，主要生产微型马达，产品主要销售到国外。

1996 年，石龙将科技含量高的企业由短期合同转为长期合同，并促成多家外资企业将集团的研发中心转移到石龙。是年，石龙镇成为国家星火技术密集建设单位，并把电子信息、医药和食品产业培育成为石龙经济发展的支柱产业群。

2016 年，东莞市实施倍增（选取一批存量优势企业进行重点培育）计划，石龙有 3 家企业被纳入市倍增计划，分别是广东众生药业股份有限公司、东莞石龙津威饮料食品有限公司和东莞市石龙富华电子有限公司。至 2019 年，全镇共有工业企业 1204 家，工业总产值 54.13 亿元。

第三产业 石龙开圩前，西湖村就有“三圩九市”，忠维村也设有“忠维市”。明嘉靖年间石龙开圩，从圩头到圩尾全长百余米，规模整齐，街道宽阔，周边还有供商家储货及居住的楼房。之后，石龙圩以此为中心不断扩展，逐渐形成有数十条街道的大型集市。其间，石龙为方便各处船只往来，在老城区沿江一带建起约 2000 米的码头，将整个石龙包围起来。每天有上千艘船只在码头边等候发送货物。沿码头而建的商业集市逐渐演变成遍布全镇各个角落的商铺。自清代中叶起，石龙的棉织、竹器、谷米、木材等行业都有相当规模。在石龙圩南面，形成 7 条街相连的棉布中心。到清末，全镇人口约

广东众生药业股份有限公司生产车间（2018 年）

2 万人，几乎大部分人参与到与商业有关的工作中。该时期，石龙开始有定期航班船来往香港、澳门、广州等地，大批洋货（百货）、西药、怀表、五金商品、火水（煤油）、化肥等随即涌入石龙。

石龙商贸业的发达，催生了饮食服务业。到民国时期，在石龙只有几百米的繁华大街上挤满数十家茶楼、酒家以及大大小小的饮食店。较为有名的酒楼有新景象、泰然、洪栈、富升、如意、太平、万胜、金城、陆羽亭。其中，洪栈、万胜、金城、陆羽亭的点心及菜式被公认为上品。

20 世纪 40 年代石龙酒楼茶市业联合工会会员证章

中华人民共和国成立后，广东省惠阳地区和东莞县将许多物资仓库或转运站、各类商品经营的重点单位设置在石龙，因而石龙有许多直属省或惠阳地区、东莞县的单位。1950 年 9 月，广东省在石龙建立中国百货公司广东省东莞县支公司，负责管理东莞、宝安两县的百货、针棉织品、纺织品、文化用品、煤油、白糖、香烟等商品的批发业务。数月后，又设批零综合门市部。是年，石龙有各类商店（包括产销结合的手工业工场等）803 个，有从业人员 4476 人，总投资额 225.06 亿元。

1953 年起，国家对部分商品实行统购统销，石龙仍然是惠阳地区、东莞县的物资批发重镇。1956 年，对工商业进行社会主义改造，石龙成立服务局，下设副食组、医药组。1958 年石龙人民公社成立，服务局改设为供销部，把由 19 个公私合营总店组成的国营总店和由各行业小商贩组成的合作商店编为国营店组、综合店组，负责石龙的零售业务。同时，把原百货、文化、五金批发部统一组成石龙批发部，粮食、木材、医药、水产和出口站均属县管。1961 年，撤销国营总店，原公私合营总店并入对口的国营或供

20 世纪 40 年代石龙革履工会会徽

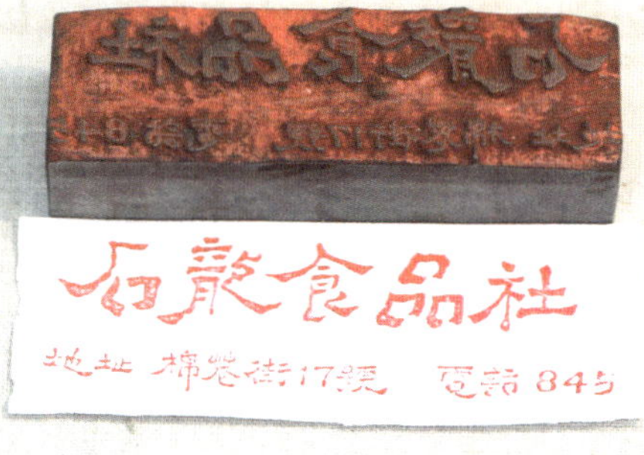

20 世纪 50 年代石龙食品社用章（2019 年）

销社商店，县设的批发部下放到石龙各对口商店，实行批零合一；合作商店则从对口国营商店进货，零售价格受国营商店指导。1968 年，石龙商店分为生产资料、食品、副食、日用工业品 4 个服务站。1973 年，服务站撤销，石龙各经营商店分属县商业局和县供销社管辖。

1981 年，国营公司实行批零合一经营。1982 年，东莞县日杂公司石龙分公司首先打破行业界限、冲破商业批发零售级别规定的做法，开设大型综合商场。之后，石龙各大公司如县百货公司石龙分公司、县糖酒集团石龙分公司、县五金交电化工公司石龙分公司等纷纷成立大型公司。其时，从“三来一补”服装厂走出来的一大批服装业人才开始自立门户创业，他们将产品拿到市场售卖，有些还创立自己的品牌，不少产品在广州服装市场上热销。每天晚上，石龙服装经销商到各家小厂收购成品，并将其打包，至第二天凌晨，雇车将货物发往广州。还有部分服装销往全国各地，远至黑龙江和新疆，甚至出口欧美等国家。此外，通过火车，从香港购进的日用商品也在石龙自由市场里出现。经过数十年的发展，最初聚集数十个小地摊的地方，形成一个占地面积上万平方米、各类商品齐全、远近闻名的“沙头角商业中心”。

20 世纪 90 年代初，石龙有各类专业市场、购物广场、商业步行街、购物（书）中心、超级商场等 10 余个，这些场、街规模宏大、卖场宽敞、店铺众多、商品品种多样齐全。随着人们生活水平的提高，石龙商业也逐渐汇入更多的文化艺术色彩，如一些布艺店、装饰公司、古玩店、书画店、精品店、饰物店、中西合璧的家私店，以及颇具特色服务的行业，如美容美发（美容院、美发中心等）、婚纱影楼、电影院、宠物店（医院）等不断涌现。那些为适应现代生活需求而开设的电子商务、旅行社、网吧、家政公司、洗衣店、搬家公司、保安公司、保健中心、物流公司、民航代办处、速递公司、环保工程公司也相继落户石龙。

20 世纪 40 年代的中山路

20 世纪 90 年代末，一些专业市场和购物广场也越开越多。忠维村办的专业市场——中兴服装批发市场，经营面积 1.2 万平方米；1995 年开业的大华广场楼高 6 层，建筑面积 2 万平方米，后又增开大华名店城，总建筑面积 1.8 万平方米；2001 年 1 月开业的广东大华

金沙湾购物广场（2008 年）

石龙汇星商业中心（2018 年）

国际轮胎市场，经营面积 2.5 万平方米；2001 年 10 月开业的金沙湾购物广场，经营面积达 6 万平方米，是当时全市最大的综合性商场；2001 年 11 月开业的石龙五金电子批发市场，占地面积 4 万平方米，场内有商铺 123 个；接着，富升百货公司石龙店、购物城、汇联商业步行街、新维沙头角商品综合商场、时代广场、天和百货、石龙电脑城、汇星商业中心等大型综合商业体相继在石龙开业。至 2019 年年底，石龙个体工商户有 1.26 万户、酒店（旅店）40 家、饮食（饮品）店 1722 家。全镇社会消费品零售总额 55.91 亿元。

1990—2019 年石龙镇若干年份地区生产总值情况表

表 5

年份	合计（万元）	其中（万元）		
		第一产业	第二产业	第三产业
1990	24116	970	14691	8455
1995	70501	318	46550	23633
2000	184256	189	98240	85827
2005	349301	141	194749	154411
2010	556305	18	304821	251466
2012	659109	28	352454	306627
2014	800352	42	446898	353412

续表 5

年份	合计（万元）	其中（万元）		
		第一产业	第二产业	第三产业
2016	905741	46	471273	434422
2017	960402	45	490340	470017
2018	1088002	96	519842	568064
2019	1161310	107	522452	638751

说明：本表按当年价格计算。以上数据摘自《东莞统计年鉴》

社会事业

文化 中华人民共和国成立前，石龙文化活动集中在逢年过节和庙会期间，主要有戏曲、说唱、龙舟、武术表演和祭祀活动等。在普通妇女中还流行唱木鱼书、咸水歌、盲佬歌。特别是粤剧，因其丰富的故事情节和人物装扮靓丽、唱腔圆润、场面热闹而受到石龙人的欢迎。开始，人们主要在祭祀活动中请戏班到场助兴，故石龙人称粤剧为“神功戏”“大戏”（庙会、酬神时演出）。清末，常驻石龙表演“神功戏”的戏班有6～7个，为避免戏班之间恶性竞争，在长兴街成立“植福会馆”，相当于“戏班协会”的组织，进行排期、剧目、演出场地等方面的协调。各乡村的文艺爱好者经常自发组织起来，利用工余饭后自弹自唱，排演古装粤剧，曲目包括《三戏周瑜》《胡不归》《寇准背靴》等。民国初期，粤剧又成为石龙进步青年宣传革命的工具。黄侠毅、李文甫、林直勉和莫纪彭等人组织醒天梦剧团，自编自演粤剧《熊飞起义》和《袁崇焕督师蓟辽》等剧目，宣传反清爱国思想。节目不但在石龙上演，还到莞城、虎门、厚街等地演出，又应香港同盟会负责人冯自由邀约前往香港演出。当时出版的报纸，曾在报道中形容他们剧社“演戏无虚日”。石龙最早的文化社团组织是1946—1948年活跃于坊间的凤群诗社，社址在百花路，社员有40多人，大多是东莞教育界、医学界人士。茶山名儒钟叔敬，石龙名流刘品薑、名医朱敬修等都是该会的创会成员。

小红豆少儿粤剧团的小演员在演出（2018 年）

20 世纪 50 年代初，石龙东、南、西、北和中区以及火车站、木材搬运、竹器等行业纷纷组织业余粤剧团，配合国际国内形势，自编自演节目。为配合土地改革，石龙农村也办起文娱组。1955 年，石龙工会成立工人俱乐部，建立业余粤剧团，分布于各行业团体的演员大部分转入工人俱乐部。另外，石龙工会还成立工人美术创作组，配合政治运动和生产节约、技术革新等，创作了大量美术宣传作品，其中部分在广东省展出。

“文化大革命”时期，石龙成立毛泽东思想宣传队，主要演出《红灯记》《沙家浜》等剧目。

改革开放后，石龙各项文化事业逐渐得到恢复和发展。尤其是 20 世纪 80 年代中期，通俗歌曲、交谊舞、卡拉 OK 演唱等新的文化活动开始流行，镇内还建起多功能的大型文化中心。其间，石龙文化站组织开展排演粤剧、演奏民间乐曲活动，文化活动形式开始从单纯的业余文艺演出向娱乐、健身和怡情养性方面扩展。

20 世纪 80 年代末，随着人民生活水平提高，电视机进入千家万户，卡拉 OK 室、舞厅更遍布城乡，文化活动的商业性日趋明显，业余文艺演出开始减少。

20 世纪 90 年代，石龙各社区自行组织曲艺社和私伙局，在中山公园内无论白天黑夜轮流表演，很多粤剧爱好者在那里以艺会友。每周六晚上的演出更成为石龙镇老城区的一道独特文化风景。为让粤剧粤曲传承下去，石龙镇政府组织曲艺社团下社区、进校园举办各类培训班，向市民、中小学生普及粤剧粤曲知识，培养他们对粤剧粤曲的兴趣。除石龙粤剧团外，还有群星曲艺社、高亭粤曲社、康源粤乐社、乐友业余曲艺团4家直属镇文联的群众曲艺社团和6家私伙局。这11家粤曲组织使石龙形成“五花六叶”的繁盛局面。2015年3月，广东省文学艺术界联合会授予石龙镇“广东省曲艺之乡”称号。

2011年开始，石龙镇每年都举办“中华龙民俗文化节”。该文化节以传统素材为依托，以民俗活动为特色，彰显“龙”文化元素，传承非遗文化。活动内容主要有自行车游龙、民间舞龙展演、东莞市“金龙头”杯民间舞龙邀请赛、石龙灯笼仔非遗展示、花灯创意大比拼及展览、龙造型花灯展、中华龙文化书法艺术展、龙文化收藏展、龙舟赛等。在每年东莞市举办的“金龙头”杯民间舞龙邀请赛中，石龙泗洲均有20多支队伍参赛。2012年6月，广东省“中国文化遗产日”活动启动仪式和广东龙舞网上大会演在石龙举行。

1983年起，石龙相继成立各类文化团体协会33个，有可供进行演出活动的舞台及场地12处。其中，以退休的干部、教师、医生为成员的“晚晴雅集”诗社于1983年成立。石龙书法协会于1984年成立，有会员56人，国家级会员3人。

1989年5月，成立老干部诗书画社，有会员45人，其中全国书法家协会会员1人。

中华龙民俗文化节上的舞龙表演（2014年）

摄影协会会员拍摄龙舟比赛（2006 年）

1989 年 6 月成立石龙摄影协会，有会员 122 人，有中国摄影家协会会员 10 人、省摄影家协会会员 20 人，会员在国际和全国大赛中摘金夺银。1992 年起，石龙摄影协会与莞城、虎门两地协会联手，连续举办 6 届“龙 · 虎 · 凤”摄影联展，该联展成为东莞摄影界的响亮品牌。石龙集邮协会于 1997 年成立，有会员 100 多人，会员在国际、全国和省市展览上多次获奖。2016 年，国家首个“集邮周”广东首站活动在石龙启动；同时，举行“第三十一届奥林匹克运动会”邮票首发式。

教育　中华人民共和国成立前，石龙教育以私塾、义学和书院为主，开设最早的是西湖社学，于宋末由西湖村张氏族人开办。至明末，私塾遍布石龙城乡。

清初，石龙在老城区红棉路与中山路交界处建龙溪义学，教蒙童读书识字。清乾隆年间重建时，更名为龙溪书院，是东莞县的高等学堂。从此，龙溪书院改为官办，书院的山长及教席也由官府聘请。办学经费由东莞地方财团组织——东莞明伦堂负责。清乾

20 世纪 30 年代新维村的私塾——宝安家塾（2007 年）

隆二十五年（1760），西湖社学改称为西湖书院。清道光元年（1821），因龙溪书院破败，东莞知县罗含章率领下属及石龙、京山两地百姓重修龙溪书院。但书院规模狭小，无法容纳日益增多的学子，便在水南头林屋村东南面增建外馆（分校），名为龙溪书院外馆。

龙溪书院在 100 多年间均由学富五车的名儒山长（校长）主持讲席。曾出任龙溪书院山长的有容鹤龄、卢应、陈澧、邓佐槐、黄萼、崔永安、张其淦、桂坫、尹庆举等，这些人都是科举出身。探花陈伯陶，翰林邓蓉镜，进士张其淦，解元何仁山及举人叶子勤、莫天一等都是龙溪书院的学生。龙溪书院当时在省内的地位与惠州丰湖书院、肇庆端溪书院相当。直到清末废除科举制，龙溪书院才逐渐废置。龙溪书院的落成改变当地人崇商轻学的传统观念，随着人们对教育越来越重视，石龙人陆续开办多间私塾式的书院，并形成办学热潮。到清末，由家族出资开设向其家族子弟开放的书院有多个，较著名的有荣阳书院（故址在竹丝洲，叶姓人开办）、江夏书院（故址在沿江中路，黄姓人开办）、天禄书院（故址在新街，刘姓人开办）、虞姓书院（竹园街）、九牧书院（故址在林屋村，林姓人开办）等。

清光绪二十九年（1903）8 月，石龙创办第一个公立新式初等小学堂，有学生 60 人，校址在竹器街口，由东莞明伦堂每年补助白银 100 元（银圆）作为经费。光绪三十二年（1906）后，镇内接连增办浚明初等小学堂，校址在故衣街；迪明初等小学堂，校址在猪糠街。两所学堂均由东莞明伦堂每年补助白银 100 元（银圆）。到民国前夕，石龙有新式学堂 9 所。除上述 3 所外，还有作新初小、养正初小、忠爱初小、惠存初小、敏初小学和 1 所由明伦堂资助的龙溪小学。1913 年，石龙基督教会创办东江培英高、初两级小学。同年，县立第二高等学校成立，校址在红棉路北帝庙。1925 年，罗宽容在石龙女子职业学校中增设一个幼稚班，为石龙第一所幼儿园。1929 年，石龙筹办私立石龙中学。1930 年春正式开学，名为第三区区立中学。1933 年，更名为石龙中学。至此，石龙镇成为继莞城之后，东莞县第二个教育重点镇。

日军侵占石龙时期，多数学校停办。抗日战争胜利后，县立第二高等学校更名为石龙镇第一中心国民学校；同时，新办公立小学 2 所。

1949 年，石龙有公立学校 2 所、私立学校 22 所，有学生 2700 多人。

中华人民共和国成立初期，石龙有中心国民学校以及西湖、黄家山、中围、林屋等 8 所公立小学；有 22 所私立初级小学。公立小学有学生 1184 人，私立小学有学生 1735 人。另有中学 1 所，即石龙中学。1950 年年初，石龙人民政府接管女子职业学校，并改

石龙县立小学的童子军（1949 年）

中华人民共和国成立后，石龙镇幼稚园第一届毕业生合照（1951 年）

名为工农子弟学校。同时，将公璧中学、青年中学合并为联合中学，将第一、二中心国民学校合并为石龙镇中心小学，将第一、二民众学校合并为石龙镇民众小学。1951 年 1 月，工农子弟学校并入镇中心小学。同年 2 月 10 日，石龙镇幼稚园开学，设大、中、小班，入学幼儿 50 多人。同年，由石龙镇总工会在竹器街创办职工业余学校。学员主要是镇内各行业的年轻店员、工人和手工业者。不久，业余学校停办。1952 年 7 月，石龙公私立小学均由国家接管。从原来的 20 多所合为石龙中心小学、石龙第一小学、石龙第二小学、木排村小学。1962 年，全镇小学增至 12 所，1965 年调整为 10 所。1972 年，镇政府将 20 世纪 60 年代各小学开办的附设初中班集中起来，在聚龙里 32 号建石龙第二中学。1975 年，石龙在第八小学附设初中部，每年招收新生 4 个班。1977 年，石龙镇将位于竹丝洲设有初中班的第八小学改办为石龙第三中学。1979 年，石龙职工业余学校复办，地址在石龙工会大楼。1986 年，职工业余学校由初级教育培训转为中级技术培训。1994 年，与广东机械学院合办大专班，开办电工、电焊、电子技术、烹饪、园林绿化、服装、制鞋、计算机、会计、办公文秘、日语等课程。学生除石龙人外，还有来

石龙中学新校园（2017 年）

石龙镇中心幼儿园（2018 年）

自石碣、茶山、石排以及博罗县的石湾、园洲等周边镇区，年均培训量在 4000 人以上。1998 年，民办石龙爱弥儿现代小学开办。1999 年，改名为爱联学校并转为公办。1999 年 3 月，新建面积 3500 平方米的王屋洲小学落成使用，新校舍高四层，有 9 间课室，并设有少先队部、课外活动室、体育活动室等。2002 年 8 月，石龙第二中学迁至新城区方正大道，新校园占地面积 2.7 万平方米，建筑面积 3.5 万平方米。2010 年，石龙职工业余学校被中华全国总工会评为“全国职工教育培训优秀示范点”。2019 年，石龙有幼儿园 22 所，适龄儿童全部入园，在园幼儿 5969 人，幼儿园教师 501 人；有公立小学 4 所，民办学校 3 所，学生 1.23 万人，教师 916 人；有中学 3 所，在校学生 6440 人，教师 519 人。

体育 中华人民共和国成立前，石龙体育活动主要有武术、举石担、舞狮、划龙舟等，很少有现代体育竞技项目。

中华人民共和国成立后，石龙体育活动逐渐活跃。20 世纪 50 年代初，石龙曾举办“元旦杯”篮球赛。1956 年 6 月 7 日，陈镜开一举打破世界举重纪录后，石龙迅速掀起举重热潮。学校成立举重队，1957 年在此基础上创办石龙镇青少年业余体育学校，有举重、游泳、篮球 3 个专项。1958 年冬，石龙建起占地面积 2660 多平方米，有大、小泳池各一个的游泳馆，并成立石龙第一支游泳队。1959 年，石龙人民公社体育运动委员会成立，是全国唯一的乡镇级体委。同年，在石龙人民广场东北角建露天篮球场，场内可容纳观众 1000 人。其间，石龙各企业、机关事业单位及农村都成立篮球队，每年春节和国庆期间都举行篮球锦标赛，篮球运动成为镇内的一项主要群众性体育活动。

1978 年 11 月，石龙举重协会成立，是全国最早成立的镇级协会组织。之后，石

20 世纪 70 年代，石龙女子游泳队队员与教练合影

龙相继成立象棋协会、钓鱼协会、气功研究协会、太极拳研究会、门球协会、健身舞协会。

1987 年，石龙在沙滩边建成石龙体育馆，占地面积 7 万平方米（含游泳区域），主体建筑 5000 多平方米，可容纳观众 3000 人。中间场地，可作举重及篮球等比赛场地。在馆内还配有休息室、饭堂、练习场等，在体育馆后设两个游泳池。至 2019 年，石龙镇内有篮球场 81 个，羽毛球馆 3 个，羽毛球场 40 个，足球场 2 个，7 人标准足球场 1 个，5 人标准足球场 3 个，射箭馆 1 个，门球场 1 个，游泳池 17 个，运动跑道 10 条，乒乓球场地面积 3621 平方米，定点设置运动设施（双杠、单杠、摇摆机）97 套。

20 世纪 90 年代起，石龙镇经常举办各种群众性体育赛事活动，如迎春万人长跑活动、元旦篮球赛、春节和国庆节等节日的体育比赛和趣味游戏活动等。除全镇性的体育比赛外，许多村、单位、企业等都在自己的体育设施和场所中，分别举办各类体育比赛。

1984—1992 年，石龙镇共承办国际举重赛事 4 次，还举办“石龙杯”举重精英邀请赛、承办全国第六届全运会举重比赛。石龙镇举重健儿共打破世界举重纪录 21 次，13 次破世界青年纪录，27 次破亚洲纪录，获世界举重赛第一名 50 个，夺亚洲举重赛第一名 41 个，获 2 金、1 银、1 铜奥运奖牌。1984 年，广东省人民政府授予石龙镇“举重之乡”称号。此外，石龙还举办 3 次国际龙舟比赛，石龙龙舟队也曾在国际赛上夺冠。石龙射箭运动员陈浩泉、陈敏仪兄妹二人多次在全国、全省射箭比赛中取得佳绩。陈敏仪更是代表中国队参加世界射箭锦标赛。2018 年 10 月，她作为中国代表一员参加印度尼西亚雅加达亚

石龙镇每年举行中小学生运动会（2014 年）

洲残疾人运动会，获女子 W1 级复合弓个人淘汰赛金牌和混合团体赛金牌。2019 年 6 月，在 2019 世界残疾人射箭锦标赛中获得女子复合弓 W1 个人排名赛铜牌、个人淘汰赛第四名，为中国争得女子复合弓 W1 个人排名赛上的 2020 年东京残奥会参赛席位。

卫生医疗 清代以前，石龙医疗条件落后，主要靠穿街过巷的游医郎中，或在药店中坐诊兼卖膏、丹、丸、散之类成药的民间医生为患者诊病。清光绪二十七年（1901），石龙人为防止鼠疫蔓延集资建成惠育医院，是石龙最早的正规医院。该院占地面积 1300 平方米，式样仿效广州的广济医院。清光绪三十三年（1907），法国天主教会在石龙一个四面环水的小岛上创办若瑟洲麻风院。因那里四周被江水包围，并远离周边村庄，有利于对麻风病人的隔离治疗。

民国初期，石龙西医发展较为迅速，在石龙太平路曾集中出现 10 余个中西医诊所。

20 世纪初，若瑟洲麻风院全景

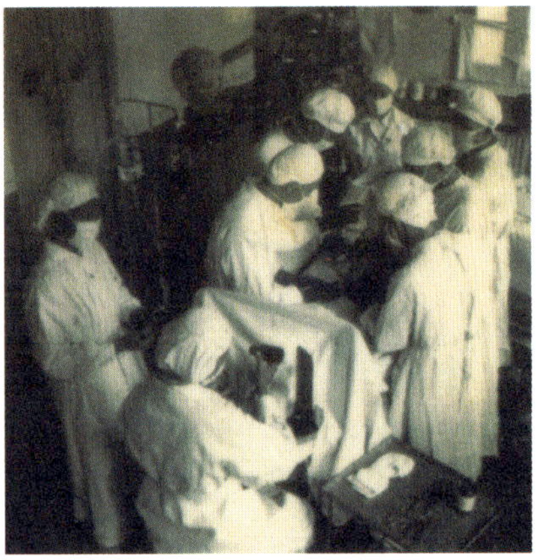
20 世纪 50 年代石龙医院简陋的手术室

此时，因石龙经济发达、人口密集，各地名医争相在石龙开设私人诊所。较为有名的医生有古鸿烈、朱敬修父子、郭瑞章等，其中还有一家印度人开的眼科诊所。石龙较为有名的医疗机构除惠育医院外，还有 1932 年由西医师古鸿烈（字克怀）私人开办的克怀医院，原址在石龙红棉路龙溪书院旧址上，占地面积 1020 平方米，建筑面积 200 平方米，双层楼房，后面为花园，环境幽雅。该院有正式员工 8 人，其中西医 4 人、护士 2 人、其他工作人员 2 人；有留医病床 20 张。由于古鸿烈医德好、医术精，在石龙一带享有盛名。其间，中共南方地下党领导人古大存等都曾得到古鸿烈的掩护和救治。抗日战争爆发，古鸿烈从军成为军医院院长，克怀医院仍继续开办。

中华人民共和国成立后，人民政府重视医疗卫生事业，将镇内的医疗资源整合成 2 个公立医疗机构，一个是由惠育医院改名的石龙人民医院，另一个是由朱敬修诊所、钟慧枝诊所、联合留产所、牙科诊所联合成立的石龙镇卫生所。若瑟洲麻风院则被广东省人民政府接管，改名为广东省新洲医院，隶属省卫生厅管理。克怀医院于 1956 年停办，院舍成民居。1958 年 11 月，石龙人民医院改称为石龙人民公社中心医院，1959 年复名石龙人民医院；石龙镇卫生所更名为石龙镇卫生院。之后，石龙人民医院和石龙镇卫生院又多次更名。2008 年，石龙成立社区卫生服务中心，下设 1 个中心、4 个社区卫生服务站。至 2019 年，石龙有各类医疗机构 46 个，有卫生技术人员 2806 人，其中执业（助理）医师 1012 人，注册护士 1400 人，药剂人员 165 人，检验人员 94 人，其他技术人员 135 人，床位 2195 张。公立医院门诊量 275 万人次，社区卫生服务中心年门诊量 41 万人次。

居民生活

收入 明清时期，石龙是东江流域物资的主要集散地，经济繁荣，并成为方圆几十千米内的经济文化中心。据记载，1920 年，石龙饮食业工人通常每天工作 13 ~ 14 小时。当时，酒楼工人与投资方一起成立饮食业同人公会，名叫百忍堂，以便排解纠纷，调剂就业，保障福利。日军侵占石龙前，工人工资以白银计薪，日军侵占石龙后，以谷米或港币折算，固定月工资一般不到100斤米，他们的主要收入靠“下栏”。“下栏”即卖出的残次下脚料如菜头、潲水、鱼骨、虾壳和残余饭菜的钱以及顾客给的“贴士”（意为小费），“下栏”的分配分7个等级：管理人员、厨师、点心师为一级，以下依次是“楼面”、上杂工、下杂工、担水工、“后生”（受老板、厨师、点心师使唤的小工）。一级值1.75分，以后每级递减0.25分，至第七级为0.25分。日军侵占石龙期间，居民由2万多人剧减至7000人，很多房屋被毁，大量资金流失，经济凋零，民不聊生。1945年，石龙经济逐渐恢复。据资料记载：1945年，恢复后的大安米机厂（谷米加工厂）工人每月薪酬白米190司斤，工程师每月薪酬白米460司斤，职员每月薪酬白米180司斤；其他谷米加工厂如利民、裕丰隆、大同等略低。1949年10月石龙解放前夕，一些资本家把大量资金抽走，在全镇近2万人中，失业贫困者占25%。石龙农民则多以农耕为主，生活穷困。

1950年年初，人民政府鼓励私营工商业恢复生产经营，同时打击奸商囤积居奇，调集物资，稳定物价，对居民的生活改善起到很大作用。据同年9月石龙碾米工业同业公会统计，技术工人每月工资最高99.5万元（旧人民币），最低45万元；普通工人每月工资最高23.5万元，最低13.5万元；职员每月工资最高105万元，最低15万元。据当年物价各月统计，上等稻谷1月每市石12.7万～13.31万元（旧人民币），到9月下降到5.82万～6.15万元；海盐1月每市石36.59万元，到9月下降到12.39万～12.89万元；细布1月每匹28万元，到9月下降到23.5万元。

1953年，石龙木材业工人工资每人每月30～40元。1956年，石龙完成工商业改造，工人工资每人每月平均36.29元。其间，石龙农村经过土地改革，废除了封建土地制度，解放了农村生产力，农业生产有了较大发展，农民生活水平逐步提高。1956年，农民年人均收入为78.8元（年人均分配加上年人均家庭副业收入），年人均口粮256.2公斤。1961—1978年，农民年人均收入一直在100～200元，年人均口粮也停留在165～307公斤；城镇职工工资分为八级工资制，但大多在35～60元。

1987年，石龙职工工资比1978年增长5.16倍；全部职工年平均工资2000元，比1978年增长3.36倍。在职工工资总额中，各种奖金和计件超额工资占22.45%，津贴占15.1%。石龙农村则随着工业化的深入推进，传统农业逐渐衰退。房租、厂租、地租、铺租等成为村民的主要收入来源，并逐年递增。至2019年，石龙镇农村集体（经联社、经济社两级合计）经营总收入23230万元。

支出 中华人民共和国成立前，石龙职工、居民支出主要是用于生活、居住和杂项支出，而农村居民除用于生活方面的支出外，主要是生产性费用支出和缴纳田赋及其他杂项支出，支出额受时局影响，多少不一。

中华人民共和国成立后，农村居民除生活、生产性开支外，主要是缴纳农业税，缴纳方式以户为单位，收取实物。1958 年，改为以生产队为单位缴纳，仍收取实物。

20 世纪 70 年代以前，由于收入水平低下，石龙大部分居民（包括农民）基本处于维持温饱度日阶段，衣、食、住、行无讲究。至 1987 年，石龙人均年支出约 1200 元，比 1985 年增长 72.84%，人均年生活费支出约 100 元，比 1985 年增长 70.24%。其中购买商品支出约 1000 元，非商品支出 101 元。在购买商品支出中，食品占 66.12%，衣着商品占 6%，日用品占 11.95%，文化娱乐用品占 5.55%，书报杂志占 0.68%，医疗占 3.65%，房屋及建材占 0.73%，燃料占 2.77%，其他商品占 2.54%。在非商品支出中，房租水电费占 40.97%，交通邮电费占 9.2%，医疗保健费占 0.15%，学杂保育费占 33.18%，文娱费占 6.1%，修理服务及其他费用占 10.3%。在食品支出中，粮食占 5.33%，副食品占 82.55%，烟酒茶占 2.52%，其他食品占 9.59%。1987 年，石龙每百户居民家庭拥有自行车约 250 辆，缝纫机 90 架，手表 250 块，电风扇 300 台，洗衣机 60 多台，电冰箱 35 台，摩托车 2 辆，彩色电视机 52 台，黑白电视机 60 台。

20 世纪 90 年代中期，大多数农民进入小康生活阶段，饮食、住房、交通等得到显著改善，高档电器、小汽车逐渐进入寻常百姓家。

2000 年后，石龙居民生活水平进一步提升。2010 年，据东莞市城市居民家庭户基本调查，石龙居民消费性支出户均全年 25733 元，其中食品支出 8732 元，占总支出的 33.93%；衣着支出 1706 元，占总支出的 6.63%；家庭设备用品及服务支出 1771 元，占总支出的 6.9%；医疗保健类支出 1294 元，占总支出的 5.03%；交通与通信支出 5925 元，占总支出的 23.02%；娱乐教育文化服务支出 3443 元，占总支出的 13.38%；居住支出 2089 元，占总支出的 8.11%；杂项商品和服务支出 773 元，占总支出的 3%。之后，随着石龙的经济发展，人民生活水平的提高及生活习惯的改变等，生活费各类支出多有变化。

至 2019 年，石龙居民年人均消费性支出 36198 元，其中食品烟酒支出 11328 元，衣着支出 1971 元，医疗保健支出 1666 元，居住支出 7117 元，其他支出 14116 元。

社会保障 1994 年 1 月，石龙镇在私营企业和个体户中开展养老保险业务，参保对象是工商企业人员和个体户。1998 年 5 月，开始实施合作医疗保险。2000 年 3 月，开始实施职工医疗保险。2001 年 1 月，开始办理农（居）民养老保险。2004 年 7 月，实施农（居）民医疗保险。社会养老保险实行社会统筹和个人账户相结合，养老保险费用由国家、单位和个人三方合理负担。从 1998 年 7 月 1 日起，统一按职工缴费工资的 11% 建立个人账户，个人缴费部分全部划入个人账户，不足的部分由单位缴费部分划入。至 2019 年，全镇参加各类社会保险 31.33 万人次，其中基本医疗保险 9.5 万人次，社会基本养老保险 5.9 万人次，生育保险 6.05 万人次，失业保险 4.85 万人次，工伤保险 5.03 万人次。全年社会保险基金总收入 8.25 亿元，保险待遇支付 6.17 亿元，享受保险待遇 64.09 万人次，其中，养老保险待遇支付 3.62 亿元 17.94 万人次；医疗保险待遇支付 2.07 亿元 44.41 万人次（含特定门诊、住院、社区门诊）；工伤保险待遇支付 659.61 万元 366 人次；失业保险待遇支付 1242.6 万元 4163 人次；生育保险待遇支付 2900.19 万元 1.28 万人次（不含灵活就业和村、社区生育在医院现场结算的津贴费用）。

休闲娱乐

石龙民间娱乐活动形式多样，较多人参与的有游泳、举重、气功、象棋、篮球、乒乓球、舞狮、划龙舟、掷石、掰腕子、踢毽子、“跳飞机”、跳绳、拔河、武术等。

舞狮 舞狮一直是石龙人喜爱的体育活动之一。在每年的重要节日、游会、祝捷、大型厂店开张等喜庆日，常以舞狮祝贺。中华人民共和国成立前，石龙各行业工会都成立醒狮队。中华人民共和国成立后，醒狮队由单位组织，其中建筑工程队、造船厂、水上运输队、搬运站、木材厂、家私社都有醒狮队，木材厂还组建妇女狮队。

划龙舟 每年端午节前后，划龙舟是石龙一景。每到此时，东江沿岸都热闹非凡，

舞狮表演（2017 年）

龙舟竞渡（2016 年）

石龙镇下辖的蒲溪、西湖、王屋洲等村都会组织村民进行划龙舟活动。

武术　石龙人喜爱武术，西湖村的张邦宪和新维村的叶国昌是武进士，新维村的叶雄韬、叶遇春是武举人。清光绪元年（1875），谢岗人林荫堂在石龙读书时，便跟桥头镇石水口人莫亮、莫英龙学习莫家拳，其后进入广东精武会国技班，曾创办国术健身研究所和林荫堂体育会，被称为“南方武林五虎将”之一，其子林仲伟随父学艺。民国时期，获广州市拳术、棍术、最轻量级举重比赛和拉力弓比赛 4 项冠军，著有《莫家拳脚法》《武术教学法探讨》等书。

篮球　石龙的篮球运动在抗日战争胜利前只在学校进行。抗日战争胜利后，国民党新一军在中山公园文娱台西北侧修建 1 个篮球场，篮球运动开始普及。中华人民共和国成立后，石龙开始举办“元旦杯”篮球赛。1959 年，石龙人民广场建成露天篮球场。1972 年，露天篮球场四周座位扩阔加高，增加座位至 3000 个，并增加灯光设备，成为一座灯光球场；同时，在人民广场开辟 4 个篮球场，许多单位都组织成立自己的篮球队。

千人太极表演（2010 年）

石龙镇每年举办的篮球赛（2019 年）

早期石龙的体校除设举重班、游泳班外，还有一个篮球班，每日半天训练、半天上文化课。至 2019 年，石龙仍每年组织开展全镇篮球赛。

乒乓球 1956 年，石龙掀起乒乓球热。工交小学组建男、女乒乓球队，每个学期都分别与农械厂、铸造厂、搬运站、橡胶电缆厂等单位开展球队比赛。2000 年后，各社区的活动中心均设乒乓球室。

象棋 1958 年，石龙镇在人民广场开设棋坛。1962 年，全国象棋亚军蔡福和到石龙巡回表演，石龙人何锡康在与其交锋中，下为和棋。

20 世纪 80 年代，石龙人陈我民在香港举办的中国港澳台、东南亚棋王争霸赛中荣登“棋王之王”宝座。1985 年起，每年春节期间，镇政府都在中山公园组织举办“迎春象棋比赛”。2000 年，石龙黄家山小学（后更名为石龙镇实验小学）开设象棋教学班。

游泳 石龙地处东江边，而且三面临水，因而游泳是石龙人喜爱的一项水上活动。每当夏季来临，石龙男女老少都喜爱到江边游泳。同时，由于石龙靠近东江，为安全起见，游泳几乎是每个石龙人的“必修课”。1958 年冬，石龙建起占地面积 2660 多平方米，有大、小池各一个的游泳馆，并成立石龙第一支游泳队，将各中小学那些热爱游泳运动而又有资质的学生组织起来加强训练。1971 年起，石龙开始向广东省队、解放军队、国家队输送游泳运动员。其中，输送到国家队的叶树锦于 1972 年打破 200 米蛙泳全国纪录；钟元于 1975 年打破一项县少儿游泳纪录，后在香港获得第七届公开渡海泳冠军，三项亚太拯溺赛冠军，共刷新 17 项（次）香港游泳纪录。

广场舞 兴起于 2000 年后，是一种自发、自主参与的娱乐形式，特别受女性欢迎。

中山公园内每年正月初二举办新春象棋赛（2007 年）

20 世纪 70 年代初，石龙游泳班学员合影

广场舞主要在各大广场进行，参与者只要找到一块空地，就可以尽情展现自己的舞蹈风采。后来参与广场舞的人数越来越多，从几个小团体渐渐融合成一个大团队，人们约定好时间（一般选在早、晚），时间一到，人们便会自动聚集到一起跳广场舞。政府还专门聘请舞蹈专家指导跳舞，伴奏音乐也多是一些传统民歌和当下流行的歌曲，这些歌曲在群众当中广泛传唱，具有较强的感染力，吸引越来越多的人参与其中。

基础设施

水利设施

河堤　秦汉以前，石龙是东江下游的游荡区域。秦汉以后，各处沙洲陆续浮出水面，随着人群的聚居和农业的发展需要，人们筑堤防洪以安居。石龙河堤主要有：东江堤，筑于北宋元祐二年（1087）；西湖堤，筑于南宋淳祐元年（1241）；三村堤，筑于明洪武二十七年（1394）；黄家山堤，筑于清道光三十年（1850）。

石龙围　位于东江北干流与南支流分岔口流域的石龙镇老城区，由北石堤和南土堤组成，西与挂影洲围相连接，起点为石龙北铁路桥（东江北干流左岸），终点至石龙南铁路桥（东江南支流右岸），总长 4.3 千米，堤围保护面积 1.96 平方千米。南土堤筑于明洪武二十七年（1394），长 1.8 千米，1958 年加高、加宽。北石堤筑于 1956 年，长 2.5 千米。1986 年，镇政府投资 40 万元，完成石龙围北石堤 1772 米的维修、加固、加高工程。1992 年，又将其加高拓宽，堤高 8.6 米，堤顶宽 8 米，堤面建混凝土马路，堤外二基用混凝土加钢筋桩柱支撑的人行道、花槽延伸到堤外侧，能抵御 50 年一遇的洪水。南端（滨江路）满足 50 年一遇防洪标准。

南岸工程　东江北干流石龙南岸整治工程自 2017 年 10 月开工建设，2019 年年底完成。包括原来的北石堤全长 3 千米，起点为石龙东岸大桥，经石龙头路、沿江路、蒲溪村、木材厂，终点到红海大桥南引桥。

南岸整治工程项目兼具河道疏浚、防洪达标、道路交通与美化城市景观功能，分为 4 个部分，分别为水利工程、景观园林工程、新建跨线桥工程、下穿铁路段工程。其中的水利工程起点接东岸大桥引道，终点接红海大桥南引桥，下穿石湾大桥、高速铁路桥及广深四线桥，工程新建护岸 2944 米，拆除原防洪墙，按百年一遇标准重建防洪墙 2713 米，建堤防维护通道 5600 米。

建设中将园林景观与防洪堤相结合，包括休闲公园、观水台、古码头及观景平台、东江公园、果栏公园、蒲溪公园、文化长廊、亭子、休闲座椅等；工程建有跨线桥全长 600 米，总宽 9 米；下穿铁路段工程段长 130 米，下穿铁路道路按双向四车道设计。

山洲围 修筑于 1951—1952 年，位于石龙镇新城区，围绕新城区一圈，是一条闭合堤围（南靠东江右岸与东莞大堤隔江相望为金沙河堤段，北临沙河左岸与石湾镇隔河相望为沙河堤段）。山洲围长 8.55 千米，保护面积 4.2 平方千米，堤顶高程 9.68 ~ 10.01 米，堤面宽 5 ~ 10 米，2002 年和 2007 年再加整治，使其达到抵御百年一遇的洪水标准。2002 年，在该堤段上修建金沙湾公园，是集水利、交通、休闲、景观于一体的多功能综合工程。

东莞大堤 据《东莞县志》记载："在西湖上下平田弥望，前未有堤。宋淳祐间，邑宰赵善鄘增筑新堤一百八十五丈。" 大堤建成后，曾多次决堤。东莞大堤石龙西湖段长 3345 米，地处东江南支流东岸，东起石龙南岸二桥，西至石龙华南大桥。2001 年，对大堤实施整治，2003 年完成。堤防等级 2 级，堤顶高程 10.51 ~ 10.97 米，堤顶宽 22 米，设计为百年一遇防洪标准。该堤围除用作防洪外，2009 年还在堤上修建西湖堤岸公园和江畔公园，成为集水利、交通、休闲、景观于一体的多功能综合工程，同时为人多地少的石龙增添大片绿化空间。

交通运输设施

码头 中华人民共和国成立前，石龙交通以水路为主，大致分为三种类型：老城区与相邻地区的往来渡船、内河航运和沿海航运。据民国初期，陈伯陶编纂的《东莞县志》记载：在石龙码头，有固定停泊石龙、来往澳门的船只 4 艘。

由于水运业发达，在沿江一带建造众多码头。中华人民共和国成立后，石龙沿江重要的码头仍有 7 个，分别是惠州码头、龙江渡头、猪栏尾码头、果栏码头、新街码头、利丰码头和厚隆米机厂码头。石龙大部分码头都是专供特定货物装卸，如猪栏尾码头是专供生猪装卸，果栏码头是专供水果及瓜菜货物的装卸，厚隆米机厂码头专供谷物及大米装卸。在各码头附近都有专属的集市在运作，方便这些货物的交易流通。

20 世纪 60 年代繁忙的码头

20 世纪 80 年代的货运码头

渡头 位于石龙老城区周边，除供货物装卸的大型码头外，还布满众多大小不一的渡口（当地人叫“渡头”），主要渡运过往行人及简单货物到对岸。据清雍正八年（1730）周天成编写的《东莞县志》记载，石龙有水南渡，过对岸是黄家山。因石龙头一带又叫水南头，所以此处就叫水南渡。当时，连接水南头的还有西湖渡。直到 20 世纪 80 年代初，石龙仍保留的渡口有南桥、西湖、纸厂、黄家山、石湾、蒲溪等渡头。

南桥渡头位于在东江南支流石龙与石碣唐洪交界处，对岸是茶山镇京山村，茶山、鳌峙塘、温塘的人均由此渡往来石龙。中华人民共和国成立后，曾在该处增设汽车渡船，是石龙与石碣两镇通向外界的汽车渡口。

西湖渡头位于东江南支流林屋织儒栏的岸边，对岸是西湖埗头村，西湖、石排等地的人经此处渡江入石龙老城区。

纸厂渡头位于石龙老城区最东面，今东岸大桥体育公园旁边，过东江北干流对岸是王屋洲。王屋洲、木排村以及博罗园洲镇的乡民均由该处渡往来石龙老城区。

黄家山渡头地处石龙镇东北面的石龙头，渡船固定横过东江干流到黄家山。该渡头于北宋时已有渡船，渡口步级由长而宽的花岗石砌成，渡口宽阔，枯水期仍可踏步级上下渡船，历来为博罗园洲与石龙往来的要津。清光绪十一年（1885），由灵光堂立一石碑于渡口，写明摆渡规则。民国时期，黄家山横水渡头年收租 500 余元，一向作为县属第三区仙溪小学经费。20 世纪 80 年代，该渡口由石龙渡委会管理，以机动船渡运，年平均日渡运约 2000 人次。

石湾渡头位于黄家山渡口西 30 米，横过东江北干流到达博罗县的石湾镇，是石湾、铁场以及罗浮山一带村民往来石龙的渡口。

蒲溪渡头处于蒲溪村北干流南岸，主要供蒲溪村的村民过江耕作，同时也方便增城

20 世纪 80 年代的黄家山渡头

石滩的村民出入石龙。该渡头一直由蒲溪村管理经营。

20 世纪 80 年代，先后在东江河上兴建数座跨江大桥。从此，石龙与周边地区桥梁密布，过江再也不用渡轮。至 2019 年，除蒲溪渡头仍在运作之外，其余渡口全部停止使用。

石龙港　石龙港由新、老两港组成，老港在石龙镇北、东江干流南岸；新港与老港隔河相对，地属博罗县石湾圩旧址。港区水域面积 120 万平方米，陆域面积 21 万平方米，其中新港 14 万平方米。清光绪、宣统年间，定期客货轮停泊于石龙固定泊位的有 100 余艘。中华人民共和国成立前，多以自然河岸为码头，个别地方建有台阶。

20 世纪 60 年代，建造老港码头。1975 年，建成新港水铁转运码头。同年 8 月，新

20 世纪 90 年代的石龙港

港开港，并成立石龙港务管理局。

20 世纪 80 年代中期，石龙港有码头泊位 58 个（不含简易码头），总长 1869 米，最大靠泊能力 300 吨。有仓库 44 座，总面积 2.6 万平方米，总容量 3 万吨；堆场 33 座，总面积 11.2 万平方米，总容量 17.6 万吨；装卸机械 114 台，最大起重 8 吨，港口工作船 3 艘共 128 马力；铁路专用线 3 股；客运站 1 个，候船室有效面积 140 平方米。其中，老港码头作业区港池面积 1.09 万平方米，宽 15 米，洪水水位深 5 米，枯水期深 3 米，平均水深 4 米。新港水铁码头作业区港池面积 1.5 万平方米，宽 20 米，洪水水位深 4 米，枯水期深 2 米，平均水深 2.5 米。

石龙港是东江交通运输枢纽，也是珠江三角洲唯一可进行水铁联运的港口。1985 年，被广东省政府批准为进口物资装卸点，东江上游惠阳、河源、老隆等一带大宗物资，南北水陆衔接都以该港为集散地，是惠阳地区水铁联运和 24 小时装卸的港口。1979 年，货物吞吐量 125.52 万吨。1987 年，吞吐量 22 万吨。1979 年，旅客发出量 17.05 万人次。1985 年，旅客发出量 11.87 万人次。

2009 年 1 月 15 日，中国外运长航集团与石龙镇政府签订《关于东莞中外运物流中心项目》合作协议，共同开发石龙港。2010 年 5 月，石龙港来往于广州黄埔港的业务开启。2013 年 3 月 1 日，石龙港水铁码头的东莞中外运物流有限公司开始运作。2015 年 9 月，中俄贸易产业园项目落户石龙港，与虎门港、广州联运。

桥梁 石龙于明代开圩后，商贾辐辏，除在东江南北二流横设古渡外，还于镇内河涌架设桥梁，因而石龙老城区曾有“九庙六桥”之说。位于西湖区建于明代的孙杜石桥，至 2019 年，已有 450 余年的历史。至今还在使用的有建于明万历三十六年（1608）位于黄家山的接龙桥，其余 6 座位于老城区的古桥因城市建设及河涌改

黄家山接龙桥（2008 年）

石龙南铁路桥（2016 年）

造被拆，只留地名与桥名。1981 年，石龙镇为改善投资环境，决定在东江河上兴建大桥。至 2019 年，先后建成南岸大桥、东岸大桥、南岸二桥和华南大桥，4 座大桥将新老城区和西湖区连接起来，从此石龙镇交通畅通无阻。此外，还建有沙河桥与博罗县石湾镇相连，建设中的红海大桥将东莞市的石龙、广州市增城区石滩镇、惠州市博罗县石湾镇三地连接起来。

石龙南铁路桥位于石龙西南面，与石碣唐洪村相邻，横跨东江南支流。桥长 324.8 米，通航净高 4.8 米。桥梁始建于清宣统二年（1910），为广九铁路局主持兴建。1938 年东莞沦陷前夕，为防止日军利用，国民党军队奉命将桥梁炸断，1943 年 10 月修复。1985 年下半年，广深铁路公司对该桥实施扩宽改造。1994 年，广深准高速铁路石龙特大桥建成通车。2007 年 3 月，广深铁路四线石龙新的南铁路桥建成通车，原石龙南铁路桥停用。

石龙北铁路桥位于石龙镇以北蒲溪村旁，横跨东江干流，桥长 259.3 米。始建于清宣统二年（1910），广九铁路局主持修建。1985 年，广深铁路公司对桥梁实施扩宽改造。1994 年，改造完成通车。2007 年 3 月，广深铁路四线石龙新的北铁路桥建成通车，石龙北铁路桥停用。2009 年，由中铁二十五局拆除。

石龙南岸大桥是石龙改革开放后兴建的第一座公路桥，1984 年 6 月 16 日建成通车，全长 922.7 米（含引道 522.93 米），宽 13.5 米，其建设规模在东莞县首屈一指。该桥的建成结束了石龙无跨江大桥的历史。2002 年，对该桥进行拓宽改造，扩建机动车双向四车道。

石龙南岸大桥（2014 年）

石龙东岸大桥建于 1993 年，投资 1800 万元，全长 1372 米（含引道 800 米），宽 16.5 米，连接老城区和新城区。2012 年，进行拓宽改建，宽 25 米，为双向六车道。

石龙南岸二桥，投资 4700 万元，于 1997 年 6 月 18 日建成通车，全长 1236.6 米（含引道 600 米），宽 16.5 米，连接新城区和西湖区。该桥建成后，石龙被东江分割开的三地相互串通起来。2017 年进行改建，在原有旧桥西侧新建一座桥梁，并对旧桥进行维修加固，新建桥梁长 489 米（不含北引桥），新建桥净宽 15.75 米，新旧桥总宽 31.5 米，扩建后为双向六车道。

石龙华南大桥位于石龙南岸大桥和广深铁路桥之间，连接石龙老城区和西湖区、与

石龙东岸大桥（2014 年）

石龙南岸二桥（2019 年）

石龙华南大桥（2019 年）

旧莞龙路相接。2007 年 2 月 6 日通车。全长 622.14 米（含引道 307 米），双向四车道。该桥用于疏通石龙老城区日渐增加的车流量，减轻南岸大桥的交通压力。

石龙沙河大桥于 2009 年 12 月 29 日动工建设，2011 年通车，连接石龙新城区美能达路和石湾镇兴业大道。该桥上部采用预应力空心板，下部为三柱式桥墩 U 形桥台和钻孔灌注桩基础结构，栏杆和人行道面板采用花岗岩，引道为水泥路面，两侧为扶力式挡土墙。全长 660 米，其中桥梁长 307 米，北引道（石湾）长 180 米，南引道（石龙）长 173 米，宽 23.5 米，两侧各设 2 米宽行人道。由石龙和石湾两镇共同投资建设。

红海大桥于 2012 年 12 月 28 日动工建设。大桥工程总投资 1.2 亿元，设计全长 731

石龙沙河大桥（2016 年）

一桥连三市的红海大桥（2017 年）

米，设计时速 60 千米，桥面宽 22 米，双向四车道，单跨最大跨度 128 米。红海大桥于 2017 年建成，跨东江北干流连接东莞市的石龙和广州市增城区石滩镇、惠州市博罗县的石湾镇，是东莞市通往广州、惠州的北大门。

石龙火车站　广九铁路石龙站位于石龙老城区，于清宣统三年（1911）建成使用。初建成的广九铁路从广州到深圳段，全长 143.3 千米，石龙站居其中间位置，从一开始就被定位为“中心站”，也是广深铁路最繁忙的大站，每天不但上下客人多，货物运输也繁忙，停靠时间达 10 分钟（唯一中途加水站）。1934 年，石龙火车站货物运输量 11.61 万吨，约占全县 11 个站货物运输量的 40%，其中农产品 2563.8 吨、工业产品 112.45 吨。

中华人民共和国成立后，车站规模逐步扩大，站台进行过多次改造。1981 年，在石龙站上车旅客 52 万人次，高峰期一天达 1000 多人。1985 年，站内设有 1 股正线、3 股到发线，3 股货物线和 1 股带出线，1 条专用支线到广东省贮木场，到发线有效长度均在 800 米以上，站内总面积 20.5 万平方米，货场仓库面积 1.19 万平方米；建有 2 个立交桥隧道、1 个客运地道，两车可分东、西同时上下客。1985 年，石龙站货物吞吐量 41.44 万吨，其中进货量 31.6 万吨，出货量 9.84 万吨。1989 年，重建石龙站客运大楼，建筑面积 4250 平方米，站区面积 20.5 万平方米。建有两座仓库，包括堆场面积 1.19 万平方米，有 3 个立交隧道（含南铁桥之南，莞龙公路隧道，高 4.8 米）和客运地道 1 条。2014 年 1 月，该站交

石龙火车站

东莞站（2016 年）

给迁建在西湖的东莞火车站，石龙站停止使用。

广九铁路广深线东莞站 2014 年 1 月 8 日开始运作，是广深线东莞境内功能最完善、办理客车对数最多、旅客发送量最大、能够直接服务东莞中心城区的车站。站内设有广深铁路城际列车和跨线长途普速列车两个站场，设有两侧站房（石龙侧、茶山侧），石龙侧站房办理普速长途列车、广深城际列车业务，茶山侧办理广深城际列车业务。至 2019 年，东莞站每日有 239 趟列车往来。其中，180 趟广深城际列车（深圳—广州东、深圳—广州），31 趟普速长途列车，28 趟跨线动车。

广九铁路广深线红海货运站 建于 1975 年，位于石龙北铁路桥的东面，其分线直达石龙港。红海站是专为石龙港进行水陆联运而设，四等站，是广东省最早的水铁联运港口。至 2019 年，该站成为广东丝绸之路至欧洲各国铁路的起点。

地铁站 东莞轨道交通 2 号线是东莞第一条投入使用的城轨地铁。2010 年开工，

广东（石龙）铁路国际物流基地（2019 年）

2015 年通车。2 号线总长 37.8 千米，其中地下线长 33.8 千米，高架线长 3.6 千米，地面线及过渡段长 0.4 千米。2 号线以石龙的东莞火车站为起点，贯穿东莞市中心，最终到达虎门高铁站。2 号线配置新型 B 型列车，最高运行时速达到 120 千米。列车跑完单程时间约为 40 分钟。

水上运输

石龙水上运输公司 石龙因位于东江流域河道运输与海上运输的交界处，水上运输业素来发达。石龙数百年经济发展有赖于水上交通的便利，即使广九铁路通车后，水上运输业仍大有市场。

中华人民共和国成立前，各船主各自为政。石龙解放后，为洽谈和承接生意方便，大船主自动组织成立民船联运社，而小船主则成立盘船联运处。其后，人民政府成立水上工作委员会并指导船民成立船民协会，联运社和联运处自动解散。1955 年成立互助组，实行集体劳动，互助合作。1956 年，成立木帆船运输合作社（以下简称“联社”），下设 6 个小社，全社入股船 170 多艘，吨位 3600 吨（最大的 50 吨、最小的 4 吨），有社员 900 人。为方便船只修理，合作社设立修船厂。1956 年，联社转为高级合作社，船只归集体所有。由于人力、财力、物力的高度集中使用，便扩大修船厂，添置6艘机船，建起占地面积 700 多平方米的集体宿舍，让船员和家属搬上岸居住。另外，合作社还与其他 3 个水上运输单位联合办水上子弟小学，该校后改称为石龙第六小学。1958 年，运输总量比 1956 年增加 50%。1959 年，合作社加入县水上运输公社，改设为石龙运输大队；

20 世纪 30 年代来往于广州与石龙的船只

停靠东江石龙河段的运输船（2006 年）

船员200人和42艘接驳船计1300吨拨归石龙镇港务所，6艘机船交给公社统一经营管理。1957年，社员人均收入29.63元，1962年，收入增至56.38元。

20世纪60年代中期，石龙运输大队改为水上运输公社，党政与港务所合并成立水上革命委员会。1974年，县水上运输联社成立石龙水运社，为县社属下一个大队，称石龙水运大队。1984年，县联社改称东莞县水上运输总公司，石龙大队改称石龙水上运输公司，修船厂改名为东莞市石龙水上运输公司船舶修造厂。

石龙港务局 1957年设石龙港务所，主管单位是珠江航运管理局东江航运分局。1975年2月，石龙水上运输革命委员会和水铁联运工程指挥部合并成立石龙港务局，辖区包括增城、宝安、博罗、东莞的水运。新港于1975年8月建成投产，新港区占地面积13.2万平方米，港口设计通过能力80万吨，最高吞吐量150万吨，港口设五股道铁路专用线连通广深铁路，总长5400米。港务局建成投产的第一年港口吞吐量8.5万吨。翌年，为24.2万吨，以后逐年增长，1979年，达126.5万吨。石龙港有码头泊位30个，码头总长941米。库场总面积5.1万平方米，容量6.87万吨。全港有装卸机械15台，其中固定式吊机4台，最大起重能力5吨，流动式吊机2台，最大起重能力分别为8吨和5吨，单斗装载机5台，最大起重能力3.6吨，叉车两台，最大起重能力3吨，有叠堆机2台。

1988年12月，石龙港务局划归广东省航务管理局直接领导。1989年5月，升格为市（地）副局级建制。1990年10月，改名为广东省石龙港务管理局。2002年6月，广东省航运集团有限公司把石龙港务局移交石龙镇人民政府。2009年1月，中国外运长航集团与石龙镇政府签订《关于东莞中外运物流中心项目》合作协议，共同开发石龙港。2010年3月，石龙港水铁码头的东莞中外运物流有限公司正式运作。2013年11月，开通珠三角直达中亚和欧洲快速物流通道。2015年7月，国家口岸办批复同意广东（石龙）铁路国际物流基地临时对外开放。同年，俄罗斯驻中国的第一个中俄贸易产业园于此落户。

公路交通

石龙公路交通始于莞龙公路。1925年蒋介石率军东征逗留石龙期间，曾到莞城会见东莞县长毛秉礼，希望能在当地筹款兴建莞城至石龙、莞城至太平两条公路，并要求于1928年完成，特别提出要先筑莞城至石龙公路。该公路于1929年建成，是东莞县第一条县级公路。据《循环日报》1929年11月17日记载："东莞明伦堂筑由石龙经东莞

连接新老城区的石龙公路桥（2015 年）

至太平之公路，大部分工程已经完竣。闻该堂先就东莞至石龙一段，现决定提前在本月二十日前开车。至于未竣工之鳌峙塘桥，则架木桥通过云。”莞龙公路从莞城东门开始至石龙南铁路桥之西、京山路口，全长 11.66 千米。

1934 年 1 月开始建龙潢中公路，由石龙红棉路起，经南埔、桔洲、鸭仔滘、潢涌至中堂圩，总长 34 千米，道宽 6 米。原计划当年完成，但在建了 2 千米后停工。同年 8 月，东莞县政府计划建龙桥公路，由石龙老城区对岸西湖地段起，至桥头圩止，后未建成。直至 20 世纪 60 年代，石龙的公路交通就只有以西湖为起点的莞龙公路一条。改革开放后，这些原计划建设的公路全部得以完工，后从水泥路升级为沥青路。

邮驿

明朝初期，东莞始设邮驿，县衙前设总铺，其余称铺舍或邮铺。邮铺之间有驿道相通，用于传递官方公文及发布政令文告等，也可为过往差役、官员等提供舟船、乘骑及住宿之便。此外，东莞还设有水驿，有铁冈水驿、黄家山水驿、城西水驿。其中，黄家山水驿在石龙辖区，是广州至惠州、潮州驿路的必经站点。

黄家山水驿 明洪武三年（1370），东莞县开始在石龙黄家山设石龙第一个邮政点——黄家山水驿（又名黄家山站）。有驿丞及驿夫等50多人，驿船5艘，其规模属东江沿岸的一个大驿站。明正统十四年（1449），驿站毁于兵火。明天顺六年（1462），东莞县令吴中奉命重建，配驿船5艘。清末，随着轮船、火车、电话等现代交通、通信工具的兴起，驿站撤销。

石龙邮电局 清光绪二十八年（1902）石龙设邮局，民国初期设电信局，1934年改称电报局。当时全县电报局虽有5个，但海外业务都集中在石龙电报局办理。日军侵占时期，电报局停办。抗日战争胜利后，石龙恢复电报业务，设石龙电信局，下辖太平报站营业处、樟木头长话站等单位。

1949年，石龙邮电局下辖代办所，分别是石龙、石排、温塘、茶山、马嘶、南社、若瑟洲和邻县的石湾、九潭、东博、太和等（圩市）。1954年11月，石龙邮政局、电信局合并，称石龙邮电支局。

1963年，石龙邮电支局有24人，负责石龙至深圳铁路沿线各公社的邮政、电信业务。1998年10月邮、电分营，成立东莞市邮政局石龙分局，员工增至79人。2000年，启用位于新城区方正大道中的新邮政办公楼，占地面积5000平方米，建筑面积3300平方米，高8层，有3辆邮政汽车和多辆邮政摩托车。

电话 1927年，石龙的商户为方便业务往来集资筹建石龙电话局。1929年，开通与广州、惠州、香港等多个地方的电话来往。1945年12月，东莞县修复莞龙线15公里通话线路。1948年，由于金圆券连续大幅贬值，石龙一些大商号及金融炒卖者急需知道最新信息，因而石龙电话所的120个机位全部被商家租用。据1949年1月《东莞电话用户一览》记载，全县5个区镇共开通电话466部，其中石龙有116部，占总数的21.7%。1963年，石龙有电话交换机7台、电话480门，线路杆程220.94千米。1965年，更换木杆119条，线路21020米；维修线路5938千米，单机122部；新架线路6.6千米。1984年4月，石龙采用天津HJ921型1000门纵横制自动电话，以脉冲自动技术，用转盘式拨号产生联系信号，有用户711户，是东莞县最早使用自动电话和电话用户最多的镇。1987年4月，引进由日本NEC公司生产的NEAX61型的3000门数字程控电话，用户1586户。使用数字程控电话后，长途用户可直拨全国各地和美国、日本等17

个国家和中国香港、澳门地区，率先成为国内电话的长途、市话、农话三位一体的基层镇区，同时开通图文真迹传真业务。1997 年下半年，石龙镇电话用户 1.5 万户，平均一户一机。成为广东省第一批电话镇达标单位。

无线通信 1989 年春，石龙在永安街邮电职工宿舍楼顶楼建成首个模拟移动电话基地收发射站，同年下半年放号，开始经营无线通信业务。1995 年上半年，石龙邮电局与省、市同步开通数字移动通信，在国内属较早使用的镇区。1990 年，石龙开始建设市网、省网、全国联网的寻呼网点，开办无线寻呼业务。随后又在西湖区、华景新城、旧水厂、石龙头、新城区等地建设信号收发基地站。1999 年，移动通信从中国电信体系中剥离，成为独立经营的企业实体，由移动通信公司独立经营管理。2003 年 4 月，石龙建成 230 多个无线电话基站。当年年底，全镇有无线电话用户 1.4 万多户。2011 年 12 月，无线电话退网。

信息化建设 1999 年，石龙在全国率先建立起乡镇一级综合门户网站——石龙 E-town。2000 年，开展网络设施建设、E-town 公共信息服务平台建设、政务专网建设、校园网建设，并在此基础上开始政府上网工程、三网融合工程等，开始推广 OA 应用，35 个部门和单位使用 OA 系统，约 80% 以上的公文流转实现网上无纸办公。2003 年，率先在政府网站开设“镇长信箱”栏目，实现全天候接收群众来信和建议。同年，率先在乡镇一级开展“三网融合”建设，使有线电视的同轴电缆也能传输数据信号，提供宽带上网和语音服务功能。2004 年年底，石龙使用中国电信宽带互联网的用户有 9000 多户，是全市普及率较高的一个镇。2006 年 1 月，广东省信息产业厅批示石龙作为“数字广东”推进计划的试点。2007 年，“石龙镇现代化科技创新工程”获广东省科学技术奖特等奖。先后被认定为国家星火技术密集区、国家电子信息产业基地、全国文明镇、省电子信息技术创新专业镇试点单位、省制造业信息化示范试点镇、省城镇技术集成应用试点、广东省产业集群升级示范区、省企业信息化培训基地等。2008 年，完成数字电视平移工作。2009 年 9 月，开通东莞市首个镇街因特网站。同年 12 月，开通东莞市首个镇街 WAP 手机网站。

公用事业

供电 明清时期，石龙居民的照明主要使用灯芯草导引的油灯。19 世纪中后期，有人开始用火水（煤油）灯，商铺或酒楼、旅店多使用汽灯。民国初年，石龙开始有电力供应，当时主要供给小电船使用。照明用电则始于 1915 年，石龙广益电灯公司（俗称“电灯局”）成立，并开始向个别用户供电。该公司位于中山东路最东端，是东莞县最早创办的电力照明企业，厂内装机 1 台，142 千瓦，低压 110 伏供电。按灯头收费，主要供应部分商户，也供应极少数富裕家庭。石龙最早使用动力用电的企业是民一布厂。该厂建于 1929 年，进口当时最先进的织布机械近百台，由厂内自行发电供给。到 20 世纪 30 年代，民一布厂被洋布挤垮而停产。其后，石龙的碾米企业也开始自行发电供给，最早的是惠安、均安、裕荣 3 个碾米厂，都是用 60 匹柴油机发电，其余厚隆等 4 个碾米厂使用 40 匹柴油机发电。

20 世纪 70 年代的供电设施

1938 年，石龙被日军侵占后，电灯局停办，火水供应又少，有些店铺用硝石灯照明。

1946 年，广益电灯公司恢复发电，装机 1 台，功率 24 匹马力（1 马力 =735.50 瓦），发电机 25 千瓦。后因柴油紧缺，收费不易，于 1948 年停业。

1949—1952 年，石龙有 3 个发电厂先后开业，供应照明用电。一是石龙联合电厂，装机 1 台，用 80 匹马力的旧汽车头，以木炭为燃料，发电机 37 千瓦；二是石龙大光电厂，装机 1 台，45 匹马力，25 千瓦；三是光华电厂，装机 1 台，10 匹马力，7 千瓦。这 3 个电厂互不并网，分别供应石龙东、中、西三段照明用电。

石龙新城区夜景（2017 年）

1959年，石龙开始筹建石龙变电站，并成立电气化委员会。1961年2月13日，石龙变电站建成投产，开始使用国家电网供电。当时有6台10千伏配电变压器，容量980千伏安，其中导航站、贮木场各专用1台。1963年，省派员组建珠江电业局石龙供电公司（设在茂华烟铺旧址），管辖整个惠阳地区电力部门，并改石龙供电所为营业所。1965年，该公司迁至惠州，东莞县供电公司派员接收石龙营业所，改称石龙供电所。1970年，东莞县峡口110千伏变电站输变电工程建成投产，石龙变电站撤销。1970年，全镇全年供电量373.4万千瓦，配电变压器增至17台，容量2600千伏安。1983年，石龙在兴龙路龙津街筹建35千伏安变电站，1985年3月建成投产。1996年，变电站改造升压为110千伏安。1990年12月，建成110千伏安西湖变电站。1995年12月，建成110千伏安黄洲变电站。到2000年年底，石龙镇有110千伏安变电站3座，主机37台，总容量28.3万千伏安：10千伏安配电线路39条，线路长12.4千米。当年，供电量3.67亿千瓦时。2019年年底，石龙有110千伏安变电站3座，主机7台，总容量36.6万千伏安，10千伏安配电线路72条，线路长度316.9千米。年供电量8.3亿千瓦时，售电量8.2亿千瓦时。

道路照明 石龙路灯管理所于1992年成立，负责全镇路灯的铺设、维修和管理。1998年3月，对全镇路灯进行统一更换布置，从2000盏增加到1万盏。

2019年，石龙有路灯控制箱156个，并实现一条路一种灯型，做到“路灯一街一景，白天是景点，晚上是亮点”。绿化路、新桥路用三角梅饰灯；三埠江滨用空中射灯；金沙湾公园门楼用新型冷极管灯饰。设置两条路灯保障专线，设保障电话，能在24小时内排除故障。

供水 1971年前，石龙居民用水一直都是到江边挑水或从水井取水。镇内街巷多有水井，不少私人住宅也有水井。井水水位受东江水位影响，夏满冬枯。枯水期汲水不易，且含泥沙量大。

1970年，镇成立石龙水厂筹建处，将取水点设在东江南支流忠维段。8月，首期工程开工建设。全镇各单位派出干部、职工，加上中小学生，手挖肩挑，日夜“苦战”。没有模板，就用砖泥模型代替；缺乏水塔，就利用中山西路的旧当铺楼顶建造；管道由各单位派出人员统一安装。仅用170天、18万元建成石龙水厂，供水范围2平方千米，日供生活用水2000立方米。1973年扩建，日供水量增加到4000吨。1983年再扩建，日供水量增加到7200立方米。此后，随着用水量日益增大，住宅楼越建越高，水厂进行第四期扩建，并安装新的柴油机组。1987年年底，建成2座日产水量7300立方米的供

1994年，石龙镇铺设横跨东江的输水管，实现新老城区联网供水

水池。1992年5月，石龙镇政府投资5700多万元，在新城区东面的东江干流上游河畔，建成日产水量6万吨的斜管沉淀池1个、无阀虹吸滤池12个和可日供水12万立方米的供水泵房与取水泵房各1个，1994年3月投产供水。同年6月，石龙自来水公司与新建的黄洲自来水厂合并组建成石龙自来水总公司，对石龙新老城区实行联网供水，日供水12万立方米，是1973年的30倍，成为"全国百佳水厂"。

2019年，石龙自来水公司全年供水量1541.68万立方米，日供水量4.33万立方米，全年用水量1436.52万立方米，用水户34011户，线路总长196.34千米。

供气 1985年，石龙开始供应煤气。1992年，全镇煤气用户4000多户，供应液化

20世纪90年代初建成的石龙自来水公司

气900多吨。经营石油气的有石龙煤场、石龙煤气公司、二轻工业公司和多家个体户。

2007年7月，东莞新奥燃气有限公司与石龙镇政府达成协议，由东莞新奥燃气有限公司出资成立东莞新奥燃气有限公司石龙分公司，全面推广天然气在石龙镇的运营服务，主要供气方式为管道输送。同年9月，完成石龙镇南二桥中压天然气管道穿越东江支流工程施工，天然气气源正式引入石龙镇西湖区及新城区。2016年12月，完成石龙镇老城区天然气管道接驳，使石龙镇3个区都用上清洁、环保、安全的天然气。2019年，石龙镇供气量1247万立方米，居民用户8276户，工商业用户85户。

经济强镇

石龙是一个商贸古镇。明代开圩前，石龙西湖村就有各种行业的圩市，当时有“三圩九市”之称。石龙开圩后，得水运之利，很快形成商贾辐辏、百货毕集的重要商埠。清代，与省（广州）、佛（山）、陈（村）并称为广东四大名镇，在南粤近代经济发展史中举足轻重。

改革开放后，石龙人又以敢为人先的精神与香港合资经营远东电视维修中心，为东莞市招商引资开启一条新路径。之后，随“三来一补”“三资”企业的进入和民营企业的迅猛发展，石龙经济总量快速增长。2006 年，位列全国小城镇综合发展水平 1000 强镇的第 19 位。2019 年，石龙每平方千米生产总值超 8.6 亿元，地均产出相当于深圳，在国内处顶尖水平。

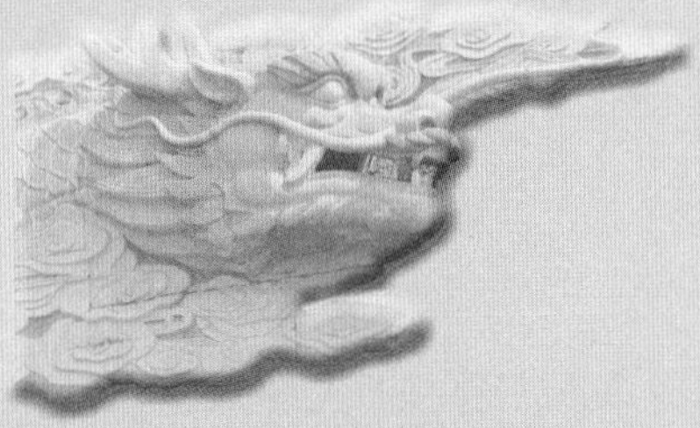

丝路漫长驼铃远

水铁联运欧亚近

商贸古镇

古圩市

早期的圩市 石龙开圩前，在较为密集的居民点已有一些集市出现。据史料记载，石龙西湖村由于人口稠密，以及周边村落众多，因而很早以前便有各种行业的圩市出现。因此，西湖也就有“三圩九市”之说。在石龙老城区联合街一带，则有方便当地居民的生活市集；在老城区果盒街东南的凌屋巷、郭屋一带，有石龙早期的市集——粤隆坊。明末清初学者屈大均在《广东新语》中写道：“石龙亦邑之一会。”说明石龙已是东莞县的一个重要圩市。

石龙圩 石龙开圩于明嘉靖年间（1522—1566），传说开圩的日子是农历初四，这日是三煞日，鳌峙塘人徐兆魁（曾任明朝尚书）欲在石龙西部建庄园，请张天师择日兴工，见此日大凶不敢用。据说只有石龙承受得起，便选此日开圩。陈伯陶著《东莞县志》记载有石龙开圩的竹枝词：“石龙今日市廛开，车马纷纷涌进来。午后酒阑人尽散，白云依旧锁苍苔。”传说，石龙人在描述石龙圩盛况时，还流传有“九庙六桥鸣凤里”的顺口溜，意思是说，石龙不仅有9座庙、6道桥，还有繁华的鸣凤里。鸣凤里是以“鸣凤在竹”典故命名的街道，后来人们直接叫它竹器街，说明竹器行业很早就已具规模。

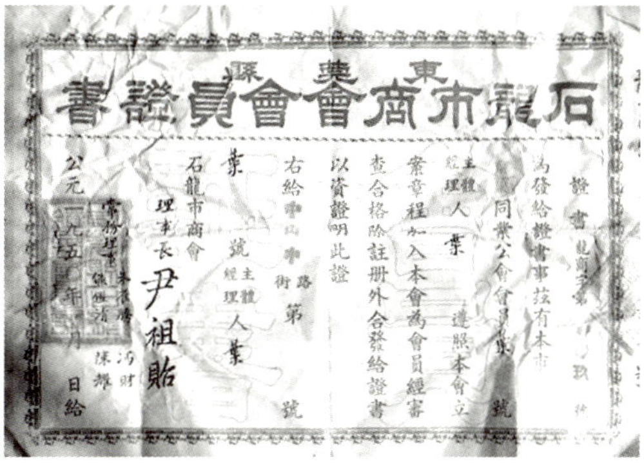
東莞縣
石龍市商會會員證書
證書
為發給證書事茲有本市
同業公會會員 號
主體經理人 業
業章程加入本會為會員經審
查合格除註册外合發給證書
以資證明此證
右給 街路第 號
業 號 主體經理人 業
石龍市商會
理事長 尹祖貽
公元一九五〇年 月 日給

1950年石龙市商会会员证书

石龙建圩初期，圩头在今织箩街处一个叫“陆家窝”的地方，圩尾在今百花路，全长百余米，规模整齐，街道宽阔，周边有供商家储货及居住的楼房。石龙圩先以此为中心，然后逐渐向前后左右扩

珠三角粮食木材集散地（模型）（2011 年）

展，形成有十余条街道的大型集市和分行业的商业街。再之后，市民根据街道销售的商品而命名。其中棉花街专营棉花、棉纱和布匹；弹花街云集弹棉花、打棉胎（棉被）手工作坊；南边街店铺专营大宗棉纱，仅 200 米长的街道就有南兴、顺兴、升隆、惠安等 209 个纱铺。再如，与竹器相关而命名的街道有竹器街、竹排街、竹篙街、青竹街、香竹街、织箩街、竹丝洲、竹园街、竹园坊、竹街等。此外，还有香烛街、鞋街、果盒街、豆豉街、面街、海唇街、卖鸡地、故衣街等，都是按行业类别向外围扩展。到清代，石龙圩面积比开圩初期扩大数倍。相互连接的商业街，从东至西有 1000 余米。

石龙开圩之时，适逢岭南沿海一带作为中国海上丝绸之路的重要节点进入对外贸易的极盛期，东莞商贸也同时步入兴盛期。石龙依托优越的地理位置，扼守东江运转海运节点的有利条件，使镇内的工商业高速发展，商贸一年比一年兴旺。每当圩期，赶集的人比肩接踵、车水马龙。清乾隆年间，石龙最大的行业有油行、谷米行，各有 50 多个；纸行、布行、花纱行、蚕茧行、冰糖行各有 20 ~ 30 个；另有豆类、竹木、棉花、山货、铜铁、药材、海味等行业。石龙还在东江两岸设有大型码头和货仓（货船在此装卸货物），从石龙头沿忠维岸边延伸到石碣镇唐洪、水南一带，沿岸（杉行商店）店户毗连。镇内设有很多会馆，其中规模较大的有布行会馆、松花会馆、斗木（木工）会馆、银行会馆、东江会馆和西江会馆等，这些会馆是客商住宿和洽谈业务的场所。清中后期，石龙圩商业发展成为广东的重要商埠，与广州、佛山、陈村并称为“广东四大名镇”。

古商铺 古商铺主要分布于石龙老城区，其中中山路最多，至今中山路仍保存有大量民国时期的建筑群。中山路分东、中、西三段，全长 1435 米，宽 16 米，两边设有宽 4 米的人行道，通道上为外延的二楼所盖，形成骑楼。骑楼具有遮阳避雨功能，既方便行人，又方便商家，特具岭南建筑特色。在中山路较著名的商铺有茂华烟铺（高 19.5 米）、王珍金铺、郭忠成金铺、石龙屈臣氏药房，有标志着石龙由手工业加工场向近现代工业迈进的民一布厂，孙中山东征时在石龙设立的大本营兼行营所在的惠育医院，还有 20 世纪 30 年代设立的亚细亚美孚煤油代理商铺，化学肥料代理商如就记、裕生隆、有咸、文生、悦兴隆、聚和等。据不完全统计，石龙鼎盛时期曾有商铺 1500 余个。抗日战争时期，大量商铺倒闭，一些商家抽走资金去香港发展。1951 年，石龙仍有各类商户 909 户，从业人员 4041 人，资金 155.15 万元。中山路不仅是石龙镇在民国时期商业繁华热闹之处，更是石龙古镇数百年商业发展的历史记忆。

商业街

石龙开圩后，区内逐渐形成几条商业街，多以货物交换地命名。居民多以商业为生或从

中山路上商铺林立（2019 年）

事与商业相关联的职业，加之石龙区域不大，所以居住又与商业经营混搭。清末民国初期，依据商业行业及分布特点，逐渐分成十四坊，分别为粤隆坊、存智坊、仁厚坊、沙边坊、庙右坊、庙左坊、平乐坊、绿元坊、东庆坊、阜物坊、胜聚坊、凤液坊、福庆坊、永寿坊。

竹器街 东与百花南路交接，西与中山西路相连，长 123 米，宽 3 米。该街原名“鸣凤里”，即流传的“九庙六桥鸣凤里”的鸣凤里，街名取自“鸣凤在竹”之意，当年还有一块“鸣凤里”石匾。后因整条街都是经营竹制品的箩、长梯、桌椅、雨帽、席等家庭用品，而改名竹器街。此处与邻近的织箩街、竹丝洲相连，于清朝中期形成东莞一带最大的竹器制作销售的商业圈。民国初期，石龙镇内有竹器店近 300 家，从业人员约 2000 人。1925 年，黄埔军校政治部主任周恩来在率东征军驻石龙时，与当地民众举行联欢大会并作讲话后，石龙竹器业所有从业者立即行动，短短几天时间，赶制成 300 把加长竹梯支援东征军攻下号称“千年不破”的惠州城。1956 年，石龙组织生产合作社，竹器业组成葵衣、扫把、藤器、织箩、织窝、杂一、杂二、杂三、竹芯9个生产合作社，仍具规模。20 世纪 80 年代后，由于竹器制品渐渐被其他材料的产品代替，至 2019 年，竹器街只剩下几家个体户还继续从事竹制品销售，其他都转型。

豆豉街 位于中山东社区，东接旗下街，西至面街，全长 159 米，宽 3 米。20 世纪 50 年代前，该街住户多靠晒制及卖豆豉为生。据传，该街有一大豆豉铺，其招牌出自广东才子宋湘的手迹。1969 年，该街改名为红星街。沿街有南北走向的小巷 10 条，其中二巷 5 号曾是 1927 年中国共产党石龙地下市委机关驻地。

面街 位于老城区东区，北接中山东路，南接红星街，长 165 米，宽 4 米。街南（凌屋巷）据说在石龙还未开圩前，是石龙最早的圩市。该街以做各种面食闻名，尤其以寿面最出名，因而叫面街。街中曾有座建于明崇祯年间的龙沙庵，内有一口龙沙井，水清而甜，逢喜庆日，周边居民都来取水。

卖鸡地 位于南边街到北边街一带，在该街旁边是棉布业中心。每逢石龙圩期，农村妇女便将织好的布匹带到棉布中心交易，并顺便带上自家饲养的鸡、鸭到石龙出售。因而在棉布业中心周边便有一南一西两处固定卖鸡的地方。一处在弹花街的最南端，那里曾有一凉亭，叫“卖鸡亭”。另一处在红棉路与竹器街交界处的一片空地，人们称为“卖鸡地”，至今该街仍叫“卖鸡地”。

十四坊

粤隆坊 是石龙最早设立的一个坊，包括果盒街（牛角梳至新街）、牛角梳、凌屋巷、打锁街、和尚墩、沙稔园一带。该坊由于地势较高，早在宋末，已有居民在该处居住，曾为石龙东面一带的中心区。

存智坊　位于老城区最东，包括石龙头路、周屋、旗下街、观音堂、龙庆里等地。民国前一直是经营杉木的商户聚集点，他们主营原木，兼营木器，此处也是东江木材主要集散地。王屋洲岸边对面的江面上，是石龙最大的杉木经营商户存智坊的木排储运点。位于该坊的旗下街，曾是清朝官员（满族）家属居住地。

仁厚坊　包括牛皮街、豆豉街、仁厚里、郭屋等，坊内有一条水道由石龙头经观音堂通过豆豉街到新街口，居民在沿岸洗制牛皮、浸洗豆豉。该坊居民多是手工业者、小商贩。

沙边坊　包括黄家山渡头、石湾渡头、龙庆里，位于石龙与博罗、罗浮山、增城一带的交通要道。此坊是清代的两个军事衙门——游击将军衙门、千总衙门所在地，是石龙早期的市集，也是鱼、菜、瓜、果、谷米集散地。

庙右坊　包括三界庙右面一片地区，三角市、桂芳街、面街都属其范围，是清末石龙富人居住的区域。因在庙左、庙右坊之间有三界庙，两坊名字都来源于三界庙。坊内主要经营谷米及粮油加工，桂芳街是石龙著名的谷米集散地。

庙左坊　位于三界庙左边，包括新街、万胜街、万安街、七贤坊，也是清末石龙富人居住的区域。该坊有石龙最宏伟的3栋建筑物，为茂华烟铺、王珍金铺、郭忠成金铺。庙左坊主要经营东江中上游的松香、纸把、铁锅等商品，还有酒楼、旅业。

平乐坊　包括鞋街、王屋巷、聚龙里、泥围等地，以经营布匹、鞋业的居多。坊内曾建有将军府第，位于今中山纪念堂之北，附近有极乐净寺。

绿元坊　包括东绿元（东市场口以西至太平路口）、西绿元（太平路口至百花路）和豉冬巷（东市场部分）、刘屋巷，是石龙最繁华的中心区，主要经营百货、布匹、文化用品、杂货、山货。

东庆坊　包括现今的中山公园、竹园（元）街、涌笃、横头街（现今名太平路）等地。坊内有太平社学（俗称太平社）、杜家祠，学社对面有布行会馆、天后庙。民国时期，该坊是社团会馆、学校、医馆集中地。

阜物坊　包括棉花街、李屋巷、南边街、布亭街、北边街、弹花街以及其南侧的卖鸡亭等，坊内遍布经营棉花、纱、布行业的商铺，是邻近周边乡村棉花业的集散地。清代，石龙的棉花行业大商人多在棉花街设立棉花会馆。清顺治十四年（1657），清政府在棉馆前立一块碑，名为“勒石永禁”碑，内容是禁止当地文武官员随意写个条子就无偿夺取商户的货物。

胜聚坊 包括背底水、皮糖街、咸鱼栏、鼎华街、麻糊巷、线香街、蒜头街、缕街、果栏街等地，是海产干货、水产品集散地和远近闻名的蔬果批发、转运地。其中的果栏街对面的果栏码头是石龙主要货运码头之一，背底水街是石龙商务分会所在地。

凤液坊 包括海唇街、小西竺、钟屋、北帝庙、三条街、书舍街、双孖庙等一带。因坊内有佛堂、三元观等祭祀场所，故以经营纸把、香烛为多。其中的书舍街因有龙溪书院而名。

福庆坊 包括塘坣头、饱街、竹器街、卖鸡地、织箩街、故衣街、竹丝洲及九龙涌以北一片。此片区地势较高，织箩街与竹丝洲一带是石龙明代开圩时的中心地段，后成为石龙竹器产品的主要集散地。

永寿坊 包括风炉街、龙魁路、和平路、云集巷、建宁里、长兴街、均盛街、新庙、军佬巷、拆船栏、青竹街、汛地、陈家祠、塘边、九龙里、香竹街、墟尾一带。该坊的汛地即石龙水师驻地，坊内的蒲溪码头是增城县石滩、仙村居民从水路来石龙的要津。石龙闻名于东江流域的盐埠就在永寿坊的江对岸（今红海铁路货运站），出入使用蒲溪码头。长兴街尾靠江边处叫戏船头，因石龙邀请外来戏班到石龙演出，他们的红船都停泊在这里，因而得名。永寿坊中的新庙，曾是清代东莞最大规模农民起义——何六起义的指挥中心。

特色贸易与经营行业

粮食 在珠江三角洲中，东莞、增城、博罗等地都是重要的产粮区，不但盛产珍珠米及大赤稻，还种植有省、港两地市民所喜爱的丝苗米、马坝油黏米，还有东莞著名品种——道滘齐眉米。这一带所产的稻米不但著名，而且产量也高。石龙开圩后，很快便成为粮食转运中心。石龙粮商基本上全年无休，且供应量大，占据省港绝大部分的粮食市场，以至每到特殊时期，如大荒或丰收之年，石龙的粮食收购和储存状况会直接影响省港两地的粮食市场价格。清中期，石龙富商蔡殷宝就是靠经营稻谷生意发家，后成为东莞的首富。清末，在石龙桂芳街一带，各种粮食收购及加工大米的商号林立，这些店铺多沿江而建，每家商铺纵深有三四十米，并建有木制楼阁，用作存储米粮。一些较大商号就在对面黄家山另设仓库，以满足存储需要。据当时各家商号仓储记录显示，石龙各大商号共储稻米超过 1 万担。其中“合成”商号存有 3000 余担，一般的商号存有五六百担。每当稻谷收割季节，每天从各产粮地汇集到石龙沿江各大码头的运粮船有数百艘。石龙码头外宽百余米、长数百米的江面，因无法容纳那么多的船只，一些较大的运粮船只能停在石龙头对面的沙河江面上，然后请商行的店员乘小船到船上进行验货议价交易，商行再派大船接货后直接将粮食转运至省港各处市场。许多大宗交易在江上直接完成。镇内各大商号都有固定的货源及销售渠道，有些商号还是省港两地常驻石龙的机构。在老城区北面沙河河口黄家山岸边，也有大批谷船停泊于此，并有专门人员看管，收取治安保护费。

民国时期，《广州国民日报》经常刊登有关石龙的新闻，登载石龙镇内的粮食行情以及商业动向。正由于粮食贸易的兴旺，从而带动石龙许多行业的发展，其中首推酒楼及旅馆业和码头业。不但养活了大批码头工人，同时也衍生出许多依附码头为生的行业，有提供码头工人吃喝的小摊档，有专门为船家看管船只的管理员，还有专门接送那些不能停靠码头的船家上岸出行用的街艇等。

1938 年 10 月，日军侵占石龙。石龙商业骤变为凋零冷落，市场一片沉寂。日军以石龙作为广州外围防御的3个重要地区之一，驻重兵严守，严禁船只在石龙江面上航行。石龙经营谷米业的商人则改在对岸王屋洲交易，但经营环境困难，日资竹腰洋行又协助日军大量抢购粮食，王屋洲谷米贸易不到两年就停止。抗日战争胜利后，谷米业大户则与农村土豪勾结购买禾花，或者操纵谷价。在新谷登场时，压价收购，囤积到青黄不接时抬价 20% 出售。

中华人民共和国成立后，国家重视粮食的采购和供应。1950 年 5 月，中国粮食公司东莞支公司成立，9 月 1 日在石龙设分销处。1951 年，粮食市场逐步为粮食公司和供销社城镇消费合作社占领，粮食价格得到控制。之后，由于石龙粮仓及码头等设施的完善，很长一段时间，石龙仍作为东莞的粮食存储中心，是东莞公粮收储的重地，负责储存周边八九个公社的公粮，粮仓的储存量达到数十万担。

棉花、棉布　明代，石龙附近农村几乎家家织布，有些妇女以织布为生，她们售布购棉，以布兑棉。逐渐在九龙涌之南，相连 7 条街道形成棉布业中心。其中南边街主要批发棉花棉布，北边街主要卖纺织工具，布亭街除卖棉布外还有以棉兑换布匹的交易，弹花街以弹棉胎（棉被用的棉花）为主，棉花街以购销棉花为主，鞋街因卖布鞋而得名。清代，不但官方需要的纱、布到石龙采购，就连广州、香港的棉布业销售商也到石龙采购。清代中期，很多棉花行业大商人在东庆坊（今太平路往东经联合街至新街口段）设立布行会馆。当时，在南边街、北边街之间的弹花街北口，街闸上的麻石横额刻“机杼名枢”4个字（此石碑门楣在20世纪60年代左右遗失）。清代，石龙有首《竹枝词》“每逢四、七、十墟期，抱布来墟并买丝”描述了棉布业的盛况。清宣统三年（1911）十月广九铁路通车，洋货大量涌入，特别是既便宜又漂亮的洋布直接冲击石龙棉布市场，棉布行业逐渐萎缩。至20世纪30年代，机织土布的交易基本消失，布行会馆也先后改为他用。

竹木业 竹木是石龙开圩后成交的大宗商品之一。至清初，石龙在紧靠九龙涌岸边形成两个竹器中心：一个以青竹街、竹篙街、香烛街为主，一个以竹器街、卖鸡地、竹丝洲、织箩街为主。原木销售则在东江北干流南岸的石龙头、石龙尾和王屋洲一带江面上。石龙一带本不出产木材，但东江上、中游山高林密，出产竹木甚多。在以水路为主要运输途径的年代，石龙自然成为东江流域木材主要集散地。当时，东江中上游的河源、龙川等地的竹木（杉木为主），编排顺流而下直抵石龙。在200多米长的石龙头路，两边排列着杉木店，店宽且深，多经营原木，少数兼做加工。原木的出售形式一般是成排进行，在北干流南岸的石龙头和石龙尾江面，长年停泊着大量木排。在王屋洲一带，江面阔三四百米，水流较缓慢，适宜湾泊，因之，王屋洲成为石龙最大的木排集散地。为购销方便，有些大商户就在王屋洲设排行。如熊姓商人在石龙头开设公栈杉铺，在王屋洲的三洲开设寿记排行，因占地面积大，姓熊者居多，有人便把三洲叫熊屋洲。一段时期内，王屋洲木排群曾长达2000米，阔200～300米。每天木排上人来人往，一帮帮木排运走了，又有一大帮一大帮运来。原木大多是石龙商人到河源、龙川等地采购运下，通过石龙销往广州、南海、顺德和香港等地。据统计，石龙有杉木店20多家，规模最大的有广裕隆、广发、广生等，雇工都在20人左右，大宗批发生意在王屋洲进行。石龙另有排行4个，从东到西依次是广兴、超记、三才、公兴。石龙经营的杉木一般分大江杉和小江杉。前者多产于龙川、和平、连平，材质坚实，且易弯曲，是造船的上材；稍次的可作棺木。小江杉多出自河源、新丰、紫金等地，材质较松软，多用作建材或木制品。大小江杉畅销穗、港市场，因此生意一直很好。太平镇因地处珠江岸边，那里的商人也常到石龙采购木材后转售到港澳地区。

1951年2月，九龙边界封锁，石龙原木业失去香港这一主要市场。不久，木材购销受到控制，逐步转入统购统销。石龙木材市场由1952年成立的国营广东省石龙木材场和广东省东莞县木材公司统一经营。1953年，私营商号同发隆、公栈、合栈、泰记等陆续恢复经营木材，但规模很小。每月由东莞县木材公司定额配售杉木 3 ~ 5 立方米，按规定牌价购销。1956 年 1 月，在全行业公私合营高潮中，上述店合并成立杉杂总店，对外用东莞木材总公司石龙木材门市部的名称，1957 年改称石龙木材站。木材公司采购到的木材运到石龙，由木材站代保管、代调、代运、代销，木材来源仍旧是东江上游。

20 世纪 70 年代中期，因东江流域木材资源缺乏，便多从省外的广西和省内的肇庆、广宁和北江的始兴运来，外调到北京、上海、河南、宝鸡等地，主要作建筑模板或矿山坑木。1981 年后，国家逐步开放木材市场，允许木材产区在完成木材上调任务后，超产木材和自留地木材可以自由投放市场，加上铁制夹板广泛使用，木模板改用铁模板，其他木制用品多改作纸质或塑胶，石龙木材销售量逐年下降。

咸鱼海味业　咸鱼、盐、海味大多来自宝安沿海一带，由石龙转售到东江流域各地，此行业店户有 30 余家，其中以福祥号最大。福祥号店主姓陈，其经营的鱿鱼、大虾、虾米、咸鱼等主销四乡及东江一带，有些商品还运到广州一带。福祥号长期与深圳宝安沙井蚝民挂钩，蚝民把各家各户养殖和开采的生蚝集中起来稍事晾干，即运来石龙，有时一天多达 4000 公斤。福祥收货后，即晾晒 3 天以上便转销广州。该行业店户有的还兼营油、盐、糖、豆等副食品，多称杂货铺，散设各处，以经营批发为主的则集中于现中山西路与东江北干流之间的咸鱼栏。有时为抢时间，无论买或卖，多是事后定价和收付款。正因为如此，在日军飞机轰炸石龙后，福祥店有 2 万多两白银货款收不回来。

纸把业　纸把的纸是草纸（厕纸）和土纸，因用竹片扎成捆，分为大包和小包，俗称纸把。商品来源于东江中上游的连平、和平、蕉岭一带，也有由福建长汀辗转运来的玉扣纸，从石龙转销往广州、香港等地。纸店规模都较大，人常称为“纸行”。纸行同时也经营色纸和其他纸料，从佛山等地运来，还经营来自东江的土产，如松香、茶麸、蝉蜕等。据记载，中山中路的一家店，曾因松香着火，松香溶液流到江里，竟使满江通红，可见松香经营规模的巨大。纸把业于 1938 年后萎缩。

金银业（银号）　清代，石龙开始出现兑换金银的金铺，方便来石龙经商的客户。至清末民国初期，石龙有金铺 9 个，分别是郭忠成、王珍、丽兴、日隆、亮记、宏华、协和、成发、又合。这些金铺所存的黄金共约司马秤 260 两。其中，郭忠成、王珍金铺各有黄金 70 司马两左右，另有 30 司马两上下的金铺 2 个、20 司马两的 1 个、15 司马两的 1 个、13 司马两的 1 个、10 司马两的 1 个、3 司马两的 1 个。金铺人员共 55 ~ 57 人，每天销售 1 ~ 11 司马。金铺多兼营银器、珠宝、玉石，货源主要来自广州和民间收购。

郭忠成金铺和王珍金铺最初在牛角梳街，1930年迁至中山中路，是石龙镇20世纪30年代3座最宏伟、最高建筑中的两座。郭忠成金铺位于中山中路17号，坐南向北，平面为长方形，深29米，宽7.3米。高三层，砖混结构，水洗石外墙，沿街的一、二层以骑楼形式跨建在人行道上，方柱直贯三层，顶部设山花，周围筑护栏。二、三层前分别设露台，柱身、露台饰西洋纹饰，罗马柱装饰的卷曲花纹充满巴洛克风格，建筑物山花和楼身采用古罗马装饰特征，骑楼顶部安装有雕花电灯。抗日战争胜利后，石龙商业开始复苏，王珍金铺、郭忠成金铺和新利、莫丰、保兴隆、大成、广纶银号复业，主要业务有存、放、汇款及兑换金、银、外币。

中华人民共和国成立后，严格规定金银的收购统一由中国人民银行办理。1953年公私合营时停业，人员调入商业部门，店铺转为副食行业。至2019年，存金铺旧址1个，即郭忠成金铺。

银行 东莞县第一家银行——中央银行广东省银行石龙经理处于1926年10月11日设立，办理兑换业务，1928年1月撤销。1937年1月，广东省银行石龙办事处设立，位于石龙中山路，开办存、放、汇各项业务，年底接办代理金库。1938年10月中旬，日军侵占石龙，该办事处先撤退广州，后随总行北撤。1945年12月21日，于石龙桂芳街56号复业。翌年5月，又迁至中山中路46号营业。中华人民共和国成立前，总行下达撤退计划，全体员工不予理睬。中华人民共和国成立后，该办事处全部财产、账册保存完整，由南方人民银行东江分行接管，全体员工被留用。

典当业 民国初期，石龙有当押行5个。其中沙边街（中山东路）有大生，竹元街有锟生，长兴街（新庙东）有锦沅，双孖庙有裕成，另一个押行在风炉街。1929年发展到7个，分别是锦沅、锟生、大生及太平路的协吉、卖鸡地的泰盛、豆豉街的恒丰，还有一个大德当铺。1934年减少为3个，分别是锦沅、协吉、泰盛。据当年1月16日《循环日报》记载：石龙当押行往日较发达，押入物品60%以上属九扣三归（押100元给90元，还103元）。因之，该行业被视为第一好行业。不料近来失业者日多，致该行各货滞销。原来农村以旧衣为最大销路，现今贫民饭都吃不饱，哪有余钱买衣服。因此该行当押物积存铺中，堆积如山，一再减价，仍无人过问，除金银器还有销路外，其余一概压低押本，若遇客人赎回，则给予减息，或减一分及二分不等，有的甚至将全息尽减。如看到所押物太旧，（衣服）式样又不合时，除减息外，再减少押本，以便取赎。如此办法，可清货底，得到现银周转。据1934年统计，石龙较有名的当押行有黄锦沅大押，年饷 720 元（银圆）；协吉大押，年饷 720 元（银圆）；泰盛押，年饷 720 元（银圆）。

1937 年，泰盛押在卖鸡地街口对面中山西路建立新址。1938 年，豆豉街丰恒大押被日军飞机炸成瓦砾小丘。日军侵占石龙期间，只存泰盛、锦沅 2 家。抗日战争胜利后，协吉在旧址上新建协成当铺。

民国时期建成的中山路当铺（2008 年）

1950 年，人民政府对工商业登记时，石龙只有两家当押行，分别是协成大押、锟昌大押。其中，锟昌大押固定资本 1375.41 万元（旧币），流动资本 5451.52 万元，从业人员 4 人；协成大押固定资本 425.53 万元（旧币），流动资本 6589.99 万元，从业人员 5 人。人民政府为解决民间短期资金周转困难，将石龙琨昌押延至 1954 年，协成押保留至 1956 年。当押店铺，建筑坚固，一般都有三层楼高，为防劫匪，均设有“炮眼”。其中，裕成大押曾于 20 世纪 20—30 年代多次遭匪徒打劫，每遭一次打劫，大押就多建一重砖墙，后该当铺的砖墙共有 7 重。押柜用石砌成，高 1.7 米，当押人看不到柜面。当押物后，店主发给一张当票作为取赎凭据。当票上面的字写法特殊，称“当体”字，当体字为篆书、草书混合，笔画有规则地加减，连笔直写，以记叙物名、规格、银码，以防止假冒。2019 年，仅存中山西路 1 处建筑和太平路锟生大押旧址。

烟丝业 烟丝业最早出现于清中期，是石龙较兴旺的行业之一。从业人员多来自新会、鹤山等地。烟叶来自江门、鹤山、增城的派潭、清远的源潭和东莞的连平乡、大岭山，黄烟则来自南雄。烟丝经加工后，销向东江中下游各地以及虎门、香港等地。为使烟丝香醇，一般把烟叶储藏 3 年，然后加工成烟丝，烟丝分生切和熟烟两大类。当年，一等顶熟每斤 1 元，二等上熟每斤 0.7 元，三等二熟每斤 0.5 ～ 0.6 元。烟铺除加工出售烟丝外，还有转手买卖的。如从福建购来的烟丝多是有钱人家以水烟袋（筒）吸用，主销中国香港、南洋等地。据 1949 年统计，石龙有颇具规模的烟丝产销商铺 14 个，员工 112 人，日产烟丝 39 条（折 5650 公斤）。其中，茂华烟铺最具规模，营业额最高，烟铺深长 30 米，高 4 层，上有凉亭，至亭顶高 19.5 米，是民国时期石龙最高的建筑物，门口和外墙设计全部西洋化，是中山路标志性建筑之一。茂华烟铺于 20 世纪 80 年代初毁于大火。

代理业 鸦片战争后，洋货（百货）、西药、怀表、五金、火水（煤油）、化肥等大批舶来品纷纷涌入石龙，并有定期航班船来往于香港、石龙。这时，石龙出现 3 家火水代理商（苏柏记代理美孚行、东兴发代理亚细亚、福祥代理德士古），还有化学肥料代理商就记、裕生隆、有咸、文生、悦兴隆、聚和等，它们分别代理卜内门、渣甸、镇源等洋行的化学肥料，年销量 3.9 万 ~ 4.2 万包。另有专门代理美国烟草的商号叶荣华，专门经营西药的屈臣氏。经营方式先由各地分销店提出要货计划，再由代理商将计划交香港有关洋行。洋行按时按量从香港将化肥等货物直调各分销店，分销店收货后将货款交给代理商，最后，代理商付货款给来货洋行。其间，石龙在北干流北岸现港务局办公大楼的东北角，建有火水库、石油库，在黄家山沙河出口岸边建有火水厂。

抗日战争胜利后，代理商品以美国货居多。主要有布匹、肥皂、面粉等和一些新产品如“K 玻璃”（尼龙）袜带、“tt 玻璃”（尼龙）牙刷、“原子（尼龙）布”、火水、肥田粉（肥料）等，其中火水、肥田粉（肥料）销量最大。石龙东兴发号还取得经营美孚洋行的煤油、化肥、水泥的专卖权，控制了石龙以至东江中下游此类商品的销售，年盈利达 80 亿元。进口的其他商品还有香烟、西药、洋表、颜料、罐头、化妆品、五金等制品，出口的货物多为谷、米等农产品。

饮食业

石龙自从开埠后，经商者、从业者涌入，人口激增，一时间成为东江下游的文化和经济中心。石龙不仅成为居民购物的首选地，还促进了与城镇相配套的各类饮食业迅猛发展。

清末至民国初期，石龙在东莞一带享有盛名的茶楼酒家为数最多。其中名声特响的有宣统元年（1909）开业的洪栈，位于建宁里新庙旁。1925 年孙中山到石龙指挥东征时，曾数次前往洪栈品尝其美味独特的点心。1927 年开业的万胜酒家，位于万胜街即中山中路。1938 年开业的陆羽亭茶楼位于太平路，高 4 层，三楼、四楼设雅座，雅座内墙壁挂满字画，使用的茶具极为精致，全部是从景德镇专门订制的。茶客在此既可品陆羽名茶，又可鉴赏字画及精美茶具。抗日战争前，茶楼多以白银计价。上等房座每位茶价 4 分 8 钱（一毫银是 7 分 2 厘重），卡位 3 分 6 钱，大厅 2 分 4 钱，一般的每位 1 分 8 钱。包点、烧卖每碟 2 分 4 钱左右，肉类炒粉、面每碟白银 2 毫。大型酒席 12 人用膳，每席白银 10 ~ 15 元（银圆），15 元的筵席有鲍、参、翅、肚、八宝饭以及甜汤如莲子羹之类，有称“八大八小”者（八盆大菜、八碟小菜）。“八大四小”8 ~ 10元。十大菜并有甜品的5 ~ 7元，九味中型菜的酒席4 ~ 5元。抗日战争胜利后，一般酒席每席港币40 ~ 50元，茶位5分至1毫，烧卖、大包、蛋馓之类每碟一毫半。著名的点心有如心茶楼的牛肉烧卖、洪栈的虾丸，著名菜式有陆羽亭的“凤吞燕”（燕窝炖鸡）、“罗汉扒鸭”，金城酒家的“凤入罗裙”（水鱼边中间放鸡）、“金钱虾盒”“杏王滑吐球”等。除这些知名的茶楼，石龙其他酒家也都有各自与众不同的招牌菜式，而且这些茶楼酒家为满足食客要求，多数经营“两茶、两饭”（早茶、夜茶，午饭、晚饭），酒楼每天从早上5点开始营业，一直到晚上12点后收市。一些高级的茶楼如陆羽亭、品香等，还有女伶唱粤曲及折子戏为茶客助兴。

除大酒家茶楼外，镇内的小食店也有许多特色美食。从20世纪30年代起到公私合营期间，石龙的酒楼食肆东起中山东路，西至红棉路石龙火车站附近，茶楼、酒家、饭店、小食店连绵数十家，其中颇有名气的有新景象茶楼、泰然茶楼、洪栈茶楼、富陞茶楼、如意茶楼、太平茶楼；国际酒家、皇宫酒家、南屏酒家、金城酒家；陆羽亭饭店、六国饭店、三元饭店、广隆饭店、总统饭店、新新饭店、白云饭店、高升饭店、荣记饭店、保生冰室等。

据1938年统计，石龙有茶楼（兼饭市）17家，饭店（不兼茶市）5家，职工399人（粥、粉、面小食馆未计在内）。1947年，由石龙饮食界23名股东合资开办的皇宫酒家，收购邻铺拆建成营业面积850平方米，具有殿堂风格的皇宫酒家推出的特色名菜有西施渡银河、冬卤豪华丁、福禄鸳鸯掌、龙吐玉明珠等。

1950年，石龙有茶楼饭店10家，冰室、甜品店3家，除了2家独资（投资旧人民

位于蒜头街20世纪40年代的茶楼旧址

20世纪50—80年代的皇宫酒家

币 4596.13 万元），其他 11 家都是合股经营。皇宫酒家原股东 23 人仍继续合资经营，职工 30 人，是石龙最具规模的茶楼。1952 年，全镇茶楼合并为 4 个分店。1956 年，石龙有 15 家较有规模的茶楼饭店参加公私合营，成立饮食总店，职工 212 人，其中包括洪栈茶楼、万胜酒家、陆羽亭饭店等。1958 年夏，公私合营饮食总店改为国营。同年 10 月，划归石龙人民公社属下的供销部，称饮食服务组。1961 年撤销供销部后，归县商业局管辖，更名为饮食服务商店。1984 年，更名为东莞县（市）饮食服务公司石龙分公司。

20 世纪 80 年代开始，为改变国营独家经营的局面，大力发展集体和个体商业。1980 年，丽轩商业发展有限公司的石龙人黄栋鸿与人合资开办石龙首家西餐厅——丽轩西餐厅。20 世纪 90 年代初，有石龙宾馆、趣园、林苑、东江、龙轩、金龙、富林、腾龙阁、聚福楼、新和庆、唐人佳等大型宾馆、酒店。其中东江酒店在开办之初，并不对本地顾客开放，以接待港、澳、台同胞为主。

20 世纪 90 年代后期，石龙饮食业出现两个特点，一是快餐店，既有西式的快餐，也有大量的中式快餐，并送餐上门，花五六元可以吃一顿有汤有菜的饭；另一个特点是具有地方特色的食肆，随着流动人口的大量增加而出现，有湘菜馆 8 家、川菜馆 21 家、

富林酒店（2019 年）

拉面店 4 家、东北饺子店和包子店 16 家、火锅店 10 家、西餐店 10 家。此外，还有珍珠奶茶店、桂林米粉店、蛇餐馆、粗菜食馆、闽龙食店等，还陆续有日本料理、韩国料理店开业，显现出该时期食肆的多样化。

石龙的各大酒店都设有西餐厅，也有单独设立的西餐厅、酒吧和咖啡屋。散布在各街巷的小食店 100 多家，有的在通衢大道，有的在横街窄巷，既出售合乎石龙市民口味的传统食品，如各类粥、粉、面以及甜品，也有外省进入的饺子、北方包子之类，品类纷繁。

2019 年，石龙较具规模的酒楼有聚福楼、腾龙阁、聚龙苑、唐人佳等，另有石龙宾馆、富林酒店、西湖酒店、金凯悦酒店等。上述茶酒楼的经营面积都较大，全部为民营或合资经营。在石龙的饮食业中还有一批餐馆，一般不开茶市，有些也卖早点，以经营午、晚餐为主。这类食肆或以环境清雅为名号，或以特色食品为招牌，或以价格适中、方便招徕、满足不同层次、各有需求的食客。

服务业

旅店住宿业 石龙最早的旅店业是明洪武三年（1370）县衙在石龙黄家山设的官办水驿，只招待往来或途经石龙的官员留宿，这是石龙早期旅店业的雏形。随着石龙商贸业的发展，需要在石龙留宿的旅客、商业经营者越来越多。由此，一时间出现许多非经营性的书院和会馆。但这些书院和会馆只接待同宗的读书人，或途经石龙前去省城参加考试的考生。如当时由黄家山黄姓族人开办的江夏书院，一般都是接待黄姓的读书人。镇内的会馆早期也是一样，一般为同乡会馆，如东江会馆、同业会馆等。它们都是非经营性的，只对有业务往来的旅客提供免费住宿，有些还提供免费伙食。后来因商业发展需要，石龙逐渐出现一些经营性旅店，如聚琼楼、平安旅店等。它们对所有求宿者开放，但需要收费。民国时期，石龙旅店客栈数逐渐增加。在日军侵占石龙时期，旅店客栈数大量减少，只有新洲、爱群、平安、新世界等几家旅店。抗日战争胜利后，旅店客栈增至 17 个。旅店一般比客栈大，多在主要街道。客栈为方便走私客，多在离镇区中心较远的火车站附近。旅店设备简陋，为抢生意，服务较周到。旅客登记入住后，男青年服务员即送上洗脸水。

1950 年年末，石龙有旅店客栈 19 个，设有床铺 264 张。1956 年，石龙旅店业被纳入饮食服务系统管理。

20 世纪 80 年代，石龙陆续建成一批高层建筑和高档的酒店，其中东江旅店是石龙改革开放后最早建成、设施最完善、配套最齐全的酒店。1987 年，石龙共有高、中、低档旅店 36 家。1995 年年底开业的西湖酒店，1996 年入住率曾达 96.5%。2019 年，石龙有住宿旅店 31 家。

石龙宾馆 1987 年 6 月开业，是石龙东江旅游中心服务部与香港新城贸易公司合办的企业，是石龙第一家三星级涉外酒店，内有套房 100 间，中西餐厅、百货商场、会员俱乐部等。2003 年，转制为民营企业，按四星级酒店标准重建，称现代广场，并设地下车库、名店街、旅行社、商场、娱乐城、健身室、餐饮、桑拿美容、电影院等。

西湖酒店 1995 年年底开业，为镇办集体企业，是一家多功能三星级涉外酒店，占地面积 4000 平方米，建筑面积 8542 平方米，有豪华客房 56 间，中餐厅经营面积 1800 平方米，西餐厅经营面积 300 平方米，附属设施有商务中心、会议厅等，并有 3000 平方米的停车场。开业后经常接待来自国内外的商务、科学研讨等团体。

富林酒店 1997 年 7 月开业，占地面积 1600 平方米，建筑面积 3.1 万平方米（其中商住房 1.2 万平方米），楼高 29 层，矗立于老城区中心，是一家准三星级旅游涉外酒店。

金凯悦大酒店 2002 年 11 月开业，占地面积 3.84 万平方米，建筑面积 5.35 万平方米，是石龙第一家五星级酒店。有客房 403 间，平均入住率在 61%。有两个中餐厅，经营面积分别为 7200 平方米、1000 平方米，西餐厅经营面积 380 平方米。

石龙第一家五星级酒店——金凯悦大酒店（2009 年）

农贸市场与大型商场

石龙开圩前，在西湖村一带已经形成“三圩九市”。前来交易的不仅有石龙附近乡村的农民，还有博罗、增城两县的农民，销售的产品多是粮食、蔬菜、家禽、鱼类、副食、糖、油、豆、烟叶、肉类等。石龙开圩后，很快成为东莞、增城、博罗 3 个县农副产品集散地。当时的肉、菜和副食多在织箩街、百花南等街道摆摊出售。

中华人民共和国成立后，新建东市场和西市场。1986 年，撤销西市场，投资 150 万元建成面积 9000 平方米的石龙新市场，内设固定摊档 220 个、临时摊档 700 个，上市商品近千种。20 世纪 90 年代，随着通信和交通的发展，商业出现较多的连锁店，一家商店分别在几个地方开设分号，经营同类商品。首先是糖酒公司设立的美佳超市，其后陆续发展，以至跨国公司如麦当劳、肯德基等也在石龙设店，也有代销厂家产品的代理店。进入 21 世纪，随着大莹服装城、西湖服装批发城、金口服装批发城、西湖电子城、西湖电脑城、忠维服装批发市场以及一批大型商场的开业，石龙迅速成为东莞及周边镇区知名的购物、休闲、游览中心。

石龙商贸市场　1985 年 7 月开业，位于绿化路与兴龙路之间，占地面积 8800 平方米，建筑面积 7500 平方米，场内有店铺 38 个，固定摊位 400 个、临时摊位 150 个，分鱼、肉、菜、水果、大米、“三鸟”（鸡、鸭、鹅）、京果、海味、花鸟金鱼等 20 多个行类。商品来自多个省份，经营者也大多来自全国各地。市场人流量每天 1.5 万人次，每天商品成交量约 50 吨，成交额 30 多万元。市场管理人员每天测定场内衡器，检查蔬菜、水果残留农药情况，每月评选“文明档户”。1995—2005 年，连续获东莞市工商局和市文明办授予的“东莞市文明市场”称号。1998—2002 年，获广东省工商局和省文明办授予的“广东省文明市场”称号。

西湖综合市场　1997 年开业，2 层，建筑面积 2.5 万平方米。首期投入使用 7000 平方米，设 50 个店铺、500 个档位，一层分区经营水果、蔬菜、粮油、咸杂、肉类、“三鸟”；二楼为服装、日用百货。

金沙湾购物广场　是东莞市龙田贸易有限公司旗下的企业，经营面积 6 万平方米，4 层，设有 24 部自动扶手电梯、8 部客货电梯，另有 3 万平方米的大型停车场，是当时东莞区域规模较大的综合商城之一。其中一、二层于 2001 年 10 月开业，首层是综合商场，二层是日用百货超级市场。三、四层于 2002 年 10 月开业，三层是电器城，四层是综合娱乐城。该广场集饮食、娱乐、购物、休闲于一体，是石龙及周边镇知名的购物、

金沙湾购物广场开业（2001 年）

休闲商厦。

汇联商业步行街 由汇联商业发展有限公司投资，位于新桥路，2003 年 11 月开业。商业区内设 5 条步行购物街和停车场，经营面积 1.5 万平方米，有商铺 250 个。入口处有 3500 平方米休闲广场，设有大型电子屏幕。步行街商城兼具零售、展览、批发功能，有著名品牌服装、鞋类、化妆品、精品、饰品、床上用品、美容美发、南北风味美食、音像制品、书城、通信器材和电脑等产品，休闲广场则经常举办文艺表演和风情美食节，为石龙及周边镇区的人们提供游览、购物的地方。

新维沙头角商品综合商场 20 世纪 80 年代初，开始有港澳同胞返乡探亲带回的礼品及走私妇女从深圳沙头角带入的洋烟酒、家电、药品、日用品、食品等港货临时在此设摊摆卖，日渐形成港货交易场所，人称“石龙沙头角”。之后，新维村顺势建起简易档位，供其摆卖，成行成市，“买港货，到石龙沙头角”一说在石龙周边镇乃至广州闻名。经过 20 多年的扩充改造，沙头角路、维新路、新泰路、新安路和新维路均纳入沙头角商品综合商场。全场设 10 个分场，有近千个摊档。

富升百货公司石龙店 2002 年 8 月开业，营业面积 2 万余平方米，经营采用规模化、标准化、采购中心化、电脑化、配送一体化、形象统一化模式。该店装修具时代感，是石龙标志性商厦之一。所经营的家用电器、通信器材、黄金珠宝饰物、日用百货、针纺织品、鞋类、化妆品、食品、糖烟酒等，档次高、品牌多，内设的鲜活肉菜、风味熟食、盘菜很受欢迎。该店连年被评为东莞市“消费者满意企业”“先进民营企业”。2004 年，获省“诚信经营百货商店”称号，曾被广东省连锁经营协会评为“优秀门店”。

天和百货石龙店 2010年12月18日开业，是天和百货的第九家分店，位于石龙核心商业区。该店是集时尚百货、精品生活超市、餐饮、娱乐、休闲等配套项目于一体的综合性购物中心。其中的精品生活超市销售进口商品占商品总量的10%～20%，70%～80%为国内一线品牌商品。天和百货石龙店高6层，总营业面积3.3万平方米，涵盖黄金珠宝、化妆品、钟表、皮具、男装、女装、手机通信、儿童用品、床上用品、休闲装、运动服、数字影院、美容院、餐饮、娱乐电玩、商务宾馆、精品超市等，是石龙第一家档次最高的综合购物中心。

石龙汇星商业中心 2016年11月30日开业，位于石龙新城区京瓷路。中心是一个由多元物业组合、多主题的商业都市综合体，总占地面积4.05万平方米，建筑面积18万平方米，由沃尔玛旗舰店、铂金公寓、超甲级写字楼、主题商务酒店、情景步行街和风情美食广场组成。汇星商业中心是聚龙集团历时3年，在石龙新城区开发的城市综合体项目，也是当时东莞地区规模较大的城市综合体项目。

石龙五金电子批发市场 2001年11月25日开业，占地面积2.3万平方米，是当时全国镇级规模最大的五金电子批发市场。场内有商铺123个，有1500平方米的展销广场，10万平方米的储存、周转仓，3900平方米的商务宿舍等。商场经营各类机械电动工具、测量工具、园艺工具、消防器材等，年平均成交额超过7.3亿元。

东莞石龙西湖服装批发城 位于石龙镇西湖三路，主营服装。2006年2月起招商，引进香港、广州、汕头、河南、湖南、安徽、福建等地的厂家进场经营。该批发城由

汇星商业中心（2016年）

周边多个批发市场环绕，楼高5层，经营面积1万多平方米，首层面积3000多平方米，商铺130多个，二楼设服装、服饰、辅料、日用品批发场地。三楼设美容、办公服务。四楼、五楼设酒店房间70多个。

贸易与通邮

随着石龙商贸的迅猛发展，商人与外界的联系日趋频密。为及时了解外界的动态，以及将本地的信息带出去，石龙在清光绪二十八年（1902）就设立邮局，同时开办电报业务。直到抗日战争前，东莞全县的海外电报业务都只能在石龙电报局办理。其间，为扩大信息交流，广州、香港一些大型报纸业在石龙设发行点，不但将各地的信息通过报纸带到石龙，同时也将石龙的商业信息反馈到各地。许多省、市一级的大报，也会经常报道石龙社会及商业动态。

包裹 清光绪二十八年（1902），石龙开展包裹邮寄业务。1919—1929年，平均每天收到包裹40多件。其中60%为私营商店使用，一般民众用邮较少。1947年，广东邮区开办特快包裹业务线，其中有两条都经石龙：一是广州至惠州经水路，邮程两天；二是沿铁路，广州至深圳，邮程一天。据统计，1947年石龙第四季度挂快邮件月均1375件，1948年第四季度挂快邮件月均1129件。中华人民共和国成立后，包裹业务有了明显发展，每日20多公斤。1959年经济困难时期，石龙邮局收到从香港、澳门寄来的包裹件数骤增，库房经常堆满。20世纪80年代后，国内物资供应充足，因而包裹来往数量大减。2016年，收到包裹约2万件，大多数是商品货物。

信函 信函是石龙邮政业务中开展最早、最普通的一类。清光绪二十八年（1902）前，石龙平信每封收费为白银4分，全由寄信人付费。后实行寄信人和收信人各付50%。同时，国内平信降为收费白银1分，而在石龙镇内则更降半分。1919—1929年，石龙邮局平均每天收到信函500多件。中华人民共和国成立后，镇内平信人民币4分，国内8分。1979年后，分别升为1角、2角。2019年，镇内平信邮资人民币0.8元，国内平信邮资人民币1.2元，全年收发邮件约10万件。

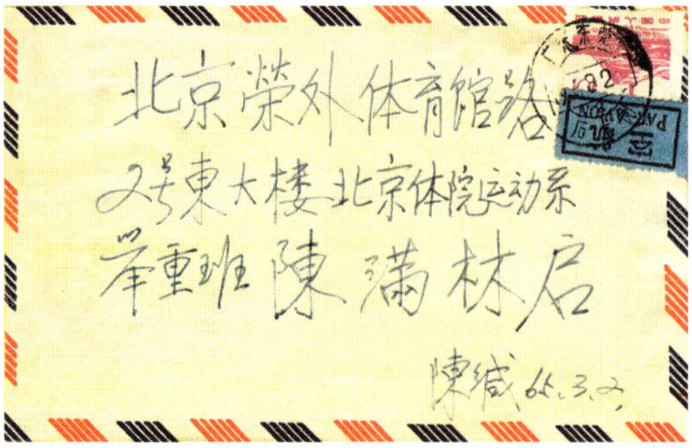

1965年陈满林打破世界纪录后，他的父亲写信祝贺并鼓励他继续为国争光

报刊发行 明万历年间，石龙曾出现《京报》，由民间设立的报房公开叫

卖或接受订户，读者群为官吏、豪绅和巨商。民国时期，报刊发行掌握在私营报社手中。报社对订户通过雇用的送报员投送或交邮局按新闻纸类邮寄，石龙的报刊发行由少数私人掌管，先以 8 折价批发给私人报贩，沿街叫卖或到茶楼、车站、学校等地推销。报刊主要来源为广州和香港，从广州来报有《广州国民日报》《现象报》《华报》《国华报》等，香港来报则有《墨岛日报》《华侨报》《工商报》等。当时《广州国民日报》经常刊登有关石龙的新闻，报道石龙镇内发生的重大事件和商业动向，尤其是商业信息与省、港、澳各地的市民日常生活息息相关。

中华人民共和国成立初期，报刊投递在邮局办理，初由新华书店转来。1950 年 9 月改为直接办理，办理的报刊由《人民日报》开始，以后增加有其他报刊。1964 年，石龙邮政局负责石碣、石排、企石等公社 43 个生产大队、520 个生产队的报刊投递业务，邮程 231 千米，设代办所 11 个，报刊发行总量达 88.98 万份。1965 年，增至 95.84 万份。20 世纪 80 年代后，书报摊亭遍布石龙各地。至 2019 年，报纸都改由便利店出售。邮政报纸投递实行早报早投，一日 3 投。

汇兑 邮政汇兑分国内汇兑和侨汇两类。国内汇兑有普通汇票、高额汇票、电报汇票等多种，而以普通汇票使用最多。清代，民众银钱寄送均赖商旅、私人捎带或民信局传递。清光绪二十七年（1901），石龙邮局开办汇兑业务，当时只办普通汇款，寄递小额汇款。每张汇票以汇洋 10 元为限，由邮局发给汇银收据一纸，封入信内寄递，承总邮局见票汇款。光绪三十年（1904），汇银收据改为三联单汇票，凡火车、轮船通达局间互相汇兑，每张以 50 元为限，非火车、轮船通达局间互寄仍以每张 10 元为限。1919—1925 年，石龙平均每天开出汇票 50 多件。1939 年石龙办理汇兑 1316 件，兑付款 3.03 万元（银圆）。1940 年，上升到 7726 件，兑付款 15.34 万元（法币）。1941—1945 年，汇兑几陷停顿。抗日战争胜利后，社会不稳，货币贬值幅度大，不仅商业受打击，连外地的汇兑商人也宁愿通过私营银号进行交易，因而邮局汇兑业务停顿。中华人民共和国成立初期，汇兑业务稍有恢复，但都是个人汇兑，单位汇兑改由银行办理。

侨汇 又称侨批，是经营华侨汇款的专门业务。自宋、元始，东南沿海穷苦民众迫于生计而漂泊海外者延绵不绝，其中又以澳门籍者居多。石龙华侨多散居于南洋一带，往往一去多年，杳无音信，异国他乡两地牵挂，期盼一纸家书。最早的侨批递送者是船工和水手，逐渐发展为“水客”，专门为华侨捎带信件、银钱回乡，赚取佣金，以后逐渐形成专业。开始，小额侨汇由私商办理，先由双方物色殷实的商号担保代理，并定期交由“水客”带回家信及凭证交有关商号兑现。清光绪元年（1875），广州鸿雁信局为最早经营侨批业务的批局。侨批局在港澳和南洋各地设商号、联店和分号，其经营方式一般为在国外登门逐户收揽汇款并代写批信。收款后，造簿登记，出给收条，等国内回批寄来，再将收条换回。对无固定职业和住所的侨胞，采取店前收批，回批到后挂牌招领办法。如有担保，还可赊账收批，于国内家属收到并寄来回批时再收回赊账。1939年，广州成立华侨汇票开发局和票款供应局，东莞区内设石龙等12个邮局。从此，邮局也通汇侨款，开办侨汇业务。邮局汇款办法则按照国际邮章之通汇方法办理，即与华侨银行联络，签订合约。凡侨汇经由华侨银行汇入省内，华侨银行发通知单交邮局代送汇款。邮局派专差送交收款人，但不取分文。专送侨汇者称侨汇跑差，石龙局雇请1名。侨汇跑差按日雇用，至月底计超出每月70件之数，方可按月雇用，补发薪金。据1944年统计，石龙邮政局办理侨票700万元。中华人民共和国成立后，国家实行外汇管理，侨信与侨汇由邮局与银行各自分营。

电报　清宣统三年（1911）广九铁路建成，省政府即在石龙设电报分局，业务种类有官、商、特、寻常4种。因使用有线电报，当时石龙群众称拍电报为“打铁线信”。1934年，东莞县设置电报局5个，办理国内外和船舶电报业务，但都通过石龙电报局发出。日军侵占石龙后，石龙电报局停办。1946年1月，省政府在石龙复办邮电局。1947年下半年，增设石龙—广州、石龙—深圳、石龙—樟木头等线路。但因时局不稳，经济萧条，至1949年年初，全县只剩下石龙—广州1条线路。1956年，无线电报与电话合营，以话传方式收发报。1966年，东莞县设石龙等有线电报电路7条。1983年，电传报路在莞城与石龙间开通，石龙只需负责石排、茶山等地的传报。之后，随着通信事业的高速发展，1997年，石龙停止电报业务。

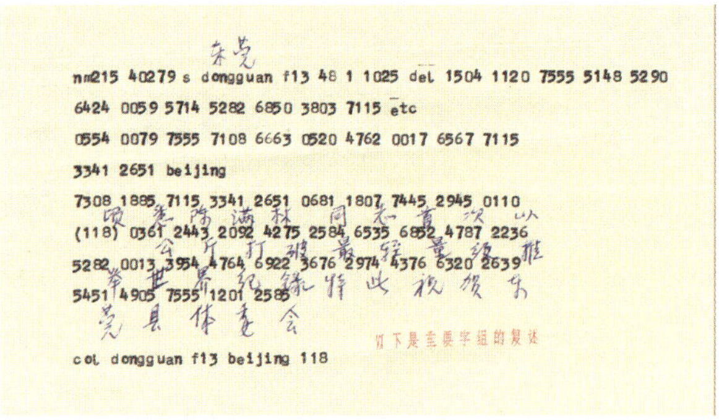
nm215 40279 s dongguan f13 48 1 1025 del 1504 1120 7555 5148 5290
6424 0059 5714 5282 6850 3803 7115 etc
0554 0079 7555 7108 6663 0520 4762 0017 6567 7115
3341 2651 beijing
7308 1885 7115 3341 2651 0681 1807 7445 2945 0110
(118) 0361 2443 2092 4275 2584 6535 6852 4787 2236
5282 0013 3954 4764 6922 3676 2974 4376 6320 2639
5451 4905 7555 1201 2585
col dongguan f13 beijing 118

1965年2月27日，陈满林以118公斤成绩打破最轻量级推举世界纪录时，东莞县体委发出的贺电

快递　2000年，石龙邮政分局开办速递业务，并在珠江三角洲一带实现上午收、下午递，下午收、次日递。2004年，推出“次晨达”“全夜航”业务。同时，积极拓展3000元以上协议客户。至2019年，有合作客户92家，揽收

散件近 10 万件。此外，镇内还有顺丰快递、圆通快递、全一快递、白马快递、中通快递、申通快递、韵达快递、德邦快递、UPS 快递等。

进出口贸易

转运中心 石龙地处东江咽喉。东江上游惠州、河源、老隆一带的货物都以石龙为集散地。广州和西江的各项商品，也须经石龙转运至东江上游。

石龙的进出口贸易于清道光二十年（1840）后迅速发展，大批产品供应香港市场，并通过香港转运到东南亚各国。其中最多的有木材、土纸、黄麻、寿枋（棺材），以及各类竹制品，石龙商人也从香港运回各类洋货在石龙销售。清同治元年（1862），从石龙至香港有定期航班来往，方便两地货物运输。当时，世界较有名的几个石油生产商在石龙都有代理商号。镇内还有很多既卖国产货，又兼营进口货的商店。只要香港市场有的进口货，石龙都有销售，而且还通过石龙代理商灵活销售方式，销往周边城市及乡镇，特别是煤油、化肥等，迅速被当地百姓及周边的镇街、增城、博罗一带的农民所接受。

清宣统三年（1911）广九铁路通车后，石龙利用火车运送蔬菜到香港的数量日益增加。据广九铁路局统计，仅 1936 年，由石龙火车站运送到香港的蔬菜就有 5 万多吨。

抗日战争胜利后，石龙的洋行从香港进口各种各样的美国货，如布匹、面粉、水泥、煤油以及尼龙产品。进口的香烟、洋酒、紧俏西药、罐头、化妆品等，不仅在石龙畅销，还销售到邻近周边的市、县。

中华人民共和国成立初期，由石龙"联合"商行发送到香港的蔬菜，每天有 6 节火车车厢。销售的蔬菜品种繁多，凡石龙周边农村种植的，都在销售范围。特别是石龙西湖、黄家山种植的韭黄和节瓜，最受香港人欢迎，经常出现供不应求的现象。

东莞石龙出口站 成立于 1973 年，其前身是石龙镇内原有的私营和联营进出口企业。为方便运输，地址设在距离石龙火车站只有数十米远的一块空地。该站主要出口当地及周边乡镇出产的特色蔬菜。20 世纪 70—80 年代，惠阳地区销往香港的农产品大多集中在石龙，由火车运往香港。

博罗驻石龙出口转运站 鉴于石龙的铁路及海路运输的便利，惠阳地区博罗食品进出口公司于 20 世纪 60 年代在石龙设置出口转运站，将博罗县的农产品经石龙转运至香港。站址设在石龙火车站西侧，紧靠火车站货运场。其规模最大时，占地面积近 3000 平方米。站内设有鸡、鸭、鹅及生猪转运场和腊味加工场，所生产的腊味全部供应香港市场。此外，在博罗县紧靠石龙的石湾镇与园州镇，各设有蔬菜收购点。每天早上，两个收购点所收购的新鲜蔬菜全部由石龙水上运输公司的船只转运到香港。而收购的“三鸟”（鸡、鸭、鹅）、生猪及腊肠、腊肉、腊鸭等腊制品，则从石龙由火车运至香港。由于该站行政上属博罗县管辖，而地点却在东莞石龙，该站的管理人员全部由博罗县委派，职工则全部是石龙人。

石龙进出口货物装卸点 1985年11月，广东省人民政府口岸办公室批准开设石龙港装卸点，1986年4月投入使用。石龙港河面宽约120米，北河道是东江主流，设一级航标，是船舶从石龙往香港运送商品的必经航道，石龙—香港航线可航行100吨级船舶。

石龙港分新旧两个港区，旧港区位于东江南岸的石龙镇北部，靠泊能力300吨，主要进出旅客及货运（煤、百杂货），设有客运站和仓库各1个；新港于1975年8月1日建成，是东江及珠江三角洲一带水铁运输中转港，设有专用铁路直达港区。水（运）转铁（运）大宗货物有食糖、铁矿、松香、废钢、木材、农副产品，铁（运）转水（运）的大宗物资有煤、磷矿、非金属矿石、钢材、水泥、化肥、百杂货等，货物吞吐量占全港的35%。石龙进出口码头有石龙中心码头（装运杂货出口）、黄家山码头（专运长城石灰粉出口）、水铁码头（主要装运粮食、饲料、矿砂出口）、西湖村码头（主要装运来料加工货物出口），4个码头总长1420米，泊位26个。

制造名镇

工业门类

石龙手工业从明朝中期开始，伴随着城镇商业的发展，刀、钉、铜煲、铁鼎以及焊铜焊锡等小五金制品需求日增。到明清时期，石龙形成数条以小五金、打石等手工业为主的街道，如打锁街、打石街等。清宣统二年（1910），石龙人黄美寿创办石龙第一个手作坊工厂——福和草席厂。从此，个体手工业也慢慢向作坊化转型。其中，竹器业是石龙的支柱产业，聚集了邻县增城、兴宁、梅县一带数千名竹器手工业人员在石龙从事竹器编织作业。同时，因石龙是东江流域的谷米、花生（油）集散地，大米加工和食油加工亦成为石龙的一大产业。20 世纪 50 年代，石龙先后开办合资联营的大同纸厂、石龙火柴厂、永光明电池厂等较大型工厂。改革开放后，石龙镇政府大力开展招商引资，吸引大量外资企业在石龙落户。至 2019 年，石龙制造业涵盖数十个门类，主要涉及光学、电子、医药、服装、食品、饮料等领域。

粮食加工　中华人民共和国成立前，石龙与顺德陈村同为广东最大的稻谷集散地。

明末至清代中叶，石龙米店出售的大米全用小石臼、小碓生产。清代后期，开始用大石臼舂米。舂米全用人力，一个健壮的工人一天也只能生产 50 ~ 100 公斤。

随着粮食行业的发展和竞争激烈，石龙商人不但收购稻谷，还进行大米加工。开始商行都只是作为一种附加产业，但随着大米加工机械化的发展，到民国初期，石龙大米加工已成为石龙一大支柱产业。这时，石龙有具备自己加工、销售能力的米店 100 余个，其中以德安和裕荣的设备最好，资金最雄厚。抗日战争胜利后，石龙有机械化加工大米（当地人称这些加工厂为“米机”）企业恢复至 7 家，由东至西分别是利丰、大同、合丰（后改名裕丰隆）、利民、大安（原均安、德安米机厂处）、裕荣和厚隆泰（厚隆）。石龙每年加工大米量达 1500 万公斤，从业人员超过 200 人，这些米机厂占地面积都超过 1000 平方米。米机厂的开办者都是资金雄厚的商人，并兼营其他生意。如德安米机厂的老板，还创办石龙第一家机械织布厂——民一布厂。另外，还有些较小的米机厂，主机也有 30 马力。米机厂不仅经营大米，且直接经营稻谷买卖，一般囤积谷物 200 ~ 300 吨。所有米机厂均紧靠东江北干流南岸，方便水路运输；大多深长 40 米左右，都有两层木楼房，二楼作住房和仓库，以防洪水淹浸。还有些米店也加工稻谷，但用的不是机器，沿用旧的舂米方法，主要有富兴、两盛、注安、同安、罗波记等 17 个，每个雇用“舂米佬（工）”2 ~ 4 人。

1937 年石龙米机情况统计表

表 6

厂名	厂址	资本（万元）	年产量（万司斤）	原动力（台）	职工人数（人）	
					职员	工人
厚隆米机	龙魁路	2000	800	油渣机 1	14	16
利丰米机	中山东路	3000	240	油渣机 1	11	21
大同米机	中山中路	2000	240	油渣机 1	10	21
大安米机	中山中路	3500	120	木炭机 1	19	14
裕丰隆米机	中山中路	3500	280	油渣机 1	11	13
利民米机	中山中路	2000	300	油渣机 1	11	22
裕荣米机	中山中路	3500	520	油渣机 1	15	12

说明：1 司斤 = 604.79 克

1938 年日军侵占石龙后，仅有 3 个米机厂维持生产。其中，裕荣米机就在日军驻地大门口，因日军与广州、香港都需要大米，不得不允许米机业存在。1944 年，均安厂在原德安米机厂的基础上开办，地点在日军宪兵部附近，所用设备是上海协同和生产的 60 匹柴油机，是石龙米机两部最大的发动机之一。

抗日战争胜利后，各米机厂在主产大米的同时，均经营稻谷，大安米机厂还生产少量面粉。合丰厂还在东莞县桥头、大朗两地设有米机，在广州设有米店，利润丰厚，投放的资金只用一年便全部赚回来。至 1949 年年初，镇内的米机厂股东共有三四十人，只有利丰、五丰为独资；从业人员近 200 人。

中华人民共和国成立后，粮食逐步由国家统购统销，7 个米机接受社会主义改造，合并成立石龙粮食加工厂。1959 年，该厂成为国家粮食部门定点生产厂，后改称石龙粮食制品厂。1984 年，石龙粮食制品厂生产面粉 240 吨、面饼 1034 吨。1987 年，生产波纹面饼 1526 吨。同年 10 月，与广东省农业科学研究院生物研究所一起试验生产新品种黑米排粉，开创出高营养品种。

食品加工 食品制造是石龙传统产业之一。石龙开圩前，农民就用甘蔗榨汁煮糖，再加工成糖果糕饼。最大宗的磨米粉、面粉和米制品，原来都是单家独户手工操作。1956 年，合作化高潮中，磨粉、河粉、切粉 3 个行业合并成立磨河切粉社；1960 年，改为食品社；1962 年，改为石龙食品厂；1982 年，与广东粮油进出口公司联营，改名为广东石龙粮油食品联营厂。在此变化过程中，陆续生产出著名的孔雀牌方排粉、孔雀牌即食粉。“孔雀牌”米粉在外销市场中享有广东米粉五大王牌之一的美誉，1982 年、1984 年，分别获广东省出口米制品行业评比品质优良奖。1983 年，获对外经济贸易部优质产品荣誉证书。

东莞米粉 1964 年开始出口，年出口量 20 ~ 30 吨；1971 年，转由东莞粮油食品进出口公司经营，出口量增至 1049 吨，创汇 22.56 万美元。1978 年，东莞第一批即食米粉 13.5 吨试销香港，以后逐年增加。1985 年，即食米粉开始进入苏联、东欧市场，随后扩展到美国、日本、澳大利亚、毛里求斯、法国等国。

“孔雀牌”米粉（包括即食粉）系选用优质大米作原料，经浸泡、研磨、挤压、蒸煮、烘干等工序制作而成，具有颜色洁白、粗细均匀、油润透明、爽脆油滑等特色。1987 年，出口 3932 吨，创汇 166 万美元。

石龙著名的食品制造产品麦芽糖和糖柚皮，最早可追溯到清朝末年。麦芽糖由李稔的“李全和”商号生产，后又推出糖柚皮。民国初期，“李全和”日产麦芽糖 150 公斤、糖柚皮 50 公斤，主要销往广州、香港、澳门等地，出口新加坡；1956 年，组成麦芽糖生产合作社；1960 年，出口 15.9 吨，创汇 1403 美元；1970 年，出口 300 吨，创汇 4.06 万美元，麦芽糖、糖柚皮由香港、澳门，转口至新加坡、荷兰、美国、英国、加拿大等 10 多个国家和地区；1980 年，出口 274.7 吨，创汇 9.55 万美元。1987 年，出口 215 吨，创汇 10.62 万美元。

竹器加工 明嘉靖年间，石龙竹器行业以家庭成员为主，集生产、贮存、销售于一店，故竹器街店铺深长大多在二三十米以上。数百年来，竹器主要做成农具和家具。

编竹器的工人（2012 年）

19 世纪，石龙有竹器专业街道 7 条。除了竹街（后叫旗下街）在石龙头以方便随木排而下的原竹销售外，其他 6 条均集中在西部九龙涌边，其中青竹街只营原竹，竹器街只营农具、家具，品种逾百种，产品销往周边乡村。

民国初期，石龙约有 300 个竹器店，大多是厂店合一，集产、销、存于一体，家庭与厂店同在。以夫妻子侄劳作为主，也有收工人、学徒的，但一般只收 1 ~ 3 人。全镇竹器手工业者近 2000 人。因工具简单、工艺易学，凭一把竹刀、一张竹锯便可生产。手工业者多是来自增城、兴宁、梅县一带的贫农，他们从小劳动，逐渐成为熟练劳动者。抗日战争时期，有些手工业者避难四乡，其生产技术也随之传到附近乡村，东莞农民自行种竹、织竹器者渐多。

中华人民共和国成立初期，镇政府为解决就业和发展农业，动员 3000 多人回乡生产，其中有部分竹器工人。1953 年，组成织箩、织窝、藤器、杂类 4 个供销合作小组，后发展到多个竹器供销合作社。1956 年，全镇按生产品类成立葵衣、扫把、藤器、织箩、织窝、杂一、杂二、杂三、竹芯 9 个生产合作社，并成立竹器联合生产合作社。1959 年，统一成立竹器厂。1964 年后，不少农村生产队自行生产、修补竹器农具，石龙竹器业产销量下降。其间，竹器厂组成技术革新小组，研制出破竻机、莲花刀等多种机械，实现竹器生产半机械化，减轻劳动强度，增加产量，手工工艺也有明显提高。所生产的“工农”牌竹箩，质量被评为全省第一名。省有关部门曾组织全省同行到石龙参观学习。之后，鉴于附近农村普遍自制竹器，同时塑料等现代原料逐渐代替竹木，竹器厂逐步转行。至 2019 年，仅有几家个体户继续经营。

木器加工 石龙是东江木材主要集散地，因此木器制作业兴盛。东江中上游的龙川、和平以产大杉为主，俗称大江木材，木质坚实，是造船、寿枋的上材；中游河源、紫金等产区以产杉木、杂木为主，多作建筑材料和作农具、木屐等，谓之小江木材。这些木材，都在石龙集散，故在清代已有造木船、家具、盆桶、农具、寿枋、木屐等作坊。清顺治十八年（1661），石龙沿江北面，已有店铺修造木船艇。民国初期，石龙木器店铺林立，有海利、永兴、怡兴祥、合利、唐南记、莫文、姚棠记、荣利隆、福兴和等 250 多个，有手工工人 800 多人。另外，在石龙头和忠维河边寿枋铺林立，有福兴祥、广发、德寿号等 59 户，工人 1161 人。寿枋主要销往广州、香港、澳门等地。1956 年 1 月，木器行业联合成立生产合作社，有木一社、木二社、木三社、木箱社和木屐社、造船社。1958 年 8 月，合并成立石龙木器合作工厂，以生产农具、家私为主。1962 年，生产的优质床、台、椅、柜进入广州市场。在佛山召开的全省农具评比会议上，该厂生产的禾桶、便桶获一等奖。1965年，增加新产品——自动上谷风柜、九尺水车、粉碎机、统糖机，其中自动上谷风柜因设计、质量受到农业部的表彰。1970年，生产木制折椅、双凤朝阳大衣柜、嫦娥奔月男装柜、孔雀开屏龙凤床等具有民族特色的木制家具。其中木制折椅大量出口，销往中国香港、中国澳门和东南亚地区，产品质量受到外贸部好评。1972年后，石龙有隶属东莞二轻工业系统的石龙木器厂、石龙家具厂、石龙木制品厂、木箱厂、造船厂，另有部分属镇、队办企业。1975年，石龙木器厂被省革命委员会授予"工业学大庆先进单位"称号。1987年该厂因木材缺乏，转营服装加工。石龙木箱厂主产木箱、家私、盆桶、木屐，月产木箱2.5万只，男女装白屐、漆屐、花屐7000对。其中绘制的"米老鼠"木屐受到群众的欢迎，名牌产品"高安"女装屐销往香港。20世纪80年代，木屐渐为塑料拖鞋代替，木屐停产。后生产仿古红木家具有草龙洋花茶几和云龙圆台、椅等，精雕细琢、古色古香，深受广大用户欢迎，年产值40万元。

纺织 明朝，石龙和附近一带很多妇女以纺织为生，甚至连五六岁的女孩都会缫丝织布。因石龙织出的白布（东莞称之为大布）质厚、耐穿。当时，在仅100多米长的南边街就有南兴、顺兴、升隆、惠安、国利、达源等20多个布匹纱铺，纱商从广州采购棉纱，经水运至石龙。每逢圩期，商人雇挑夫到圩市换曲布，回石龙售与布行。乡间妇女以布换纱，剩余的白布除自用外，大多到布亭街摆卖。清咸丰十一年（1861）以后，洋纱、洋布逐渐输入。石龙纺织业日趋萧条，手工业者大批失业。及至民国时期，人们大多不用自织的白布，到市场购洋布。一些贫穷农民仍用自织的白布，再用薯莨漂染做衣服。1929年，石龙德安米机的老板与几个商人合股开办石龙民一布厂，由香港引进艺新机械厂制造的织布机60台，其中12台穿梭机、48台平口机，有工人160多名，其中女工100余人。棉纱从上海购进，染料、

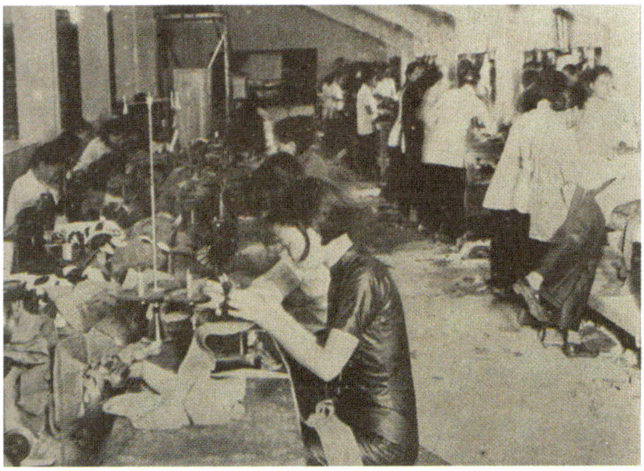

20世纪50年代初服装加工厂的女工

发电机由德国进口。生产的布厚实，棉纱幼细耐用，深受当地市民及港澳同胞欢迎，并形成品牌“民一布”，在东莞、增城、博罗数十个县成为抢手货。20世纪30年代，由于洋布大量输入，价廉而款式新颖，民一布厂难以竞争，于1932年停业。

抗日战争时期，日军曾利用原民一机械恢复生产，不久又停工。抗日战争胜利后，石龙有毛巾厂4家，家庭式织毛巾手工业有4～5户。织布厂有天华、球记两家，其中球记有十多台织布机，多织白布、格布，也织蚊帐，直至1955年停业。

1955年，石龙镇政府组建机缝生产合作社。1957年，因棉布实行统购统销和计划供应，经常出现停工待料状态，社员下放到各街道摆档缝衣。1959年，社员组成若干小组分别下乡承接来料加工服装，主要制作童装和女装，每年各做2000～3000件。1972年，与石龙棉布批发商店、广州服装批发商店建立来料加工和购销关系，年产童装约4000件、女装约2万件。改革开放后，停止生产童装，转产西装，偶尔生产牛仔裤。1978年11月，筹办石龙服装一厂，采用“三来一补”方式大量吸引外资。1979年春，进口最先进的衣车数百台，招收工人500名，开始服装的现代化生产，当年即有50万件高级恤衫（衬衣）打入国际市场。与此同时，石龙服装二厂、三厂相继成立。之后，又引进外资开设数十个制衣厂。生产的服装有山茶花牌恤衫、加士拿牌西服、森泽的机恤、通达的运动衣等，均为国内抢手货。这些企业的生产工人和管理人才，掌握了现代生产技术或管理手段后便“跳槽”自办服装企业，至20世纪80年代中后期，石龙服装业遍地开花。广州来石龙取货的客商和石龙送货到外地的人员络绎不绝，石龙一时变成一座服装城。

随着纺织业的发展，漂染业在清代至20世纪30年代也相应迅速发展，先后出现在双孖庙、南边街、蒲溪、黄家山晒布工场，700多人从事该行业。其中，黄家山胡三益晒布场规模较大，有工人80多人，染布、晒布工场占地面积约0.27公顷，多染薯莨布、大成蓝布、人字纱、万字纱、黑胶绸。染料从广西禄步购入，白布从浙江购进，染成的布料销售各地。胡三益不仅染布且开布行，有“布豪”之称。1938年石龙沦陷，染布手工厂均停业。1945年，有天华、球记、福广等染布坊。他们购进白缕布，用石灰碱水作漂白剂，再染成蓝色，称大成蓝布，售于布行，亦有代布行加工的。中华人民共和国成立后，染坊解散，染布工人分散个体谋生。1980年，忠维村开办织染厂，主要代港商染牛仔布，织染网袋，一度成为东莞县四家较大的织染厂之一。

机械制造　明清时期，石龙已有铜锡铸造行业。石龙人喜欢用铜锡器具，如铜煲、铜锅、铜盆、铜锣、铜香炉、锡壶、锡碟、锡烛台等，铜锡器皿在中等人家或店铺随处可见，稍具规模的茶楼酒馆，更备有全套的锡餐具。民国时期，石龙有生产犁头的工厂两家，即广顺兴和合顺。合顺犁头铺开业于1936年，股东7人，从业人员18 ～ 32人；广顺兴犁头铺从业人员7人。以上两家除了生产犁头外，还兼产铁砧等。

中华人民共和国成立后，上述两铺于1954年7月合并为石龙利农犁头厂。1956年2月，改名为石龙犁头厂。1958年，与石龙机械修配厂合并，名为公私合营石龙机械厂（后改称铸造厂）。所生产的犁头因质量好、产量高、成本低居全省同行业榜首，多次受到惠阳地区和省奖励。1966年，年产30多万件。1984年，该厂为集中精力生产机械，结束犁头生产。

1979年，机械厂同省煤炭工业厅挂钩，开始试制煤矿机械，很快获得成功。到1982年，主要产品有皮革运输机、阻尼器、翻车机、推车机、给煤机、电动闸门缸笼、天轮等，产品运销全国22个省（市）、72个矿区。1984年，该厂研究了开滦矿务局引进的具有20世纪80年代先进水平的81型罐笼井操车设备，决定“消化、改良”，在煤炭部及沈阳、西安、河北等地设计院的协助下，经过一年的试制、安装、调试，获得成功。煤炭部制造司在该厂召开全国技术评议会，与会者一致称赞新产品性能良好。1976年增建拖拉机车间，厂房面积增至1706平方米。1985年，由煤炭部北京规划设计总院设计，在距镇中心区几千米的大洲建新厂区，占地面积5.67万平方米，建筑面积1.63万平方米。1986年，有设备120台，产值1105万元，利润50.87万元，煤矿机械产品35种。1987年，生产30台，是国内独家生产。20世纪90年代初，煤矿机械停产。

医药 1975年，石龙镇在石龙酒厂增设一个制药车间，将制酒的各种淀粉酶提炼制成规格药用。首先生产的是麦芽精水，5月正式投产。1978年年初，产品发展到10个，产值从1万元上升至60万元，初步形成有一定规模的专业药厂。1984年，石龙镇华南制药厂成立。1997年，石龙制药厂和华南制药厂合并。2001年，成立广东众生药业股份有限公司。至2019年，该公司注册资本8.14亿元，旗下拥有13家子公司，覆盖制药、贸易、眼科、创新研发等板块，拥有四大生产基地，分别位于东莞、广州、肇庆、曲靖，有员工1800多人。营业收入25.32亿元，净利润3.19亿元。

光学电子 1999年，石龙镇承担首个国家信息化试点城镇建设项目，即选择电子信息、光电产业作为重点发展的支柱产业。自2010年起，石龙镇优先发展光学电子、电子信息等高科技产业，重点引进日本京瓷照相机、京瓷美达复印机、美能达复印机和打印机、日本电产三协公司等国内外知名企业合作，以建立自主技术和品牌优势为发展目标，将石龙镇建成电子信息光学装备开发制造基地。至 2019 年，相继建成西湖信息产业园、石龙现代信息服务园、添百汇信息科技产业园（添百汇大厦）和中科信息港等电子、光学行业创新科技载体。

主要企业

石龙烟花厂 烟花爆竹是石龙超过百年历史的传统手工艺产品。中华人民共和国成立前，均为家庭作坊式生产，危险性极大。1956 年，石龙镇成立平民生产合作社，生产烟花爆竹。有职工 14 人，由贫民、烈属组成，多是妇女。后发展到 130 人，在桂芳街 2 号设立工厂。1959 年，在织箩街一片空废屋场地搭简易工棚。经外贸部门同意，于 1964 年年初试产“手拉炮”烟花，获得成功，烟花产业从此迅猛发展。1966 年年底，正式命名为石龙镇烟花厂。其间，烟花厂不断依靠科技，提高技术水平，积极开发新产品，开拓海内外市场。20 世纪 60 年代开始，研制出的各种地面花筒、高空火箭、吐珠连发及细寸数高空礼花弹饮誉国际市场。20 世纪 70 年代中期，又研制出“空中旅行”“魔术烟花”等新产品。1980 年，该厂产值突破 1000 万元。1981 年，研发 50 多个新品种，包括具有立体画面、声响带光柱上升、球中球开爆等特点的大型烟花。1986 年，企业创汇 420 万美元，职工人数近千人。当时，该厂在石龙西郊的南埔设有 7 个车间和仓库，厂房占地面积 2.24 万平方米，建筑面积 2.54 万平方米。1989 年，在石排、企石等周边地区建分厂，设有多个加工点，外发搓纸管、黏纸伞等厂外零散加工。至此，烟花厂累计开发品种逾 200 个，烟花产量达 1.27 亿箱，91.2% 的产品出口，销往美国、日本、德国、英国、法国、瑞士、荷兰等国家和地区。

石龙每年正月初二晚举办烟花晚会（2007 年）

20世纪90年代，因烟花行业竞争激烈，该厂一度陷入困境。副厂长陈润锡带着一班员工在博罗石湾鸾岗一个荒山上安营扎寨，建新厂、从事科研。3年间，生产出国内新的大型礼花弹、火箭礼花弹、筒装礼花弹、罗马蜡烛吐珠筒、盘花礼花等六大类数十个规格400多个新品种，其中火箭礼花弹获得国家专利；彩星火箭、龙凤呈祥、群蝶采花、庆凯旋等10余个产品分别获省、轻工部优质产品奖；绿花弹、庆凯旋还获中国工艺美术百花奖的设计二等奖。这些新产品无论工艺、质量、燃放效果等都堪称一流，因而广受外商欢迎，订单接踵而来。随后，工厂突出创新，烟花品种越来越多。石龙烟花厂的技术团队先后到20多个国家和地区燃放烟花。1992年，到澳大利亚悉尼参加世界烟花会演；1994年，在德国法兰克福莱茵河上空燃放烟花；1996年，在广州市连续4次燃放石龙烟花；1997年香港回归之夜，维多利亚港上空绽放的也有石龙烟花，其中的大型礼花弹和盆花赢得香港同胞的欢迎。从1997年开始，因其他地方烟花厂爆炸事故频发，东莞市政府出台政策，要求该类企业搬迁，石龙烟花爆竹业慢慢沉寂下来。2000年12月，石龙烟花厂停业。

京瓷集团 是石龙引进的第一家日资企业，也是首批进入东莞投资的日资企业。1987年，集团在石龙成立东莞石龙环球光学制品厂，生产yashika传统的胶片相机，成为石龙镇首家日资来料加工企业，后逐步开始镜头、机械加工等生产。1995年，与粤龙实业公司合资成立东莞石龙京瓷光学有限公司（2012年更名为东莞石龙京瓷有限公司），接着成立东莞石龙粤龙光学制品厂、东莞石龙粤龙办公设备制造厂、东莞石龙京粤光学制品厂等来料加工企业。京瓷的落户带动另外2家世界500强企业及多家高科技外资企业到石龙发展，使IT产业逐渐成为石龙优势支柱产业。至2019年，该集团在石龙的企

京瓷办公设备科技（东莞）有限公司（2018年）

业主营生产范围有无机非金属陶瓷切削刀具、高性能民用厨房陶瓷、汽车零件、液晶显示屏；打印元器件、激光打印机、数码复印机、多功能复合机；FFC/FPC连接器、板对板连接器、记忆卡连接器；玻璃球面镜片、玻璃/塑胶非球面镜片、光学用金属加工件、各类型镜头等。

柯尼卡美能达商用科技（东莞）有限公司 成立于2008年4月，注册资本2000万美元。经营范围包括多功能数码复印机、激光打印机、新型打印装置及其关键部件、医疗器械（第一类医疗器械、第二类医疗器械）及其零部件、精冲模、精密型腔模的研究、开发、设计、生产、销售，并提供技术咨询及售后服务。激光彩色打印机在全球市场占有率排第二位，彩色多功能复印机在全球市场占有率排第三位。

日本电产三协电子（东莞）有限公司 成立于2010年6月，注册资本1750万美元，主要产品有步进马达、直流马达、伺服马达等。2012年2月，公司成立技术开发中心，研发中心先后认证通过为东莞市工程中心、重点实验室和广东省开发中心。2016年，三协集团研发部门迁至石龙，石龙工厂成为研发、生产、采购、销售一体化零部件供应中心、设备引进改造中心。

广东众生药业股份有限公司 1975年5月成立投产。1978年年初，产品由开始的1个发展到10个，产值从1万元发展到60万元。1997年，石龙制药厂和华南制药厂合并统一管理。2001年，经广东省人民政府办公厅和广东省经济贸易委员会批准，成立广东众生药业股份有限公司。2002年，公司通过GMP（药品生产质量管理规范）认证，于

广东众生药业股份有限公司新厂房落成启用（2009年）

2009年12月11日上市。2009年，公司陆续并购云南益康、广东先强、广东逸舒，形成完整的中药产业链。同时，加大产品创新、生产创新、营销创新的力度，与广州呼吸病研究所为代表的研发机构形成战略合作。2015年，与药明康德签订战略合作协议，共同在化学创新药研发领域深入合作。2018年，与钟南山院士团队就流感项目（ZSP1273）和特发性肺纤维化（IPF）项目（ZSP1603）签订战略合作框架协议，还先后与中山大学、国家呼吸系统疾病临床医学研究中心、四川大学、中国中医科学院、北京中医药大学等高校、科研院所建立紧密的技术合作关系。至2019年，公司拥有片剂、胶囊剂、滴眼液剂、冻干粉针等29个剂型、367个药品生产批文，其中127个产品品规入选《国家基本药物目录（2018年版）》，203个产品品规入选《国家基本医疗保险、工伤保险和生育保险药品目录（2019年版）》。主要产品包括复方血栓通胶囊、脑栓通胶囊、众生丸、清热祛湿颗粒、硫糖铝口服混悬液、盐酸氮䓬斯汀、普拉诺芬滴眼液、盐酸二甲双胍片等。该公司入选“2018年度中国中药企业百强”榜单；获得中国医药工业信息中心颁发的“2018年度最具科技创新力中药企业”“2019年中国医药研发产品线最佳工业企业”。在科睿唯安发布的全球首份“亚太地区最具创新力制药企业”榜单中，位列“亚太地区最具创新力制药企业百强——中小企业榜”第26位。

东莞石龙津威饮料食品有限公司 总部坐落在中山西路198号，1990年9月8日注册成立。2019年，有石龙镇中山西路总厂和黄洲分厂两处生产基地，自动成品生产线18条，生产车间8个，职工1600多人。是一家专业研发和生产发酵型乳酸菌系列饮料

东莞石龙津威饮料食品有限公司黄洲二分厂（2019年）

产品的食品企业，先后获“广东省著名商标”“东莞市专利试点企业”“国家高新技术企业”等称号，专业技术领域是生物技术——微生物发酵工程。公司技术中心被省科技厅认定为“广东省乳酸菌饮料工程技术研发中心”。获得东莞市科技进步奖一等奖、广东省科技三等奖和东莞市科技进步三等奖，拥有有效专利 26 项，其中发明专利 5 项。所生产的发酵型乳酸菌系列饮料主要销往广东、云南、四川、贵州、福建、湖南等全国多个省份，并出口到美国。

丝路小镇

丝路枢纽

自 2013 年，在广东（石龙）铁路国际物流基地开通至中亚的国际铁路班列以来，石龙作为广东陆上“丝绸之路”的起点和“一带一路”的节点城市，主要源于独特的地理优势，是河运、海运与铁路的交会点，能将水铁两大运输线的优势发挥到极致。通过开通直达俄罗斯以及中亚和西南地区的多条国际货运班列，使广东特别是珠三角地区的大量货源能便捷地运往“一带一路”沿线国家。

海铁联运 2015 年 7 月，石龙港“中国铁路国际货运基地”与虎门港联手打造海铁联运模式启动，在虎门港中转运往中亚地区的货柜，从虎门港经内河航运 4 小时后到达石龙港，再经由石龙国际铁路线路直接运往中亚地区。同年 11 月 13 日，从台湾经虎门港到石龙铁路中心往乌兹别克斯坦的跨境海铁联运的第一票试水成功。与之前货物需运至连云港再经新欧亚大陆桥转运中亚五国方式相比，每个集装箱的物流费用平均可节约 200 多美元。

中国最长铁路运输线 石龙不但有水铁联运的优势，还是中国最长铁路运输线的起点。2016 年 4 月 14 日 16 时，从东莞石龙站出发，满载着家电、家具、机械配件、通信器材等产品的 X8426 次中欧铁路集装箱班列一路北上，经满洲里铁路口岸出境，途经俄

广东（石龙）铁路国际物流基地（2018 年）

罗斯、白俄罗斯、波兰等国家和地区，于 5 月 3 日到达德国杜伊斯堡，完成国内最长铁路运距的旅程。这条线路的开通为东莞企业把物资和产品安全快速运往欧洲提供更方便和快捷的通道。

石龙至杜伊斯堡的中欧班列由广铁集团、中铁集装箱运输有限公司和中国外运广东有限公司联合打造，列车全部采用时速 120 千米的快速列车，实行定时发车、限时到达，

满载东莞制造的货物的列车从石龙出发（2016 年）

大大压缩路途运输时间，全程仅需 19 天，较海上运输方式节约时间 15 天以上。

中欧班列（石龙至杜伊斯堡）全程运行距离 13488 千米，是国内运距最长的中欧班列，每周四开行。中欧班列的开行，为中国珠三角地区与欧洲国家之间的高附加值产品贸易开辟一条新的快速陆上运输通道。

中亚班列 中欧班列　中国外运广东有限公司自 2013 年起在广东（石龙）铁路国际物流基地开通至中亚的国际铁路集装箱班列，开通初期每周 1 班。2013 年 11 月 22 日，广东外运东莞石龙铁路发运中心开出首趟专列，这趟装载 38 个集装箱货物的“粤新欧”国际铁路联运专列经阿拉山口开往俄罗斯，15 天后抵达。此后，“粤新欧”国际铁路联运专列每周稳定运行，为往来于中国与中亚、中欧之间的产品贸易提供稳定的高性价比物流运输服务。

2015 年 4 月 1 日起，该班列实现每周 2 班，并于同年 5 月起与华为公司合作开通“华为—中亚 5 国”国际集装箱产品专列。

2015 年 12 月 25 日，中欧（粤满俄）X8426/5 班列驶出广东（石龙）铁路国际物流基地，当天这列中欧班列（粤满俄）X8426/5 专列拉着满载手机配件、机械、玩具、牙膏及漱口水等货物的 45 个车厢，将跨越 4400 千米，经满洲里，再跨越 6600 千米驶向俄罗斯的首都莫斯科，仅需 15 天即可实现全程 1.1 万余千米的跨越。这条中欧专线的运行，不仅极大地推进了中欧之间的国际贸易，还大大减少企业资金回笼时间的压力，促进了企业贸易资金的流转。

中韩快线　2015 年 10 月，“中韩快线”班列从石龙出发，班列采取集装箱形式运输，

货运基地正在进行货物装载作业（2019 年）

每列 25 个车厢，全程 35 小时，兼具进口及出口货源（广东出口货物主要有服装鞋帽、小家电、小商品等；韩国进口货物主要是电子产品）。为中国进出口韩国货物打通一条安全快捷的通道。同年 11 月，开始为进出口对开班列，从一周 3 列到实现每天 1 列。

贸易产业园与国际物流基地

中俄贸易产业园 2015 年 2 月 12 日，广东省政府召开专题会议，确定石龙铁路集装箱货运站建设项目为广东省陆上“丝绸之路”大通道平台和国家“一带一路”跨境连接枢纽。同年 9 月 3 日，在中俄两国元首的见证下，广东省政府与中外运长航集团、俄罗斯开发与对外经济银行、俄罗斯出口中心股份公司四方在北京人民大会堂正式签署《关于中国外运长航集团和俄罗斯国家开发与对外经济银行在广东东莞石龙建立中俄贸易产业园合作备忘录》，俄罗斯在中国设立的第一个产业园落户石龙。

中俄贸易产业园项目是俄罗斯国家机构在中国设立的第一个出口商品和原材料综合性贸易中心，该项目涉及中俄贸易、物流仓储、金融等方面，由俄罗斯政府机构组织原材料到岸销售。通过两国企业的直接对接，进一步优化供应链，改善贸易环境，缩短订单周期，提升配送效率，保证服务水平与质量，推动中俄双边贸易额的持续提升。

广东（石龙）铁路国际物流基地 2015 年 9 月 14 日上午，东莞石龙铁路国际物流中心对外开放启动仪式，在广东（石龙）铁路国际物流基地举行。该基地总规划面积 214.27 公顷，码头岸线 941 米，集装箱驳运，开通办理百货列车、电商班列、国际联运等货物运输业务，并提供仓储、配送、交易及海关监管等功能服务，立足把石龙陆上“丝绸之路”通道平台打造成为连接“21 世纪海上丝绸之路”和“丝绸之路经济带”的

广东（石龙）铁路国际物流基地（2018 年）

连接点和重要枢纽。

信息产业园 2009年，石龙镇政府投资建设石龙现代信息服务园，建筑面积1.5万平方米。2012年12月，石龙现代信息服务园被认定为“东莞市创业产业园区”。2013年6月，成为“东莞市小企业创业示范基地”。至2019年，园区共引进信息服务、软件开发、电子商务及创意设计类企业41家，其中国家高新技术企业2家，广东省高新技术企业培育企业1家，广东省软件企业2家，广东省守合同重信用企业1家，企业累计申请知识产权将近200件。产业园集聚创新创业人才近300人，总销售收入超过8000万元，总缴纳税款近400万元，其中年销售额500万元以上的企业5家，年销售增长率50%以上的企业10家。特别是自2015年引进集群注册服务机构后，通过集群注册方式进驻园区的企业90家。同年，被认定为“国家备案众创空间”和“广东省众创空间试点单位”的石龙中科信息港启用，占地面积1万余平方米，建筑面积3.8万平方米。该信息港主要为企业提供包括人才培养、技术创新、产业育成、科技金融等一站式服务，与法国、澳大利亚等8个国内外科技商务合作机构签订合作协议，俄罗斯、智利等4个国家的科技商务服务机构在此设办事处。信息产业园还与广东机电职业技术学院合作打造松山湖（石龙）电子信息公共中试平台。2016年，石龙镇政府与中国科学院云计算产业技术创新与育成中心签订“石龙中科信息港”项目合作协议，并与中国联通东莞分公司代表签订“互联网+”战略合作协议一起推动信息港建设。

位于石龙老城区的现代信息服务园（2019年）

位于西湖区的中科信息港（2017年）

军事重镇

石龙地处珠三角水乡平原，犹如一条巨龙盘踞在东江下游的重要关口，无论是控制河、海商贸运输，还是作为攻城略地的出发地，石龙均具有不可替代的作用。

清代，朝廷即派水陆两路驻军驻守石龙。太平天国领袖洪秀全发动起义时，又将它作为南方的一个重要节点。广九铁路通车后，石龙更凸显其在经济及战略上的重要性。之后无论是广东讨伐龙济光战争，还是孙中山主导的东征之战，或是在抗日战争时期，各方无不将石龙视为兵家必争之地。

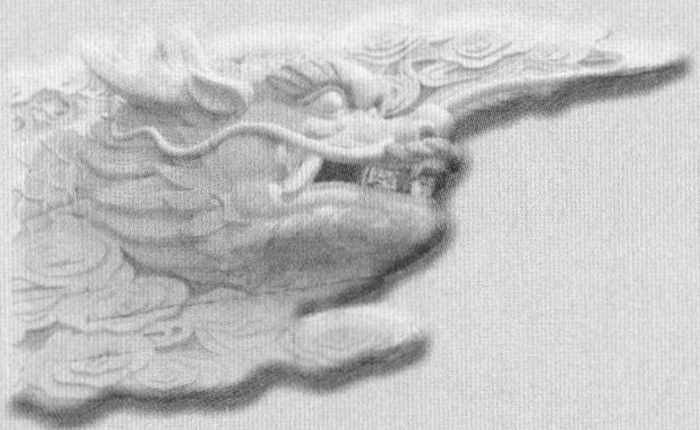

曾经烽烟战尘急

八方车马汇龙城

军事地位与设施

战略地位

东江咽喉　石龙地处东江中下游南岸，是西进、东上、南下的咽喉要道。从北支流往西行 54 千米直达广州黄埔港，进而一路进入岭南腹地；逆东江而上 79 千米到达惠州港，直抵粤东、大亚湾，钳制东江上游一带；从南支流往西南行 59 千米可到珠江口的虎门港，进可掌控狮子洋海面，并及深圳、香港。因此，从古至今石龙战略位置尤显重要，历来是兵家必争之地。

石龙从形成起就拥有东江最壮阔的江面，水流湍急，堤岸陡立，坐拥三江，遥制粤东，襟带广州、香港、惠州。正因如此，自从它诞生那天起，就注定其不平凡的命运。

自明末始，石龙就一直是重要商埠，加上三面被宽阔的东江包围，进入石龙非经过众多的渡口不可，东江因而成为保护石龙的天然屏障，石龙则是东江河运与海运转接的重要关口。

陆路枢纽　清宣统三年（1911）广（州）九（香港九龙）铁路建成通车后，石龙更显其在经济及战略上的重要性。之后，无论是广东驱逐龙济光战争，还是孙中山主导的东征之战，或是在抗日战争珠三角战事上，各方无不将石龙视为必争的战略要塞。

20 世纪 40 年代日军占领石龙期间，强迫石龙民众抢修石龙南铁路桥

石龙地势平坦，适宜大部队集结和机械化兵团作战。从境内穿过的广九铁路、东江大道与东莞市各条快速路相连接，形成东、西、南三方交会的公路网，利于部队的快速运送和撤离。

石龙历来是物产丰饶、商贸繁盛的富庶之地，能够给部队提供有力的后勤保障。鉴于此，在中华人民共和国成立前，石龙不但有驻军，且过境部队众多。清咸丰三年（1853），何六起义军揭竿后的第一仗就是在石龙开始的。1923 年，孙中山将石龙作为讨伐陈炯明叛军的大本营。1925 年年初，桂军刘震寰部与陈炯明叛军的拉锯战在这里爆发。1938 年，日军在珠江口海战中受挫，转而从大亚湾登陆。之后，又首先侵占石龙，作为攻击广州的桥头堡。从这里足可以见石龙战略地位的重要性。

军事设施

陆路提标后营游击署 石龙人称为“游府衙门”，最高长官是游击将军。清康熙三十二年（1693）设，位于石龙头（石龙粮仓所在地）。前临黄家山渡口，扼守东江及沙河河口。衙门后是旗下街，因全部是满洲人及清兵家属的住宅区，故称为“旗下街”。

陆路提标后营千总署 石龙人称为“千总衙门”，位于石龙陆路提标后营游击署左面，与其并排设在石龙头、黄家山渡口的正对面。

水师分防营汛 因东莞地处珠江口要塞，清政府在东莞设有水师营，驻扎在莞城，分防东莞、博罗两县水陆交通。在东莞及博罗一带的江河岸边共设分防营汛 35 个，石龙营汛是其中之一。石龙营汛位于蒲溪村，至今仍保留“汛地”这一地名。

同泽社 清咸丰三年（1853），广东各地的反清组织三合会的首领，诸如佛山的陈开、广州李文茂、新会陈松年、顺德陈吉、石龙何六等率领会众纷纷起义。何六当时在石龙蒲溪对岸的增城石滩龙地聚众起义，东莞知县得知后惊慌失措，为加强打击农民武装起义的力量，支持本地商团在莞城西北隅社学设团练局，集训本土团练（民团武装），镇压起义军。石龙也成立商团武装，称“同泽社”，后改为太平社。这支武装主要

石龙南铁路桥桥头的碉堡（2005 年）

用于防范起义军及维护地方治安。

石龙巡警局 清光绪三十年（1904）二月设，地点在石龙银行会馆。后迁太平社。

炮墩 据民国初《东莞县志》记载，清嘉庆十四年（1809），洋匪滋扰石龙，乡绅及居民共同捐资，在石龙圩尾建造一座炮墩。呈请总督百龄，铸1000斤生铁炮2座、600斤生铁炮6座，防守兵10名。圩尾，位于石龙镇西北角（现蒲溪糖坊河边）。此处濒临东江北支，隔岸与石湾及石滩的龙地相接，是东莞、惠州、增城三市交界处。炮墩于民国初期被毁。

飞机场 1922年12月，广东革命政府为加强空军建设，在广州大沙头设立航空局，任命杨仙逸为局长兼广东飞机制造厂厂长，次年7月主持研制出中国第一架军用飞机"乐士文号"，并参与东征讨伐陈炯明叛军。同年，孙中山为讨伐陈炯明叛军，在石龙设东征大本营。为尽快结束战争，孙中山打算让刚成立不久的空军也投入平叛战斗，因而在石龙黄家山修建军用机场。机场位于现新城区西南，占地面积20万平方米。机场建成后，第一次使用是由杨仙逸驾机从广州大沙头航空局机场起飞至黄家山机场，并成功降落。后因杨仙逸在惠州参与研放水雷过程中不幸遇难，才致黄家山机场未能在讨陈战争中起作用。

1927年，蒋介石发动"四一二"反革命政变，为消灭梅县一带共产党领导的粤东红军，镇压彭湃领导的海陆丰农民运动，曾指示石龙驻军修复黄家山机场，作运兵之用。1938年10月，日军侵占石龙时期，派员进行修复，计划作为其运兵及运输物资使用。但修复后，受到东江游击队的袭扰而未能投入使用。

驻军与地方武装

驻军

据清康熙《东莞县志》记载，东莞县水师营额设营汛23个，其中有石龙陆汛和石龙塘汛，后又添设塘汛 9 处，包括石龙水汛。此外，东莞全县设汛多处，其中 1 处在石龙西湖。

石龙水汛 清乾隆十二年（1747），县水师营派都司 1 人、左哨把总 1 员，驻石龙汛（后称汛地，清朝水师驻防之地的称谓），下设左哨千总 1 员，有兵丁 89 名。清同治年间，水师提标前营派驻石龙的汛兵增至 112 名。

石龙陆汛 石龙陆汛有右哨千总 1 员，防兵 16 名。

黄家山汛 有防兵 12 名。

陆路提标游击后营 清同治年间（1862—1874），驻惠州府城的陆路提标游击营分设 5 营，其后营驻石龙，有游击 1 员、千总 4 员，在册兵丁 643 名，管辖石龙、园洲及石碣梁家村以东一带。其中额外都司、把总各 1 员驻黄家山，千总 1 员，有兵丁二三百人，直接负责石龙的防卫。

龙济光军 1913 年，广东都督龙济光投靠袁世凯。10 月，龙济光军一部驻石龙。1916 年 4 月，广东各地掀起驱龙斗争，史称"民五驱龙"。增城粤军徐连胜部在革命党人邓仲元的策反下，进驻石龙，起义军将龙济光部队逐出石龙。

第九混成旅 1916 年 7 月至 1917 年 12 月 15 日，由北京陆军部统辖的第九混成旅驻石龙。后由石龙开拔攻闽。

粤军与陈（炯明）叛军 1920 年，粤军一部进占石龙。1922 年 4 月，陈炯明在广州叛变，驻东莞粤军随陈叛变（自此，陈属军称"陈叛军"，不再称粤军；未随陈叛变的粤军，仍称粤军）。

1923 年 2 月 23 日，陈叛军被桂军逐出东莞。接着，孙中山把西、北江的粤、滇、桂军调集石龙，准备直捣陈叛军巢穴——惠州。11 月 12 日，陈叛军洪兆麟、杨坤如部攻占石龙。26 日，孙中山所属攻占石龙，陈叛军退回惠州。

1924 年 9 月 30 日，石龙又被陈叛军占领。11 月 30 日，陈炯明乘孙中山北上之机，向广州进犯，其左翼洪兆麟纵队攻陷东莞。

1925 年 2 月 1 日，孙中山发起第一次东征。6 日，东征军右路——粤军张民达师、许济旅占领石龙，陈叛军沿广九线退却。6 月 9 日，东征左路军——杨希闵的滇军和东征中路军——刘震寰的桂军在广州发动叛乱，东征粤军回师广州到达石龙。第一次东征结束。

桂军 1918 年"护法运动"失败，桂系军阀莫荣新代理广东都军。桂军一部进驻石龙。1920 年 9 月，驻石龙桂军被攻闽回师的粤军逐出。

1923 年 1 月 4 日，孙中山通电全国讨伐陈炯明，滇军杨希闵部、桂军刘震寰部接受孙中山之邀，加入驱逐陈炯明叛军的行列。孙中山命令从梧州入粤的桂军刘震寰部驻东莞一带。2 月 23 日，陈炯明叛军被桂军逐出东莞。刘震寰第三师驻虎门一线，第一师驻石龙。随后孙中山把西、北江的粤、滇、桂军调集石龙，准备直捣陈炯明叛军巢穴——惠州。1925 年年初，与陈炯明叛军在石龙发生拉锯战。同年 4 月，刘震寰与杨希闵意图叛乱，桂军由东莞进逼广州。6 月，刘、杨叛乱被平定，桂军在东莞活动结束。

湘军 1924 年 2 月 21 日，湘军吴剑学、陈嘉佑等部陆续开进石龙。22 日，湘军第一、二军同日出发，前锋集中横沥、增城、石龙等处，在横沥与陈炯明叛军钟景棠、陈修爵部展开战斗，击败叛军。29 日，湘军三路并进，右翼吴剑学部 4000 人到达常平，鲁涤平、谢国光部队 1 万人集中在石龙、石滩。3 月 29 日，湘军第一军军长宋鹤庚赴石龙与滇军总司令杨希闵会商作战方略。9 月 30 日，湘军退出石龙。

豫军 1924 年 4 月 25 日，豫军总司令樊钟秀率所部经石龙赴惠州，加入攻城作战。1925 年 10 月 18 日，豫军一部参与组成的东征军第三纵队，到石龙集中，参加会攻惠州。

滇军 1923 年 8 月 27 日，因陈炯明叛军林虎部围博罗，攻增城，两地告急；孙中山令驻石龙附近之滇军第三军蒋光亮部往援，蒋拒不执行。

1924 年 1 月 16 日，滇军第二军军长范石生赴石龙，后转樟木头，部署向东江进攻。7 月 30 日，在石龙的滇军胡思舜部的曾万钟师和 4 个独立旅陆续开向惠州。

1925 年 4 月，滇、桂军意图叛乱，开始从东江前线撤往广州，总司令杨希闵令赵成梁师在广九线一带布防。

黄埔军校教导团（学生军） 1925 年 2 月 1 日第一次东征，黄埔军校教导团第一团（团长何应钦）、二团（团长王柏龄）加入东征军右路作战。是日，乘船到达虎门，5 日经莞城，6 日到石龙，后参与围攻惠州。6 月 6 日，因滇、桂军在广州叛乱，两团随粤军回师石龙，在当地农军配合下，在石龙附近将滇军赵成梁师一个团缴械。

东征（东征博物馆模型）（2016 年）

东征军 1925 年 10 月 1 日，驻东莞的东征军第一纵队（队长何应钦）第二师第二团，从莞城出发

东征博物馆内的东征地图（2019 年）

经石龙到茶山集中。3 日，第一纵队的独立第一师（师长欧阳驹）从广州出发，经石龙到铁场集中。4 日，第二纵队（队长李济深）之十一师（师长陈济棠）的潮梅留守部队在常平集中。6 日，东征军总指挥蒋介石率司令部成员于当晚到达石龙。8 日，第三纵队（队长程潜）亦到达石龙、石滩一带集中。一时间，石龙及其附近集中近 3 万东征军。13 日，东征军攻下惠州，后陆续攻占陈炯明叛军其他重要据点，陈炯明叛军主力被消灭，东征胜利结束，东征军撤离东莞。

国民革命军第一军及其他师团 1926 年年初，国民革命军第一军第五团驻石龙；第二十四师驻东莞；独立第一团驻虎门。8 月，这些部队均调离，参加北伐。1928 年春，国民革命军第十三师和第八师部分人员以及补充二团驻石龙。

黄埔军校第一团 1927 年 4 月，黄埔军校第一团调驻东莞，其第二营驻莞城，第三营驻石龙，第四营驻虎门。

国民党军第六十三师 1929 年 5 月，粤、桂两派军阀爆发战争。13 日，粤军第三师（师长蒋光鼐）将依附桂军的徐景唐驻石龙之部队逐走，而进驻石龙和莞城。8 月，粤军改编，第三师改为第六十三师，其中 1 个旅驻莞城；12 月调离。

国民党军第一教导团 1933 年，国民党军第一教导团驻石龙。1934 年撤走。

国民党军第一五三师 1937 年，国民党军一五三师一营和高射炮独立队驻石龙。

国民党军新一军三十师 1945 年 9 月，国民党军新一军第三十师八十八团驻石龙，第九十团驻莞城，主要任务是办理投降日军缴械事务、收编伪军、“清剿”解放区，于 12 月撤走。

国民党军整编六十四师 1946 年 7 月，国民党军整编六十四师一五六旅驻石龙。

国民党军一五四师　1948 年，国民党军一五四师驻石龙。

国民党军保安第五师　1947 年，广东省保安第八团进驻石龙。7 月，省保安团扩编，东莞成立保安第十四团和保安第十五团。这两个团和驻石龙保安八团合编为保安第八总队，总队长徐东来。1949 年 2 月，第八总队扩编为保安第五师，师长薛淑达，师部驻石龙，8 月迁往博罗。

国民党军第四十六供应站及其他部队　1949 年 6 月，国民党杂牌军，惠阳团营区司令部、联合后勤总司令部第四十六供应站驻石龙。8 月，第四十三补给支队税警团进驻石龙。

中国人民解放军　1949 年 10 月 14 日，国民党驻军全部败退，并企图炸毁石龙南铁路桥。当晚十点，中国人民解放军第四野战军一部进入石龙，搜索国民党军残余，解除石龙警察局武装并保护铁路桥。中国人民解放军两广纵队一部于 15 日凌晨进驻石龙。10 月 17 日，粤赣湘边纵队东江第一支队第三团部队解放莞城，随即成立东莞县军管会；同日，县军管会委派祁光为石龙特派员，率第三团一个连接管石龙。10 月 19 日，两广纵队第一师进驻石龙。国民党税警团和粤汉护路总队集中在石龙投诚。10 月 29 日，珠江三角洲作战指挥部在石龙发布命令，进军珠江三角洲。第四野战军一三〇师到石龙接防，师部设在竹园街。

1950 年，中国人民解放军一三〇师驻守石龙。1966 年，广东省军区惠阳军分区独立一营驻守石龙南北铁路桥。

中国人民武装警察部队　1970 年 3 月，广东省军区惠阳军分区独立一营改编为中国人民武装警察部队惠州市支队，石龙驻军改编为石龙中队，仍然担负石龙南铁路桥的守护任务。1983 年，改称为武警东莞大队石龙中队。1990 年，改称武警东莞市第三中队。2003 年 7 月，改编为武警东莞市支队第四中队。2007 年，该部撤出。

1950 年 10 月，驻石龙的中国人民解放军一三〇师举行庆祝中华人民共和国成立一周年大会。图为部分军民合影（1950 年）

地方武装

疍民起义军　清康熙二年（1663），有疍民周五、李民等人率数千人的反清队伍在东江一带活动。当年十月，义军在石龙江面上袭击清政府广东提督兵船，并烧毁其中的12艘，清兵损失惨重。

农民起义军 清咸丰三年（1853），在石龙活动的东江天地会首领何六为响应洪秀全率领的太平军起义，与天地会成员联系，暗地在石龙长兴街植福会馆（戏班会馆）准备起义事宜。六月，何六带领数千人聚集在石龙对岸北面增城石滩的龙地举行武装起义，并攻克石龙，杀死清廷驻石龙游击将军冯某及属下4名千总。

民军 1911年10月10日武昌起义后，惠州民军王和顺及刘雄才、梁起率军进驻石龙。1912年年初，被广东都督陈炯明部消灭。

1913—1916年，驻石龙民军先后有李朝兴、喻昌佗、郑国奇等率领的部队。

1916年4月，增城民军徐连胜部在革命党人邓仲元的策反下，进驻石龙，加入驱逐龙济光起义部队。

民团 清咸丰四年（1854），石龙设团练局，建立民团，主要维护石龙圩地方社会治安。

清末民国初，社会混乱，盗贼四起，土匪猖獗，宗族争端、械斗时有发生。在此期间，乡村普遍以地主、乡绅或区、乡同姓宗族为“保护本地利益”，联合组织武装团体，购买枪支，称民团或乡团。石龙商户亦联合集资购买武器组织商团军、商团自卫队，以维持圩市治安。这一时期的民间武装没有系统组织，各民团自行组成民团总局，商团隶属于商会，各自为政。

巡警武装 清光绪三十年（1904）二月，石龙巡警局成立，有警兵80人。

东征大本营

石龙西北靠广州，南邻宝安（今深圳），东接惠州，位于三地交界处，扼守东江水陆交通要冲，为军事战略要塞。广深铁路通车后，作为铁路中心站的石龙便成为省城广州的天然军事屏障及战略要地。20 世纪 20 年代，孙中山为讨伐盘踞在东江地区的军阀陈炯明，将东征大本营设在石龙，并先后 20 多次进出石龙督师，石龙成为孙中山调度指挥东征战事的大本营和赴东江前线督师的必经之地。

1923 年孙中山东征

军阀陈炯明叛变 1921 年 4 月，为解决全国军阀混战局面，孙中山主张在广州建立中华民国政府，并通过北伐推翻北京的北洋军阀政权。4 月 7 日，广州非常国会在广州召开，一致推举孙中山为中华民国大总统。5 月 5 日孙中山就任大总统后，决定出师北伐，以达到打倒北洋军阀、统一中国、建立民主共和国的目的。但时任广东省省长兼粤军总司令的陈炯明却因其个人的政治野心和利益，主张联省自治，反对孙中山的北伐主张。6 月，陈炯明任援桂军总司令，进军广西，攻占广西全境。

1922 年年初，孙中山率北伐军向广西进发，并联合有意参加北伐的滇军和桂军一同北进，并将北伐大本营设在桂林。在孙中山准备组织北伐军誓师出发时，广州传来留守广州的粤军参谋长邓仲元被陈炯明暗杀的消息，孙中山决定先回师广东善后。在得知陈炯明准备叛变的阴谋后，孙中山下令免去陈炯明广东省省长兼粤军总司令、内务部总长职务。陈炯明随即退守惠州，命其部队在石龙、虎门等地布防，随时进攻广东革命政府，同时暗中与北京军阀政府达成反孙协议，并取得其支持。6 月 14 日，陈炯明趁北伐军前往韶关，只有孙中山及小部分卫队留在广州之机，在石龙召开会议，部署武装叛乱。为使叛变成功实施，首先诱骗孙中山得力助手廖仲恺到石龙，将他扣押作人质。6 月 16 日凌晨 3 时，陈炯明发动反革命武装叛变，命其驻白云山的叛军 4000 多人突入广

20 世纪 20 年代，孙中山到石龙铁路阵地巡视

州，围攻总统府和孙中山在观音山的住所粤秀楼，妄图置孙中山及总统府人员于死地。孙中山在其秘书、石龙人林直勉等人的协助下安全脱险，随后电令北伐军迅速从韶关回师广州，平息陈炯明叛乱。7月2日，陈炯明到石龙部署堵截回师的北伐军。

1923年1月16日，滇、桂、粤组成的联军攻克广州，陈炯明再次逃亡惠州。2月21日，孙中山从上海返抵广州，并成立广州海陆军大元帅府。2月23日，陈炯明叛军被西路讨贼（讨陈）军逐出东莞。

孙中山巡视石龙前线 1923年5月8日，陈炯明在惠州召开军事会议，决定兵分三路进攻广州，并由练演雄率部沿广九铁路从宝安进袭石龙。10日，蒋介石奉孙中山令赴石龙与各将领会商攻守事宜，调北路滇军增防东江。12日，陈炯明叛军熊略、杨坤如、练演雄部分路进攻石龙、增城。5月16日，孙中山赴东江前线石龙巡视，慰劳各军。20日，孙中山将西、北江两路军队调集石龙，在樟木头、茶山一带阻挡陈炯明叛军的推进，任命广州中华民国政府军政部部长程潜为东江讨贼总指挥，统率滇、粤、桂联军分路直捣叛军巢穴惠州。23日，孙中山再赴石龙东江前线巡视并慰劳各军。蒋介石从石龙抵博罗城，与刘震寰等商议作战计划，晚到平湖与范石生晤谈，黎明回石龙。30日，陈炯明叛军熊略部由博罗进攻石龙，广州震动。当日下午，孙中山、蒋介石、杨希闵等从广州赴石龙，并在石龙火车站设置行营，当晚在行营处召集前线各军将领开军事会议。会议决定：一、以刘震寰部第一师为右纵队，由石龙沿东江左岸经广和圩向惠州城攻击；二、杨希闵部廖行超为左纵队，经铁场向博罗城北侧攻击；三、由刘震寰率第二师、第

20世纪20年代，孙中山指挥东征期间考察石龙阵地

四师及刘玉山师为中央纵队，由石龙沿东江右岸向博罗攻击前进。次日，孙中山视察石龙附近各处阵地，并到前线督战进攻博罗。

6月1日，孙中山因住石龙暂时不能返回省城，命胡汉民代行大元帅职权，并会见蒋光鼐商讨御敌计划。4日，石龙各界在商会开会欢迎孙中山。会后，孙中山与各界代表合影留念。6日，孙中山偕程潜、蒋介石等由石龙赴苏村视察阵地。8日，孙中山由博罗赴惠州督师，步行登上惠州城西的飞鹅岭，勉励前线将士。当晚返回石龙。11日，孙中山再次由石龙赴博罗巡视。此后，返广州。20日下午，孙中山率巩卫军两团偕蒋介石及副官多人由广州乘广九专车赴石龙再转博罗，与各将领商议援北江及攻惠问题。22日，孙中山偕蒋介石等由博罗乘船返石龙。24日，孙中山由石龙返广州。

7月26日，因战事吃紧，孙中山由广州乘大南洋电船赴石龙督师，再次部署围攻惠州的军事行动。27日，东江大水，石龙内水深近1.5米。28日上午，孙中山由石龙乘船出发，晚抵博罗。

8月3日，孙中山由博罗乘船返石龙。6日，孙中山在石龙听取杨希闵汇报。8日，孙中山由石龙返广州。23日，孙中山为便利指挥东江军事，迁大本营于石龙。当日，孙中山乘坐大南洋电船赴石龙。24日，孙中山乘船由石龙抵博罗。25日凌晨1时，因陈炯明叛军李易标部抵达杨村，许崇智、古应芬等劝孙中山速返石龙。清晨4时，孙中山乘船由博罗起航，船行仅2千米，即远远听到博罗密集的枪炮声。上午11时，孙中山抵石龙。26日，孙中山在石龙电令驻广州廖行超部驰援博罗。27日，博罗东、西、北

孙中山受到石龙各界的欢迎（石龙东征博物馆模型）（2016年）

三面被陈炯明军包围，驻军粮弹两绝。孙中山令驻石龙滇军蒋光亮一旅驰援，但该旅长以未得军长令为由不肯开拔，孙中山于是派古应芬回广州催军长蒋光亮下开拔令。29日，东江连日大风雨，石龙水深2.33米。29日，孙中山由石龙乘船去博罗。

9月1日，孙中山命令到达石龙的各军及已抵苏村的李福林部、滇军一部向博罗进攻。2日，孙中山返石龙催各军尽快向博罗前进，因此时石龙水涨，各军行动受阻。3日，孙中山驻石龙，催滇军蒋光亮部驰援博罗，不应，参谋赵宝贤责以大义，才调一部开拔。古应芬察觉蒋光亮不可依靠，于是致电胡汉民调粤军1师卓仁机旅赶赴石龙候命。6日，滇军禄国藩部罗定标旅，由博罗擅自撤回石龙，使博罗东征军陷于孤立。孙中山力排众议亲率卫队从石龙前往博罗督战。7日，孙中山乘船返石龙。8日凌晨2时，孙中山率滇军杨廷培师一部由石龙抵苏村。14日，孙中山由博罗乘船返石龙，简单处理一些重要公务后，即乘船返广州。18日中午，孙中山偕参谋、秘书、副官、侍从、卫士100多人由广州出发，当日抵石龙。19日，孙中山一行由石龙赴博罗会见各将领，并部署在石龙火车站设伤兵收容处。

10月22日，驻博罗大元帅行营主任程潜将行营迁返石龙。陈炯明组织反攻，夺马

孙中山与石龙各界代表合影（前排正中者为孙中山）（1923年）

鞍、飞鹅岭等处，进逼石龙、广州。29 日，刘震寰奉孙中山令率李烈钧、范石生部各 1 旅由广州抵石龙，宣布各军不得擅退，违即枪决。

苏联顾问在东江前线巡视（1924 年）

11 月 3 日，孙中山以飞鹅岭不守，恐博罗有失，牵动全局，又闻各军不进，于是乘车赶赴石龙，李烈钧随行，中午抵石龙。召集胡思舜、卢师谛、范石生、蒋光亮等将领开会。会后，孙中山即驱车赴茶山督战，令一军士执一大黄旗，上书“帅驾亲自督战，各宜奋勇向前”。当日，驻石滩吴铁城部千余人，由梁若谷率领经石龙转赴博罗增援。4 日中午，孙中山再由石龙赴茶山、横沥一带督战，联军士气倍增，乘胜追击叛军 30 余千米，缴获枪 300 余支，俘百余人。5 日，博罗和石龙联军南北夹击陈炯明部队，将其驱散。石龙至博罗交通恢复。6 日，孙中山由石龙返广州。9 日，孙中山闻博罗前线战事失利。中午，偕参谋长李烈钧等急乘车至石龙，即召开军事会议，商议反攻。10 日，孙中山在石龙行营发布反攻命令。当日廖仲恺由广州抵石龙向孙中山汇报并索训词，随后即返广州。11 日，广州大本营接石龙行营秘书长古应芬 10 日下午 3 时电报误报：联军于 10 日午克复惠州，敌向海陆丰逃窜。12 日，联军溃退，孙中山被迫乘火车头返回广州。13 日，陈炯明军洪兆麟部攻占石龙。14 日，滇军范石生闻联军在惠州、博罗失利，向石龙撤退。范石生部至石龙附近才知石龙已被敌军占领，范石生无路可退，于是抱死里求生决心，向洪兆麟部展开猛烈进攻。洪兆麟部队进入石龙后，只顾掠夺联军遗弃的物资和民间财物，对范石生部的反攻毫无防备。洪兆麟在范部进攻下，慌忙逃窜，洪本人被追至东江边跳入水中，后被士兵救起逃脱，范石生部遂占领石龙。15 日，范石生部由石龙经石滩返回广州。

1924 年 1 月 6 日，联军总指挥部石龙行营谍查员报告陈军情况。

2 月 20 日，湘军第五军陈嘉佑部由广州开往石龙转石滩设防。

3 月 23 日，滇军第二军军部和第五、七、八旅各一部共 800 多人由广州开赴石龙。

5 月，苏联红军将领巴甫洛夫率军事顾问团至广州，任大本营第一任首席军事顾问。

7 月 18 日早上，巴甫洛夫率军事顾问团及航空局的几名职员乘广九列车到石龙了解东征战事，当晚在东江勘察时失足落水殉职。20日晚，用专列将巴甫洛夫遗体运回广州。23日早上开追悼会，孙中山偕夫人宋庆龄，连同广州各军队、政府要员全部出席。由孙中山主祭。

9月13日，孙中山发布从东江撤兵命令。其中，右路退守石龙。15日，三路联军先后集中石龙，计有滇、桂、湘、豫、粤各军，人数达2万多人。28日，联军由东莞、宝安、石龙退出。

第一次东征

誓师出征 1924年11月，孙中山接受北洋政府邀请，前往北京参与全国和平统一协商，不幸于1925年3月12日病逝。其间，陈炯明乘孙中山北上之机，开始向广州进犯。

1925年1月7日，陈炯明自称“救粤军总司令”，倾巢出动，向广州进攻，洪兆麟部先后攻陷宝安、石龙。19日，陈炯明嫡系叶举由惠州运大口径大炮七八尊至石龙分发各部，试图一举吞掉革命军政府大本营。战火越烧越近，形势危急。大元帅府广州留守处在中国共产党的推动下，决定组成东征联军，出师讨伐陈炯明。30日，黄埔军校举行东征军动员大会。蒋介石向军校教导团学生军转达东征军命令，决定率黄埔教导团和学生军上前线。黄埔军校所属部队除两个教导团外，还有军校第二期学生组成的学生军共450人，编为5个队，分为步兵一、二队及工兵队、炮兵队、辎重队，随黄埔教导团参加东征。第二天，蒋介石集合教导团官兵及学生军，在大操场举行誓师典礼。军校政治部主任周恩来作战前动员讲话，指出东征是为了打倒帝国主义、打倒封建军阀而战，号召参战的全体人员英勇杀敌。军校政治部还规定不扰民、不拉夫、买卖公平、不抢占民房等纪律。

首战石龙 2月1日，蒋介石率黄埔军校教导团从黄埔出发，水陆并进，到东莞虎门集中。东征军右路军张民达师和许济旅从广州燕塘出发，沿广九铁路向石龙推进。3日晚，东征军第二师张民达部、第七旅许济部及滇军朱淮旅由石厦攻石龙。守军杨坤如部据石龙铁路桥抵抗，双方激战2个小时，因陈军防御严密，许济部只好从左面攻占石湾，侧翼包抄。4日晨，驻石龙陈军向茶山、南社退却，联军进驻石龙。7日14时，胡汉民、廖仲恺、许崇智、伍朝枢和苏联首席顾问加仑乘车由广州抵石龙，约集前线将领蒋介石、张民达、韦冠英等召开军事会议，决定左、中、右三路并进。8日，东征军右路军在石龙叶家湾设立野战医院。9日，杨希闵的东征联军总指挥部由仙村移驻石龙。

回师广州 1925年3月12日，孙中山病逝于北京协和医院。之后，在南方革命政府内部出现“谁继承孙中山”的问题。于是，国民党内部矛盾重重，各派军阀趁机割据。杨希闵、刘震寰认为时机已到，便调兵遣将发动叛乱。在中国共产党和国民党左派廖仲恺等人的坚决主张下，广东革命政府命令黄埔军校学生军和东征军迅速回师广州，讨伐杨希闵、刘震寰。5月21日，黄埔军校官兵、师生冒着酷暑，奉命兼程回师广州，平定刘、杨叛乱。

第二次东征

当东征军主力回师广州讨伐杨、刘叛乱时，粤东军阀陈炯明又死灰复燃，乘机重新占据梅县、潮汕、惠州等地乃至整个东江地区，盘踞在广东南部的军阀邓本殷部也配合陈炯明的进攻，在英帝国主义和北洋军阀的支持下，分左、中、右、侧四路，形成对广州的夹击之势，企图推翻国民政府。其间，陈炯明以刘志陆、杨坤如为东路军，由东江进兵石龙；北路联络川军由粤北南下，会攻广州。

6月19日，惠州被陈军杨坤如部占领，河源受到威胁，驻河源建国军潮梅军军长兼东江剿匪办罗翼群率所部2500多人自河源开返石龙。9月11日，第七旅许济部数营由石龙开往海陆丰，准备进攻潮汕。

东征准备 为彻底消灭广东境内反动军阀势力，统一广东，巩固革命根据地，广东革命政府于1925年10月初进行第二次东征，讨伐陈炯明。蒋介石任东征军总指挥，汪精卫任东征军党代表，周恩来任东征军总政治部主任兼第一军党代表。东征军组织3个纵队、3万多人。国民革命军第一军为第一纵队，担任右翼；国民革命军第四军为第二纵队，担任中路；攻鄂军和豫、赣、潮梅各军（不久，合编为国民革命军第六军）为第三纵队，担任左翼。

东征博物馆内部（2019年）

出征前，周恩来组织东征军政治部宣传队总队，宣传广州革命政府的政策以及此次东征的意义，发动民众支援东征。

东征军在石龙 10 月 3 日，蒋介石诱捕川军总司令熊克武，包围粤北川军。至此，陈炯明的北路被粉碎。东江宣抚使骆凤翔在石龙设立行营，进行宣抚、瓦解陈军的工作。6 日，蒋介石率总指挥部人员由广州出发，20 时抵石龙，石龙组织大批群众、学生到火车站欢迎。总指挥部设在棉花街国民党石龙市党部，蒋介石住在石龙商务分会。7 日，蒋介石致电惠州第六军军长杨坤如，劝其归顺国民政府，率部退出惠州城，开往白芒花一带。杨坤如复电拒绝。东征军政治部派各宣传分队赴石龙市内各处演讲、散发传单、张贴标语。蒋介石到部队阅兵后，在返石龙路上遭到凶徒枪击。凶徒连发 3 枪，两不中，一中蒋足，皮微伤。凶徒被蒋介石卫队打伤就擒。同日，蒋介石在石龙作出攻占惠州城的部署。8 日 14 时，石龙各团体在石龙公园举行欢迎东征军大会。到会团体有石龙第三区党部第一区分部、第二区分部、商会、民团局、市党部、石龙区党部、油烛工会、车衣工会、县立第九国民学校、石龙农民协会、第二区党部、石龙市教职员联合会、石龙米面协进工会、理发工会、革履工会、茶酒楼工会等 1000 余人。东莞县国民党党部执行委员罗伟疆、商会代表陈翘南、农民协会代表何友逊、学联代表苏汉平、油烛工会代表谭锡及美洲华侨代表黄公石相继发表演说。最后，东征军总政治部主任周恩来讲话，他号召人民与革命军联合，共同打败陈军。联欢会上，东征军还散发《东征军第一军政治部敬告石龙各界同胞书》，阐明东征是为打倒陈炯明、救东江人民于水深火热之中，为的是统一广东进而统一全国，谋全国人民长治久安而东征。会后，石龙竹器工人连夜赶制长竹梯 300 架献给东征军，竹梯成为攻破惠州城的重要器械。

10 日，蒋介石、周恩来等率东征军总指挥部人员由石龙乘船进抵博罗。10 日，石龙军民举行庆祝“双十”大会和大游行。17 时，东征军总指挥部与石龙各界联合在石龙

出征（东征博物馆内雕像）（2016 年）

东征博物馆（2016 年）

公园举行庆祝“双十”国庆节大会。到会团体20余个，到会群众1万余人。大会后进行提灯大游行，东征军宣传队总队的化装游行尤其引人注目，沿途观看者人山人海，盛况空前。

14日，东征军攻占惠州，随后，又兵分三路，向东江腹地继续进攻。

17日，省务会议根据蒋介石提议，决定开筑石龙直达潮安公路，以利行军。派公路局长陈耀祖率技师、工程师赴惠城与总指挥蒋介石洽商具体修筑事宜。

19日，廖仲恺夫人何香凝、汪精卫夫人陈璧君、蒋介石夫人陈洁如率省会妇女慰劳团携大批慰劳品由广州乘轮船经石龙，抵惠州慰劳官兵。24日，劳师后陈璧君、陈洁如经石龙返广州。11月4日，东征军收复潮州、汕头；28日后，攻占五华、兴宁、梅县、大埔，乘胜追击残部，直至闽边永定一带。至此，陈炯明残部流窜于闽赣边，再也无力袭扰东江。第二次东征结束。

与此同时，国民革命军另一部又先后消灭了邓本殷在高州、雷州及海南岛的部队，使广东革命根据地基本趋于统一，为国民革命军举行反对北洋军阀的北伐，奠定较为可靠的后方基地。

主要兵事活动

疍民起义 清康熙二年（1663），珠三角有疍民周五、李民等人率数千人的反清队伍在东江一带活动。农历十月，义军在石龙江面上袭击清政府广东提督兵船，烧毁其中的12艘，清兵损失惨重。此役震惊清廷，后被清军镇压。

何六起义 清咸丰三年（1853），以石龙何六为首，掀起东莞历史上最大的一次农民起义。

何六，原籍顺德，原名金殿，字贤相，因在七兄弟中排行第六，故人称何六。何六从小随父经常往来于广州、佛山等地，后成为广东天地会四大堂口之一洪义堂的首领。

他以石龙新庙及茶山武帝庙为据点，在东莞、博罗一带“沿乡拜会，广招会众”。到清咸丰四年（1854）初，其堂口的会众多达数千人。同年6月8日，何六与太平天国将领卓杰生取得联系，集合在石龙附近的南埔、铁岗、龙地（属增城）、茶山等地聚集的数千人，在与石龙一河之隔的龙地祭旗起义。起义军头裹红巾，故称红巾军。何六自封为东路大元帅，提出“拿龙（石龙）、捉虎（虎门）、劏羊（广州）、拜佛（佛山）、上西天（天京）”的口号。意思是起义部队的行动计划先取石龙，再攻虎门（还有莞城），然后挥师北上广州和佛山，剿平广东后，去南京与太平天国会合。

6月10日，何六率义军从石滩出发，乘船攻入石龙，击杀清军驻石龙游击将军冯某及4名千总，全歼清军。17日，起义军包围莞城，从北门攻入，火烧县署拱北楼，活捉知县江肇恩和都司莫其亮。各地农民闻风纷纷响应参加义军，在归善（今惠阳）的翟火姑也起义响应，投靠何六。不到半个月，何六义军占领东莞大部分地区，义军发展到四五万人。

6月底，何六将东江沿岸的艇户组成义军船队，沿珠江口进军广州，但在黄埔一带被两广总督叶名琛水师堵截，双方在新塘十字滘相遇。由于双方火力悬殊，再加上义军缺乏战争经验及药仓爆炸，舟船烧毁，最终何六义军败回增城。7月底，何六派刘万有率领数千义军回兵东莞。8月11日，刘万有用龙舟偷渡莞城，遇清军拼命阻击，退回蚬涌。9月1日，义军开赴中堂休整，被知县华廷杰率军偷袭，义军仓促应战，被击败，刘万有被俘杀害。随后，何六再率义军分三路围攻广州城。战事延续数月，叶名琛得数万清兵及英国兵船的增援。12月，各路义军会师进攻广州失败后，公推何六为统帅。何六至番禺县城与陈显良义军会合，控制省河下游。

清咸丰五年（1855）2月7日，何六率义军退回东莞石龙，与其他各路义军会合以图发展。义军进入石龙后，知县华廷杰集中全部团勇，并重赏招纳“敢死士”数百人为前锋。25日，华廷杰派陈贞标、何泰安及何仁山等率兵进攻石龙，一队从忠维村进攻义军的前一军，另一队埋伏在梁家村扼其后，并令方中、卓炳森等率平康祥和社的团练守住河对面断义军后路。清晨，各路清军及民团会集石龙，陈贞标率巡船冲向义军船队，船上义军纷纷落水；另一队清兵在前往双孖庙路上被拦，他们见裹红巾的人就杀，镇内义军只好急忙向圩尾撤退，而何仁山指挥练勇逐一拦截，获义军船只50余艘，斩杀200多人，生擒367人。义军溃乱，何六率少数队伍冒死突围，此战义军损失甚重。3月7日，广州清军攻陷番禺。何六、陈显良回兵番禺，至狮子洋被清军水师击败。

何六与各路义军首领分析当时形势，认为义军在广东未取得坚固的根据地，不利于义军发展，于是提出北上计划，希望将义军带离险境，尽早与太平天国军会合。建议得到众义军首领的支持。于是何六率义军绕开广州北上，长途奔袭湖南的清兵。义军一路北上攻占湖南郴州、永兴、桂东等县，并分兵攻打茶陵。清咸丰六年（1856）初，何六率义军在茶陵与曾国藩所属团练王鑫部相遇，何六在作战中阵亡。至此，起义失败。

石龙光复 1911年10月10日，武昌起义爆发。11月3日，惠州的陈炯明与邓仲元、王和顺率部于东江起义，并先后光复惠州、博罗、东莞。其中王和顺部挥师进兵石龙，驻石龙清军闻风而逃。

民军未到之前，在茶山一带活动的土匪得到风声，他们装扮成民军先到石龙，将驻石龙头的清兵缴械并准备抢掠民众。此时，王和顺民军赶到，将石龙西面驻红棉路北帝庙的几十个清兵缴械，接着又解除巡警局武装，聚集在林屋祠堂的土匪匆忙从西湖退走。

石龙光复不久，由于民军成员复杂，有些是收编的土匪，进入富裕的石龙后，风纪败坏。其中民军军官刘兆槐为带领其下属进广州，强征石龙10多艘民船，对不服从的船家开枪射击，造成多名群众死伤。曾参加黄花岗起义的第七先锋队副队长梁起（又名梁久起，园洲人）也率领园洲部队进入石龙，与王和顺部因争地盘而发生火拼。梁起部寡不敌众，从石龙头向黄家山撤走。王和顺部在追击中，趁机对居民逐家搜查，抢掠财物。位于石龙豆豉街的广昌大押老板，见情况不妙立刻将大门紧闭。民军王和顺部以大押内有梁起人马为由，架起大炮，要轰击该楼。街坊群众恐事端扩大，危及周边居民，纷纷劝阻王部，商会也派人劝广昌开门。广昌大押老板不得已将大门打开，民军乘机蜂拥而入，对大押进行抢掠。之后，为掩盖其抢掠罪证，放火将广昌大押烧光。

“反袁讨龙”石龙之战 1912年8月，广东都督龙济光投靠袁世凯。1915年12月12日，袁世凯称帝，南方各省纷纷加入反袁运动。蔡锷、唐继尧、李烈钧于12月25日通电讨袁，组织护国军。护国战争起，广东各地掀起“反袁讨龙”斗争。

为反对袁世凯，驱逐其广东代理人龙济光，广东各地革命党人积极组织军事力量进行武装反抗。1916年4月，增城驻军徐连胜在革命党人邓仲元策动下起义，带领部队攻占仙村、石滩等地，之后又迅速攻占石龙。

徐连胜部占领石龙后，各地革命党人邓仲元、李杨敬、薛岳、罗翼群、邓以洪、林直勉等立刻聚集石龙，共商讨伐龙济光方案，并通电宣布在石龙成立中华革命军东江总部，推邓仲元为总司令，公开竖起“讨龙”大旗。因为林直勉是石龙人，所以他主动负起筹集粮饷的重任。一时间，由于石龙聚集众多广东知名的革命党人，俨然成为广东“讨龙”中心。

龙济光为消灭这股革命力量，一边令惠州督办李嘉品率部沿东江而下，进攻石龙中华革命军；又命东莞统领梁永年组织地方武装从西面合围石龙，企图两面夹击，一举消灭聚集在石龙的革命党人武装。

惠州督办李嘉品率队分两路沿东江两岸而下，一路进驻东江北岸博罗园洲的下南村，另一路集结在东江南岸石排的田寮。为阻挡李嘉品部西进，革命军由营长易健和参谋邓以洪率领在黄家山一带迎战。李嘉品部先以野战炮向革命军阵地炮击，想以强大的炮火，震慑义军，摧毁义军的斗志。义军在营长易健及参谋邓以洪指挥下，迎着炮火出击，直迫敌阵地。李嘉品部队在硝烟中突见义军迎着炮火蜂拥而至，吓得立即全线退却，后面部队见前线部队后逃，以为兵败无疑，全部人马也立刻掉头逃跑。顷刻间，李嘉品部全线瓦解。此时，东莞统领梁永年纠集地方武装 1000 余人，分两路进击石龙。一路沿东江边经峡口、鳌峙塘、京山等地经南铁路桥进攻石龙，另一路由数艘兵舰及民船组成船队，企图在石碣唐洪一带登岸进攻石龙。当时，革命军只有一个排的兵力扼守南铁路桥的北岸。于是，总司令邓仲元与徐连胜立刻率领总部警卫排投入战斗。虽然敌众我寡，战况惨烈，但敌军却始终无法通过南铁路桥。情急之下，梁永年采用重赏方式组织敢死队，冒着枪林弹雨冲过南铁路桥，但刚到达北岸桥头，革命军连长梁鸿楷手持机枪跃上桥头对敌扫射，冲在最前面的敌营长被打死，其余士兵也纷纷中弹掉落江中。后面的敌军见状，吓得魂飞魄散，纷纷龟缩不敢踏足南铁路桥一步。该战坚持了 3 个星期后，因龙济光不断从广州组织武装力量进袭，邓仲元、徐连胜部被迫撤离。

驱逐桂系军阀之战 1918 年第一次护法运动失败后，广东被桂系军阀莫荣新控制。1920 年 9 月，援闽粤军回师广东，对桂军发动进攻。桂系军阀莫荣新为利用东江阻击粤军进攻，调集除留守广州外的全部兵力，在以石龙为中心，纵横 15 千米内布防。10 月 17 日，他从增城调兵 3000 余人驻守石龙。此间，东莞境内广九铁路沿线民众为支援粤军逐桂，将横沥、土塘两路段毁坏，切断桂军运输线。10 月 23 日，粤军在惠州召开军事会议，决定总攻广州，中路军、左路军负责扫除石龙、东莞的桂军。当时，莫荣新部署的石龙决战方案和军事布防尚未就绪，粤军先头部队已进至茶山。粤军大部队赶到后，即向石龙正面阵地进攻。25 日，驻石龙桂军的 2 个营阵前起义，粤军即攻占石龙。至此，桂军被逐出东莞。

1938 年 10 月 19 日，日军强渡东江进入石龙老城区

20 世纪 40 年代日军占领石龙时在中山路设岗哨

石龙抗击日军纪实 1938 年 10 月 12 日，日军在大亚湾登陆。10 月 19 日上午 9 时，日军侵占石龙。24 日，扼守东江南岸西湖的东莞县壮丁常备队与日军激战，打退日军，俘日军军曹松井本等 7 人。11 月 5 日，国民党东莞、增城特务大队长袁华照率队在茶山抗日自卫团配合下，袭击石龙日军据点，击毙日军 270 余人。10 日，在抗日武装的不断打击下，驻石龙日军司令部星夜从石龙镇电灯公司迁往圩外的小山，石龙圩内暂无日军。11 日，第四战区第一五三师 1 个连在石龙截击乘船沿东江而下的日军，击毙日军 50 余人，缴获枪支弹药一批。17—18 日，国民党军何煜坤部在峡口、石碣一带截击从石龙出发的日军 500 余人，击毙日军 40 余人。18 日，东莞壮丁队于夜间在茶山东岳庙后，迎击由石龙、石滩沿京山西湖进犯的日军 300 余人，击毙日军前头部队 10 余人，缴枪 10 余支。22 日，东莞抗日自卫团在石龙抗击从莞城进袭的日军，因寡不敌众而撤离。石龙圩再次被日军占领。12 月 9 日，国民党空军飞机在石龙、石滩、增城一带投弹，炸毁日军营房、阵地、仓库多处。24 日，东莞县民众抗日自卫团叶铁良、邓重平等部，派便衣队员 10 余人潜入石龙，半夜再出动 300 余人，里应外合，分三路由石龙车站、黄家山及石湾袭击石龙日军，击毙日军 20 余人，抗日自卫团数人负伤。12 月下旬，广东东路守备部队在东莞地方自卫团配合下三路围攻石龙；叶挺部从罗浮山抄攻石龙，于 28 日深夜一度攻进石龙火车站，毙伤日军 100 余人。

1939 年 1 月 6 日，国民党军某部克复增城，续攻石龙，与日军在石龙圩内发生巷战，莞龙公路桥被炸断。15 日，国民党军某部在东莞自卫团队协助下，于石碣下南村附近伏击由石龙沿东江而下的 10 艘日军汽艇，击毙日军 30 余人，击沉日艇 1 艘，击伤 2 艘，其余日艇退返石龙。24 日，国民党空军“神鹰队”出动飞机 12 架，在石龙上空投下三四十枚炸弹，炸毁日军阵地及军械粮食贮藏所，炸死炸伤日军 150 余人。3 月，第四战区东江游击指挥所第三游击纵队第二支队罗坤部谍查队捕获石龙伪维持会会长伦仲銮。6 月 20 日凌晨 1 时，国民党军 300 余人分路从石龙马嘶、横沥、寮步偷袭日军驻地，战至天明时撤退，获较大战果。10 月 14 日，国民党军某部围攻驻石龙日军，相持数昼夜，最后撤离。1940 年 3 月上旬，在广九铁路一带活动的国民党军袭击石龙、石滩日军据点。

1944 年 1 月 23 日，盟军美国飞机袭击广九铁路，炸断石龙桥梁。2 月 11 日，盟军飞机 27 架袭击广州、香港、石龙等地日军军事目标，并与日机展开空战，使日军遭受较大损失。10 月 14 日，东江纵队第一支队三龙大队争取伪军黎林中队的配合，在低涌击退从石龙开来的日军 220 人的进攻。12 月 31 日，东江纵队第三支队及第一支队一部夜袭驻篁村保太祖祠堂内伪军第四十五师 1 个营。日伪军从石龙、莞城出兵增援，东江纵队撤出战斗。此战，毙伤日伪军数十人，东江纵队也伤亡 20 余人。

1945 年 8 月 15 日，日本宣布无条件投降。9 月底，驻石龙日军弃械受降。10 月 1 日，国民党新一军八十八团在石龙一客运码头岸边举行受降仪式。之后，为顺应石龙民意，新一军在中山公园北出口修建凯旋门，纪念抗日战争胜利。

党建丰碑

中共石龙市委成立 大革命时期，中共党组织在石龙一带村庄活动，发展党员。1926 年 6 月，中共东莞地方执行委员会成立，隶属中共广东区委，下设石龙支部，书记周棠。

1927 年，国民党反动派发动“四一二”反革命政变，大肆搜捕屠杀共产党员和革命群众，石龙支部成员转入地下活动。“四一二”反革命政变后，中共广东省委考虑石龙地处水陆交通要道，地理位置特殊，决定建立中共石龙市委，直属广东省委领导。同年秋，中共石龙市委成立，由陈旺、陈志仁、麦金镛等人组成，陈旺为书记，市委机关设在石龙市园洲乡寮仔（今属博罗县）。中共石龙市委成立后，首先对党团组织进行恢复和整顿，同时加强与党员的联系，以个别谈话等方式，鼓励党员不畏白色恐怖，坚持地下斗争。其次，注意工人运动的恢复和发展，采取多种形式开展工人工作。再是派市委领导成员到农村重新发动和组织农民协会，恢复农民活动。陈志仁与在园洲乡隐蔽的党员陈坤、李养、李引田、李九汝等取得联系，逐步恢复其组织生活。是年冬，为配合广东各地举行的暴动，石龙市委在园洲乡马嘶村举办平民夜校，讲授农民运动课程，启发农民觉悟。在石龙市委发动组织下，马嘶村成立农民同盟协会。

1928 年 1 月，中共广东省委为加强士兵运动的领导，设立士兵运动委员会。随后，广东省委发出指示，要求中共石龙市委机关由园洲乡寮仔迁到石龙圩，力争在短期内策动国民党驻军起义，举行石龙暴动。春，中共石龙市委机关迁石龙，下设石龙、寮仔、马嘶、水南、黄家山 5 个支部，有党员 29 人。4 月 29 日，中共石龙市委召开市委扩大会议，到会有各支部代表 10 人，通过《政治决议案》《组织问题决议案》《职工运动决议案》。同月，中共石龙市委分别成立赤卫队委员会和士兵运动委员会，市委书记陈旺兼赤卫队委员会主席，陈志仁、陈坤、陈达、叶祖、刘培、朱安、广润为委员，市委常委陈志仁兼士兵运动委员会主席，罗群、刘培为委员。

中共石龙市委扩大会议后，市委机关搬到石龙市区豆豉街二巷五号，将 5 个支部改为 3 个，其中水南支部撤销，黄家山支部改为特别小组，有党员 44 人。其间，市委一方面致力于建立秘密工会，组织石龙工人罢工，另一方面抓紧兵运工作，在当地驻军中发展党员；同时在寮仔成立秘密农会。5 月 1 日，石龙市委在致广东省委的信中，提出 5 月份工作计划：党员发展到 100 人以上，其中工人成分占 60%；秘密开展活动，尽力鼓动工人起来斗争，在斗争中发展党员；编发《党员须知》，要求各支部按时召集会议，多找同志谈话交流；农民协会及赤卫队应注意加强石龙近郊农村及鳌峙塘、寮仔、黄家山、小苏村等地农运工作，农民协会及赤卫队委员会的同志，必要时可以加入并非由党领导的组织，以便于开展工作。共青团石龙特别支部由于成员多被逮捕或逃散，组织解体。此时，在石龙市委帮助下，改组成立共青团石龙临时市委。

1928 年 5 月 1 日，中共广东省委分别向东莞县委和石龙市委发出配合宝安暴动的指示信，要求石龙市委宣传宝安暴动消息，深入工人群众中去，发展工会、赤卫队和党的组织；号召工人以实际行动支持宝安暴动，以扩大宝安暴动的声势，为宝安暴动减少障碍。

1928 年 5 月 24 日，陈志仁被捕，市委机关遭破坏。市委书记陈旺、秘书长罗群获悉陈志仁、麦金镛被捕后，立即撤出石龙，组织可能暴露的党员迅速转移隐蔽。7 月，广东省委指定李淦、朱安、陈沃组成临时市委，机关设在寮仔。8 月 14 日，中共东莞县委召开常委扩大会议，石龙市委与东莞县委合并，组成新的中共东莞县委会，县委机关设在莞城。

1929 年 1 月，中共东莞县委把机关移到石龙，以陈日的补鞋店为县委机关。2 月，常委陈日因叛徒出卖，被捕牺牲，机关遭破坏。县委机关两次被破坏后，中共广东省委委员、中共东莞县委书记赖成基去香港，后被捕牺牲；县委常委莫萃华回家乡洪屋涡组织武装队伍，不久也牺牲。后来，省委又派常委周颂年及候补常委李鹏到东莞准备重新组织县委，在石龙附近设立机关，但未成功。

兵运挫折 东莞石龙地处东江要冲，水陆交通便利，历来为军队防守之地，中共广东省委对石龙兵运工作十分关注。在中共石龙市委成立时，批示石龙市委设立士兵运动委员会，选派黄埔军校毕业生、曾在国民革命军第四区任政治部组织股长兼前方伤兵救护委员会主任的陈志仁，担任石龙市委士兵运动委员会主任，并从广州抽调有兵运工作经验的共产党员到石龙，协助陈志仁开展兵运工作。

陈志仁在罗群、麦金镛、刘培、陈根等人配合下，全力开展士兵工作。在派人对石龙民团进行策反教育的同时，频繁与国民党石龙驻军的进步士兵秘密接触和联系。有一次他与国民党军进步士兵刘华接头时，引起石龙驻军某营长的注意。该营长立即派人抓住刘华审问，刘华从容应对，没被抓住把柄。这一虚惊并没有引起陈志仁的警惕，随后他又接二连三地与国民党士兵接触，甚至将荷枪实弹的士兵带到中共石龙市委机关谈话，从而引起国民党军的警觉。国民党军补充团头目以策动士兵暴动为诱饵，派出某营长约见陈志仁。5 月 24 日，陈志仁和麦金镛按照约定时间到石龙公园，与国民党军营长见面，即被埋伏在公园内的国民党军警逮捕。兵运工作中止。

陈志仁、麦金镛被捕后，国民党军警对他们施以酷刑，但他们始终坚贞不屈。5 月 26 日凌晨，陈志仁、麦金镛被杀害于红棉路东侧止轩亭旁。

成立民众抗敌后援会 1938 年 10 月 12 日，日军在大亚湾登陆后，中共东莞党组织即动员民众开展抗日武装斗争。在抗日救国热潮中，石龙以中小学教师为主成立民众抗敌后援会。寒假期间，在石龙抗敌后援会领导下举办抗日军训班，参加军训的学员多为石龙知识青年，军训班利用石龙中学教室和中山公园等地进行训练。石龙中学校长莫公璧，亲自动员全校师生为抗日战争作准备，并组织他们参加各类抗日活动，动员进步师生奔赴抗日前线。在出发当日，莫公璧在日军轰炸石龙中牺牲。抗日战争胜利后，石龙民众在中山公园竖起莫公璧纪念碑。

黄家山、西湖保卫战 1938年10月20日，驻石龙日军进犯石龙附近的黄家山村。中共党员周崇、陈其禄率领黄家山自卫队在东江河岸与日军激战对峙3昼夜，打死攻入村内的日军士兵1人，夺步枪1支。之后，因敌众我寡，自卫队撤出战斗。日军攻占黄家山后，纵火烧毁民房，村民39人殉难。

10月24日，驻石龙日军进犯西湖村。扼守在东江南岸西湖村的东莞县壮丁常备队与日军展开激战，打退日军，俘获日军军曹松井本等7人。后日军攻占西湖村，并对村庄进行洗劫，全村除3间祠堂外，其余全被烧毁。

纪念设施

李文甫纪念亭 位于石龙中山公园东北角山丘上，建于1924年。该建筑长5.7米、宽5.3米，石混结构，四角方亭，四坡顶，方形倭角柱式。从下至上，砌筑“之”字形台阶。李文甫是黄花岗七十二烈士之一。纪念亭碑文由时任广东省省长、李文甫生前好友胡汉民撰写。1993年，东莞市人民政府公布为市级文物保护单位。纪念亭于2003年由石龙镇人民政府重修。2012年，被列为省级文物保护单位。

中山纪念堂 位于石龙镇中山公园内，1937年年初建成。纪念堂坐北向南，原为两层，砖木石结构，为纪念孙中山在东征期间20多次进出石龙而建，所在位置曾是当年东征军驻地。日军侵占石龙后，该堂内部多处遭日军毁坏。1949年10月15日石龙解放，中国人民解放军第四野战军

中山公园内的李文甫纪念亭（1926年）

某师协助石龙地方建设，同时提议重修中山纪念堂。倡议得到石龙地方政府及全体市民响应和支持，并由各方捐资购买物料，解放军战士担任施工，仅用40天完成全部工程。2015年，石龙镇人民政府投资重修，并请石龙籍中国工程院院士何镜堂团队设计，外观继续沿用民国建筑风格，但主色调从原来的黄色改为青色，更显庄重。2016年，纪念堂重修完成并开放启用。重修后的中山纪念堂分为东征博物馆及小型剧场两部分。

莫公璧纪念碑 位于石龙中山公园北侧，于1947年6月立。2003年，石龙镇人民政府重修中山公园时重立。2006年重修，碑长7.3米，宽6米，通高8.8米，纪念碑正面刻隶书“莫故校长公璧殉难纪念碑”，款行书“张发奎敬题”，基座上镶嵌“建碑委员会于建国三十六季所立石龙各界纪念莫公璧”碑文。

孙中山铜像 1923年，为平息陈炯明发动的军事叛乱，孙中山在指挥东征期间，曾20多次进出石龙，并在石龙设置行营。孙中山逝世后，石龙将镇内最大的马路改名为中山路，将石龙公园改名为中山公园，在园内建中山纪念堂。2004年，石龙镇人民政府在石龙火车站广场建孙中山铜像。

周恩来东征演讲处 位于中山公园南侧，原东征军与石龙各界联欢大会会址。坐南向北，平面略呈方形，长13.7米，宽13.4米，高1米，占地面积183平方米。演讲台原为竹木临时搭建，后多次拆建，曾作市民集会、演出之用。抗日战争胜利后，人们用砖石改建演讲台作为文娱舞台。1993年，周恩来东征演讲处入选东莞市文物保护单位。1998年10月，在周恩来100周年诞辰之际，石龙重修演讲台时将台向西移2米，在台上竖身穿东征戎装的周恩来铜像。铜像高2.6米，用1.5吨青铜铸造而成。周恩来东征演讲处为石龙镇爱国主义教育基地。

2007年3月25日，孙中山的孙女孙穗芳到石龙火车站广场，向孙中山铜像献花

周恩来东征演讲处（2019年）

凯旋门 位于石龙中山公园北出口，建于1945年，2003年重修，宽9.9米，深1.4米，高9.5米，通体外贴麻石（花岗岩），门额两面均阳刻“凯旋门”3个字。1945年8月15日，日本宣告无条件投降。中国军民经过14年艰苦卓绝的浴血奋战，终于迎来了抗日战争的伟大胜利。当时驻石龙的国民党新一军八十八团在接受日军缴械投降后，顺应石龙人民要求，修建该门纪念抗日战争胜利。

20世纪40年代抗战胜利后修建的凯旋门

中山公园 原名石龙公园，早年是有钱人的私家花园，后成为公共场地。公园建于1924年，水陆面积4万多平方米，是1925年10月石龙各界欢迎东征军联欢大会之处。1925年孙中山病逝后，为纪念孙中山而改名为中山公园。公园里有中山纪念堂、周恩来东征演讲处、凯旋门、莫公璧纪念碑、李文甫纪念亭。2012年10月20日，被批准为广东省文物保护单位。

东征博物馆 位于石龙中山公园中山纪念堂内，2015年建成。东征博物馆展览面积450平方米，一楼展厅通过不同时空场景，反映东征史实。陈列的模型在大型半全景油画前，加上灯光、音响、旁白、道具、特效等，与画面重叠交错，使观众仿佛身临其境。二楼为东征史迹展览，以1923—1925年的东征历史为脉络，突出石龙作为国民革命军东征大本营的历史史实，主要展示东征的历史背景、过程、意义和影响，揭示战争年代的社会状况。展览通过大量珍贵的历史照片、图表、地图、实物、场景、雕塑，并运用电脑触摸屏等陈列手法，具体、形象再现东征的历史。该馆为石龙镇爱国主义教育基地。

东征博物馆内塑像群（2016年）

1956 年陈镜开打破世界纪录的宣传海报

举重之乡

中华人民共和国体育史上举重运动的辉煌篇章可以说是从石龙人陈镜开于 1956 年 6 月 7 日打破世界举重纪录那石破天惊的一举之时翻开的。在此后的数十年间，石龙籍举重运动员为国争光获得无数荣誉，石龙体校学员也曾多次代表国家青少年队征战世界赛，他（她）们都能披金戴银满载而归，石龙因此成为闻名于世的“举重之乡”。

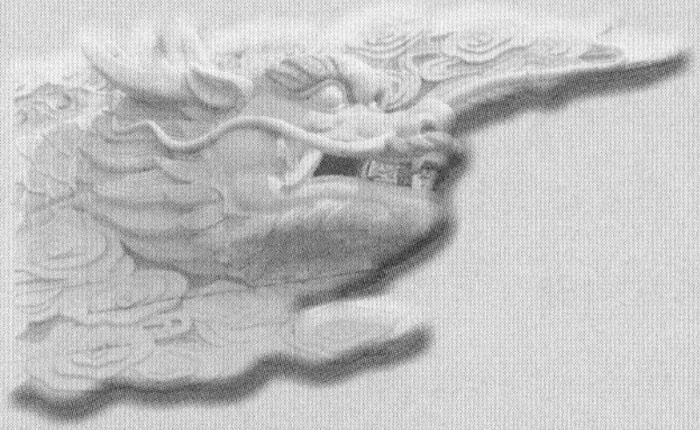

破纪录记第一功

龙城虎将震四方

威震举坛

中国破世界举重纪录第一人 石龙人自古就喜爱举重（举石担、石锁），因清代以前的武科举考试中有举重一项。清代，石龙就有叶国昌等多名武举人。此外，民间还常有人在劳动间隙“拗锄头”“拗条凳”，既练手劲、练臂力，又是娱乐活动。

1947 年，石龙中学设置两副红石杠铃，学生在课余时间常单手举或双手推举。1951 年，陈镜开与小伙伴打造一副红石杠铃。1952 年，陈镜开组成 15 人的青年健身小组，自制土石担，还集体购置石龙第一副铁杠铃。不久，石龙镇工会也购置杠铃，举重运动在学生和职工中普遍开展起来。后来，陈镜开到广州读书期间，常利用业余时间到谭氏健身馆练习举重。1954 年，被选入解放军举重队，得到李启龙等教练的指导。1956 年 6 月 7 日，陈镜开在上海卢湾体育馆举行的中苏举重比赛中，在最轻量级比赛中以挺举 133 公斤的成绩打破美国运动员 C. 温奇保持的世界纪录，开创了中国体育史上第一个世界纪录。

1956 年 7 月 23 日，《人民日报》发表《打破纪录》社论：“我国年仅二十岁的举重运

打破紀录

社論

我国年仅二十岁的举重运动員陈鏡开，在今年六月創造的一项最輕量級双手挺举133公斤的成績，已經被国际举重和健身联合会承認为一項正式的世界紀录。我国运动員第一次进入了世界紀录創造者的行列，这是我国体育运动發展史中值得庆賀的事情。

这几年中間，我国运动員所創造的成績，有不少已經接近和达到了国际水平。輕量級举重运动員黄强輝350公斤的总成績，相当于第十五屆奧林匹克运动会輕量級第二、三名的成績。在田徑运动中，女子擲鉄餅运动員石宝珠，創造了45公尺92公分的全国紀录；在今年上半年又連續五次打破她自己保持的紀录，成績提高到49公尺4公分。这个成績，已經超过了第十五屆奧林匹克运动会第二名的成績。女子跳高选手傅雪雁和女子一百公尺全国紀录保持者姜玉民的成績也都达到了上一屆奧林匹克运动会前六名的紀录。游泳运动員穆祥雄一百公尺蛙泳1分10秒4的紀录，比世界紀录只差零点六秒。球类运动和体操等也都取得了一些优良的成績，能够同国际上第一流队伍和运动員相抗衡。

解放以前，曾經有人說中国人是"东亞病夫"，說中国的体育运动成績停留在十九世紀的水平。直到現在，也还有人認为我国人民的体質差，在体育运动方面要赶上国际水平是很难的，甚至是不可能的事。然而，最近几年群众性体育运动的开展，許多运动員創造的优秀成績，特别是这次陈鏡开的成績，不能不使这些說法和想法都破灭了。全世界都在重視中国体育运动的迅速开展，都在重視中国运动員創造的优秀成績。

从1936年到1948年国民党反动統治的十三年中間，在男、女田徑运动將近四十个項目中，只改变过七次紀录，而新中国成立以来短短的六、七年中間，除了男子田徑一百和二百公尺兩項以外，所有的运动項目（包括田徑、游泳、举重等有紀录可查的項目），都打破了过去旧的最高紀录，而且仅仅在1955年中，田徑、游泳、举重、滑冰、自行車五个运动項目中，就出現384次新的成績。在資本主义国家几十年体育运动發展的历史中，找不到像我国这样迅速發展的例子。

我国运动員能不断打破紀录，甚至打破世界紀录，不是偶然的。它是随着我国政治、經济、文化面貌的改变，随着我国劳动人民物質生活的提高和群众性的体育运动的开展而出現的。

我們的党和政府，把体育运动当作增进人民健康、增强人民体質的重要手段，大力提倡开展群众性的体育运动，为劳动人民創造参加体育运动的物質条件，根本改变了过去只有少数人参加体育运动的狀況。我国运动員，特别是青年运动員，有了充分發揮他們的才能的条件。

在党和政府的領导和关怀下，工厂、矿山、机关、学校都广泛开展了体育运动，在許多农村中体育运动也有了發展。数不清的乡村农業生产合作社和国营农場，都开展了各种各样的体育活动。农村体育活动对增进农民的健康，提高劳动效率，丰富文化生活，抵制和消除不正当的活动，起了积極的作用。在这样广泛的群众性的基础上，我們看到了我国体育运动日新月异的發展，不断地有新紀录出現。

对我国的体育工作者和运动員来說，不要自滿、不要驕傲是最重要的事情。驕傲往往是落后的开始。我国現在的运动技术水平同国际水平相比，还很落后。男子田徑运动中的一百和二百公尺还沒有突破二十年来的旧紀录。所以，我們半点也不能自滿，我們要努力，我們有信心繼續提高我們的体育运动的水平。

体育运动对生产和国防都有重要意义。它是人民文化生活中的一个重要組成部分。体育运动部門和体育組織，必須进一步开展群众性体育运动，积極地，有效地而不是形式地建立开展群众業余体育活动的体育协会；普遍地、但是应該有准备、有領导地推行劳衛制。更多、更好地發現和培养有才能的运动員，給他們創造必要的和可能的鍛煉条件，特别是讓他們有足够的鍛煉时間。广大的运动員要在爱国主义的思想鼓舞下，按照科学的鍛煉方法，学習先进的技术和經驗，創造更新的成績，將我国运动技术水平再提高一步。所有的运动員都还可以利用空隙时間，帮助工厂、农村、机关开展体育活动。

农業合作化的發展，給开展农村体育运动提供了很多有利条件。农村体育活动的蓬勃开展，必然会成为我国农民生活中的一个重大事件。体育运动部門和体育組織要安排力量，將农村体育运动作为整个工作的一部分，切实地把它領导起来。

体育方面的科学研究工作，远远落后于我国体育运动的發展。体育界的高級知識分子，应該大力培养科学研究的新生力量，充分發揮自己的才能，使我国有关体育运动的若干科目的科学研究工作接近并达到世界的先进水平。

讓我們的体育运动在更广泛的群众性的基础上开展起来，我們將会看到有更多的优秀运动員出現，打破过去的紀录，創造更多的新紀录。

《人民日报》就陈镜开首破世界纪录一事发表社论

动员陈镜开，在今年六月创造的一项最轻量级双手挺举 133 公斤的成绩，已经被国际举重和健身联合会承认为一项正式的世界纪录。我国运动员第一次进入了世界纪录创造者的行列，这是我国体育运动发展史中值得庆贺的事情。”1956—1964 年，陈镜开 10 次打破世界纪录。

群星璀璨　继陈镜开之后，石龙人叶浩波、陈满林也开始在中国举坛崭露头角。1963 年，在长沙举行的全国举重锦标赛中，叶浩波夺得最轻量级冠军。在这次比赛中，陈镜开也夺得次轻量级冠军，陈镜开的胞弟陈满林获最轻量级亚军。

随后，叶浩波多次在各类比赛中斩获第一名。1964—1965 年，叶浩波连续 4 次打破抓举世界纪录。

1965 年 2 月 27 日，陈满林参加在北京体育馆举行的全国十单位举重比赛，在最轻量级推举中，他举起 118 公斤，打破当时 117.5 公斤的最轻量级推举世界纪录。他是中国第一个打破轻量级推举世界纪录的运动员，也是石龙第三个破世界纪录的人。1966 年，陈满林在全国八单位举重比赛中，又打破次轻量级推举世界纪录。同年，在柬埔寨金边举办的第一届亚洲新兴力量运动会中，以 118.5 公斤获得最轻量级推举冠军，并打破自己一年前创造的最轻量级推举世界纪录。陈满林在 30 岁时受命复出继续代表国家队参加比赛。在 1976 年、1977 年，先后获亚洲举重锦标赛 56 公斤级抓举、挺举和总成绩冠军，第三十一届世界举重锦标赛 56 公斤级挺举第二名、总成绩第三名，取得中国男子举重在世锦赛上的第一枚奖牌。

叶浩波破纪录（1964 年）

20 世纪 70 年代陈满林参加比赛

自从陈镜开、叶浩波、陈满林多次打破世界纪录后，他们的事迹在石龙家喻户晓。于是，争当举重运动员、为国争光成为许多青年的梦想和追求。此后数年，石龙镇掀起家家送儿练举重热潮。在这样的大背景和良好氛围中，石龙举重人才不断涌现，为国家和省队培养了一大批栋梁之材。

此后，石龙运动员以曾国强、陈伟强和赖润明为代表，开始在奥运会、亚运会上扬威，其中最为抢眼的是“陈氏三杰”（陈镜开、陈满林、陈伟强），一副杠铃，一家3人，在中国28个举重世界纪录中，创造15个举重世界纪录，成为中国运动史上的传奇。

1987年，在广州举办的全运会上，广东举重队有一半是石龙籍运动员，且都是世界冠军和世界纪录保持者。

据统计，石龙举重以陈镜开为起点，数十年来，从石龙镇走出1000多名举重健儿，在国内外举重赛场上各领风骚，取得了巨大成就。

1980年，石龙业余体校成立女子举重队。1988年，女运动员黄美顺、林衬崧分别超一次女子世界纪录。第一个破世界纪录的女运动员史丽华，12岁开始练举重，1995年入选省队，同年8月在第一届亚洲青年女子举重锦标赛中，获抓举和总成绩冠军；1997年8月，在第五届世界运动会获冠军，以130.5公斤的成绩打破女子举重64公斤级挺举世界纪录；1998年，在芬兰举行的第十二届世界举重锦标赛上，夺得女子63公斤级挺举金牌；1998年7月，在中国大庆举办的中、日、韩三国邀请赛上，以抓举105公斤的成绩打破63公斤级世界纪录。谭秀红、李玉华、陈爱明3人8次超6项女子举

市民热烈欢迎石龙籍的奥运奖牌得主凯旋（1984年）

史丽华获奖（1997年）

重世界纪录，张秀芳、李金梅、范倩 3 人 5 次超 3 项女子举重亚洲纪录。1991 年 4 月，石龙女子举重队代表中国参加在保加利亚举行的国际瓦尔纳世界举重锦标赛和第一届瓦尔纳国际女子举重赛上，获金牌 4 枚、银牌 1 枚。1998 年，岳平田在第十一届广东省运动会上，以 131 公斤的成绩超女子 70 公斤级挺举世界纪录。

2015 年，在广东省青少年举重冠军赛上，以石龙举重代表队为班底的东莞青少年举重队夺得 12 枚金牌、11 枚银牌和 7 枚铜牌，以总分 456 分获得团体总分第二名。其中不少青少年队员崭露头角，最有代表性的是陈幼娟。2014 年，在世界举重锦标赛上，她斩获女子 69 公斤级的银牌和铜牌。2019 年，19 岁的彭翠婷在第二届全国青年运动会举重 18 ~ 19 年组预赛中，以抓举 105 公斤和 108 公斤的成绩连续两次刷新 71 公斤级抓举纪录，获得 71 公斤级抓举第一名、总成绩 223 公斤第一名。

石龙镇的优秀举重健儿共打破世界举重纪录 21 次，13 次破世界青年纪录，27 次打破亚洲纪录，获 50 个世界举重赛第一名，41 个亚洲举重赛第一名。

奥运会披金戴银 1984 年，石龙举重运动员曾国强在第二十三届洛杉矶奥运会上首次获得冠军，成为中国第一位奥运会举重冠军。在参加该届奥运会的中国举重队中有 3 个是石龙人，并取得了两金一银的成绩。1988 年，在第二十四届汉城奥运会上，石龙运动员获 60 公斤级举重铜牌。

曾国强，中国第一枚奥运举重金牌获得者。7 岁加入小学举重队，1976 年进入石龙

曾国强在第二十三届奥运会上获 52 公斤级举重金牌（1984 年）

业余体校举重班，1981 年入选省队，1983 年进入国家队。1983 年，在世界青年举重锦标赛上获 52 公斤级金牌。1984 年 7 月 29 日，在第二十三届洛杉矶奥运会举重比赛中，以 235 公斤的总成绩夺冠，为中国代表团赢得该届奥运会第二枚金牌，也是中国奥运会史上的第一枚举重金牌。同年，曾国强在第三十八届世界举重锦标赛上获总成绩和挺举两项冠军；在第十六届亚洲举重锦标赛上获 52 公斤级抓举、挺举、总成绩 3 项冠军。

陈伟强，14 岁进入广州市体育馆举重班学习，其后被选拔进广东举重队。1974—1978 年，先后参加国内比赛 42 次，破 52 公斤级和 56 公斤级全国青年纪录。1977 年，参加第八届亚洲举重锦标赛获 52 公斤级抓举冠军，挺举和总成绩亚军。1978 年，在第八届亚运会上获 56 公斤级抓举第一名。1980 年 4 月在冲击抓举新纪录的时候，右肘关节脱臼。之后他强忍疼痛，冒险练习，至肩背压坏。后又在体检中查出患上运动性肝炎，被告知不再适合从事体育运动。为圆奥运梦，他只休养了几个月，便继续投入训练。1982 年 11 月，他在第九届新德里亚运会上获得两枚金牌；同年在亚洲举重锦标赛中，获抓举、总成绩冠军。1984 年在第二十三届洛杉矶奥运会上，获 60 公斤级举重金牌。

赖润明，在石龙第八小学读三年级时开始接触举重，10 岁进入石龙举重队。1978年，加入八一队。1982 年，参加在巴西举行的世界青年举重赛，以 245 公斤的总成绩获 56 公斤级亚军。1984 年，在第二十三届洛杉矶奥运会中以 265 公斤的总成绩获 56 公斤级

陈伟强在第二十三届奥运会举重比赛上夺取奥运冠军（1984 年）

赖润明在第二十三届奥运会上获银牌（1984 年）

银牌。同年，获世界举重锦标赛 56 公斤级抓举冠军。1986 年在第十届亚洲运动会举重比赛中，以 285 公斤的总成绩获 60 公斤级金牌，抓举 131.5 公斤破亚洲纪录。

叶焕明，从小在石龙镇青少年业余体育学校教练陈枝的指导下接受举重训练，进入省队后，陈满林成为他的教练。1986 年在全国举重锦标赛中，破 60 公斤级抓举亚洲纪录。1988 年在第二十四届汉城奥运会上，获 60 公斤级举重铜牌。

力士摇篮

石龙镇是“举重之乡”，被称为“大力士的摇篮”。石龙镇青少年业余体育学校是石龙为国家培养和输送举重人才的基地。

石龙体校　其前身是石龙举重班，创办于 1952 年，有 14 名男队员，是在陈枝组建的业余举重队基础上成立的。当时，为支持业余举重队训练，石龙中心小学专门拨出一间课室作为举重训练室。1957 年，举重班改设为石龙镇青少年业余体育学校，是一所既学文化课，又接受体育训练的半读半训练学校，最初设举重、游泳、篮球 3 个专项。1961 年，石龙镇青少年业余体育学校被列为正式学校，重点设置举重班。“文化大革命”中，体校停办。1973 年，体校复办。石龙镇政府斥资建新的体校大楼，有 560 平方米功能齐全的文化课专用课室和 1300 平方米的训练场，配置有宿舍、保健室、食堂等设施。1980 年，建举重馆，内设建筑面积 1362 平方米的训练房。2003 年，石龙镇青少年业余体育学校迁至石龙体育馆旁的新校区，占地面积 1353 平方

石龙体校（2005 年）

米，建筑面积 2809.5 平方米，楼高 5 层，内有课室、宿舍、办公室。开设小学五年级至初中三年级课程，学生上午上文化课，下午练习举重。举重馆有 48 个练习台，训练器材全部现代化、标准化。2019 年，石龙镇青少年业余体育学校在校学生（举重队员）50 名，教练员 5 人，文化课教师 9 人，队医 1 人，后勤服务 12 人。平均每 4.5 个学员，配 1 名教练或教师，是东莞市学生与教员之间配比最高的学校。

石龙镇青少年业余体育学校从建立以来，共培养出 1000 多名举重健儿，他们在国内外举重赛场上各领风骚，取得了不菲成绩。2011 年以来，石龙镇青少年业余体育学校输送到八一队和广东省队运动员 8 人，到省队集训 16 人。

人才培养 1956 年，陈镜开破纪录后回乡探亲，在石龙、莞城等地汇报表演，数万名观众争看中国第一个世界纪录创造者，掀起青少年参加举重训练的新高潮。石龙镇政府因势利导，于 1957 年成立业余举重队。举重队员白天学习、工作，晚上练习。没有电灯，大伙出钱买盏煤油灯。教练由陈镜开的哥哥陈枝义务承担，杠铃就是陈镜开用过的红石担。其间，陈枝参加全国举重教练员训练班学习，回来后即开展大运动量加科学的训练，大大提高了业余举重队员的水平。1961 年，石龙镇青少年业余体育学校内设举重班。1963 年，石龙各中小学和 15 个厂店都分别成立举重队，再掀举重运动高潮。

1958—1963 年，石龙镇青少年业余体育学校陆续输送到广东省和部队的运动员有洪惠明、叶浩波、陈满林、祝显芬、卢培辉、黄锦田等，其中叶浩波曾在参加举重赛中四破

石龙召开庆功大会表彰获国家体育运动荣誉奖章的石龙运动员（1983 年）

1990 年，石龙镇青少年业余体育学校 5 名学生在国际中学生举重赛获 3 枚金牌、2 枚银牌（1990 年）

20 世纪 70 年代石龙镇青少年业余体育学校学员

抓举世界纪录。

20 世纪 60 年代初开始，教练员陈枝吸取陈镜开举重经验，大胆进行“从小抓起”尝试。既在各小学普遍开展举重训练，又每年选拔基础较好的 10 ~ 12 岁小学生到体校训练，吸收在举重班训练过的姚树林、邹永根等任教师。陈镜开还到体校和工交小学手把手传授技术。通过层层抓、从小抓等方式，石龙镇的举重水平迅速提高。1965 年 2 月 27 日，在北京举办的举重比赛中，陈满林打破最轻量级推举世界纪录。

石龙镇青少年业余体育学校于 1969 年停办。1973 年，举重运动恢复，石龙镇青少年业余体育学校复办，并自铸土杠铃，在人民广场建举重楼，楼下举重，楼上学文化。恢复举重训练后不久，陈枝被定为专职教练。同时，运动员卢培辉、黄锦田退役后也陆续成为教练。在训练中实行科学、优先训练，并根据早出成绩、快出纪录要求，在较短

举重训练基地（2006 年）

时间内向国家、省及其他运动队输送运动员18名。之后，石龙举重健儿在重大比赛中均取得一系列突出成绩。

1980年，石龙举重馆落成，建筑面积1362平方米。同时，在石龙人民广场东侧新建校舍和举重训练台10个。1982年，赖润明破56公斤级挺举世界青年纪录。1983年，石龙镇青少年业余体育学校被评为全国业余训练先进集体。其间，石龙体校举重班加强技术钻研和教学研究，特别是在选材和基础训练上，除考虑学员的思想作风外，更注重挑选身体素质好、关节灵活、弹跳力和爆发力好，各部位协调、智力较好和有一定力量、身体匀称、四肢比例恰当的少年儿童。在基础训练中，总结陈镜开、叶浩波、陈满林等训练经验，对少年儿童力戒急于"出成绩"。举重班还把学员按年龄分组，保证儿童的身体素质训练占总时间的60%，专项素质和技术训练占40%；即使重点班少年组也不超过50%。重点班青年组全面素质训练占20%。在技术训练方面，首先建立基本技术的正确定型，要求学员对每个动作结构要清楚，概念要正确。在训练上，首先以徒手棒做抓、挺举的模仿动作，待学员初步掌握要领后，才转入杠铃训练。在学习上，贯彻从易到难、从简到繁的原则。运动量逐步加大，并因人而异，不过早地加大运动量。早操跑3000米，抓牢、抓实弹跳、柔韧等素质训练。在耐力训练中，则有变速跑、原地跑、压关节、打篮球等。

1984年7月29日，曾国强在第二十三届洛杉矶奥运会挺举比赛中，以235公斤的总成绩夺冠，为中国代表团赢得该届奥运会第二枚金牌，也是中国奥运会史上的第一枚举重金牌。是年，广东省人民政府授予石龙镇"举重之乡"称号。

20世纪90年代后，随着人民生活水平的提高和对孩子的疼爱，举重作为竞技项目在选人上遇到困难；有些家长怕子女练举重太苦、累坏身体，有的怕子女身体畸形发育，有的怕影响学习文化等。对此，石龙镇体委在加大宣传教育力度的同时，把选才面放宽，与外省市挂钩，到山区选人。2000年，在石龙镇青少年业余体育学校举重学员23人中，有16人来自河源市。是年，石龙镇被国家体育总局授予"全国群众体育先进集体"称号。此后，石龙镇青少年业余体育学校为多出人才、出尖子人才采取多种措施培养举重运动员，并改革训练、比赛、奖励等激励机制，使举重运动在市场经济条件下持续发展。

另外，1987—1990年，国家女子举重队每年都到石龙进行冬训。其中1990年，中国女子举重队在石龙举重馆进行军事化集训逾百日，集训队员40名，其中有世界冠军11名、亚洲冠军7名、全国冠军5名。这些对石龙女子举重运动员的培养起到较好作用。

教练员和裁判员 石龙镇第一位举重教练是陈枝（原名陈旺枝），即陈镜开的大哥。他

陈枝

无师自通，凭着一股对举重事业的热情，带领学员，边学边教。之后，陈枝参加全国举重教练员训练班学习，不仅掌握了科学训练知识和方法，还针对青少年、儿童举重贯彻从易到难、从简到繁的原则，强化身体素质训练和技术训练，大大提高了石龙举重队员的水平。石龙之所以能够成为“大力士摇篮”，为国家培养一大批举重人才，陈枝是奠基人。后来，他不仅成为中国著名举重高级教练，国家级裁判员，还是石龙业余体校创办人。1966年，陈枝被县体委正式吸收为教练。他的学生包括四破世界抓举纪录的叶浩波、三破世界推举纪录的陈满林。在第二十三届洛杉矶奥运会上中国第一枚奥运举重金牌获得者曾国强、奥运银牌得主赖润明和第二十四届汉城奥运会的铜牌得主叶焕明都是他曾亲自执教的学生。陈枝被誉为“举重之乡”奠基人，是全国优秀教练员，1979年获国家体委颁发国家级举重裁判员证，1981年获国家教练员职称，当选广东省举重协会副会长、广东省举重教练委员会副主任、广东省举重裁判委员会副主任。

石龙镇举重教练一览表

表7

教练级别	姓名
国家队教练	陈镜开、陈满林
国家青年队教练	曾国强
省队教练	叶浩波
高级教练	陈枝、黄锦田、陈伟强
中级教练	卢培辉、陈苏媚
一级教练	刘暖基、何星亮

石龙镇举重裁判一览表

表8

裁判级别	姓名
国际一级裁判	陈苏媚
国际二级裁判	史丽华、谭秀红
国家级裁判	陈枝
省一级裁判	胡培植
一级裁判	姚树深、刘暖基、吴进兴、林全勇、金灿、谭球、李金振、刘健豪、陈沛安、陈满辉、刘佩琳

人才输送 石龙镇青少年业余体育学校作为举重人才的培训基地，从选拔人才到悉心培养，经过数年训练，学员通过各类比赛脱颖而出，成为省或国家级运动员。

1954—2019年，石龙共向国家和上级运动队、体育学校输送运动员69名，其中国际运动健将8名、国家运动健将45名。

石龙镇历年输送的举重运动员一览表

表9

年份	上送的运动员
1954年	陈镜开
1958年	洪惠明
1959年	叶浩波、陈满林
1963年	祝显芬、卢培辉、黄锦田
1964年	张焯炬
1974年	叶联发
1975年	叶淦波、叶浩堂、谢锦成
1976年	蔡润平
1977年	梁新发
1978年	赖润明
1979年	黄镇填
1982年	曾国强
1983年	叶焕明
1984年	刘姚福、周锡灿、刘仲和、吴志刚、李锐波、袁仲强、何星辉、叶达明、黄志坚、殷松茂
1985年	梁柱安
1986年	殷伟权、刘志坚、姚秀容、张笑媚、卢汝祺、陈淑英
1987年	林衬崧、黄美顺、袁剑峰、姚广祥、张梭驹、刘惠明
1988年	马腾驹
1990年	何星亮
1991年	卢冠林、李创欢
1992年	吴进兴、吴海炎
1994年	廖廷
1995年	张敬平
1996年	岳平田、史丽华、金灿
2003年	黄俊曦
2006年	荣西
2007年	陈幼娟

续表 9

年份	上送的运动员
2008 年	王茂天、赖俊源
2010 年	邓世伟、李绍兴
2011 年	唐标强、杨柳
2014 年	谢安海
2015 年	钟婷
2016 年	吴海丰
2017 年	曾甜甜、何尧廷
2018 年	王鹏、刘俊
2019 年	彭翠婷、刘海慧

石龙镇国际、国家运动健将一览表

表 10

类别	运动员
国际运动健将	曾国强、陈伟强、赖润明、何星辉、叶焕明、殷伟权、史丽华、陈幼娟
国家运动健将	陈镜开、陈满林、叶浩波、叶浩棠、叶联发、洪惠明、黄镇填、周锡灿、何星辉、殷伟权、李锐波、刘姚福、袁仲强、陈仲和、卢汝祺、陈淑英、林衬崧、黄美顺、袁剑峰、姚广祥、张梭驹、刘惠明、袁剑峰、马腾驹、何星亮、卢冠林、李创欢、吴进兴、吴海炎、廖廷、张敬平、岳平田、金灿、黄俊曦、荣西、王茂天、赖俊源、邓世伟、李绍兴、唐标强、杨柳、谢安海、钟婷、吴海丰、严小琴、叶润良

承办举重赛与参赛

1987 年，石龙镇政府集资 350 万元建成体育馆，地址位于滨江东路，占地面积 7 万平方米（含周边设施），主体建筑 5000 多平方米，内设主席台、阶梯式观众座位 3000 个。该馆建成后，多次举办国际、国内举重比赛。

承办国际举重赛 从 1984 年 12 月石龙镇首次承办中日举重友谊赛起，至 1993 年，

1993 年 12 月，亚洲举重锦标赛在石龙体育馆举行（1993 年）

1993 年，第六届亚洲女子“石龙杯”举重锦标赛在石龙举行（1993 年）

共承办国际举重赛事 4 次。

石龙镇承办国际举重赛事一览表

表 11

时间	赛事名称
1984 年 12 月	中日举重友谊赛
1988 年 6 月 11—12 日	第二十届亚洲举重锦标赛
1993 年 12 月 15—19 日	第六届亚洲女子“石龙杯”举重锦标赛
1993 年 12 月 16—19 日	第七届亚洲青年男子“石龙杯”举重锦标赛

第二十届亚洲举重锦标赛在石龙体育馆举行（1988 年）

第二届全运会举重广东选拔赛在石龙举行（1965 年）

第二届全国举重锦标赛在石龙举行（1981 年）

承办全国及广东省举重赛 1981 年 4 月 4—13 日，石龙第一次举办全国举重锦标赛，此后 5 次举办全国举重比赛。其中，在 1986 年石龙举办的“石龙杯”全国举重邀请赛中，石龙运动员有 3 人打破亚洲纪录并夺得团体冠军。1992 年，广东省青少年举重锦标赛在石龙举行，石龙 15 名队员参加比赛，男子队以 281 分获得团体总分第一名，女子队以 124 分获得团体总分第二名。

1983 年，石龙举办“石龙杯”举重精英邀请赛（1983 年）

石龙镇承办全国举重赛事一览表

表 12

时间	赛事名称
1981 年 4 月 4—13 日	全国举重锦标赛
1983 年	“石龙杯”举重精英邀请赛
1986 年	“石龙杯”全国举重邀请赛
1987 年 11 月 22—27 日	第六届全运会举重比赛
2004 年 8 月 18—21 日	全国少年男子举重锦标赛
2016 年 10 月 20—23 日	全国男子举重冠军赛

参赛　1987 年，石龙举重队代表国家队赴加拿大参加中加对抗赛的“多姆塔杯”比赛，获团体总分第一名，捧回“多姆塔杯”，这是中国首次以一个乡镇的队伍代表国家参加国际比赛。1990 年，石龙镇青少年业余体育学校 5 名学生代表中国出战莫斯科国际少年举重比赛，夺得团体总分冠军，获 3 枚金牌、2 枚银牌。1991 年，石龙镇青少年业余体育学校举重队赴保加利亚参加国际瓦尔纳世界举重锦标赛和第一届瓦尔纳国际女子举重赛，获 4 枚金牌、1 枚银牌。1991 年 4 月，由石龙镇男女运动员组成的中国青年举重代表队，参加在保加利亚举办的第十四届世界青年举重锦标赛，夺得 7 枚金牌、1 枚银牌，获团体总分第一名。1994 年，在第九届广东省运会上，石龙队代表东莞市参加举重项目比赛，获得金牌 19 枚、银牌 15 枚，铜牌 7 枚；男、女子举重队均获团体冠军。2004 年 7 月 27 日，在石龙镇举办的广东

1991 年，石龙镇青少年业余体育学校学生代表中国参加在保加利亚举办的第十四届世界青年举重锦标赛

省青少年举重锦标赛上，石龙队代表东莞市参赛，29 名石龙运动员夺得男、女子组和男女团体总分的 3 项第一名，3 人 7 次 9 破广东省青少年纪录。《南方都市报》在 2016 年 8 月 17 日，以《举重之乡　曾经一个小镇对抗整个世界》为题介绍石龙的举重历史。

石龙镇获全国举重赛冠军一览表

表 13

姓名	级别（公斤）	成绩（公斤）	比赛名称	时间	地点
陈镜开	最轻量级	总成绩 307.5	第十六届奥运选拔赛	1956.10	北京
	次轻量级	总成绩 320	全国锦标赛	1957	广州
	最轻量级	总成绩 320	第一届全运会	1959	北京
	最轻量级	总成绩 307.5	全国举重冠军赛	1965.5	北京
叶浩波	最轻量级	总成绩 305	全国举重分区赛	1961.5	武汉
	最轻量级	总成绩 315	全国举重锦标赛	1963	长沙
	最轻量级	总成绩 347.5	第二届全运会	1965.9	北京
	次轻量级	总成绩 240	全国举重测验赛	1973.3	南宁
	次轻量级	总成绩 245	全国举重赛	1973.10	连云港
陈满林	56	总成绩 342.5	新兴力量举重赛	1966.5	北京
		总成绩 237.5	全国举重测验赛	1973.3	南宁
	60	总成绩 257.5	全国举重个人赛	1974.4	上海
	56	总成绩 237.5	全国举重赛	1975.5	杭州
	56	总成绩 237.5	全国举重赛	1976.10	无锡
叶浩棠	52	总成绩 203	全国举重分区赛	1973.3	重庆
蔡润平	60	总成绩 237.5	全国青少年举重赛	1976.4	武汉
叶联发	次轻量级	总成绩 210	全国举重赛	1976.10	无锡
		总成绩 222.5	全国举重赛	1978.10	杭州
		抓举 97.5			
		挺举 125			
曾国强	52	抓举 87.5	全国青年举重锦标赛	1981.7	天津
		挺举 100			
		总成绩 187.5			
		抓举 107.5	全国锦标赛	1984.4	成都

续表 13

姓名	级别（公斤）	成绩（公斤）	比赛名称	时间	地点
黄镇填	75	抓举 122.5	全国青年举重锦标赛	1981.7	天津
		挺举 165			
		总成绩 287.5			
		抓举 132.5	全国青年举重锦标赛	1982.6	哈尔滨
		挺举 172.5			
		总成绩 305			
		挺举 177.5	全国举重锦标赛	1984.4	成都
赖润明	52	抓举 112.5	全国锦标赛	1982.4	武汉
		抓举 125		1985.4	杭州
		总成绩 270			
	56	抓举 120		1986.4	江苏
		抓举 127.5		1988.4	江西
叶达明	60	抓举 107.5	举重集训赛	1986.8	北京
		挺举 135			
		总成绩 240			
何星辉	60	抓举 127.5	全国举重冠军赛	1986.10	景德镇
		抓举 130		1988.11	郑州
		总成绩 290		1988	郑州
		抓举 130	全国锦标赛	1989.4	安徽
王元峰	75	抓举 140	全国青年举重锦标赛	1989.11	浙江
		抓举 155	全国冠军赛	1991.11	贵阳
		挺举 195			
		总成绩 350			
		总成绩 357.5		1993.3	福州
		总成绩 362.5		1994.4	辽宁
袁剑峰	48	总成绩 245	全国冠军赛	1991.11	贵阳
殷伟权	60	总成绩 312.5	全国冠军赛	1993.3	福州
李创欢	59	挺举 162.5	全国举重冠军赛	1994.11	重庆
姚雪兰	83	总成绩 262.5	全国冠军赛	1995.9	宜春
金灿	70	抓举 107.5	全国冠军赛	1995.9	宜春
吴海炎	56	抓举 152.5	全国冠军赛	1996	宜昌

续表 13

姓名	级别（公斤）	成绩（公斤）	比赛名称	时间	地点
吴进兴	77	抓举 155	全国锦标赛	1997.4	沈阳
岳平田	76	总成绩 280	第八届全运会	1997.11	上海
	69	挺举 135	全国青年锦标赛	1999.10	南昌
		总成绩 235			
		挺举 132.5		2000.7	
廖廷	56	抓举 115	全国青年举重锦标赛	1997	景德镇
		抓举 122.5	全国冠军赛	1998	长沙
史丽华	64	抓举 105	亚运会・世锦赛选拔赛	1998.8	山东
		挺举 135			
		总成绩 240			
陈幼娟	69	抓举 116	全国女子举重锦标赛	2011.5	临沂
		抓举 122	全国女子举重锦标赛暨亚运会预选赛	2014.4	延安
		总成绩 262			
彭翠婷	71	总成绩 223	全国举重 U19 锦标赛暨二青会举重 18 ～ 19 岁组预赛	2019	无锡

陈伟强：1976 年 4 月至 1983 年 10 月共 32 次打破 52、56、60 公斤级抓举、挺举、总成绩全国纪录
1974 年 10 月至 1978 年 11 月共 43 次打破 52、56 公斤级抓举、挺举、总成绩全国青年纪录

石龙镇获亚洲举重赛冠军一览表

表 14

姓名	级别（公斤）	成绩（公斤）	比赛名称	时间	地点
陈满林	56	总成绩 347.5	第一届亚洲新兴力量运动会	1966.11	柬埔寨金边
		总成绩 230	第八届亚洲举重锦标赛	1976.4	泰国曼谷
		总成绩 240	第九届亚洲举重锦标赛	1977.5	伊拉克巴格达
陈伟强	56	—	第八届亚运会	1978	泰国曼谷
	60	挺举 160	第九届亚运会	1982.12	印度新德里
		总成绩 282.5			
曾国强	52	抓举 107.5	第十六届亚洲举重锦标赛	1984.11.7	伊朗大不里士
		挺举 135			
		总成绩 242.5			

续表 14

姓名	级别（公斤）	成绩（公斤）	比赛名称	时间	地点
叶焕明	56	抓举 105	亚洲举重锦标赛	1984.10.18	印度尼西亚
		挺举 140			
		总成绩 245			
	56	抓举 132.5	第二十届亚洲举重锦标赛	1988.6.16	中国石龙
		挺举 140			
		总成绩 292.5			
赖润明	56	抓举 125	第十七届亚洲举重锦标赛	1985.4	中国杭州
		挺举 145			
		总成绩 270			
	60	抓举 130	第十届亚洲举重锦标赛	1986.9.22	韩国汉城
		挺举 155			
		总成绩 285			
何星辉	60	挺举 160	第二十一届亚洲举重锦标赛	1989.11	伊朗德黑兰
王元峰	75	总成绩 357.5	第二十五届亚洲举重锦标赛	1993.2	伊朗
李创欢	59	抓举 122.5	亚洲青年锦标赛	1993.11	中国石龙
		挺举 157.5			
		总成绩 280			
		抓举 132.5	第二十八届亚洲锦标赛	1996.4	日本
殷伟权	60	抓举 137.5	第七届亚洲青年锦标赛	1993.12	中国石龙
		挺举 160			
		总成绩 297.5			
卢汝棋	82.5	抓举 150	第七届亚洲青年锦标赛	1993.12	中国石龙
		挺举 182.5			
		总成绩 332.5			
史丽华	64	抓举 77.5	第一届亚洲青年女子举重锦标赛	1995.8	—
		总成绩 175			

石龙镇获世界举重赛冠军一览表

表 15

姓名	级别（公斤）	成绩（公斤）	比赛名称	时间	地点
陈镜开	次轻量级	总成绩 300	访问蒙古国	1956.4	蒙古国
	最轻量级	总成绩 300	访问印度尼西亚	1956.8	印度尼西亚雅加达
	—	总成绩 322.5	第三届国际青年友谊运动会	1957.7	苏联莫斯科
	次轻量级	总成绩 322.5	访问苏联	1957.8	塔什尔
	—	总成绩 317.5	莫斯科举重个人冠军赛	1958.3	苏联莫斯科
	次轻量级	总成绩 330	访问缅甸	1964.12	缅甸仰光
叶浩棠	52	挺举	国际青年邀请赛	1977.7	马尼拉
		总成绩			
叶淦波	—	总成绩 255	国际赛	1978.4	英国
叶联发	次轻量级	总成绩 220	西德举重队访问中国	1978.5	中国
赖润明	52	抓举 115	第六届国际举重锦标赛	1982.10	埃及塞得港
	56	抓举 125	第二十三届奥运会	1984.7.29	美国洛杉矶
	56	抓举 120	中日友谊赛	1986.4	江苏常州
		挺举 145			
		总成绩 265			
	52	抓举 120	国际举重赛	1989.11	伊拉克
		挺举 140			
曾国强	52	—	世界青年举重锦标赛	1983	—
	52	总成绩 235	第二十三届奥运会	1984.7.29	美国洛杉矶
		挺举 130			
陈伟强	60	抓举 125	第二十三届奥运会	1984.7	美国洛杉矶
		挺举 157.5			
		总成绩 282.5			
		挺举 157.5	第五十八届世界举重锦标赛	1984.8.30	美国洛杉矶
		总成绩 232.5			
叶焕明	56	抓举 105	世界青年举重锦标赛	1984.10.18	印度尼西亚雅加达
		挺举 140			
		总成绩 245			
何星辉	60	抓举 130	第十二届世界青年锦标赛	1986.5.27	德国
		总成绩 280			
		抓举 135	第十四届世界青年锦标赛	1988.5.23	希腊雅典

续表 15

姓名	级别（公斤）	成绩（公斤）	比赛名称	时间	地点
陈仲和	56	总成绩 260	国际赛	1987.5	加拿大
殷伟权	60	总成绩 270	国际中学生举重赛	1990.5	苏联莫斯科
何少华	48	总成绩 205	国际中学生举重赛	1990.5	苏联莫斯科
何星亮	44	总成绩 157.5	国际中学生举重赛	1990.5	苏联莫斯科
刘锡贤	48	总成绩 152.5	国际中学生举重赛	1990.5	苏联莫斯科
史丽华	63	挺举 127.5	第十二届女子世界举重锦标赛	1988.11.12	芬兰
	63	抓举 102.5	第五届世界运动会	1997.8.9	
		挺举 130.5			
	64	总成绩 232.5			
	64	抓举 105	国际邀请赛	1998.7	中国哈尔滨
		挺举 117.5			
		总成绩 225			
袁剑峰	48	总成绩 235	国际举重锦标赛	1991.4	保加利亚
姚凤梅	44	总成绩 132.5	国际举重锦标赛	1991.4	保加利亚
陈淑英	48	总成绩 195	国际举重锦标赛	1991.4	保加利亚
王元峰	75	挺举 190	第十七届世界青年锦标赛	1991.5	德国
罗水英	52	总成绩 190	国际邀请赛	1992.5	保加利亚
岳平田	75	抓举 100	第四届世界青年锦标赛	1998.5	保加利亚
		挺举 135.5			
		总成绩 235.5			

石龙镇获奥运会奖牌一览表

表 16

届次	姓名	级别（公斤）	成绩（公斤）	奖牌
1984 年第 23 届洛杉矶奥运会	曾国强	52	235	金
	陈伟强	60	282.5	金
	赖润明	56	265	银
1988 年第 24 届汉城奥运会	叶焕明	60	287.5	铜

石龙镇破亚洲纪录一览表

表 17

姓名	级别（公斤）	成绩（公斤）	时间	比赛名称	地点
陈伟强	56	挺举 151.5	1979.6	全国达标赛	中国上海
		挺举 153	1979.11	第 54 届世界举重锦标赛	希腊
		总成绩 257.5	1979.11	第 54 届世界举重锦标赛	希腊
	60	挺举 158.5	1982.8	省优秀运动员比赛	广东广州
		挺举 160	1982.12	第 9 届亚运会	印度新德里
		总成绩 282.5	1982.12	第 9 届亚运会	印度新德里
		挺举 165	1983.4	全国锦标赛	中国成都
		总成绩 287.5	1983.4	全国锦标赛	中国成都
赖润明	56	抓举 128.5	1985.4	第 17 届亚洲举重锦标赛	江西抚州
	60	抓举 129	1985.10	中日对抗赛	浙江杭州
		抓举 131.5	1986.9.23	第 10 届亚运会	韩国汉城
		抓举 132	1986.12.20	第 2 届“石龙杯”举重邀请赛	中国石龙
		抓举 135.5	1988.4.7	全国举重锦标赛	江西抚州
叶焕明	60	抓举 130.5	1986.4.8	全国举重锦标赛	江苏常州
何星辉	60	抓举 131.5	1986.7.17	第 7 届省运会	广东肇庆
		抓举 132	1986.10.22	全国举重锦标赛	江西景德镇
		抓举 133	1986.12.20	第 2 届“石龙杯”举重邀请赛	中国石龙
陈仲和	52	挺举 142.5	1986.12.20	第 2 届“石龙杯”举重邀请赛	中国石龙

2006 年，石龙举办庆祝陈镜开打破世界纪录 50 周年系列活动（2006 年）

续表 17

姓名	级别（公斤）	成绩（公斤）	日期	比赛名称	地点
殷伟权	64	抓举 138	1993.3.21	全国锦标赛	福建福州
		抓举 140			
		挺举 171			
		总成绩 311			
		挺举 172.5			
		总成绩 312.5			
袁剑峰	54	抓举 110.5	1993.4	全国锦标赛	福建福州
		总成绩 260			
李创欢	62	挺举 167.5	1995.11	第 67 届世界举重锦标赛	广东广州

石龙镇破世界纪录和世界青年纪录一览表

表 18

姓名	级别（公斤）	成绩（公斤）	纪录	时间	比赛名称	地点
陈镜开	56	挺举 133	世界纪录	1956.6.7	中苏举重友谊赛	上海
		挺举 133.5	世界纪录	1956.11.11	中国奥运会代表队莅穗访问赛	广州
		挺举 135	世界纪录	1956.11.11	中国奥运会代表队莅穗访问赛	广州
		挺举 135.5	世界纪录	1956.11.29	中国奥运会代表队莅沪访问赛	上海
		挺举 139.5	世界纪录	1957.8.6	第三届莫斯科国际青年友谊运动会	苏联莫斯科
		挺举 140.5	世界纪录	1958.9.26	社会主义国家第一届友谊运动会	东德莱比锡
	60	挺举 148	世界纪录	1959.3.14	莫斯科国际举重个人冠军赛	苏联莫斯科
		挺举 148.5	世界纪录	1961.5.7	全国举重分区赛	太原
		挺举 151	世界纪录	1964.4.20	优秀举重运动员比赛	北京
		挺举 151.5	世界纪录	1964.5.18	全国举重暨八单位击剑赛	上海
叶浩波	56	抓举 108.5	世界纪录	1964.10.19	广东省第三届运动会	广州
		抓举 109	世界纪录	1965.5.22	广东省举重选拔赛	东莞
		抓举 113	世界纪录	1965.9.12	第二届全运会	北京
		抓举 115	世界纪录	1965.9.12	第二届全运会	北京

续表 18

姓名	级别（公斤）	成绩（公斤）	纪录	时间	比赛名称	地点
陈满林	56	推举 118	世界纪录	1965.2.27	十单位举重比赛	北京
		推举 118.5	世界纪录	1966.11.26	第一届亚洲新兴力量运动会	柬埔寨金边
	60	推举 128.5	世界纪录	1966.3.12	八单位举重比赛	北京
史丽华	64	挺举 130.5	世界纪录	1997.8.9	第五届世界运动会	芬兰拉赫蒂
	63	抓举 105	世界纪录	1998.7	中日韩三国邀请赛	大庆
赖润明	56	抓举 125.5	世界青年纪录	1983.8.31	第五届全运会	上海
陈伟强	52	挺举 125	世界青年纪录	1976.11	中日对抗赛	日本
		挺举 125.5	世界青年纪录	1977.5.3	亚洲举重锦标赛	伊拉克巴格达
		挺举 127.5	世界青年纪录	1977.5.4	亚洲举重锦标赛	伊拉克巴格达
		挺举 101.5	世界青年纪录	1977.7	中国巴基斯坦对抗赛	广州
		挺举 128	世界青年纪录	1977.7	中国巴基斯坦对抗赛	广州
		总成绩 225	世界青年纪录	1977.7	中国巴基斯坦对抗赛	广州
		总成 227.5	世界青年纪录	1977.7	中国巴基斯坦对抗赛	广州
陈伟强	56	挺举 141	世界青年纪录	1978.8	中国西德对抗赛	广州
		挺举 151.5	世界纪录	1979.6.7	全国达标赛	上海
		挺举 153	世界纪录	1979.11.3	第五十届世界举重锦标赛	希腊萨洛尼卡
殷伟权	64	抓举 135.5	世界青年纪录	1993.12	亚洲青年锦标赛	石龙
		抓举 137.5				
李创欢	62	挺举 167.5	世界青年纪录	1995.11	第六十七届世界举重锦标赛	广州
岳平田	75	挺举 135.5	世界青年纪录	1998.5	第四届世界青年女子举重锦标赛	保加利亚索菲亚

宜居小镇

从开圩时起，石龙的城市设施就不断改造、拓展，至民国时期，城市建设初具规模。同时，富裕起来的石龙人逐渐形成乐善好施的传统，爱心满城。中华人民共和国成立后，石龙的人居环境、医疗卫生、平安建设、文明建设等都得到长足发展。从2005年起，石龙先后获得“全国文明镇”“国家生态乡镇”“广东省智慧城市（城镇）”“全国健康促进区”称号。2009年10月13日，又在捷克共和国比尔森市的2009年国际花园城市评选决赛中，被评选为国际宜居城镇第一名。

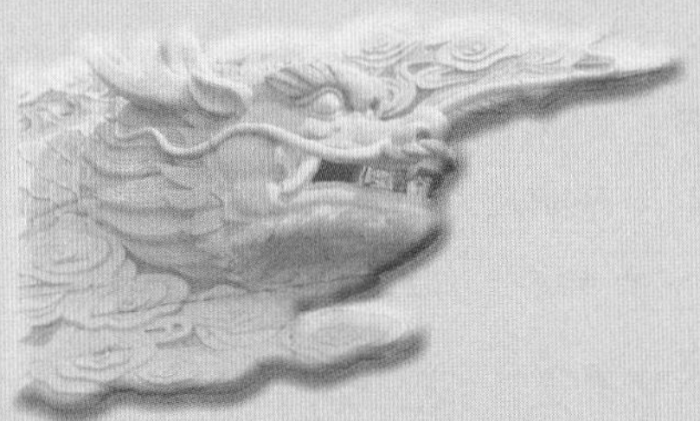

繁花两岸争相开

金沙漾月推波来

生态之城

创建“国家级生态乡镇” 2008年，石龙镇通过高起点规划、高标准建设、高水平管理、合理化布局，大力开展“国家生态乡镇”的创建工作。针对环境建设中的薄弱环节，明确重点，从护好一条江、织好一片绿、布好一张网、把好一个关和达好一个标五“好”方面着手，致力美化城市环境，并通过合理化的布局，对城市环境进行升级，如建造石龙城市公园、污水处理厂、环岛绿道等工程。同时，积极调整产业结构，淘汰污染企业，引导分散的工业企业向园区发展，推动企业进行科技创新和产业升级。建造全新的污水处理厂，提高生活污水处理率。经过几年的努力，石龙生态环境得到明显改善。其中，地表水、空气、声环境达到环境规划要求，生活污水集中处理率、水源水质达标率、农村饮用水卫生合格率、重点工业污染源排放达标率、生活垃圾无害化处理率和农村卫生厕所普及率均达100%。2012年，被环境保护部授予“国家级生态乡镇”称号。

2013年，石龙启动《石龙镇生态文明建设五年行动计划（2013—2017）》，确定水更清行动、清洁空气行动、垃圾减量行动、生态建筑行动、绿色经济行动、美丽石龙行动和全民共建行动“七项行动”，细化拟定49个生态建设重点项目，其中“美丽石龙”行动要求推进各类公共建筑、机关、学校、企业、车站、博物馆、体育场馆、商场开展楼顶、阳台、外墙绿化试点。到2017年，建成10个立体绿化工程示范。为此鼓励市民在建筑、新建小区发展屋顶花园和阳台绿化。该举措借鉴香港居民房前屋后楼顶建花园、见缝插绿做法。

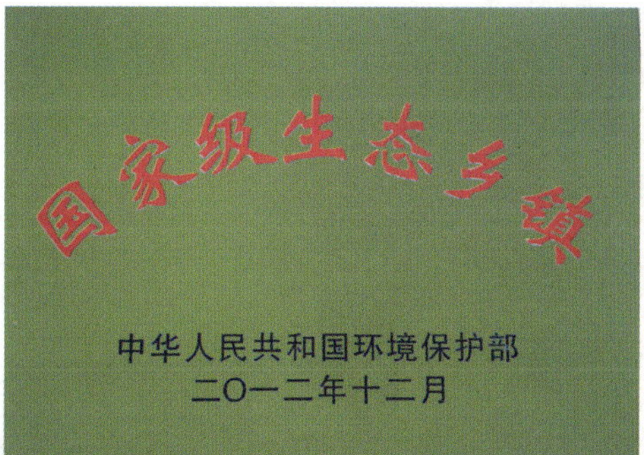

石龙荣获“国家级生态乡镇”牌匾（2013年）

2019年，石龙城市水质评价指数

（CWQI）位居全市前列，其中石龙南河、石龙北河两个省级水质考核断面均达到Ⅱ类水标准，饮用水水源水质达标率 100%；空气质量监测指数优良天数达标率 77.3%；重点工业污染源排放达标率 100%；新建成 13 个休闲公园，建成区绿化面积为 149 万平方米。

公园 中华人民共和国成立前，石龙只有 1 个公园。20 世纪 90 年代，石龙在注重经济发展的同时加大环境建设投入，十几年间先后建起金沙湾公园、沙洲公园、体育公园、江畔公园、石龙城市公园、仙溪福地欧公文化景区、南岸公园以及多个江边和居民住宅区内的小公园，让面积仅有 13.83 平方千米的石龙每平方千米拥有超过 1 个公园。石龙因地制宜，利用一河四埠得天独厚的优势将东江两岸打造成公园。在金沙湾公园、西湖堤岸公园、沙洲公园、江畔公园等相继建成后，石龙东江河段两岸形成了风景优美迷人的金沙景观带，“金沙漾月”成为东莞新八景之一。

绿道 石龙的绿道每一段都能与沿江公园的景观融合。东莞绿道石龙段是珠三角区域绿道 3 号线的一部分。绿道分为两段，一段是西湖段绿道，另一段是新城区的环岛绿道。石龙段环岛绿道沿线展示岭南水乡特色，人文古迹与河岸亲水休憩等风貌区、自然与人文景观融为一体，并具户外活动功能，是一个既可领略城市文化底蕴又可体验乡野

金沙湾公园喷水池（2006 年）

龙城绿道（2013 年）

滨水美景的休闲空间，沿途经过多个公园和景区。

石龙西湖段绿道沿西湖堤岸公园而建，于 2010 年 11 月建成使用，西起西湖广深铁路以东与茶山段相接，沿东江南支流堤岸公园往东至石龙南二桥与石排段相连，全长 4 千米，有一条宽 3 米的彩色沥青自行车道，融合运动、休闲和旅游等功能。整段绿道依傍东江宛如一条彩带，蜿蜒于绿树成荫及万紫千红的杜鹃长廊中。绿道设栈道和亲水平台，还配有篮球场、网球场等运动设施，让人们在畅游绿道、观赏沿江美景的同时，可尽享运动健康生活。

2012 年建成的新城区环岛绿道以石龙东岸大桥旁的金沙湾公园广场入口为起点，沿着江边环绕新城区一周，全长约 10 千米。绿道上每隔一定的距离设有驿站，摆放小石凳供路人休息歇脚。绿道内还增设宽 3.6 米的自行车道，满足人们慢跑、散步、骑行、亲水和感受自然的需要。

绿化 1982 年，石龙的绿化覆盖面积 8%，人均绿化面积不足 1 平方米。是年，为提升石龙城市品质，石龙镇政府成立石龙园林管理所，并投入大量资金发展绿化，先后兴建金沙湾公园、西湖江畔公园、沙洲公园、政府对面的金沙湾广场等，在新城区公园、马路大量种草植树，绿化环境。

2019 年，石龙建成区绿化覆盖面积为 149 万平方米，建成区绿地面积 136 万平方米，镇内有 13 座大小公园，公园绿地总面积 77 万平方米，人均公园绿地面积 4 平方米；种植各类乔木 15.57 万株，栽培树种过百种。其中，道路两旁植树 6000 株；栽培树种超百种；二、三级市级保护古树名木 27 株，主要有细叶榕 19 株，木棉 4 株，凤凰木 3 株，

石龙新城区（2016 年）

重阳木 1 株，其中 26 株为三级古树，1 株为二级古树（细叶榕，树龄超过 300 年），分布在黄家山村及西湖村。

宜居之城

城市规划 石龙的城市规划始于最初的开圩设市。明嘉靖十年（1531），位于石龙中部的陆家窝村长期受洪水侵害，村民不胜其苦，决意集体外迁。石龙人林震洲听闻陆家窝村村民搬迁有难，便出资相助，并筑堤防洪，将承接的陆家窝村土地规划开设圩市，于嘉靖年间开业。自此，围绕石龙集市的城市设施不断涌现，例如街道、商铺、庙宇、书院等不断增加，使石龙逐渐成为周边乡村的中心区。

第二次城市规划是 1929 年，由于当时的万胜街发生一场大火，几乎将街内的大部分建筑烧尽。是年，经省批准由石龙工务局组织拆建新马路，并在城市建设规划时，将鱼安街、东禄元、西禄元、饱街、塘头等街道串联在一起，统一扩宽出一条直线大马路。该马路原定路宽 17 米，后改为 16 米。中山路建设的规划者模仿广州最繁华的上下九路，中间车行道 8 米，两边人行道各 4 米，人行道上有骑楼。一些商人看准机会，在新扩建的马路旁边大兴土木，建起数间地标式大商铺。大马路建成后，石龙人为纪念孙中山曾在石龙指挥平叛战斗而将其命名为中山路。接着，石龙围绕中山路还兴建与之相连、并具一定规模的道路，从而奠定石龙新的城镇格局。

第三次城市规划始于 1980 年年初，先后制定出 3 份建设总体规划。第一份总体规划是 1986 年制定的《东莞市石龙镇建设总体规划（1982—2000）》。当时石龙镇区面积为 2.12 平方千米。东莞县人民政府发文，把石碣的唐洪、水南、王四围和茶山的西湖、京山纳入规划范围。规划到 1990 年，城镇人口为 6 万人，2000 年为 8 万人。拟定“以轻工业为主，大力发展对外贸易，实行工贸结合，把石龙镇建设成为物质文明和精神文明的新城镇”。规划建设开发西湖区 13.33 公顷，建石龙南岸大桥、体育公园，改造忠维、林屋等村庄，在老城区南部建与中山路平行的宽 20 多米的绿化路和兴龙路，规划完成后老城区面貌发生了巨大变化。

第二份总体规划是 1992 年制定的《东莞市石龙镇建设总体规划修订及黄洲区规划（1991—2005）》。规划用地范围 10.38 平方千米，包括老城区 2.12 平方千米，西湖区 3.76 平方千米，黄洲区 4.5 平方千米。确定把黄洲区建成以轻工、高科技企业为主，集商业、居住和旅游于一体的新城区，成为市政设施配套、城市功能齐全、规划布局合理、各种建筑新颖的新城市中心。规划黄洲区沿江西南约 40 万平方米的土地，主要用作别墅和高层商住楼，建成东江风景带；南部 55 万平方米的土地作行政、商业、文化和居住区；北部 140 万平方米的土地规划作为工业用地。规划实施后，黄洲区变化明显，原先的田野变成宽敞整齐的马路，简陋的村屋被平地崛起的高楼所代替，原自然冲积的沙滩和参差的旧堤，修建成旅游休闲的金沙湾公园；北部的工业园区，高新科技的工厂林立。

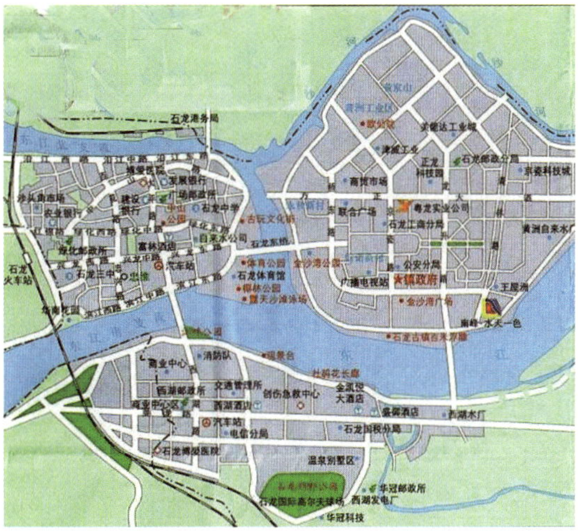

20 世纪 80 年代的石龙规划图

第三份总体规划是 2003 年制定的

《东莞市石龙镇总体规划（2002—2020）》。目标是完善城市功能，提高城镇整体素质；坚持以人为本和可持续发展的原则；实行高起点规划、高标准建设、高效能管理，把石龙建设成为东莞市东北部的中心重镇、珠江三角洲的水铁联运中心之一；以高科技产业为支柱，第三产业发达、环境优美的现代化滨江城镇。规划确立“4个城市组团”“4条发展轴线”“一条蓝带”结构。“4个城市组团”，即新城区组团，用地面积4.1平方千米，规划人口5.47万人，分为综合生活区和新城工业区；老城区组团，用地2.5平方千米，规划人口5.75万人，分为生活居住区、新维工业区和日用消费品商业区；西湖区组团，面积3.4平方千米，规划人口3.28万人，分为综合功能区、高新产业园区和以批发为主的大商业区；红海区组团，面积0.7平方千米，规划为物流园区。“4条发展轴线”指沿莞龙路轴线、西湖三路—新桥路轴线、龙升路轴线、京瓷路—外商服务中心轴线，4条轴线各自串联不同类型的景观和公共建筑。“一条蓝带”指东江北干流、南支流及沙河“2”字形贯穿迂回于石龙镇四大区，形成一个开敞的空间，并与江滨绿化一起对城市气候起调节作用，提升城市形象。该规划根据石龙环境状况、交通条件、发展趋势、城市功能，分为新城综合生活区、新城工业区、老城生活居住区、新维工业区、西湖综合功能区、西湖高新产业区、红海物流园区七大功能区。

公共建设 1949年，石龙镇人民政府陆续接收敌伪物业、祠堂、庙宇、行会房产和各乡农会没收地主抵偿余粮而移交的房产共444间7.82万平方米，代管房（无人管理、屋主下落不明等的房产）155间2.07万平方米。这些房屋除拨给行政机关、学校使用外，其余按间数收租，由石龙房管所负责公房的维修。

20世纪80年代，石龙镇制定总体规划，逐步实现功能分区。新辟新洲、南埔、西湖、新维工业区4个，集中部分工厂在龙魁路、长兴街一片。建商业中心2个，一是中山中路、中山西路向太平路、百花路扩展成“斗”字片，另一是新建绿化中路和绿化西路与商贸市场，该中心区向南与兴龙路扩大成“工”字形一片。另外，以人民广场为中心200米半径内，建成文化区。广场设篮球场、单双杠，有颇具规模的举重室和灯光球场，四周有中小学、医院、戏院、歌舞厅、老干部之家、老工人之家、中山公园等。在文化区西部还有石龙第三中学、绿化西幼儿园、小公园等。在东部建占地面积10多万平方米的住宅区，在中部以商贸市场为中心建二三十万平方米的商住混合区，在石龙南岸大桥桥头的西湖地段建新住宅群。

2018年，东莞推进粤港澳大湾区建设第四批重大项目——东莞火车站TOD（石龙

石龙公路交通四通八达（2015 年）

侧）动工，配合东莞火车站 TOD（以公共交通为导向的开发）综合开发项目，积极推进西湖李屋园片区、客运中心片区、理想电子片区三大单元改造，打造高品质的现代产业集群和宜居生活圈，努力提高 TOD 综合开发效益。同年，兼具河道疏浚、防洪达标、道路交通与美化城市景观功能的东江北干流石龙南岸整治工程完成后，成为石龙市民休闲娱乐的新“宠”，“一岸五桥”灯光工程在东江上架起“彩虹桥”，使石龙亮起来、活起来。石龙南岸二桥、水乡地区横向通道中线延长线、双孖庙路、欧仙路北延道路、中兴路等多年断头路变通途，进一步完善石龙路网。2019 年，石龙智能化停车管理系统投

红海大桥（2019 年）

入使用，对老城区绿化路、红棉路、兴龙路等划定的 594 个路内泊位机动车停放收费，并逐步推进新城区、西湖区车位规划。

住宅 中华人民共和国成立前，因石龙位于东江边，每年都发生水淹，因此百年前的店铺、住宅多为两层，且常在侧墙里留若干方洞。二楼临街有窗，窗栏用木做，上有横闩，窗栏可以随时取下，以方便大水时人可以出入。石龙老城区的旧房子多为“明”字屋，左边是两小房，像“明”字。从前门入有 3 米左右深的天井（小院）。天井一侧是厨房。厨房顶是砖木结构的天台。水淹时，人可从天台吊下篮子购物或放梯子下到小艇里。也有“金”字屋，右边还有两小房。没有窗，只有玻璃瓦，透光主要靠大门。墙基用“方七”红石，红石砌高出地面 60 ~ 80 厘米。门框也有砌红石的。墙砌青砖。1953 年，石龙搬运站开始兴建宿舍，是石龙兴建的第一栋集体职工宿舍。

1965 年，石龙人均居住面积 3.19 平方米。1978 年，石龙住宅建筑面积 3.35 万平方米，人均住宅面积 3.8 平方米。1985 年，石龙镇决定由房地产公司负责，组织统一代建房。至 1989 年，镇内楼宇一般有六七层，最高的是石龙大厦，16 层，每个住宅单元有洗手间、厨房。2000 年，全镇房屋建筑面积 359.19 万平方米，其中住宅建筑面积 19.95 万平方米，人均居住面积 23.9 平方米。至 2019 年，石龙建成住宅小区有华南花园（全市第一座楼高 30 层的现代住宅建筑小区）、富林大厦、金龙大厦、聚龙湾、龙城国际、正龙豪园、濠兴逸苑、聚豪华庭、金沙湾花园、帝景湾、中央豪门、永和新村、永华新村、龙升花园、世纪滨江、聚龙名轩、星际湾、海伦堡、珑汇等。

健康之城

3 分钟健康生活圈 石龙的宜居除居住环境外，还有完善的配套服务设施，有公立医院、社区医疗机构、私立医院等众多医疗网点，分布均匀，居民在“家门口”就能就医，十分便利。

住宅小区（2014 年）

石龙不仅医疗机构多，医疗水平也居全市前列。其中，东莞市松山湖中心医院坐落于石龙新城区，前身为惠育医院，创建于清光绪二十九年（1903），是广东省具有较大影响力的三级甲等综合性医院。创建于1958年的东莞市第八人民医院，毗邻东莞火车站、东莞轨道交通2号线总站，前身是石龙卫生所，后改名为石龙卫生院、石龙博爱医院，现发展为一所集医、教、研于一体的大型公立医院。

2016年，石龙镇启动“健康强镇”战略，打造“莞北地区医疗中心”，发展石龙健康产业生态圈。石龙利用信息化优势，率先推进智慧医疗的信息化应用建设，通过融合物联网、云计算与大数据处理技术，通过家庭、社区卫生机构以及医院对个人的健康数据交换和共享，居民的健康医疗服务质量得到进一步提升。

2019年，建成全省第三家、东莞市唯一一家儿童医院。此外，石龙镇还依托“一中心四站点”卫生服务中心，每天为石龙15万名常住及外来流动人口提供“预防、保健、医疗、康复、健康教育、计划生育技术指导”六位一体服务。

至2019年年底，石龙镇有医疗机构46个，其中有东莞市松山湖中心医院、东莞市第八人民医院（东莞市儿童医院）和石龙镇社区卫生服务中心及4个社区卫生服务站，另外有多家私立医疗机构，平均每平方千米有2个医疗机构。在辖区内注册的执业（助理）医师1012人、执业护士1400人，拥有床位2195张。石龙密集的医疗资源在东莞首屈一指，群众看病就医大部分能步行前往，构建完成3分钟健康生活圈。

公民健康教育与健康促进行动示范镇　2000年，石龙镇开展“创建公民健康教育与健康促进行动示范镇”行动。在创建行动中，建立政府领导、部门协作、社会参与、点面结合、以点带面工作机制，融合基本公共卫生服务健康教育项目、疾病预防控制和控烟健康教育等内容，促进建立全民共享“健康生活圈”。为满足市民对美好生活的向往，石龙镇打造全市首条“全民健康主题绿道”。以西湖绿道和新城区环岛绿道为平台，建设反映人生少年、青年、中年、老年4个阶段身体及心理健康要素的健康绿道，将健康生活元素融入绿道景观，以雕塑、花卉、漆画形式向市民灌输运动健康知识，使健康生活的氛围在石龙日渐浓厚。同时，推行全民健身运动，开展“‘3·21’美力日”户外徒步、亲子体能挑战赛、职工“五一”欢乐运动会、迎春长跑活动等。在石龙全民健康主题绿道上，每天都能看到前来散步、跑步的市民。每逢周二晚上，石龙镇还有一支由石龙居民自发组织参加新城区环岛绿道徒步活动的队伍。此外，石龙还开展中华龙民俗文化节、镇篮球联赛、全民健身日等品牌体育活动，形成全民健身风尚，不断满足人民群众日益增长的多元化、多方位体育健身需求，让人民群众乐享健康石龙建设成果和高品质生活。

2012 年 11 月，石龙镇对 500 名市民组织开展基线问卷调查。结果显示，市民健康行为形成率由原来的 24% 提高到 73.42%。2013 年 5 月，石龙镇再次进行中期调查，发现市民健康行为形成率提高到 83.98%，有 88% 的被调查者油盐摄入量减少，86% 的被调查者体育锻炼时间增加，87% 的被调查者更加注重合理膳食，79% 的被调查者吸烟有所减少。同年 12 月 27 日，石龙镇通过东莞市“公民健康教育与健康促进行动示范镇”验收，成为东莞市首个获得“行动”示范镇称号的镇街。2014 年，市民整体健康素养水平为 3.2%；2016 年，上升至 20.2%。健康生活方式与行为素养、健康技能素养、基本医疗素养与健康信息素养的提高幅度都超过 20%。2019 年，经常参加体育锻炼的居民比例为 33.7%。中、小学学生体质达到教育部《国家学生体质健康标准》合格以上等级的有 96.8%。

打造健康活动品牌 2016 年，石龙镇启动“健康强镇”战略，积极开展创建全国健康促进区活动。首先在现有医疗资源基础上，充分发挥专家优势普及健康知识，邀请省、市、镇名医专家，举办“全民健康生活”知识大讲堂、中医药养生大讲堂、老龄健康管理知识普及教育项目启动会、“名医进基层健康南粤行”系列等 200 人以上大型讲座，为市民带来权威的健康知识。其次，以家庭药箱为纽带，通过“幸福家庭”“慢病之友”“妈咪培训班”等健康活动，开展家庭药箱进万家系列活动，让不同年龄阶段的人群学习正确的家庭用药知识。

从创建全国健康促进区开始，石龙镇就以“健康是幸福之基”为核心理念，坚持从大健康、大卫生角度实施“将健康融入所有政策”策略，结合实际情况制定多部门促进健康的公共政策，努力为居民创造出更多的健康福祉。同时，在地方新闻栏目播放《健康知多少》栏目剧，在《石龙》报开辟“健康专栏”，协调各学校通过“微信掌上

市民参加镇组织的彩跑活动（2014 年）

沿江建设的绿道（2018 年）

通”发布健康信息，制作1.2万份《幸福我生活，健康石龙人》邮筒，以《致石龙人民的一封信》形式将健康知识送入千家万户。在全镇统筹协调下，各单位在工作生活学习场所增设健康生活方式知识的健康小贴士，增设集休闲、阅读、保健功能于一体的“健康教育室”25间，关注开展合理膳食与营养搭配讲座、“孕妇学校”等活动120场次，营造创建氛围，并结合各自特点开展特色健康干预项目。

2017年，石龙镇挖掘本土特色，先后拍摄了由真人真事改编的青春健康教育微电影《高墙上的青春》以及石龙健康宣传片《让健康成为宜居口岸新城的幸福之基》《友善之城》《家庭作业》《向着明亮那方》《远离脑卒中，健康在你手》等健康主题文艺精品，成功举办“2017年珠三角环保电影观赏会@石龙”。在石龙中学、东莞理工学院、东莞理工城市学院等校园举办了艾滋病防控宣传微电影《向着明亮那方》观赏会。

2018年，在创建全国健康促进区过程中，选择以中央豪门小区为试点，开始健康促进小区精细化管理模式的探索——“乐安健社区”，通过“微医健康促进岗”“微医志愿者服务队”和“微医网上行”3种方式，以及“乐康少年”和“乐康长者”两大主题推行健康服务。同时，融合健康家庭创建，将健康元素融入居民日常生活中，让健康生活方式成为居民的一种习惯。其中，中山东社区开展的“微医计划”“乐康计划”和“步步健康”活动成为打造“乐安健”示范小区的亮点；柯尼卡美能达商用科技（东莞）有

市民积极参与骑行活动（2016年）

限公司于 5 月 17 日被确认为广东省“2018 年青春健康”省级项目点，从职工生活细节，到职工年度健康体检、心理咨询辅导、精神文化活动等多方面促进职工身心健康发展；在政府机关，以健康食堂为切入点，在食堂内公示健康餐单，并在每张餐桌上摆放膳食宝塔等健康标识，对内部人员开展科学的综合评估和健康干预。同时，动员机关、企业、医院申报创建广东省健康促进示范单位。至 2019 年，全镇有 28 个单位创建为广东省健康促进示范单位。

香港家庭医生服务 2019 年，东莞选定石龙等 5 个镇社区卫生服务中心试点香港家庭医生服务工作室建设，探索引进香港家庭医生进驻社区坐诊看病。石龙香港家庭医生服务工作室严格按照香港全科诊疗服务标准及相关国际标准建设，就诊空间温馨私密、诊疗服务细致规范、诊后跟进服务完善。工作室落户后，香港医生定期到石龙出诊，平时也会提供远程诊疗、咨询服务，只要工作室的医生拨通远程电话，香港医生将根据患者实际情况，提出专业建议。至 2019 年年底，石龙家庭医生共签约 5.76 万人，签约覆盖率达 40.10%；签约服务包 1.18 万个。其间，石龙还在全市创新提出住宅小区服务模式，让家庭医生团队进驻健康住宅小区，与每户家庭签约。同时，采取“1+1+n”模式（1 个家庭医生 +1 个健康管理员 +n 个服务专业小组），积极探索“家庭医生协同工作室”工作模式。此外，石龙的家庭医生签约服务还充分利用信息化系统，根据区域实际情况，优先针对贫困人口、计划生育家庭、五保户、慢性病患者、65 岁以上老年人等重点人群开展电子化签约，提高居民的感受度，进一步提升居民对社区卫生服务的信任。

百年惠育 19 世纪末，广州、香港等地鼠疫流行，石龙人口稠密，在不到 3 平方千米的小镇却聚集 4 万多人，加上流动人口密度更大，疾病容易传播肆虐。据《明善堂》记载：“甲午春夏，省港疫兴，乡闾疠起，男女老少，命促须臾，多在舟中殒毙（在石龙来往香港以及省城广州的轮船上，经常有因疫症病发而暴毙在船上的旅客）。”清光绪二十七年（1901），石龙商人李秀芝、袁伟猷、夏侯伟、王大光、林树蕃、石绮云等人发起倡建医院的提议，并前往港澳向各界人士募捐，筹得白银 2 万两。先在位于新街的普善堂内开设公所，暂租民铺，为病人赠医施药。其后又仿效广州广济医院式样，兴建医院大楼 3 栋，连留医室共占地面积 1300 平方米，由东莞清末探花陈伯陶书题“惠育医院”匾名，赠医施药，救急扶危，为本地和过往的旅客提供免费医疗服务。医院于清光绪二十九年（1903）春落成启用，延聘中西医师两名坐堂应诊。由于行医免费，惠育医院的经费来源主要靠医院拥有的善产。1912 年，孙中山好友谢南星从南洋归国，被选为该院总理。他即向东莞财团组织明伦堂申请拨款，并加聘西医师 2 人，护士、司药各 1 人，医院继续赠药赠医，每日接诊近 200 人。

民国初期，惠育医院成为军阀混战的野战医院。1923 年，在东征讨伐陈炯明期间，孙中山曾在惠育医院召开战时会议，探望伤病员。1925 年 10 月，国民革命军再次东征，政治部主任周恩来在惠育医院召开各界代表会议。1948 年 1 月，惠育医院由东莞县明伦堂接收，改为公立医院。中华人民共和国成立后，医院更名为石龙人民医院。1958 年 11 月，改称为石龙人民公社中心医院，下设石龙、石碣、茶山 3 个卫生院、6 个门诊部、20 个卫生站、24 个接生站。1959 年，复名石龙人民医院。

2008 年 7 月，在新城区兴建的新石龙人民医院投入使用，建筑面积 10 万平方米，有病床 1000 张，集医疗、保健、科研、教学于一体。2011 年 6 月，晋级为三级甲等医院。2014 年，石龙人民医院更名为东莞市第三人民医院，设有新城区的院本部和老城区的惠育分院两部分，有 45 个临床及医技科室，1 个广东省重点专科，4 个东莞市重点特色专科，是东莞市唯一可同时开展辅助生殖技术和产前诊断技术的综合医院，并建成“中国胸痛中心”“中国卒中中心”，成立东莞市心血管病研究所。2019 年，加挂东莞市松山湖中心医院牌子，年门诊量超过 140 万人次，住院超过 3.6 万人次。

东莞市第八人民医院 东莞市第八人民医院毗邻东莞火车站、东莞轨道交通 2 号线总站，前身为石龙镇卫生所。1958 年 10 月，联合朱敬修诊所、钟慧枝诊所、联合留产所、牙科诊所成立，有 4 个门诊部，病床 10 张，员工 52 人，日诊近千人。1959 年 3 月，归石龙人民医院管辖，更名为石龙镇卫生院。1961 年，增设王屋洲卫生站，员工增加到 60 多人，设医疗、卫生防疫、后勤、妇幼保健 4 组。1996 年 7 月，升级为二级甲等医

建于清光绪二十七年（1901）的惠育医院

东莞市松山湖中心医院（2010 年）

院。1997 年，在西湖区莞龙路旁建起高 7 层、占地面积 1600 平方米的同济大楼，建筑面积 1 万平方米的急救中心大楼。1997 年，更名为东莞市石龙博爱医院。2000 年，在西湖区建成集卫生防疫、行政办公、信息、科教、会议、文娱于一体的博爱医院本部。2005 年 1 月，莞龙路的同济大楼更名为博爱医院创伤骨科分院，以各种创伤、骨病治疗为主。2009 年，博爱医院建成东莞市首个为病人提供最快捷的急救转运服务的国际标准直升机停机坪。2014 年，医院更名为东莞市第八人民医院。至 2019 年，该院成为广东医科大学非直属附属医院，为中山大学博士后创新实践基地，有床位 1024 张，设 40 多个临床及医技专业科室，拥有一批省市及高校重点学科，年住院 4 万人次，门诊 105 万人次。

东莞市儿童医院 2013 年，在石龙镇西湖三路 68 号博爱园内开始筹建，按照三级甲等专科医院标准建设。2019 年建成，是东莞市第一家儿童专科医院，有病床床位 600 张，总占地面积 5.03 万平方米，总建筑面积 8.8 万平方米，有 13 层主楼和 4 层裙楼各一栋。医院设置 7 个细分科室，包括小儿呼吸科、小儿消化科，小儿外科、小儿骨科等专业病区，成立东莞市唯一针对儿科疾病发病机理、预防、诊断、治疗的儿科医学研究机构——东莞市儿科研究所、广东省博士工作站、儿童保健所、儿童康复医学中心、脑瘫儿童关爱中心、广东省新生儿护理抢救分中心、儿童危重症救治中心、危重症新生儿救治中心、中山大学博士后创新实践基地、全市卫生计生系统首个市重点实验室、海峡两岸新生儿医学研究与培训基地（华南），医院新生儿重症监护中心、儿童重症医学科被列入市重点专科。

社区卫生服务中心 成立于 2008 年 10 月，位于中山西路 43 号。下设 4 个分站点，

石龙博爱医院正门（2005 年）

东莞市第八人民医院用直升机转运病人（2012 年）

总建筑面积 7683 平方米，为全镇 14.54 万名常住人口提供“预防、保健、医疗、康复、健康教育、计划生育技术指导”六位一体的社区卫生服务。

“平安铃”居家养老服务项目　随着中国人口向老龄化发展，为适应东莞市不断加大居家养老服务事业发展力度要求，石龙镇于 2011 年 4 月推出全市首个“平安铃”居家养老服务项目。

“平安铃”终端是老人随身携带的移动式呼叫器，使用现代科技通信、互联网、空间地理定位等信息技术，通过居家养老“平安铃”服务平台整合政府的服务、慈善机构、服务商、社区居民服务点、社工机构和志愿者团队等社会各项资源，24 小时在线面向指定用户群体开展个性化、人性化的贴心服务。任何时候，用户只要按下“平安铃”终端紧急键，即可与“平安铃”服务中心联系，由“平安铃”服务中心提供相关的紧急

东莞市儿童医院（2019 年）

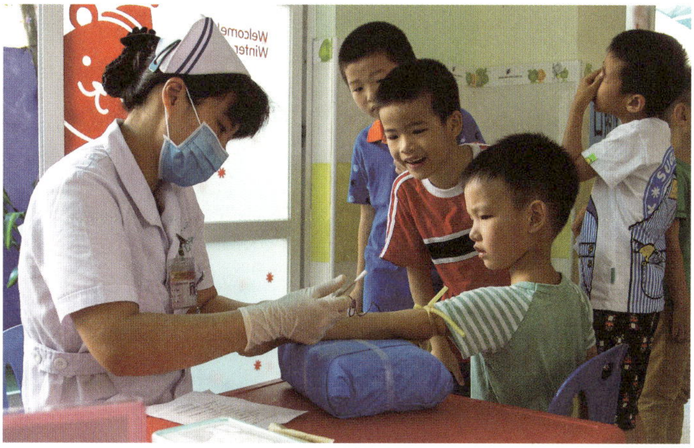

为儿童检查身体（2016 年）

救助或非紧急救助服务。石龙的“平安铃”居家养老服务于 2012—2015 年连续 4 年被列入东莞市政府十件民生实事，服务用户过万人，获选东莞市“十大慈善项目”，成为东莞市著名慈善品牌。

百岁寿星 石龙环境优美，人们安居乐业、生活富足，健康有保障，居民的幸福指数逐年提高，长寿老人也不断增多。2019 年，石龙共有 70 岁以上老人 6766 人，其中 70 ~ 79 岁的 4132 人，80 ~ 89 岁的 2316 人，90 ~ 99 岁的 313 人，100 岁以上的 5 人。80 岁及以上的长寿老人占老人总数的 39%。东莞历史纪录中最长寿老人钟新是石龙人，出生于清光绪十九年（1893），2005 年去世，享年 112 岁。

智慧之镇

全国首个信息化试点镇 1999 年 10 月，石龙承担国家首个信息化试点城镇建设任务。同年 12 月，被国家信息办批准为全国首个信息化试点城镇。自此，石龙镇将信息化试点与科教兴镇战略相结合，通过“科技创新、信息推动”探索城镇信息化建设模式，在全国率先建立起乡镇一级综合门户网站——石龙 E-town。

2000 年，开展公共信息服务平台建设、政务专网建设、校园网建设，并在此基础上开展政府上网工程、三网融合工程等，开始推广 OA 应用，有 35 个部门和单位使用 OA 系统，约 80%以上的公文流转实现网上无纸办公。

2003 年，率先在政府网站开设“镇长信箱”栏目，实现全天候接收群众来信和建议。同年，率先在全市乡镇一级开展“三网融合”建设，使有线电视的同轴电缆也能传输数据信号，提供宽带上网和语音服务功能。2004 年，建成数字社区，普及城建系统信息化及应用、公安系统信息化及应用、社会管理信息化建设及应用、医疗卫生信息化建设及应用、教育信息化建设及应用等。其中，医疗卫生信息化建设及应用走在全国前列。石龙镇使用中国电信宽带互联网的用户 9000 多户，是全市普及率最高的镇。是年，信息产业部对石龙镇信息化试点城镇成果评定为“石龙镇信息化水平达到国家中小城镇的前列，为国家指导经济发达地区中小城市信息化建设提供示范”。

2006 年 1 月，石龙被广东省定为“数字广东”推进计划的试点镇。在信息化建设下，石龙镇在全国小城镇综合发展水平 1000 强镇中名列第 19 位。2008 年，“石龙镇现代化建设科技创新示范工程”获“广东省科技进步奖特等奖”，是广东省唯一获此殊荣的镇级单位。此后，石龙相继被认定为国家星火技术密集区、国家电子信息产业基地、省专业镇技术创新试点单位、省制造业信息化工程试点示范镇集成应用试点、省电子信息产业集群升级示范区、省企业信息化培训基地等。石龙还首创肉品流通信息化监管系统，并在东莞市推广使用。

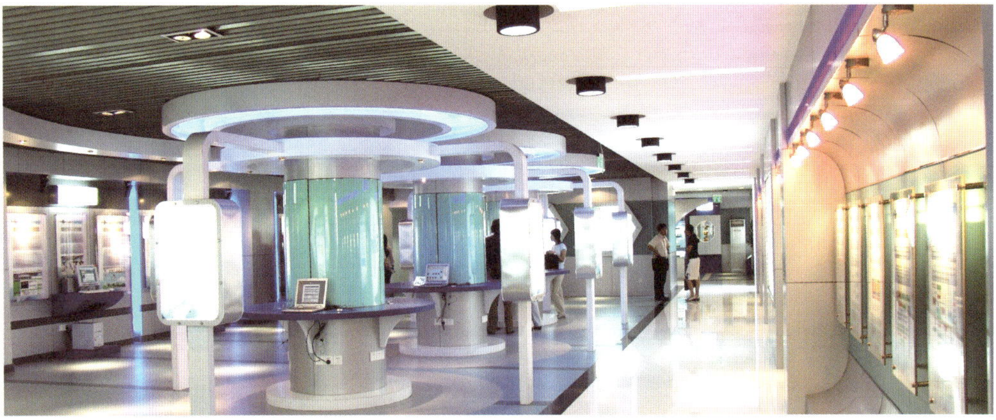

石龙信息科技创新中心（2006 年）

信息化建设不仅便于信息交流、电子政务、电子商务等活动，还可开展网上教育、医疗、娱乐，丰富全国第一个信息化试点镇的内涵，也带动产业结构的转变和工业化的发展。

石龙获信息化方面的奖牌（2018 年）

城建系统应用。城市规划办开发基于 GIS（地理信息系统）技术的《石龙城建规划图文一体办公自动化系统》，并于 2003 年 9 月通过东莞市科技成果鉴定，该系统为城市规划、建设、管理提供多层次、可视化的信息依据和辅助决策支持。

公安系统应用。2006 年，在全镇范围内的治安重点监控区域安装社会治安视频监控，监控系统与石龙镇公安分局“110”指挥中心联网使用，提高社会治安的防控和应变能力。

社会管理应用。2006 年研发的肉品流通监管系统成效显著，2008 年在东莞市 32 个镇街推广应用，实现对全市 110 个供莞生猪定点养殖基地、544 个养殖场、32 个机械化屠宰厂、950 个农贸市场和销售肉品的超市、513 个大型用肉单位的全面监管。该项目获得 2008 年东莞市科学技术奖二等奖。

医疗卫生应用。率先在全国乡镇一级开展医疗信息化建设，1994 年石龙人民医院开始使用自主开发的医院管理系统（JLHIS），1998 年获东莞市科技进步特等奖，2000 年被列为国家火炬计划项目。之后，又开发出检验信息管理系统（LIS）、医学图像归档及传输系统（PACS）、电子病历、市民医疗卡等应用系统，并实现社区医疗转诊、家庭—社区—中心医院远程医护监控、居民健康档案、网上预约等。

2009 年开始，石龙镇依托国家信息化试点镇优势，信息化建设快速推进，应用领域越来越广泛，建设成果惠及更多市民群众。是年，开通东莞市首个镇街因特网站，开通东莞市首个镇街 WAP 手机网站，开发出劳动关系风险预警应急系统，对全镇各企业、个体工商户及其他经营单位进行预警、监控、防范，成功排除多个企业群体性劳资冲突隐患。2011 年 4 月 22 日，广东省信息化与工业化（以下简称“两化”）融合工作座谈会在石龙举行，并启动“智慧石龙”建设，石龙镇成为全省 4 个物联网“智慧城市（城镇）”之一，而广东省“两化”融合创新中心（东莞）分中心则设在石龙。2012 年 7 月，石龙人民医院在全国率先推出社保卡“诊疗一卡通”项目，简化挂号、候诊、取药排队环节，提升医疗服务水平。

石龙的智慧建设还体现在教育中。石龙教育网、专网接入率达100%，应用信息技术教学的课堂覆盖率达到90%以上，有省级现代教育技术实验学校2所，市级现代教育技术实验学校4所。2012年，成为广东省首批“以信息化促进义务教育均衡发展实验镇”。2013年，成为“东莞市教育信息化第一批实施单位”。2014年，实施“十大教育工程”，重在推进学生素质教育和市民社区教育。2015年，全镇基本实现“每校远程同步课堂，一校一特色、一校一品牌，人人展特长”的教育目标，成为东莞市两大慕课试点镇之一，有4所学校成为全市慕课（大规模开放在线课程）试点。全镇各校借慕课试点，共同打造现代教育强镇。同时，借助互联网，开展“双师教学”“远程同步课堂”“翻转课堂”和“在线名师课堂”，推进教育优质均衡发展。2019年，全镇建有7所学校校园网，计算机拥有量小学每千人99台、初中186台；中小学计算机网络教室233个，并实现“室室通”；中小学多媒体教学平台267个，网络计算机室21个。

经过十余年的探索建设，石龙实现信息化在企业、政务、医疗、社会服务、公共安全、教育等领域的广泛应用。至2019年，全镇拥有国家高新技术企业13家、国家火炬计划重点高新技术企业2家、国家A级质检中心1家、省级工程技术研究开发中心6个、省级企业技术中心3个、博士后工作站1个、省级科研创新团队1个。

“三网融洽”开先河 石龙在实施国家信息化试点镇的进程中首先实现市民看电视、打电话、上互联网“三网融合”，开全国先河。电信、电视、计算机“三网融合”是国家“十五”计划纲要提出的一项重要任务。“三网融合”是技术和应用在网络上的融合，将电信网、广播电视网和互联网等不同的网络“三网合一”，彼此共享资源。1997年，石龙镇开始采用860MHZ（兆赫）宽带传输模式铺设有线电视网络，1998年完成主干光缆建设，形成双向环型光纤同轴电缆混合网络，即HFC宽带网，这为“三网融合”打下坚实基础。该工程于2003年9月获国家广电总局科技委员会的认定。2003年12月20日，石龙“三网融合”开始放号报装，全面推广应用。至2019年，全镇有线广播电视网覆盖率100%，有线电视用户2.47万户，用户覆盖率91.7%。

中国打假论坛与《石龙宣言》 石龙是广东省首批创建“无假药社区”试点镇。2006年4月10—12日，广东省食品药品监督系统和近70家国内外知名制药企业负责人共聚石龙，参加“扶名优，打假劣，促发展，共建和谐广东”协作会议，并推广石龙“无假药社区”经验。会议通过《联合打假协作制度》《联合打假倡议书》（后称“《石龙

2006年4月11日石龙启动创建“无假药社区”(2006年)

宣言》”)，会议同步启动“假劣药信息快速反应系统”“96963”热线投诉平台，并将此后每年召开的打假论坛命名为“石龙论坛”。2010年，打假论坛启动全国首个食品药品打假维权互联网平台——“石龙论坛”打假网。网站具有政府公告发布、在线投诉、真伪查询、药品辨别知识四大功能。2011年，广东省公安厅、广东省食品药品监督管理局打击制售假劣食品药品犯罪工作联合执法办公室在“石龙论坛”上启动，成为全国首个联合执法办公室。2012年，全国第一份专业药品打假刊物——《中国药品打假》杂志在“石龙论坛”举行创刊首发式，并筹备成立全国第一个“反假冒协会”。“石龙论坛”每年主题不同，其影响力连年提升，并成为国内食品药品打假领域具有广泛影响力的品牌，是全国打假工作权威而高效的交流合作平台。

文化之城

曲艺之乡　石龙人称粤剧为“神功戏”“大戏”(庙会、酬神时演出)。清末，常驻石龙的戏班有五六个，为避免恶性竞争，他们在长兴街成立“植福会馆”，以安排不同的戏班轮流演出。“植福会馆”不远处有“红船码头”，码头停泊的是各个戏班的船只，

石龙业余粤剧团的粤剧晚会（2017 年）

广东人称这些船为“红船”。民国初期，粤剧成为石龙人宣传革命的工具。石龙人黄侠毅、李文甫、林直勉、莫纪彭等人自编自演粤剧《熊飞起义》《袁崇焕督师蓟辽》等爱国剧目，不但在石龙上演，还到莞城、虎门、厚街等地演出。同时，香港同盟会曾邀请他们到香港演出。在香港演出期间，剧团里的许多积极分子加入同盟会，黄侠毅等人后来还参加由孙中山、黄兴等领导的广州起义。

粤曲因最能表达岭南的文化气质和风情，成为石龙人最钟爱的一种文艺形式，也孕育了一批名家。代表人物有黄不灭及其 3 名子女：黄壮谋、黄继谋、黄英谋，被粤剧界合称为“黄氏四英”。另外，还有林家声、张德明等一代名伶，以及在粤剧编导和研究方面卓有成就的姚柱林、梁沛锦。更有 20 世纪 30 年代初开始从事话剧、粤剧，并担任民智剧社社长 30 多年的黄志坚等。2015 年 3 月，石龙镇被广东省文学艺术界联合会授予“广东省曲艺之乡”称号。

2016 年，石龙除了有 40 多年历史的工人业余粤剧团之外，还有林屋群星曲艺社、高亭粤曲社、康源粤乐社、乐友业余曲艺团 4 家直属镇文联的群众曲艺社团。每个曲艺社的会员都在 30 人左右，其中工人业余粤剧团和康源粤乐社超过 40 人。另外，在村（社区）还有 6 家私伙局，分别是华景曲艺社、粤趣轩粤乐社、欢庆同乐曲艺社、凤鸣曲艺苑、兴隆粤乐社、大家乐曲艺社，6 个私伙局成员都在 16 人以上。以上社团几乎“天天有排练，周周有演出”，形成“五花六叶”的繁盛局面。

中山公园的“文娱台”是常设的粤剧演出阵地，每周六晚都有演出，风雨无阻。11

家曲艺社和私伙局根据档期轮流演出，并成为石龙镇老城区一道独特的风景。

为了让粤剧粤曲传承下去，石龙镇组织曲艺社团下社区、进校园，办培训班，向市民、中小学生普及粤剧粤曲知识，培养他们对粤剧粤曲的兴趣。镇内的7所小学都建有“粤曲兴趣小组”，并能独自开展活动，自己出节目，组织表演。这些小粤曲爱好者们无论是在学校组织的文艺活动中，还是在镇组织的大型文艺活动中，都能登台亮相表演。

至2019年年底，石龙粤剧粤曲经过数十年打造的“文娱台”和“春节粤剧粤曲专场晚会”成为石龙文化品牌。

名人荟萃 石龙历史文化悠久，文化名人辈出。明代有被朝廷征为钦天监的刘杰，文进士张鸣鹤、樊王家，文举人张邦燮、张应芳、张起龙、樊王宁和清代的麦世焜、李维谦、黄照、黄瀚华、曾守信、麦毓勋等。还有在石龙龙溪书院读书的探花陈伯陶、进士张其淦、翰林邓莲裳、解元何仁山等。民国时期，有著《不自弃斋诗草》收录近400首诗的梁湇，有被县令免其考试被推荐为诸生的张嗣垣，有被称为“梁任公第二”“中国新史学带路人”、刊登于各大刊物的著述文章超过180万字的史学家张荫麟。

在其他文化领域，有中国近代建筑的先驱、高级建筑师、近代岭南派建筑中坚、广州一系列地标建筑设计师林克明。有中国工程院院士，获首届“梁思成”奖、国家光华工程科技奖、广东省科技突出贡献奖的上海世博“中国馆”之父何镜堂，他主持设计了一批具有国际影响的国家级标志建筑，作品曾获国际大奖“2016年全球10佳建筑设计”，还获得国家级金奖3项、银奖4项及省部级奖数百项，是唯一获得中国勘察设计协会国庆60周年“十佳具有行业影响力人物”大奖的建筑师。还有被称为“广东隶书王”的林直勉；神眼雕刻家（微雕）、工笔国画家王志勤；父子均是中国工艺美术大师的黄松坚、黄志伟；参与人民大会堂建设的雕刻家曹伯伟；1955年开始在《人民文学》《边疆文艺》《云南日报》《羊城晚报》上发表小说、诗歌、散文和论文共200多篇的吴军；在中央戏剧学院任教30多年的袁柏梁。

在文学创作领域有毕业于上海戏剧学院戏文系（本科）的编剧姚柱林，他的主要作品有话剧《南方的风》、电影《代理市长》，获1990年全国电视剧“飞天”奖二等奖的长篇电视剧《商界》，获中南区电视剧评奖长剧二等奖的电视剧《冷暖两心知》，广东电视台优秀电视剧《首富人家》，在1999年11月庆祝澳门回归期间演出的大型话剧《大宅守护人》，还有大量理论批评文章刊登于国内各报刊，并出版《漫谈写戏》一书。写有小说、散文、随笔录的汪晟，发表的《子非鱼》获2004年度全国中篇小说排行榜第一名，并获广东省第七届鲁迅文学奖。

石龙人梁沛锦著有《国史提纲》《文史导读》《经子导读》等，在香港创办四海出版社，编印《中国历史》《中国音乐》等。1965 年致力粤剧研究和教学，任中国关汉卿学会副会长，中国古曲剧曲学会常委，任《粤剧研究》《南国红豆》杂志顾问。2000 年，获紫荆勋章。此外，1995 年英文版《*Doing Business in China*》(《在中国做生意》)一书中的“Chinese Business Practices”（“中国贸易实务”）一章由祖籍石龙新维村的叶树林撰写，该书为世界著名大学工商管理研究生课程教材。

石龙摄影协会会员张钧良曾连续 13 年获世界摄影沙龙“十杰”称号，叶惠棠的作品曾在国际摄影大赛中获金、银、铜奖。石龙集邮协会会员骆庆明曾在国际邮展上夺金。2011 年，张诚在瑞士第二十四届克拉拉国际钢琴大赛中夺冠，成为该项大赛举办以来首位夺得桂冠的华人。2019 年，陈思里在第十二届中国音乐“金钟奖”声乐（民族）比赛中获大奖。

此外，石龙的地标“举重像”和中山公园的“双龙壁”都是由石龙人姚志强、赖树高等人设计制作而成的。石龙人还创作有歌曲《美丽的金沙湾》和广东音乐《月醉金沙湾》等。

文化设施

植福馆　原址在长兴街尾。清末，各路戏班在石龙的落脚点和聚集之所。

新庙戏台　新庙又称帝帅宫，位于石龙西面的长兴街。庙前广场上有麻石建的戏台一座，约 50 平方米。戏台分前台和后台，正中是屏风，彩绘华美。前台有石柱，上为朱梁画栋，瓦盖。驻石龙的剧班轮流在此演出，长年不断。而最热闹的则是每年农历八月中旬举办的赛神游会期间，不仅有常驻石龙的剧班，还有多个从广州及其他地方过来的戏班，共同在此演戏。

在中山纪念堂举行的生产誓师大会（1958 年）

中山纪念堂　由乡民集资于 1934—1937 年建于原左堂衙门西边，占地面积近 2000 平方米，混凝土作柱、作梯、作二楼主楼层，铁制金字架，上盖瓦。东、南、西三面用木料建环形二楼。北为舞台，宽 30 米，深 15 米，可演戏。楼上楼下设座位 1300 个。1950 年重修。20 世纪 50 年代，曾作电影院和集会用。2016 年，石龙镇政府进行重修，除保留剧场外，增建东征博物馆，成为集爱国主义教育基地和孙中山史迹陈列馆。

20 世纪 60—70 年代的石龙人民大会堂

民乐戏院　抗日战争胜利后，石龙商人在中山中路开办，戏院有座位 500 个，有时放电影，有时演粤剧。

人民大会堂　1958 年冬，在忠维村侧建成，占地面积 2000 平方米，建筑面积 1800 平方米。会堂设大小门 8 个，其中正门向西，踏七级平台，门宽 10 多米，堂内设座位 1300 个。1984 年，大会堂改作影剧院。1993 年年初，改建为现代化之新型经济文化中心及商业中心。

工人俱乐部　1955 年年底，石龙镇工会成立工人俱乐部，地址在民乐戏院内，与工会同设于此。俱乐部为两层建筑，占地面积 3267 平方米，建筑面积 670 平方米，内设乒乓球台等，周末组织交谊舞会。2005 年，在石龙人民广场建成一座新工会大楼。高 6 层，建筑面积 3600 平方米，第二层为工人活动中心。

广播电视站　前身是 1964 年设立的石龙广播站。1987 年，石龙广播电视站成立。

石龙图书馆　是一所综合性的公共图书馆。1971 年，由石龙镇文化站开办。2001 年，由石龙镇政府投资重建，总建筑面积 2050 平方米。2003 年，投入使用。2005 年，石龙镇图书馆加入东莞市图书馆总分馆体系，实现通借通还和资源共享。2012 年 1 月 11 日，位于新城区的 24 小时自助图书馆对外开放，面积 200 平方米，藏书 1 万多册，设有 2 台

20 世纪 90 年代建成的石龙广播电视大楼

自动借还书机。2013年，镇内所有村（社区）均设立图书服务点和公共电子阅览室，实现全镇半径0.5千米服务全覆盖。至2016年，藏书总量18.57万册。图书馆在老城区馆内设有采编室、借阅室、儿童阅览室、公共电子阅览室、报刊阅览室，室内设有阅览座席311个。是年，图书馆共接待读者21.16万人，外借图书册次12.06万册，居东莞市前列。24小时自助图书馆外借量连续两年居全市镇级自助馆首位。每年举办各类读书活动20多项、近百场次。

石龙人民广场舞台　20世纪60年代，人民广场舞台初见雏形，旁边是规模较大的灯光球场（现石龙文化活动中心），是当时学生演出的地方，占地面积84平方米，由木板搭建而成。20世纪90年代，舞台被石龙公安分局改建为水磨石材质，作为宣判大会场地，因新城区城市建设发展迅速，一大批政府机关也迁往办公，公安分局于2001年搬走。2003年，由石龙文化站接管。2008年，加建扩大为长11米、宽16米，占地面积148平方米，舞台高度由原来的0.8米加高至1.6米。

博物馆　2007年起，石龙开始建设博物馆。至2019年，相继建成石龙博物馆、石龙举重博物馆、信息科技馆、奇石馆、明清家具馆。在建设各类博物馆期间，还在民间掀起建私人收藏和展览馆的热潮，全镇先后建成10多个私人馆所，其中有专门展示奇石、紫砂壶、雕刻件、书画、景德瓷器、摄影作品的展馆，还有藏品丰富、种类齐全的各类展室。

图书馆（2018年）

文化团体（协会）　石龙镇文联属下有30个不同种类的协会，最早成立的文化社团组织是在1946—1948年活跃于坊间的凤群诗社，社址在百花路，有社员40多人，大都是教育界、医学界人士。茶山名儒钟叔敬、石龙名流刘品蕫、名医朱敬修等都是该会成员。1950年，石龙业余粤剧团成立。随后，石龙南、北、东、西各区以及木材搬运、竹器等行业纷纷组织业余粤剧团。各团有一二十人。他们经常在本单位，或到街头，或在附近农村演出。20世纪70年代，各剧

石龙奇石馆（2005 年）

团的演员转归工人俱乐部，合并组成工人业余粤剧团。1959 年，成立工人美术创作组。20 世纪 80 年代起，石龙相继成立老干部书画协会、兰花协会、盆景协会、书法家协会、美术家协会、摄影家协会、棋类协会、健身舞协会、硬笔书法协会、集邮协会、收藏家

石龙书法家协会开展活动（2012 年）

健身舞协会会员参加全市广场舞大赛（2006 年）

协会、奇石协会、舞蹈家协会、音乐家协会、国标舞协会、旗袍协会等。各协会在镇文联指导下积极组织会员开展活动、参加比赛。

文明之镇

文明创建

20 世纪 80 年代初，石龙人民公社组织开展“五讲四美三热爱”“文明礼貌月”活动，有力地促进了社会风气的好转。

20 世纪 90 年代中期，石龙镇党委成立精神文明建设领导小组，组织企事业单位和村委会开展精神文明创建活动。先后投资数万元在镇中心区及文化广场等场所设置大型广告栏和宣传栏，各村、单位亦设有宣传墙，重点宣传党的各项方针、政策，宣传打造文化新城；通过及时报道、连续报道宣传社会主义文明、法制教育，宣传“三讲”教育、“致富思源、富而思进”和“三个代表”重要思想，促进石龙精神文明创建活动的深入开展；石龙镇按照市统一部署开展文明村（标兵）、文明（标兵）单位、文明小区、文明户、文明行业等一系列文明创建活动。

2000 年，开展“致富思源，富而思进”教育，举办由各单位、村自编节目的“两思”教育专场文艺晚会、教育征文比赛和演讲比赛，开展“书刊进家、宣传栏进村，科技知识进家、文体活动进村，法律知识进家、绿化美化进村”的“三进家、三进村”活动，提高广大群众的现代文明意识。

2001 年，组织实施《公民道德建设实施纲要》以及《东莞市民守则》，构建社会主义思想道德体系，营造良好的民风、村风和家风。

2005 年，开展“现代人、现代生活、现代城市”为主题的“三现代”教育活动和“爱国、守法、诚信、知礼”现代公民教育活动，未成年人思想道德建设得到加强。之后，为把石龙打造成为一个和谐、宜居、快乐的城镇，提高居民的综合素养，发动组织各类民间慈善活动，为有需要的市民服务。镇政府每年通过举办“广东扶贫济困日暨东莞慈善日”活动，动员全社会为有需要的市民募捐；每逢春节或重大节日，镇政府组织慰问困难户和离退休老干部、老党员，到敬老院或登门探访老人等活动；每年 11 月举行“敬老月”活动，宣传、表彰在敬老及孝德方面作出无私奉献的人；发动组织社工和义工定期到社区、村为有需要的残疾人及独居老人服务，定期为小朋友举行各种公益活动。特别为外来务工人员子女提供更多丰富多彩的课外活动，包括组织参观及旅游，让他们扩宽视野，得到更多的学习、了解外界的机会。

石龙镇市民通则　2001 年，石龙镇政府根据中共中央颁布的《公民道德建设实施纲要》精神，成立专门小组，按照《公民道德建设实施纲要》倡导的“爱国守法、明礼诚信、团结友善、勤俭自强、敬业奉献”的 20 字公民基本道德规范，结合石龙实际，从大力加强精神文明建设的需要出发，编写《石龙镇市民通则》，内容包含“爱祖国、爱人民、爱劳动、爱科学、爱社会主义”的公民道德建设的基本要求。《石龙镇市民通则》几经审读于 2001 年 11 月 14 日公布，随即引起全镇市民的重视，各界传阅，学生背诵，加上各方的大力宣传，很快《石龙镇市民通则》就深入人心，家喻户晓。通过诵读通则，全镇形成一个人人自觉遵守道德规范的良好社会氛围，一个与社会主义发展相适应的道德体系，推动石龙镇的公民道德建设、精神文明建设和全国文明小城镇示范点的创建。

附：石龙镇市民通则

浩浩东江，千年古镇；省佛陈龙，南粤闻名。九庙六桥，商贾如云；一河三埠，人杰地灵。何六起义，震撼清廷；烈士文甫，取义成仁。中山频临，挥师东征；恩来演讲，激励后人。泽东思想，小平理论；三个代表，信仰坚定。致富思源，富而思进；开拓创新，与时俱进。院士镜堂，崇尚科学；反对邪教，破除迷信。信息试点，开创先河；星火示范，科教兴镇。英雄张苞，为国献身；英模庆安，除恶为民。遵纪守法，见义勇为；黄赌毒害，坚决扫清。百年惠育，博爱济人；爱岗敬业，争当典型。尊师重道，坐言起行；德智体美，四有新人。名将镜开，九破纪录；举重之乡，奥运扬名。全民健身，焕发精神；琴棋书画，陶冶性情。敬老爱幼，扶贫济困；夫妻和睦，男女平等。邻里友善，礼貌待人；勤俭持家，自强自重。少生优育，移风易俗；保护环境，美化龙城。珍爱文物，高洁品行；红停绿走，交通畅顺。文明经营，公平竞争；诚实守信，纳税光荣。安全第一，消除隐患；社会保险，利国利民。城镇论坛，广开言路；民主议政，气氛融融。法治德治，相辅相成；同心同德，团结安定。蓝天碧水，科技新城；励精图治，再创殊荣。见贤思齐，传承文明；市民通则，谨记于心。

孝德之星 中华人民共和国成立后，在政府的大力引导下，石龙重视老年事业和完善养老服务。2011 年 9 月 28 日，石龙镇举办首届敬老文化节，发动全社会开展为期一个多月的敬老文化活动。在敬老文化节期间，向 70 岁以上的居民发放老龄慰问金，为他们免费提供健康体检，为有需要的老年人提供“平安铃”服务，组织志愿者探访独居老人，举办金婚庆典、老人文艺作品展、老年艺术展演等活动。发动全镇群众为心目中的“孝德之星”投票。借助“孝德之星”评选传播孝文化，推动“宜居石龙”和“幸福

石龙“孝德之星”颁奖典礼（2011 年）

石龙”的理念传播与实践。

石龙被评为“孝德之星”的市民身份和职业各个不一，在他们当中，有长年照顾生活不能自理的公公、婆婆的好媳妇；有不怕脏、为老年痴呆患者一小时更换一次衣物的敬老院护理员；有数十年如一日照顾年老母亲起居饮食的孝子；有照顾长年卧病在床父母的儿女；有对重病子女数十年不离不弃悉心照顾的母亲；以及无论在工作上还是家庭中都敬老爱老的普通市民、志愿者和热心企业家。镇政府通过评选活动宣传他们的美德，传播社会正能量。

贤长有为　2011 年起，与“孝德之星”评选活动隔年轮流开展“贤长有为风范奖”评选活动，是石龙镇敬老月系列活动亮点之一。镇政府通过活动挖掘出石龙一批退而不休、发挥余热的有为长者，通过介绍及表彰他们的先进事迹，为后人树立榜样。他们有的在退休后依然积极投身社会工作，参与推广传统文化事务，关心下一代的成长，为社区（村）居民办实事；他们有的发挥自己所长继续为石龙的各项建设服务，积极推广全民体育运动，以及群众性曲艺活动；有的用笔记录石龙历史、用镜头留下时代印记，为石龙的历史文化与人文文化留下印记。

全国文明镇　石龙镇于 2005 年获得全国文明镇称号，成为东莞第一批获国家级荣

石龙“贤长有为风范奖”颁奖典礼（2014 年）

誉称号的镇街。2015年，石龙镇再次通过国家复评。石龙被评为全国文明镇后，在加强精神文明建设工作的同时，不断美化城市环境、提升市民素质、强化志愿服务等。加强未成年人思想道德建设，启动师德教育年活动，以社会主义核心价值观引领和强化师德师风教育，2015年开始评选石龙镇“十大最美教师”，在教师节期间进行表彰。

此外，石龙镇积极推进社会主义核心价值观进社区活动，设立政务中心，搭建综合服务站，开展老年人日间照料室、“四点半学校”等。同时，开展“邻舍友情”友好社区发展项目，从“邻里学”“邻里情”“邻里帮”“邻里和”“邻里乐”“邻里颂”6个方面重点开展服务。在全市率先设立100万元“关爱好人”专项资金，引进“香港童军”志愿服务模式，着力打造“敬老文化月”品牌，引导文明创建走向品牌化。至2019年，全镇有1个单位（石龙电力分局）被评为省文明单位、有6个行政村被评为东莞市文明标兵村、有3个社区被评为东莞市文明标兵、有7个单位被评为东莞市文明标兵单位、有19个单位被评为东莞市文明单位。

慈善之镇

石龙人一向有乐善好施的传统。中华人民共和国成立前，社会救济工作依赖民间的坊和善堂，有慈善救济性质的慈善机构5个。此外，部分书院和会馆、行业公会等也起到社会福利及救济作用。中华人民共和国成立后，社会救济工作主要为民政部门负责、市民主动参与的形式。

慈善机构

中华人民共和国成立前，石龙有慈善组织近10个，以明善堂、同善堂最有名。这些慈善组织均有堂址，有相当规模资产，据1951年的收租登记簿记录，石龙镇有店铺、房屋64间，这些资产为石龙爱心人士捐赠，所得租金全部用以救灾赈济、赠医施药、收尸葬殓等。清代，善堂还曾出资办蚕桑培训班，发展地方的养蚕业。

明善堂 清光绪十六年（1890）10 月，由华侨钟岳荣等筹款设立，原址在中山东路。其目的“系为体恤贫民，广行方便起见”“赠医种痘，拾白骨，殓胔骸”。初设中医，后又设西医及留产部。每日门诊 60 ~ 80 人。给贫者赠医赠药、赠棺木、赠寒衣、派饥粥、施药茶等。属石龙较早的医疗设施。明善堂还于 20 世纪初捐资修建红棉路，在路东侧建止轩亭（茶亭）。20 世纪 30—40 年代，亭中常年驻有正牌医生免费为贫民诊治。

同善堂 清光绪二十一年（1895）由乡绅何文耀创办，主要对孤寡贫苦老人、饥民施放饥粥、赠医药、收路尸、修桥筑路等。清光绪二十八年（1902），同善堂在赠医赠药的基础上组建惠育医院（后为石龙人民医院）。

宏善堂 创办于 19 世纪末（具体年份不详），位于风炉街，有中医坐诊，日诊 15 人，贫者亦赠医赠药。经费与其他慈善机构同样来源于社会捐赠及东莞明伦堂拨款。

善后救济协会石龙分会 1946 年 5 月，东莞县成立善后救济协会，石龙成立分会，一年后撤销。其间，省善后救济总署及县救济会共拨出救济款 21 万元给石龙。

此外，还有海唇街的福善堂、面街的评善堂等，都是同一性质的为贫苦群众服务的医疗卫生机构。其经费来自社会慈善界捐献及东莞明伦堂拨款。

中华人民共和国成立后，政府将明善堂等慈善机构及其产业统一组织起来，归入石龙慈善福利会，明善堂等慈善机构至 20 世纪 50 年代末，停止活动。

东莞市慈善会石龙分会 2005 年 9 月成立，是东莞市慈善会的分支机构，其业务范围是组织各类慈善活动；协助政府、民间发展各项慈善事业，开展扶贫济困的社会救助工作、开展慈善交流活动。资金和活动经费主要来源于会费以及国内外及港、澳、台地

市民积极参与慈善捐款活动（2008 年）

区组织和爱心人士的捐赠、政府部门的资助；在核准的业务范围内开展活动或服务的收入利息和其他合法收入。2008 年四川汶川特大地震的抗震救灾工作中，慈善分会向社会各界募得慈善款、物近 1000 万元，帮助灾区群众渡过困难。

石龙敬老院 1958 年，石龙镇政府在果栏街的高家祠堂开办石龙敬老院，收容 50 名孤寡老人，除供吃、住、穿，还为老人发零用钱，并提供医疗服务。1989 年，镇政府投资 250 多万元，在福康街 21 号建起占地面积 2401 平方米、建筑面积 3058 平方米、三层园林式的院舍。之后，政府多次拨款增添设备、修缮房舍，加上社会各界爱心人士的捐助，院舍条件不断改善，曾一度设弃婴室，收容 20 多个弃婴。2014—2016 年，镇政府投入 200 多万元对院内各项安全硬件进行全面升级改造。该院曾多次被评为“省一级敬老院”和“东莞市模范敬老院”。2019 年，有入住老人 109 人，平均年龄 86.5 岁。

慈善活动及服务

石龙慈善超市 2005 年 3 月成立，同时挂“慈善捐助超市”和“社会捐助接收站”两个牌子，既接收社会热心人士和企业的捐赠，又向困难群众提供实物救助。运作以来，慈善超市得到社会各界的支持和捐助，80% 以上的货品来自石龙热心企业和个人的捐赠。善心人的捐助得到有效投放，及时送到有需要的人手中。石龙慈善超市的运作模式在全市作经验推广。

“爱心父母”志愿大联盟活动 2007 年，开展“爱心父母”志愿大联盟活动。为“爱心父母”与受助儿童搭建沟通交流和奉献爱心的平台。“爱心父母”帮助困难儿童完

石龙慈善超市为有需要的困难群众提供免费生活用品（2005 年）

成学业，让他们在爱心关怀下成长。这些“爱心父母”定期与留守儿童开展真情互动活动，以电话、书信等形式与孩子和临时监护人联系，每年定期或不定期到其家庭进行看望慰问，同时掌握孩子们的家庭背景、思想表现、学业成绩、日常行为，帮助他们解决学习、思想、身体以及生活上遇到的困难，让他们感受到浓浓的温情与关爱，引导关爱儿童健康全面成长。2010—2019 年，有 61 个受助家庭成功脱贫，不少儿童在“爱心父母”的帮助和关爱下健康成长并顺利完成学业。

志愿者服务 20 世纪 90 年代末，石龙开始组建青年志愿者服务队。之后，相继建立志愿服务站、队 102 个，经常性提供志愿服务人数达 3000 多人，人年均服务时数达 3 个小时。志愿者们除常态化的志愿服务外，还经常组织探访老人，助学助教。据不完全统计，每年参与该类慈善活动的志愿者就有上千人次。2010 年以来，石龙镇把志愿服务作为推动“幸福石龙”建设的重要抓手，创新性提出全市首个志愿者节日“‘3·21’美力日”，推动探索“亮星工程，爱心同行”“志愿龙城，企心同行”等项目。至 2019 年年底，全镇注册志愿者 1.9 万人，志愿服务队 138 支，志愿服务项目达 2300 多个，累计服务时长超过 33 万个小时。

石龙志愿者中有小学生，也有退休老人，他们用爱心温暖着别人，为社会进步贡献自己的力量。其中有石龙镇中心小学教师陈国铨，两次走出国门进行汉语志愿教学，2011 年获“全国五一劳动奖章”称号，被选为第十届“东莞市十大杰出青年”，获东莞市志愿服务金奖。“献血达人”黄松柏 19 年累计无偿献血 19 次，累计献血（全血）总量达 7500 毫升。广东省专业社会工作领军人才袁美芝，多年来积极探索本土青少年服务，首创岗位社工项目化运作模式——爱青助学，并在东莞市广泛应用。

石龙志愿服务队（2019 年）

龙城红棉花开（2019 年）

文物胜迹

几百年来，石龙经历了朝代的兴衰，保留至今的建筑遗迹见证了时代的变迁。这些古建筑、古遗址、古民居、古井、古桥等，反映着石龙人筚路蓝缕，勠力同心，辛勤耕耘、建设着自己的家园。

石龙面积虽然不大，但由于它在莞邑近代历史曾扮演重要角色，因此，无论是经济、传统文化及人文历史，都给后人留下许多宝贵的历史财富。特别是具有代表性的老城区、长长的中山路和与之相连的大街小巷、古老的骑楼、精致的民居，一砖一瓦无不留下岁月的烙印。

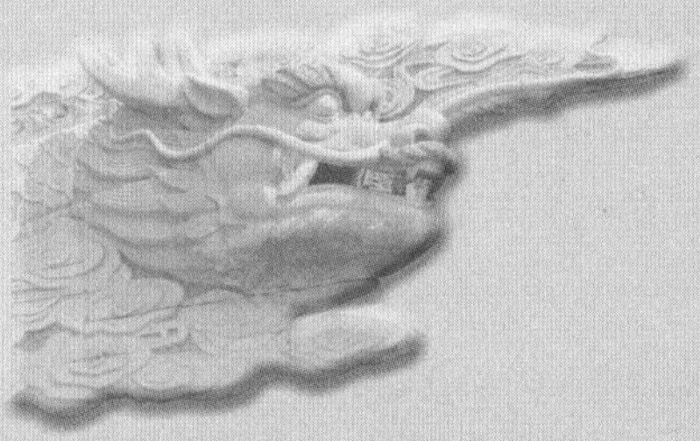

桥影流虹水逐月

翠帘不卷春意深

古迹 古建筑

古遗址

西湖村贝丘遗址 20世纪60年代，考古学家对东莞进行贝丘遗址调查时，在石龙西湖樊屋村畲葫水闸处发现数千年前古人留下的贝丘遗址，经专家考证属4500年前新石器时代人类渔猎群居遗迹。西湖贝丘遗址表明，4500年前此处已有人类活动。现仍有许多贝壳散见于地面。

水南头遗址 位于石龙南面江边一带，因该址为沿江狭长地带，故被称为“水南”，最东面的石龙头一带则称为“水南头”。由于“水南头”处于东江分流处，得水路运输之便，这里很早便成为各种木制品行业的集中地，并且人口较为集中，又有河鲜、咸菜街市，是石龙开圩前较富裕的人口聚居地。当时，有一首关于水南头的歌谣在民间传唱：“水滴滴，水流流，流到水南头。水南头起大屋，青砖起屋石门楼。”这里讲述的就是水南头有许多青砖麻石（花岗岩）高门大户，也反映出当地非常富庶。石龙开圩后，大部分的行业及街市迁入石龙圩内，经过数百年，“水南头”逐渐被人遗忘。

皇姑村遗址 位于忠维村靠东江边的地方，是属于忠维村内的一个小自然村。相传南明小朝廷的皇族一直被清兵追杀，从南京沿着海边从福建逃到广东，在千里逃亡中，皇室人员不断流散。其中一名皇族姑娘逃至石龙后，下嫁给忠维村一叶姓村民，从此过着隐姓埋名的生活。因为这座小村突然来了位“皇姑”，所以大家称该村为“皇姑村”。据说，村内曾有两座大建筑物，一座是占地面积500多平方米的麻石祠堂；另一座是大帝庙，庙内曾驻有一个俗称“研究社”的民间习武社团，庙内还有一把50多公斤重的大刀，供习武之人练习用。村内还有占地面积2666.68平方米的练马场，这些在民国初期全部被毁。

陆家窝遗址 位于石龙中部，因当时有一群陆姓族人聚居在这片区域，人们称此地为“陆家窝”。后在王希文（石龙挂名开圩人）协助下，在北面建堤围阻挡洪水，又将此处改为圩市，这才有石龙圩的出现。因此“陆家窝”遗址是石龙圩的发源地。

古炮墩遗址 古炮墩遗址位于蒲溪糖坊河边。据记载：清嘉庆十四年（1809），洋匪滋扰石龙，绅民捐资在圩尾建造炮墩1座。呈请总督百龄，铸500千克生铁炮2座，300千克生铁炮6座，安设防御，防守兵10名。该地原有一宽广埗（码）头，两株老榕树左右相对，左方为古炮墩所在地。据老一辈居民回忆，数十年前，曾见有多枚土炮弃置于此。中华人民共和国成立后，建起防洪石堤，古炮墩遗址消失，但至今在民间仍流传有古炮墩诗：“参差楼影树森森，百载遗踪何处寻。今日滩前追往事，当年古炮起余音。”

古遗迹

龙沙庵遗迹 位于石龙面街，建于明崇祯年间。庵内有一口水井，水清而甜，远近闻名。清咸丰年间，东莞解元何仁山（茶山人，龙溪书院学子、山长）有首《竹枝词》，写当时（四月八日）在龙沙庵举行的浴佛节。

井水温馨杂五香，清和时节启坛场。

百花桥外篮舆出，新试龙沙浴佛场。

在龙溪书院讲学的博罗县人、举人韩荣光也写有描绘妇女前往龙沙庵求签祈福情形的竹枝词。

女儿香选好头黄，结伴龙沙礼法王。

莲座花开祈并蒂，兼祈莲子满莲房。

相传当时龙沙庵有个能诗善画的和尚，法号不齐。石龙周边的名士都喜欢和他交往。远在常平周屋厦的举人周序鸾也经常到石龙找不齐和尚酬唱，吟诗作画。

清末，龙沙庵残破。1924年，石龙开办县立第二小学，将龙沙庵改建为校舍。抗日战争初期，校舍被夷为平地。

植福馆遗迹 石龙最早由各戏班组建的植福馆设在长兴街尾靠近江边处，不远处有个红船码头，是清末各路戏班在石龙的落脚点和聚集之所。各戏班的班主相聚在植福馆协调演出的时间、地点及剧目。植福馆内有戏班供奉的“神”——华光大帝，每当演出前，班主都会带领一众演员在这里举行祭拜仪式，祈望保佑他们演出成功。

新庙戏台遗迹 新庙又称帝帅宫，位于石龙长兴街的街头，离街尾的“植福馆”不远。为方便“神功戏”演出，在庙前广场上建有麻石戏台1座，舞台面积50多平方米。戏台分前台和后台，正中间有屏风，彩绘华美。整座戏台有石柱瓦盖，朱梁画栋。每年农历八月中旬在这里举行赛神游会，有多个戏班每晚轮流在此演戏。

民乐戏院遗迹 是抗日战争胜利后商人在中山中路开办的戏院，有座位500个，有时放电影，有时演粤剧。是石龙第一个收费的专营戏院。

古桥 古井

孙杜古桥 此桥是石龙现存最早的桥。据该桥留存下来的碑文记载，此桥建于明嘉靖三十五年（1556），距今有近500年历史。古桥位于西湖村与茶山牛过蓢村交界处，桥下的水渠修于宋朝末期，是当年两村主要的灌溉水道。水渠由于日久失修，经常淤塞，导致两村经常因水利问题产生争斗，引致两村不和，农田失收，双方都损失严重。于是，西湖士绅张漠和韩允学等向广东官员孙公及杜公上书反映问题，寻求解决方法。孙、杜两公以官府名义出面主持解决办法，召集两村村民一起建此桥，并疏通水道，制定协约，调和两村关系，共同利用此渠为两村服务。村民为感谢孙、杜两人的恩德，特将此水渠命名为“孙杜涌”（东莞人叫水渠或小河流为涌），将桥命名为“孙杜桥”。1947年，香港东华三院曾捐款重修该桥。

接龙桥 位于黄家山村村口欧仙院东北侧，为单跨石拱桥，年代无法查证。明万历三十六年（1608），乡人黄上桀等人将其改建成单孔红砂岩石拱桥，桥长23.4米，宽3.8米，桥拱跨度5.45米。接龙桥由红砂岩条石砌筑拱，花岗岩条石砌筑桥基，桥墩前后设

石龙最古老的桥梁——孙杜古桥（2008年）

接龙桥（1995 年）

分水尖。1982 年重修，并在桥边河岸两侧修建亲水平台、观景廊，在桥北面建造人工瀑布，水岸左侧种植绿化隔离带。该桥至今仍在使用。

石龙南铁路桥　位于石龙镇与茶山镇交界处，横跨东江，是石龙最早具规模的铁路桥梁。清宣统三年（1911），石龙南北铁路桥建成后，广九铁路全线通车。该桥原为广深铁路单线铁路大桥，钢石木混凝土混合结构。桥有 5 孔，第 1 ~ 4 孔为 70 米下承梁，第 5 孔为 20 米上承钢板梁，全长 324.8 米。抗日战争爆发后，日军曾对广九铁路进行 10 多次轰炸，投弹超过 100 枚。1938 年春，日军集中轰炸广深铁路，北桥断裂，南桥钢梁多处中弹穿孔，桥墩受损。同年 10 月，为切断日军的运输补给线，守石龙的国民党驻军奉命炸毁石龙南铁路桥两个桥墩，使南北铁路交通中断。日军侵占石龙期间，曾多次组织修桥，但由于东江游击队干扰，居民不肯出力，几年都未能修复，直到 1944

石龙南铁路桥（2005 年）

年 10 月 3 日石龙南北铁路桥才修复。1949 年，国民党军队为阻挡解放军南下追击，也曾计划炸石龙铁路南桥。为保护人民财产，10 月 13 日，粤赣湘边纵队第一支队第三团一营二连战士奉命秘密进入石龙，暗中保卫石龙南北铁路桥免遭破坏。中华人民共和国成立初期，该桥一直是国民党特务袭击的目标。1950 年 5 月，退至台湾的国民党当局曾派飞机轰炸石龙，在南北铁路桥一带投弹，导致忠维村不少民房被炸。后又派武装特务潜入石龙企图炸毁南桥铁路，因特务被群众揭发，行动失败。

1966 年，石龙镇政府对铁路桥进行大修，在南桥第 4 孔上下盖板加固纵横梁鱼形板，第三孔南端加拼接板，北桥也同期大修。1985 年，再次对石龙铁路桥进行换钢梁大改造，采用液压升降自主浮运换梁法施工，仅用 2 个小时就更换 1 孔。该工程于 1987 年获铁道部科技进步二等奖，1988 年获国家三等奖。

1994 年，广深铁路石龙南特大桥建成通车。2007 年 3 月，广深四线石龙南桥建成通车，石龙南铁路桥及所在的铁路线停运。2008 年，国家文物局将广九铁路石龙南桥旧址列为第三次全国文物普查 147 处重要新发现之一，2011 年被评为广东省第三次全国文物普查“十大新发现”，2013 年被国务院核定为第七批全国重点文物保护单位。

三眼井 石龙古井很多，唯在石龙蒲溪村内的一口三眼井最为特别，已有 300 多年历史。据说蒲溪立村前就有此井。三眼井有 3 个井口，品字形排列，位于蒲溪村祠堂后面左侧的路边。这口井水质清澈，碱性较少，在石龙颇有名气，镇内一些喜爱养金鱼的人常到此取水养鱼。据说该井每年夏季，村民一旦发现井水上溢，就会作防洪准备，因为不出半个月就会有洪水。

古民居 明清之际，石龙居民多建两层以上楼房，并有单独院落。院内有天井，墙

三眼井（2016 年）

基多用红石砌筑，门框、门额也多用红石。至 2019 年，石龙仍有古民居 50 余座，多为清末民国时期的建筑。

邓氏民居 坐落于中山东路面街一巷 4 号，占地面积 105 平方米，建于民国初期，建筑坐东向西，高两层半，为砖混结构合院式建筑，是东莞市第一批历史建筑。当年邓氏子孙到秘鲁经商，挣钱后回乡建立。民居建筑形制采用典型的传统广府民居三间两廊平面布局，同时又融入大量民国时期的建筑材料，整体呈现出浓郁的中西合璧风格。红石地基、青砖砌墙、大天井、欧式窗，天台和外围女墙上设瓶形栏杆，是邓氏民居的一大特色。屋内墙体色彩摆脱普通民居的俗气和沉闷，每道门廊上绘有亮丽壁画与吉祥、如意、富贵、荣华等古体小篆字。二楼为满洲窗、欧式窗等 4 种形式的窗户，部分还雕有极具岭南特色的花纹，走廊是欧式铁艺栏杆。2011 年 4 月，该民居被列为东莞市第一批历史建筑。

周氏民居 位于中山西社区猪栋街 56 号，始建于清末，1949 年重修，1997 年修缮小院门口。是东莞市第一批历史建筑。坐北向南，平面呈长方形，宽 9 米，进深 32 米，高 9.3 米，高两层，砖混结构，为庭院式布局。正立面外墙为水洗石米，凹门廊设四柱支撑二层阳台，拱券大门，券拱式门窗，铁艺窗花。楼顶为天台，周围设红砖围栏。此民居既保持着当地传统民居布局，又有西式建筑装饰的特色，对研究民国时期当地民居生活具有一定价值。

官厅红石屋 位于西湖村，建于清代，占地面积约 70 平方米，砖、石、木结构。

邓氏民居（2017 年）

周氏民居（2019 年）

古街巷

中山路　是石龙镇内最早建成的马路。建于1929年，全长1435米，宽16米。从东至西将原有的沙边街、龙兴街、万兴街（三角市）、万安街、东禄元、西禄元、饱街、塘头等9条大街贯通扩建而成。马路建成后，为纪念孙中山1923年在石龙设立东征大本营而命名为中山路。该路分为中山东、中山中、中山西3段。中山路建成后，可通达老城区所有的街巷。该路在建设、设计时，参考了广州上下九路的风格，两旁设立具有南粤风格建筑特色的骑楼，是西方建筑与中国南方传统文化相结合的代表。石龙中山路曾是东莞有名的商业街，也是东莞繁华的象征。中山路上名店林立，货品齐全，每天来自附近四乡以及东莞、广州各地的商人和顾客挤满街道。石龙极具规模的当押铺大部分设于中山路。此外，中山路谷米行业的店铺也颇具规模，街中有泰来米机、德安米机和裕荣米机，是广东最先进、规模较大的电力碾米和粮食加工企业。在石龙中山路还有以颇具规模的茂华为首的烟铺。

军佬巷　清朝时，石龙有清兵驻守。驻在石龙最东面的清兵属“游击衙门”的驻军，驻在石龙西面蒲溪村江边的属“水师营”汛兵。其时，“水师营”还有群特殊的“兵”，他们是从北方或其他地方流放到此地“充军”的罪犯。他们虽属水师营管理，但不能入驻水师的营地，只能在附近搭简易的棚屋居住。当地人称当兵的人叫“军佬”。时间一长，这些特殊群体居住的街巷被称为“军佬巷”。虽然当年的“军佬”早已作古，但此街名却沿用至今。

太平路　位于老城区中部，南北走向，北端与中山路相连，形成“丁”字形。曾是石龙行政中心区。因20世纪30年代这里有一所太平社学，故名太平路。太平社学建于清咸丰年间，初名同泽社，为地方团练局所在地。清光绪三十年（1904），此处设石龙巡警局取代同泽社。民国初期，区公所也设在此。日军侵占石龙后，日军宪兵队也在此地驻扎。中华人民共和国成立后，石龙镇政府、公安等部门也在此办公。因此，太平路一直是石龙的政治中心。1997年年底，石龙镇政府及多个行政部门搬入新城区办公大楼，太平路改为商业街。

百花路　位于老城区中西部，南北走向，与中山路形成十字交叉状，南起双孖庙，北至龙魁路，长310米，宽10米。原街中有条名为“九龙涌”的河流穿过，上面建有百花桥贯通南北，因桥两边有花农在此处摆卖鲜花而得名。后在填涌扩路时百花桥被拆除，而填出的路就称百花路。此路段在清代末期及民国时期，一直是石龙的商业繁华区。

红棉路　位于老城区西，东接中山西路，西连石龙火车站（旧）及石碣的天涯亭，长 567 米，因入口处路旁有两株古红棉树而得名。是外来人员早期乘火车到石龙的主要入口通道。该路段有建于清代的龙溪书院，以及后来建的克怀医院。中华人民共和国成立前，该路北为鱼塘、耕地，路南为河涌与坟地，并有义祠。改革开放后，石龙最大的私营杂货市场——沙头角商贸市场建在该路段。

旗下街　早年曾叫竹街，最初是东江流域竹子转运的集散地。位于石龙老城区东部，长 60 米，宽 4 米。清军在石龙驻防时，在黄家山渡头对面设游击衙门和千总衙门，其家属都住在离衙门不远的竹街内。因当地人称满人为旗人，便将竹街叫“旗下街”。街中建筑多为 2 ～ 3 层楼房，街内原有一座观音堂和酥醪别院。

桂芳街　位于老城区东北部，与中山东路平行，长 305 米，宽 2.5 米。建于明末清初。据说因广州两名富商在街中段建商行，取“兰桂腾芳”其中二字得名。民国时期，这里曾是石龙会馆、酒楼最多的街道。

红棉路（2019 年）

信仰场所

宗祠

从明清时期起，石龙许多大族都建有宗祠。其中，黄家山村的麦氏宗祠、新维村的叶氏宗祠、蒲溪村的陈氏宗祠、林屋村的林氏宗祠等，还有已经消失的忠维村麻石祠堂，都是石龙大族在当地的象征。宗祠除了用于族人祭祀聚会外，还是宗族间处理纠纷、讨论制定乡规民俗的地方，有些宗祠平时还是宗族的学堂。

西湖宗祠群 位于石龙镇西湖村卫生站东侧，始建年代不详，坐南向北。该宗祠群分为四部分，自西向东依次为东沙公祠、春宇公祠、飞卿公祠、竹溪公祠。

东沙公祠，始建年代不详。占地面积 139 平方米，面阔 9.6 米，进深 14.8 米，高 6.8 米，三间两进合院式布局，砖木石结构，抬梁穿斗结合式梁架，硬山顶，人字封火山墙，前后二进分别为博古脊与龙舟脊。碌灰筒瓦，绿色琉璃勾头，滴水剪边，青砖墙体，红砂岩勒脚，1947 年、2009 年两次重修。

春宇公祠，始建年代不详。占地面积 148 平方米，总面阔 10 米，进深 14.8 米，高 6.7 米，三间两进，砖木石结构，硬山顶，抬梁穿斗结合式梁架。1947 年、2009 年重修。

飞卿公祠，始建年代不详。占地面积 148 平方米，总面阔 10 米，进深 14.8 米，高

西湖村的东沙公祠、春宇公祠、飞卿公祠（从左至右）（2013 年）

6.7米，三间两进，砖水石结构，硬山顶，抬梁穿斗结合式梁架。1947年、2009年重修。

竹溪公祠，始建年代不详。占地面积288平方米，总面阔12.6米，进深22.9米，高8.5米，三间两进，砖木石结构，硬山顶，抬梁穿斗结合式梁架。祠堂建筑规模较大，规格较高。1947年重修，2009年再重修时，改建为老人活动中心。

林屋林氏宗祠　明正德十二年（1517）建，坐北向南，原名存著堂，明万历二十七年（1599）重修。占地面积1230平方米，砖瓦建筑，共4栋。第二栋立有“九牧流芳牌坊”，是为纪念林氏祖善乐公的9个儿子都曾任“九牧刺史”之职。牌坊下有屏风门，平时不开，只作迎接京城、省城官员用，两列马房，供京城或各地官员的马匹休息。第二栋与第三栋之间是一方天井，两旁左右有两个锣鼓亭，凡有喜庆大事和迎接上级官员都会鸣锣击鼓。第三栋立有“存著重地”牌匾，中间大堂作族人喜庆（结婚、开灯）、开会议事之用，两侧设有两间书房，供林氏族人上京考试使用。据传大堂下面有七星伴月，即7个大沙缸。林氏宗祠因年久失修，并遭战乱、水灾等，多次重修，最后一次是1998年。重修后的林氏宗祠面阔23米，进深50米，高9.1米，建筑布局为五间三进两天井，抬梁穿斗结合式梁架，主体建筑布局保存完整，首进为博古脊，二三进为龙舟脊，三进内供奉林氏祖先牌位。

黄家山麦氏宗祠　位于黄家山村东北侧，始建年代不详，建筑风格是典型的清代广

林屋村的林氏宗祠（2008年）

黄家山村的麦氏宗祠（2016 年）

府祠堂，坐东南向西北，占地面积 1600 多平方米。正门上方牌匾有“麦氏宗祠”4 个大字，两侧对联是“始兴瓜瓞发千枝仍共一本，宿国蕃衍流万派总是同源”，揭示他们来自何方。进入大门，有“宿国传芳”木制牌坊，纪念麦氏家族的传奇人物——宿国公麦铁杖，相传他“走如奔马，泳似蛟龙，能飞檐走壁，日行 500 里”。该祠于 2004 年重修，保留了清代广府祠堂建筑风格，三进五开间合院式布局，砖木结构，抬梁穿斗混合式梁架，龙舟脊，“人”字形封火山墙，碌灰筒瓦，绿琉璃勾头，滴水剪边，青砖墙体，红砂岩勒脚。一二进前廊为卷棚顶，二进为崇德堂。2011 年，麦氏宗祠被东莞市人民政府列为东莞市第一批历史建筑。

蒲溪陈氏宗祠 始建于清中期，具体年代不详。坐北向南，整体布局为三间两进两廊一天井，砖木石结构，抬梁式梁架。宗祠面阔 12.1 米，进深 18.05 米，高 7.15 米，占地面积 200 多平方米。1996 年，村民集资重新修葺。重修后的陈氏宗祠保持原来的风格，壁画诗联，古意盎然，宗祠门外矗立着两尊石狮，威风凛凛，屋檐上的一对麒麟和鳌鱼，精雕细琢，栩栩如生，门两边印刻对联“蒲田世泽、莞水家声”。宗祠内屋檐下的壁画绘有各色人物、山水、动植物。宗祠内最特别的是祭台上有两块始祖的牌位，第一块上书“始祖陈公致文府君神主”，另一块是“始祖陈公珍海府君神主”。据村中族人介绍，陈致文和陈珍海是兄弟俩，一起到石龙，后来陈致文留在蒲溪立足，陈珍海则迁去王屋洲的泗洲村落地生根。由于泗洲村一直没有建宗祠，因此，蒲溪村的陈氏宗祠就同时供奉陈珍海的牌位。

蒲溪村的陈氏宗祠（2007 年）

新维叶氏宗祠 建于清咸丰十一年（1861）秋，长 33.85 米，宽 11.7 米，占地面积 396 平方米。宗祠大门有对联“南阳郡系、百粤宗枝”，建筑为红石青砖琉璃瓦顶、三开间三进院落，均为红粉石基础、门框，廊下有两根麻石立柱。屋柱上雕龙凤，装饰各种各样花草虫鸟。外檐及屋顶雕刻有龙凤戏珠，雕工细腻，线条流畅，主梁上绘有兰草、菊花等植物。宗祠门前有 3 座旗杆石柱，是该村 3 位清朝武举人的表旌石。2001 年，新维村在原址按原貌重修，祠堂大门两侧有 3 块举人石碑，周围有重修的东门牌楼及东接龙祥门楼、北门门楼、绿丛公祠、宝安家塾、召轩家塾、集于家塾。

古庙宇

小月庵 位于建新街 25 号。建于明初，曾是石龙四大历史庵堂之一，原址在石龙

新维村的叶氏宗祠（2005 年）

火车站附近。1998 年，经市政府宗教事务局批准，登记为合法开放的宗教活动场所。

新庙　建于明末，原称帝帅宫，后改称新庙。据同治元年《重修庙后石坎碑》碑记载，庙前有一个广场，广场上有一座以麻石建造的戏台，面积 50 多平方米。戏台分前台和后台，正中有屏风，彩绘华美。石柱瓦盖，雕梁画栋。庙前广场有卖香烛、风车之类的摊档，以及各类小食摊。距新庙戏台不远有植福馆，是各地粤剧戏班协调、联络处。中华人民共和国成立后，新庙改作学校，戏台也归学校使用。1964 年，学校将广场围起。1965 年，镇政府对小学校舍进行改建，拆新庙戏台建学校操场。

欧公祠　建于清乾隆五年（1740），砖木结构，内供奉欧仙公，石龙黄家山村人。欧仙公，字东明，生于宋仁宗时期。年轻时曾到罗浮山学道，暮年返乡，买舟在东江边垂钓，顺便渡人。传说，一天深夜得仙人度他成仙。由于欧仙公平日心地善良，乐善好施，深为乡民尊敬，乡民为纪念他，在乡间择一清静之地，集资兴建欧公庙。清光绪十年（1884）重修，改称欧公祠。

现存欧公祠为民国初期重建，属中西合璧式砖混结构二层楼房，坐北朝南，平面呈围合的椭圆形，中间布置天井式内院，四周房屋建筑围绕内院而建，建筑面积 453.6 平方米，高 7.4 米。清水外墙，混凝土楼板和屋顶，另有一座具有特色的混凝土弧形楼梯

欧仙院（1996 年）

仙溪福地牌坊（1995 年）

可直通屋面。1994 年，黄家山村民自发筹集资金对欧公祠进行重修，并重新造欧仙木像。该祠内存有《欧仙庙碑记》。

在欧公祠入口处，有仙溪福地牌坊，建于清光绪十年（1884），为四柱三间一楼冲天式建筑，以花岗岩为材料，形制简洁大方，四柱从南到北一字排列，坐东朝西，面宽 6 米，进深 2.4 米，高 4.8 米。牌坊 4 根石柱均为正方形截面，柱端为葫芦状宝顶，石柱前后有石制抱鼓护卫。牌坊匾额上下各有石梁，梁截面呈琴面状，下层石梁仿木作月梁形制，两端有石作雀替，雀替面雕饰仙草瑞兽等纹样。整座牌坊构建如梁、柱、匾、抱鼓石、雀替等，皆用灰白粗麻石凿制，构建之间用石作榫卯连接。抱鼓石上端的石柱身有榫卯洞口，为安放麒麟狮子等瑞兽用，坊额上刻“仙溪福地”4 个字。

地藏王寺 位于石龙老城区西面的龙床街，占地面积 7000 平方米。建于清乾隆年间，是罗浮山华首台的佛宗脉络。初建时，寺庙面向东江北干流，瞻船舶航行之要道。传说凡出洋远航者，出行前必拜地藏王菩萨。该寺原设有地藏殿、大雄宝殿、观音殿、韦驮殿、西方三圣殿、藏经阁、讲经堂、斋堂、法堂、客堂、方文室和兰若书房，还有钟楼鼓阁等，后地藏王大殿等毁弃。2002 年 8 月，地藏王寺重建。2004 年农历二月初二，地藏王寺大殿落成。

新田岗玉皇观 位于西湖村新田岗（小山岗）上，占地面积 1.4 万平方米，建筑面积2000平方米。始建于清代（具体时间不详），1976年重建，后多次扩建。庙坐西向东，分为5座庙院。建筑物为三进院。第一大院供奉七圣仙女像，第二大院供奉玉皇大帝像，第三大院供奉观音菩萨像。庙后山上有一个深潭，名曰“七圣仙潭”。

三界庙 是石龙镇内建成较早的寺庙。明天启七年（1627）重建，庙内原有一块石碑，高约 1 米，宽约 50 厘米，刻有袁崇焕撰写的碑文。碑文 17 行，每行 48 个字。后石碑被石碣水南村袁崇焕纪念园收藏。三界庙最早位于石龙头，原址为中山东路的工程队队址。因日久坍塌，后移建于林屋。

菩提庵 建于清代（具体时间不详），原址位于石龙黄家山陈屋与黄屋交界处，毁

三界庙（2013年）

于抗日战争时期，1947年迁址卖鸡地60号重建。1998年，经市政府宗教事务局批准，登记为合法开放的宗教活动场所。

樨缘庵 位于打锁街35号，建于清代，20世纪80年代重修。1998年，经市政府宗教事务局批准，登记为合法开放的宗教活动场所。

静光堂 原址在石龙镇书舍街，建于清代，1998年迁址周屋12号重建。2001年，经市政府宗教事务局批准，登记为合法开放的宗教活动场所。

石龙大庙 位于新维村西面。此处原为乱石坟场，后建山神庙。1982年，建灵霄宝殿供奉玉皇大帝，名为石龙大庙。

竹丝洲菩提庵 位于竹丝洲99号，建于1930年，庵内有尼姑多人，多有慈善、收养弃婴之举。1998年，经市政府宗教事务局批准，登记为合法开放的宗教活动场所。

福音堂 位于石龙镇中山西路蒜香街40号。清同治元年（1862）美国长老会传教士香卡文到石龙传教，翌年在石龙建立福音堂作为传教所，称“长老会”，属中华基督教会。清光绪三十年（1904），美国基督教长老会派方约翰牧师到石龙主持教会事务。1992年，石龙福音堂在原址重建，占地面积657平方米，建筑面积137.35平方米，主楼3层，高12米。

文物保护与收藏

文物保护

2006 年 10 月，石龙镇制订一系列文物维修保护方案。2008 年，镇政府与中国城市规划设计研究院联合编制《东莞市石龙历史古镇保护规划方案》，对古镇保护与利用进行综合规划，并成立文物管理委员会，最大限度地保护石龙文化遗产。

中山公园内的周恩来铜像（2005 年）

修缮纪念设施 位于中山公园的中山纪念堂于 1937 年建成，1950 年重修。1985 年，改造中山公园时，在园内加建连廊并建举重像。1999 年和 2003 年再次对中山公园进行改造，后一次对园内的连廊进行改造。2014 年，再次重修中山纪念堂并加建东征博物馆，是石龙爱国主义教育基地。

古桥、古树及其他 石龙现存历史文物古迹 28 处，其中古桥有建于明嘉靖三十五年（1556）的孙杜古桥和建于明代的黄家山接龙桥，以及建于清宣统三年（1911）的石龙南铁路桥。中华人民共和国成立后，石龙人民政府采取多种措施予以保护。其中，石龙南铁路桥于 2013 年 3 月 5 日被列为第七批全国重点文物保护单位，有 5 处被列为市级文物保护单位。此外，石龙还有被列入市级保护的古树名木 27 棵，其中有距今 300 余年的细叶榕 1 棵、距今

200 余年的细叶榕 1 棵，两棵古树均位于西湖村。石龙镇政府为其设立名片，建立电子档案，用科学方法管理、保护。

石龙镇省级以上文物保护单位一览表

表 19

名称	建筑年代	地址	保护级别	公布时间	保护范围
广九铁路石龙南桥	清宣统三年（1911）	石龙镇南侧，横跨东江两岸	第七批全国重点文物保护单位	2013.3	铁路桥向外延伸 5 米，保护面积 4040.47 平方米
			第七批广东省文物保护单位	2012.10	
周恩来东征演讲处	1925	太平路中山公园内	第七批广东省文物保护单位	2012.10	讲台以东 20 米，南 7.8 米，西 2.2 米，北 18.6 米，保护面积 1394.03 平方米
凯旋门	1945	太平路中山公园内	第七批广东省文物保护单位	2012.10	凯旋门建筑基座底边南北外延 5 米，东外延 3 米，西至民居滴水。面积 2219.01 平方米
莫公璧纪念碑	1947	太平路中山公园内	第七批广东省文物保护单位	2012.10	以纪念碑建筑基座底边外延 3 米
李文甫纪念亭	1924	太平路中山公园内	第七批广东省文物保护单位	2012.10	纪念亭所在整个山丘

馆藏文物

石龙从 2007 年开始筹建石龙博物馆。2009 年 5 月 30 日，石龙博物馆建成对外开放。内设石龙镇政府与私人收藏家合办的收藏馆，馆藏文物近 4000 件，分为家具、瓷器、字画等，以明清家具为主。另外，石龙镇还相继建成石龙举重博物馆、信息科技馆、奇石馆。同时，在民间也掀起建馆热潮，先后有 10 多个分门别类的私人馆设立，不但有专门展示奇石、紫砂壶、雕刻件、书画、陶瓷、摄影作品的展馆，也有藏品丰富、种类齐全的各类展室。

石龙博物馆 石龙镇博物馆于 2009 年 5 月 30 日开馆，位于石龙镇人民广场，占地面积 800 平方米，建筑面积 2600 平方米，展览面积 2000 余平方米，集历史、收藏、展览、研究、公共服务、文化交流于一体，免费对外开放，是“东莞市科普教育基地”“东莞市未成年人素质拓展基地”。博物馆共有 6 层，设 10 个展区，首层分 3 个展厅，面积近 300 平方米，展线长 100 米，可承接各类艺术、文物、科普等展览。二层为石龙历史陈列展厅，展出实物资料 200 余件，以时间为轴线详细介绍石龙历史，重点展示明清商贸经济、

石龙博物馆（2017 年）

民国“东征”，以及中华人民共和国成立和改革开放后石龙取得的重要发展成就。2019 年 12 月，石龙博物馆对二楼展厅进行整改，更新前沿信息和现代石龙经济数据，重点丰富了码头、非遗、老街、祠堂、书院、东征、商贸等内容。三层、四层为石龙民间收藏展厅，展出化石、玉器、瓷器、陶器、紫砂壶、书画、火花、邮票等 200 余件私人藏品；五层、六层为办公室和功能室。石龙镇博物馆自开馆以来，共引进、主办、承办各类展览 100 多场，举办专题讲座和宣讲超过 100 场，接待观众逾 40 万人次，每年免费开放 300 天以上，年均接待观众 3.2 万多人次。其中，2019 年举办 18 场展览，参观人数 3 万余人次。

石龙举重博物馆　石龙举重博物馆是全国唯一以举重为主题的博物馆，位于石龙老城区滨江东路，占地面积 600 平方米。2006 年 6 月 7 日，在陈镜开打破世界纪录 50 周年之际开馆启用。该馆记录了石龙运动员在世界举坛上创造出令人瞩目的辉煌成绩，是石龙爱国主义教育基地。

石龙举重博物馆正门（2006 年）

石龙举重博物馆内展出石龙人早年练举重的石担（2006 年）

石龙举重博物馆采用以图片为主，文物、景观为辅的方式，全面展示介绍中国举重的起源和发展，展示石龙举重健儿的光辉业绩及他们的拼搏精神。全馆共分 5 个部分。第一部分：亲切关怀，巨大鼓舞。其中，有国务院总理周恩来及国家其他领导人接见陈镜开以及石龙籍运动员的照片，有国际奥委会主席萨马兰奇代表国际奥委会授予陈镜开奥运会银质勋章时的合照，还有石龙举重健儿打破世界纪录、获体育运动荣誉奖章等照片。第二部分：人杰地灵，名将辈出。介绍 1956—1966 年，陈镜开、叶浩波、陈满林 3 名运动员先后 17 次打破世界纪录，“石龙三杰”扬名世界举坛的事迹。第三部分：举重之乡，无限生机。介绍石龙镇举重运动蓬勃发展以及曾在石龙镇举办的国际举重赛、亚洲举重赛和全国举重赛。同时，反映石龙镇借举重东风，游泳、太极拳剑、健身舞等群众体育活动蓬勃发展。第四部分：群英谱。主要记录石龙人参加世界赛、国际赛、亚洲赛、全国赛获得金牌统计表以及破世界纪录、亚洲纪录和向上级输送运动员统计表。第五部分：实物陈列。馆内展示众多珍贵实物，其中有陈镜开首破世界纪录时穿的战衣，有运动员参加大赛时的衣服、鞋袜等用品；有书信、奖杯、奖状、名誉勋章以及省政府授予石龙的“举重之乡”锦旗。展品中，有部分早期体校简易举重训练器材，其中有一张很多石龙举重名将都使用过的镇馆之宝，即陈镜开用祖母的床板打造的卧推凳。

石龙明清家具博物馆 2002 年，设在石龙镇文化大楼 8 楼的石龙明清家具博物馆开馆，馆内有数百平方米的展览大厅，有 10 个展区，古家具千余件。镇馆之宝是明末清初的“黑漆寿山石九如图五屏风”。馆内藏有古代名家牌匾、楹联 300 余块（副），包括刘墉、王文治、翁方纲、成亲王、梁同书、伊秉绶、金农、郑板桥、米芾、汪士慎、陈希祖、李宗瀚、李文田、何绍基等名家作品。2004 年，入选全国十大民间博物馆。

黑漆寿山石九如图五屏风（2003 年）

百汇堂展馆一角（2018 年）

奇石馆 石龙以石为名，石龙人玩、藏、赏石的历史久远。明清时期，镇内许多商家都喜爱在铺内放置奇石，既为摆设，也供人玩赏。奇石收藏成为当时商家的一种品位和身份的象征。2005 年，由石龙收藏爱好者办起东莞首个奇石馆，面积 100 多平方米，收藏的奇石有黄蜡石、彩陶石、灵璧石、沙漠漆、玛瑙石、卷纹石、乌江石、树化石等，有 30 多个品种近 200 件。

百汇堂展馆 石龙有专藏黄龙玉、和田玉、字画、古石器、紫砂壶等私人藏馆，最具代表性的是位于东风路 9 号有 400 多平方米的百汇堂展馆，有奇石、陶艺、书画与摄影近千件展品。2017 年开馆后，即成为石龙面积最大、最有特色、展品最丰富、内容最广泛的私人藏馆。

石龙胜景

中山公园 中山公园位于老城区中心位置，是石龙最古老的公园。公园面向大道处有“举重之乡”塑像，是石龙的地标，为表彰陈镜开等石龙举重运动员曾在国内及世界

中山公园湖心亭（2006 年）

级举重赛事中所取得的辉煌成绩而竖立。园内古树成荫，各类建筑错落有致。园内面积不大，但却有多座历史价值的建筑物，有李文甫纪念亭、周恩来东征演讲处、莫公璧殉难纪念碑、东征博物馆和凯旋门，可谓一步一景，历史文化内涵丰富。

城市公园、堤岸公园 西湖区是石龙对外的大门，东莞交通枢纽中心。东莞轨道交通 2 号线起点与广深线进入东莞的第一站东莞火车站在这里无缝接驳，在距东莞火车站不远处有一个占地面积 34 万平方米的石龙城市公园。

公园利用原有的山形、植被、水被等生态环境进行构建，突出人与自然相互和谐共处的设计理念。园内有两个湖泊，湖面面积 9.8 万平方米，内有湖区、探险区、山体区、运动区等多个功能区。

西湖东江沿岸（2018 年）

在西湖区江南西路，依江建成带状堤顶宽 23 米，双向四车道的堤岸公园，与广东省城市绿道融为一体。公园堤岸至江边的护坡分级建设，分别为草地、围栏、公园休闲椅、散步长廊和绿化带。园内放置两架退役战斗机供市民参观，还有健康知识长廊、篮球场、网球场和健身路径。公园以江为景，是集开放性、观赏性、游乐性、休闲性于一体的健康运动场所。公园里还栽种红棉、油棕、凤凰木等植物，其中最多的是被誉为“花中西施”的杜鹃。

杜鹃长廊 位于西湖区东江堤岸，仿照金沙湾公园模式建设成集堤防、公路、园林绿化、休闲娱乐于一体的美化东江工程。堤岸至江边的护坡上分几级建设，分别是草地、围栏、散步长廊和杜鹃花长廊。种植了 10 万株杜鹃花树，连绵 3 千米。每当杜鹃花盛开时节，花影重叠，姹紫嫣红，令人目不暇接。远远望去，犹如一条紫红色的彩带飘在东江岸边，绚丽夺目，一棵棵粉红的花树将东江南岸装扮得姹紫嫣红、分外妖娆。

仙溪福地欧公文化景区 该景区由欧公祠、欧仙寺、仙溪福地牌坊、接龙桥和八角亭等景点组成，占地面积 1.4 万平方米。其中，仙溪福地牌坊为四柱三间一楼冲天式花岗岩建筑，是东莞历代牌坊的经典之作；接龙桥建于明代；欧公祠建于清乾隆五年（1740）。2018 年，被评为国家 AAA 级旅游景区。

金沙漾月 位于石龙镇新城区中心南岸，美丽的东江流经石龙金沙湾，形成一河三埠的自然景观。这里江面开阔，水势浩荡，是举办龙舟竞渡的最佳场所。入夜，两岸灯

位于石龙堤岸公园的杜鹃长廊（2004 年）

仙溪福地欧公文化景区（2016 年）

东莞新八景之一——金沙漾月（2017 年）

光璀璨，夜色迷人。以“漾月”命名，取其夜景，月色、灯色与波光水色交融，动静结合，别具韵味。尤其每当中秋佳节之际，石龙镇市民争相出动争睹“金沙漾月”美景。该景被评为“东莞新八景”之一。

百米浮雕《石龙古镇》图 位于石龙镇新城区中心金沙湾公园西侧。1999 年，开始创作，历时 3 年精雕细琢而成。全长 128 米，高 7 米，用 1100 块福建青石雕刻而成，总重量近 2000 吨，浮雕以古镇明清时期“九庙六桥鸣凤里”繁华景象为背景，再现古镇昔日风采。上面以栩栩如生的龙石雕烘托，并以《清明上河图》的风格，刻绘着石龙千年历史，堪称石龙的一部史书。该图以明末、清代、民国初期为背景，大量素材来自清代石龙镇与省城（广州）、佛山、陈村齐名，被誉为广东四大名镇之一的鼎盛时期。从该图中人们可以重温当年石龙那市场繁荣、享誉南粤的重要商埠情景，还可以读出石龙的风俗文化。该浮雕图与金沙湾广场 1 万平方米的王羲之书法“龙”字相映成趣，浑然一体，形成独特的“龙文化”气息，令人回味无穷。

金沙湾广场 位于新城区东江河畔景观带主景区，北邻裕兴路，南至东江边，是规划中镇行政中心区的重要组成部分。规划用地呈梯形，宽约 160 米，长 197 ～ 220 米，

《石龙古镇》图（2019 年）

金沙湾广场上的巨“龙”字（2015 年）

占地面积 3800 平方米，其中建筑面积 5800 平方米、园林面积 8335 平方米、广场面积 1.71 万平方米、水域面积 2636 平方米。基地地形南高北低，高差 3 米，南面 8.9 米的大堤高程是东江 50 年一遇的防洪工程。主要体现石龙镇的历史文脉，提供科技展览、娱乐、休闲、集会等综合活动场所，广场设有音乐喷泉供游客观赏，广场中央有一个世界上最大的 1 万平方米的“龙”字。广场通过“龙”“堂”“水”“舟”“门”5 个隐喻，诠释石龙镇的城市文脉、历史民俗、地域特征和人文精神，并以此寄托对历史的纪念和对未来的美好愿望。

特色技艺

雕塑 清代及民国初期，石龙的建筑业带动了泥塑业，许多祠堂、庙宇、书房与大屋都有泥塑。20 世纪 80 年代，石龙人、中国工艺美术大师黄松坚，运用手捏和印贴相

石龙林屋祠堂上的鳌陶塑（2017年）

黄松坚陶塑作品《春夏秋冬》（2015年）

结合的方法创作了贴塑陶瓷《吹箫仙女》，作品被选送第二届亚洲艺术节展出，入藏香港艺术博物馆。《持扇仕女》入选全国工艺美术展览，获中国工艺美术百花优秀作品奖。1993年，完成由形态各异、点缀季节饰物的陶塑组合作品《春夏秋冬》，融合贴、捏、雕、塑技法，表现东方女性古典美，获省级和国家级金奖，被评为国家珍品，被誉为石湾新贴塑陶艺的里程碑，曾送美国、加拿大、新加坡等国以及中国香港等地区展览，入藏中国工艺美术馆。

木雕 清末民国初，石龙的木器行业带动了木雕的发展。人们常在家具上雕花、刻字，一些富户还有透花木雕屏风。20世纪30年代，石龙经营木雕的店铺近10个，俗称“花板店”，大多集中在新街一带。木刻体裁为古代人物和龙凤，表达吉祥之意，美感较强。抗日战争开始后，由于生活品质下降及后来人们趋向“新潮”，该行业逐渐衰落。

微雕 石龙民间艺人，雕刻家、画家王志勤于中华人民共和国成立前创作的许多微

祠堂内的木雕（2008年）

祠堂中的木雕饰件（2012年）

雕作品曾在香港、澳门展出。中华人民共和国成立后，他创作的 36 层象牙球、微雕象牙米（象牙米粒上刻有孙中山遗嘱全文）、发雕（一根头发断面内刻有唐诗一首）被省博物馆收藏。其象牙雕刻、玉石雕刻、国画、炭画作品均为精品，被世人称之为鬼斧神工。

非物质文化遗产

石龙人在长期的文化发展过程中创造了丰富多彩、弥足珍贵的文化遗产，既有“有形”文化遗产，又有通过“口传心授”方式传承下来的技艺、以非物质形态存在的非物质文化遗产。石龙镇非物质文化遗产，从历史印记到民间手工技艺，从岁时节令风俗到传统小吃制作，内涵丰富，是石龙人民世代的智慧结晶，也是石龙人民精神和情感的重要载体。随着社会的发展，石龙非遗就像是开在裂缝里的花，顽强而美丽，在岁月河流中诠释艺术生命的意义。

醒狮头制作技艺　石龙镇“德和兴”醒狮店是百年老店，清朝末年开铺，其手工艺由项目传承人郭润棠的曾祖父从广州传回石龙，至今已历 4 代。

郭润棠在制作醒狮头（2016 年）

中华龙民俗文化节中的狮王争霸表演（2012 年）

南方醒狮头是一种集雕塑、绘画、刺绣于一体的民间综合艺术。醒狮队包括头牌、行棍（天鹅绒制的横批）、彩旗、锣鼓钹、大头佛、十八般兵器。石龙醒狮店兼配售相关器材。

传统南方醒狮以刘、关、张三种面谱造型为主。刘备狮（白狮）也叫彩狮、文狮，是村中有人当上大官才定制，表演时舞步稳健，擅长表演舞蹈，不重武术，要求色彩鲜艳、调和、庄重、高贵。关公狮（红狮）旧俗是村中有人当上武官而定制，要求红色，色彩耀眼，表现威武雄壮，英勇气概，气度不凡，以达到热烈喜庆作用，主要用来庆贺。张飞狮（黑狮）独角（白、红两狮只有肉瘤）青鼻、獠牙、牙刷须（短须），显示凶猛好斗，跳跃矫健，威武有力，以武术见长。民国后多了金、银两狮，主要用作庆贺商店开张。石龙醒狮头远近闻名，除国内的深圳、广州、香港舞狮队订制外，还有新加坡、美国、加拿大的华人慕名订购。醒狮头制作技艺于 2007 年 4 月入选东莞市非物质文化遗产保护代表性名录。2009 年 10 月 10 日，入选广东省级非物质文化遗产代表性名录。

郭润棠自小跟随父亲郭炳坤学习家族传统醒狮制作手工技艺。1979 年，开始经营醒狮头及相关产品制作销售，对醒狮头的制作技艺及整个流程熟识，从购料、破篾、扎框、糊纸、上彩、贴饰以至销售，都能操作，手艺出众，对工艺不断创新改良。郭润棠于 2011 年 1 月被列为广东省第二批省级非物质文化遗产项目代表性传承人。

叶任和夫妇在制作新昌鼓（2015 年）

新昌鼓制作技艺　新昌鼓店位于东莞市石龙镇中山路，是一家有百年历史的老字号手工作坊，专门制作各种鼓具，最有名的是传统醒狮鼓和龙船鼓，鼓声清脆悦耳且经久耐用。

石龙新昌鼓制作技艺历史悠久，新昌鼓工艺考究、远近驰名，每年的端午节前，是新昌鼓店生意最好的时候，差不多要卖 200 个龙舟鼓，客人主要来自东莞、深圳、惠州博罗、广州增城，也有加拿大、美国、泰国、新加坡的返乡华侨专门买鼓，新昌鼓随着华人的足迹走到了东南亚、北美等国家。

石龙新昌鼓多是直筒单面鼓，鼓桶用多块杉木板拼连而成，技艺流程有切木材、制鼓胚、选牛皮、粗细刮皮、水烫晒皮、牛皮厚薄推刮、蒙鼓、试音打钉、打底上漆等 10 多道工序。新昌鼓制作技艺于 2010 年 5 月入选东莞市第二批非物质文化遗产代表性项目。2015 年 11 月，入选广东省第六批非物质文化遗产代表性项目。第四代传承人叶任和 1983 年跟随岳父学习造鼓技艺；岳父去世后，叶任和承继家传鼓店，继续经营。2017 年，叶任和成为广东省第五批省级非物质文化遗产项目代表性传承人。

灯笼仔制作技艺　石龙镇泗洲村妇女织灯笼仔的手艺相传已数百年。明崇祯《东莞县志》记载："中秋节聚友赏月。戏油团（小儿群聚为柚灯、油球）。悬火（灯笼仔）。歌曰：'洒乐仔，洒乐儿，无咋糜'。"清康熙《东莞县志》卷二《风俗》注："咋音谢，闽人呼食为咋。言当洒乐，无徒吃食也。"宣统《东莞县志》记载："今俗以纸为鱼虾花果之状，中可悬灯。中秋节相遗，曰送耍碌。"

中秋送灯笼仔习俗遍及东莞城乡，家家户户挂灯笼。东莞、广州增城、惠州博罗一带有外婆买灯笼仔送给外孙的习俗，以示前路光明。八月十五前后，儿童们会人手提一个灯笼仔，入夜走街串巷，边走边唱《耍乐歌》。沿街有售卖蜡烛的店铺会免费送蜡烛给那些蜡烛点完的孩子。每年中秋前的 1 ~ 2 个月，东莞、广州增城、惠州博罗等地客商纷纷到泗洲村定做灯笼仔，灯笼仔需求每年近百万个。编织灯笼仔是泗洲村妇女的传统工艺，有数百年历史。妇女除种田、带小孩、主持家务外，有空就编织。手巧的妇女一小时可编织六七个，快者多达 10 个。一般家庭一年可编织五六千个，多者上万个。手艺一代传一代，只传媳妇，不传女儿，泗洲也成了有名的灯笼村。

泗洲村民在家门前织灯笼仔（2005 年）

编织灯笼仔的主要工序有选料、破篾、泡制、晾晒、编织、上漆、贴花等。编织灯笼仔的材料选用丹竹，篾细如丝，要放在铁桶里煮几个小时，然后取出晒干，这样在编织时才不易折断。灯笼仔像个小冬瓜，四周贴一层透明玻璃纸，上面绘有各式古代人物图案，上下画有花纹，底部用铁丝串起来，既可点蜡烛，也可作提手之用。每年中秋节前的 1 ~ 2 个月，各地客商均到王屋洲采购，在东莞、广州增城和惠州博罗一带销售。

灯笼仔制作技艺传承人叶安从艺 50 多年，所做的灯笼仔均匀、轻巧、透亮、形态精美。灯笼仔制作注重挑选上好的丹竹，破篾细幼如丝，大小统一，厚薄均匀，长短一样；编制的灯笼框篾条的疏密相致，结实耐用、整齐美观。叶安于 2010 年 4 月被列为东莞市首批市级非物质文化遗产项目代表性传承人。

麒麟制作技艺 东莞人喜好舞麒麟，每逢传统佳节人们都舞起麒麟，以表达迎祥纳福，祈求风调雨顺，国泰民安。据民国初年陈伯陶编修的《东莞县志》卷九记载："邑尚技击，秋冬间，延师教习。元旦至晦，结队鸣钲鼓，以纸糊麒麟头，画五彩。"

石龙麒麟制作技艺历史悠久，始于清宣统元年（1909）何炽华开设"炽华兴麒麟扎作店"，至 2019 年，已历 3 代。所制麒麟工艺精致，色彩艳丽，栩栩如生，深受顾客喜欢。扎制麒麟，要经过扎框、糊纸、晾干修边、上彩涂油、贴饰等工序。麒麟制作技艺传承人何滚流是石龙麒麟制作技艺第三代传承人，自小跟随父亲何仔学习祖传技艺，20 世纪 90 年代开始经营制作麒麟及相关产品销售，有近 30 年的制作经验，熟练掌握整个麒麟制作流程。何滚流在传统工艺的基础上摸索改良创新，研制出的麒麟由单凤不眨眼改良为双凤可眨眼，及独特的鳌鱼头造型。2017 年 11 月，入选东莞市第四批市级非物

何滚流为麒麟头粘贴装饰品（2019 年）

质文化遗产项目代表性传承人。

红漆描花传统木屐制作技艺　木屐又名“柴屐”“脚屐”“鞋屐”，是一种木制鞋的统称。早在春秋战国时期就已出现，中国人穿木屐的历史至少有 3000 多年。由于木屐特别适合气候炎热、多雨潮湿的地区使用，既避暑纳凉，又祛除湿气，因此广受南方人的喜爱。

清屈大均《广东新语》卷十六及民国《东莞县志》记载：“粤中婢媵，多着红皮木屐。士大夫亦皆尚屐。沐浴乘凉时，散足着之……新会尚朱漆屐；东莞尚花绣屐，以轻为贵……”可见早在明末清初，东莞便盛行花屐，并一直流传至今。

据 2002 年出版的《广东省志》风俗篇介绍东莞婚俗，有“新娘穿红袍绿裙，脚着红漆木屐，怀抱铜镜，由大妗姐抱出中堂。”东莞许多地区至今仍保留着新娘穿木屐过门这一传统习俗。20 世纪 50 年代前，木屐是人们必需的生活用品。当时石龙的木屐业颇为发达，中山路经营木屐的店铺达数十家，产量在东莞地区占有半壁江山。

梁锦泉在为木屐描花（2007 年）

石龙红漆描花传统木屐制作技艺第四代传承人梁锦泉，1984 年进入木屐社当学徒，跟随师傅李安学习木屐制作工艺，之后不断自我完善木屐制作的手工技艺，其制作的红漆描花传统木屐，形态精巧大方，图案鲜艳丰富，坚实耐用。梁锦泉于 2010 年 4 月被列为东莞市首批市级非物质文化遗产项目代表性传承人。

李全和麦芽糖、糖柚皮制作技艺 李全和麦芽糖、糖柚皮是东莞市石龙镇著名土特产之一。享誉珠三角的李全和麦芽糖，糖色金黄、透明晶亮、甜而清香，黏韧而又爽滑，兼具食用价值与食疗功效。麦芽糖柚皮以85%以上的麦芽糖与沙田柚皮合煮而成，除具有麦芽糖的优点外，还有柚皮的甘香韵味，甜而不腻，软滑无渣。

石龙麦芽糖始创人李稳，原籍惠州，在当地一小圩市煮麦芽糖出售。清道光二十八年（1848），李稳到东莞市石龙镇，并以“李全和”为店名，开始在石龙镇设店专门制售麦芽糖。清咸丰六年（1856），李全和创制糖柚皮。1949年，石龙计有麦芽糖厂（店）7个。中华人民共和国成立后，历经公私合营和技术革新，麦芽糖这一石龙著名土特产得以保存、发展。李全和麦芽糖、糖柚皮制作技艺已经传至第五代传承人。“李全和”商标于2013年被认定为广东省老字号。2014年，被中华老字号协会授予“最佳广东老字号奖”。

制作麦芽糖要选择干燥、纯净、无杂质的小麦，以及优质糯米作为原料，经过育芽、蒸煮、发酵、压榨而成。制作糖柚皮：精选优质的广西沙田柚，以青皮为佳，经过浸泡，使柚皮变软，削青取瓤捏干，将柚皮倒入熬煮后的麦芽糖腌渍，使麦芽糖完全浸入柚皮海绵组织中，最后分剪包装，即可成为甜度适中，风味独特的李全和糖柚皮。

第四代传承人李凤丽16岁开始跟父亲学习传统手工技艺麦芽糖、糖柚皮制作，至2014年，拥有38年的麦芽糖制作经验，为保证原始软韧口感，坚持以传统手工技艺生产，并在石龙创建品牌，赢得口碑。李凤丽于2010年4月被列为东莞市首批市级非物质文化遗产项目代表性传承人。第五代传承人王凯茵自1998年从业至今。2017年11月，王凯茵被认定为东莞市第四批市级非物质文化遗产项目代表性传承人。

李全和麦芽糖、糖柚皮销售门店（2019年）

2015 年，石龙镇举办泡泡跑活动 2015 年）

风土民情

石龙自开埠以来，由各地会聚而来的先民，将各具特色的乡土风俗带入石龙。加上石龙地处珠三角水乡疍家民俗文化与山区客家民俗文化的交汇之地，因而人们可以在石龙的各种风俗习惯中，看到各种乡风民俗的大融合。在民俗活动中，既有岁时节令、婚嫁、喜庆习俗，还有颇具地方特色的信仰习俗，譬如游会、端午节划龙舟，以及商家特有的做“祃”活动。这一切都孕育出石龙独特而鲜活的风土民情。

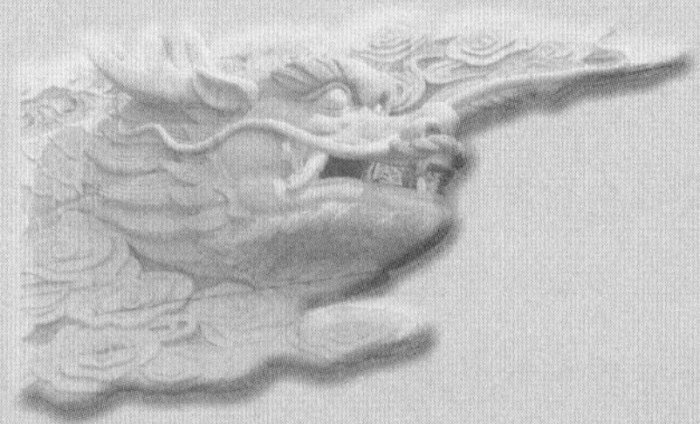

吕师何意点顽石

千载修炼化成龙

特产美食

土特名产

石龙米粉 该产品是用大米打成米浆后做成雪白长条状的米制品，可蒸、可炒、可做汤。做法多样，且配料容易，如猪肉汤米粉、三丝炒米粉、牛腩米粉。其中，“金燕”牌方排粉及即食米粉销售到中国香港、澳门等地以及东南亚、欧美等 28 个国家和地区。2002 年 1 月 8 日，获国家质量监督检验检疫总局颁发原产地标记注册证。2015 年，被纳入《中国地理标志产品大典》，是广东省著名商标、广东省名牌产品、广东省老字号。还获得外经部颁发的荣誉奖，中国首届食品博览金奖。“金燕”牌米粉以优质大米为原材料，经清洗、浸泡、蒸煮和挤压等十几道工序精制而成。米粉成品为纯白条状，油润透明，完整保留了大米的天然色香味和营养。其表面光滑，粗细均匀，排列整齐，形状美观，无糊面，无并条，无结疤，无霉变，无明显斑点，有大米固有色泽和油润透明感。在沸水中煮 5 分钟后，汤汁呈乳白色，具有大米天然香味，口感爽滑，不粘牙，不夹生，无牙碜。

石龙米粉（2015 年）

麦芽糖、糖柚皮 李全和麦芽糖、糖柚皮是石龙镇著名土特产之一。其糖色金黄、透明晶亮、甜而清香，黏韧而又爽滑，兼具食用价值与食疗功效。麦芽糖柚皮以85%以上的麦芽糖与沙田柚皮合煮而成，除具有麦芽糖的优点外，还有柚皮的甘香韵味，甜而不腻，软滑无渣。“李全和”商标于2013年被认定为广东省老字号。2014年，被中华老字号协会授予“最佳广东老字号奖”。

美食小吃

豆皮鸡 石龙豆皮鸡是东莞名菜之一，为益群食馆老板叶柏窝独创。叶柏窝曾在广州大同酒家工作，中华人民共和国成立后，回石龙在一个酒楼当大厨，1982年自己开大排档并创出白切鸡的独门汁料而成名，1983年在百花路开益群食馆。由于叶柏窝曾患过麻疹，脸上像长了“豆皮”，被人戏称“豆皮窝”。人们也就把他所创的这道有着独特风味的白切鸡称作“豆皮鸡”。

石龙“豆皮鸡”在20世纪80年代就享有盛名。1987年，第六届全国运动会在石龙体育馆举行举重比赛，何灼强打破世界纪录后，当晚就到益群食馆吃豆皮鸡。此事经《南方日报》报道后，豆皮鸡一晚全省闻名。1988年，石龙举办亚洲举重锦标赛，中国队多名打破纪录运动员赛后与教练齐集益群食馆品尝豆皮鸡，为破纪录的运动员庆功，从此豆皮鸡更成为驰名省港澳的名菜。

奇香鸡 历史上，因石龙出品的“鸡”远近闻名，各镇街都有人专程为食鸡而到石龙。改革开放后，石龙各大酒家屡出奇招，以招徕食客。一时间，“水晶鸡”“盐焗鸡”“荷叶鸡”“铜盘鸡”等层出不穷，而奇香菜馆创制的“奇香鸡”一炮打响，夺得中国烹饪协会颁发的“中国名菜”奖，有中国金牌粤菜的美名。该菜制作方法是首先选自湖南大山中的正宗“三黄”（黄毛、黄肉、黄脚）走地鸡，每只鸡要养足150天，体重

奇香鸡（2016年）

和庆鸡（2017 年）

严格控制在 1.1 ～ 1.2 千克。制作过程：先将整鸡放入一锅用多种材料熬制的陈年汤底中高温浸泡 3 ～ 4 分钟，然后取出放入冰水中再浸泡 3 ～ 4 分钟，并如此反复循环，令鸡肉不但入味、熟透，而且肉质坚实饱满。冰水的作用不但可以将高汤的味道锁入鸡肉中，还能令鸡皮爽脆。上碟后再淋上该店独家秘制酱汁，配上葱丝，更是“锦上添花”。

和庆招牌鸡 和庆招牌鸡是远近闻名的特色菜肴，以独特的秘方精心烹调而成。其做法是选 140 ～ 150 天的走地鸡，宰净放入 90℃的热水中浸没，约浸 15 分钟后用铁钩钩起，迅速将鸡放入冷开水中浸没冷却，然后淋上店内秘制酱汁即成。和庆招牌鸡肉嫩骨香，清淡鲜美，味道可口，加上秘制酱汁，既保留鸡的原汁原味，又有秘制酱汁的特殊鲜美味道。

茅根粥 所用材料主要是东莞一带常见的野生茅根，配料有竹蔗、白果（银杏）、腐竹、黄豆等，再加马蹄、红萝卜、玉竹头、陈皮、大米熬制。该粥熬制既费时，又花心思，但石龙人却将其做到极致。首先把优质大米用明火（大火）煲成每粒米膨胀透明，放入野生茅根和配料，用文火煲成每粒米膨胀爆裂形成小花透明，再放入马蹄等熬制一小时，由开始熬制到完成用时 4 ～ 6 个小时。该粥的特点是清甜、去火、养胃，适宜人群极广，无论老人、中年人还是小孩都喜欢吃，尤其是那些离开家乡多年的游子，“茅根粥”成为他们美好的乡愁。在石龙老一辈人无法抹去的记忆中，还有“爱心粥”“救命粥”之说。因为中华人民共和国成立前，每当石龙遇洪水泛滥或饥荒、战乱之时，镇内的慈善组织和爱心商家都会在街边设点派粥，救济灾民，邻乡及镇内的不少贫苦百姓就是靠那一碗爱心粥挺过来的。

寿面 当地人叫“伊面”。普通做法是用一条长长的阔面盘成一个大大的面饼，再用油炸，吃起来不仅爽滑，而且韧劲十足，这样做出来的面适宜保存。如果到石龙面街食面，必然是新鲜的面才好吃。其制作工艺是用新鲜鸡蛋和面粉一起拌匀，用一条长长的大竹，一边人骑在竹上，另一边用竹身压面团，不停反复压制，适当时候加入油、盐、水等。虽然其制作费时费力，但做出来的面柔韧、爽滑，口感和味道都比较好，深受石龙市民及外地客商的欢迎。清代，石龙就有一条街叫面街，因汇集众多的面档而得名。

在澳门有一家有名的面店叫“黄枝记云吞面店”，老板的拿手绝活为“竹升打面”。而这“黄枝记云吞面店”的老板黄满枝便是石龙人女婿，最早在石龙面街开店，抗日战争时期为躲避战祸而到澳门继续经营。此外，石龙做面十分有名的还有熊广记的自制面条。石龙的面街因做寿面出名，也衍生一些独有的乡规民约：如果去世的人不满 60 岁（本地人称 60 岁为上寿），出殡时不得经过面街。

烧味 20 世纪 50—60 年代，石龙最享盛名的是摆在竹园街口的流动烧腊档，人们都忘记了老板的名字，只记得“卤味善”。“卤味善”皆因他烧制的叉烧和排骨风味独特而享誉。烧腊摊档每天只营业 2 ~ 3 个小时就沽清，来晚的就只能等明天了。叉烧选料分为瘦叉与花叉，瘦叉选料以瘦肉为主，花叉选料为五花肉（去皮）。首先把肉切成长条，用烧汁料、胡椒粉、砂姜粉、白糖、酒、蒜蓉、红葱头、酱油、盐搅拌均匀腌制，时间为 3 个小时以上。然后用叉串好，放入烧透炭的炉中，大火烧 20 分钟，取出过蜜糖，再入炉中大火烧 10 分钟，取出淋蜜糖后放入炉烧 10 分钟，再淋蜜糖即可。其特点是入口甘香肥脆，令人欲罢不能。

生活习俗

衣履

服装 民国以前，石龙大多数人穿衣服是当地土产的“家机布”（土布）做成，颜色多为蓝色或黑色。石龙第一任民选镇长徐民纲在其自传中，有一段对土布衣服的描述：

“母亲出嫁时的衣服，布料有一个钱仔（铜钱）那么厚，到七八十岁时还可以穿用。”20 世纪 30 年代，石龙民一布厂投产后，石龙人开始穿用机织布（俗称洋布）做成的衣服。另外，有钱人常于夏天穿香云纱（俗称莨绸、云纱，是一种用植物薯莨的汁水对桑蚕丝织物涂层，再用含矿河涌塘泥覆盖、经日晒加工而成，也是一种昂贵的纱绸制品）。为了好看，人们会在衣服上加装饰，女装常在上衣领及袖口绣花边。普通男子的春秋装是上身穿汗衫当内衬，冬天穿毛线衣。工人农民春、夏、秋三季常穿用薯莨染成的粗布，俗称薯莨布。

中华人民共和国成立前，石龙人穿的上衣是短袍大袖，下身的裤腿宽大而短。男性在腰间加一条黑色或白色的长布带，此布带除了为裤子加个“保险”（类似皮带），夏天天气热时还可当汗巾用。普通女性穿大襟衫，男性多穿对襟衫（唐装），有上下各 2 个无盖口袋。男女都穿白头裤（裤头用大块白布做的，俗称“裤头包”）。有钱人家男性穿长衫马褂，在外衣上口袋装只陀表，将一条用金或银打造的精致小链子挂在袋口作修饰，腰间再加一条银链或吊块玉佩。女性穿旗袍，多戴头饰，插金附银。已婚女性以梳髻为标志，男性戴毡帽。在校学生流行穿学生装（女的穿长袖白恤衫、黑裙，男的穿童军装）。抗日战争胜利后，穿西裤、恤衫的男人以及穿旗袍的女人渐多。由于石龙有数个经营进口商品的洋行，因而从美国进口的原子布在石龙也很畅销，但价格昂贵。

中华人民共和国成立后，同志装（又称“干部装”）、列宁装流行。还有穿“哥萨克”装（非对开而是从头上套下来的）。20 世纪 60—70 年代，日常穿着不分阶层，无论男女都穿西式裤，“夏威夷”上衣，颜色多为黑、蓝、白三色。

石龙达记绸缎包装盒（民国）

20 世纪 50 年代石龙服装加工厂工作中的女工

改革开放后，外资服装企业生产的新款式衣裤成为国内各地的“时装”。20 世纪 90 年代，更多人穿 T 恤，并有了缤纷的色彩，文化衫、T 恤都印有醒目的文字或图案。女装的变化较明显，裙子普及，样式多样，长的几可及地，短不过膝，牛仔衣裤成为青年人喜欢的着装，中小学生都有统一的校服。

鞋帽 石龙因雨季多，农民白天劳动一般赤脚，晚上或逢年过节，即使穿鞋也是穿木屐。木屐式样简单，妇女多穿红皮、红漆描花传统木屐，男性多穿原色木屐。戴的帽子五花八门，有鸭舌帽、礼帽，南洋人戴的“通帽”，还有疍家人戴的“渔民帽”，妇女最常戴的是客家人的“凉帽”。

20 世纪 60 年代，布鞋（解放鞋）、胶鞋渐成石龙人标配。改革开放后，人们夏天穿凉鞋，冬天穿布鞋或皮鞋。随着运动鞋流行，男女老少皆喜欢。年轻女性鞋的式样变化最大，有松糕鞋、高跟鞋、平底鞋、长靴、短靴等。男性一般不戴帽，女性帽多为遮阳或装饰，旅游运动多戴太阳帽。

饮食 石龙一向商业发达，各式岭南物产由东江汇集于此，加上当地气候环境，一直影响着石龙人的饮食习惯。长期以来，因石龙地处东江边，各种河鲜、海鲜都离不开石龙人的饭桌。同时，又受客家饮食文化影响，许多家庭主妇都会做一些客家菜，客家碌鹅和石龙烧鹅也是远近闻名的。据说民国初期，石龙人爱吃烧鹅的程度可以一日四餐，早餐烧鹅粉，中午烧鹅饭，下午茶可单独来只烧鹅腿解馋（这是石龙人将烧鹅作“零食”的最高境界），晚餐烧鹅就成为主菜之一。

石龙人有饮早晚茶的习惯。早晚茶的品种很多，肉丸、烧卖、排骨、凤爪和各式点心应有尽有。随着人们生活习惯的改变，2000 年后，许多石龙人特别是节假日，早上起得晚就将早茶和午饭一起吃。石龙人逢年过节或婚嫁喜庆都讲究要“有鸡有鹅”，还要“有鱼有肉”，以表示生活富足。石龙人对吃鸡特别讲究，白切鸡、葱油鸡、盐焗鸡、荷叶鸡、铜盘鸡、烧鸡、炆鸡等数不胜数，可谓“无鸡不欢”“无鸡不成宴”，石龙的各酒楼都有自己的拿手“招牌鸡”。石龙人烹调的鸡风味独特，可说是扬名省、港、澳，不少人就为吃石龙鸡而专程坐火车或开车到石龙。

石龙人餐桌上的佳肴离不开汤，据说喝汤是沿自古代岭南人的传统。过去古人喝汤是为防瘴强身，因此汤中有各式各样的药材，佐上肉或猪骨，慢火熬三四个小时，既好喝，又有强身健体的作用。数百年来，汤一直受到民众的欢迎，至今汤的花样越来越多，功效也越来越多。除了汤，石龙人还喜欢喝糖水，传统的糖水多是糯米、花生、清补凉（一些可食用药材的统称）和红豆、绿豆或番薯煮的糖水，有的还放糯米圆（糖和米粉做成）。平时身体有些不适就会喝杯凉茶，因而镇内的凉茶铺众多。

20 世纪 80 年代，百花路开始出现名牌食品“豆皮鸡”，招徕镇内外大批食客，其后又有“奇香鸡”，有着独特的风味。石龙有众多茶餐厅，其陈设及桌椅近乎西餐厅，其食品既有西餐小食，也有中西结合或西式中味等。还有以“羊庄”冠名，以食羊肉为主的食馆。后随着人民生活水平的提高，饮食更趋多元化，除传统的海鲜、肉、蛋外，时令水果、牛奶、面包、西式糕点也成为日常食品。2000 年后，镇内的酒家食肆布满大街小巷，除石龙特色美食外，还有湘菜、川菜、鲁菜、潮州菜、客家菜、西餐厅、日式料理、韩国烧烤、泰国菜、越南菜等。如今越来越多的石龙人不断追求生活的多元化，人民对饮食的要求更趋科学性和健康性，将饮食文化提高到一个新境界。

居住 石龙人最早多沿江择高地建屋而居，后筑起防洪堤坝，进而形成村落、街道、集市。石龙人的住房大都十分简陋，且多利用住房设厂办店。

从明代至清代，石龙人建房都是就地取材，泥砖屋上搭茅草，后改为砖木结构。人们建屋时讲究通风，朝阳采光。有钱人家的“金字屋”及“明字屋”（房屋脚多用红石打底，青砖砌墙）。入门有天井、大厅，左右是房间，杉木为椽桁上盖大瓦，屋顶有数片玻璃作明瓦采光。有钱人还会装一扇巨大活动天窗，用绳拉扯可开合。有条件的人家，屋后必辟小果园，种数棵荔枝、龙眼、黄皮、凤眼果、石榴，再加几棵鸡蛋花、白玉兰等。清末民国初时期，个别石龙人开始用水磨砖、水泥盖楼房，有两三层楼高，中

王屋洲村民居（1992 年）

居民住宅小区（2018 年）

山路的骑楼就是民国时期的特色建筑。建筑物上有石雕、灰塑、砖雕等装饰，镂刻有山水、花鸟图案以及栩栩如生的人物，都凸显主人的财力和品位。一层是店面，上层是住家或作仓库用，上下的楼梯较陡，可节省空间。二楼中间多与下层相通，如藻井状，方便上下层人员的联络。

直到 1980 年，石龙居民住房仍然多是砖木结构的平房。改革开放后，绿化路、兴龙路两边开始建起六七层高的单位宿舍或商品房住宅。人均住房面积逐渐加大，多数居民的居住条件得到改善。之后，新建的住宅小区高达 30 多层，且装饰豪华，新潮家具一应俱全，部分生活条件较好的家庭拥有多套房产或别墅。

出行 石龙紧邻东江，民众过去出行主要是船艇，即使从老城区到石龙的西湖、黄家山、王屋洲也要乘坐渡船。蒲溪村因耕地在对岸，村民更需每天坐渡船去对岸耕种。清末民国初，广深铁路建成通车，石龙成为中心大站，石龙人去省城（广州）或到香港除轮船外还可以乘坐火车。

20 世纪 70 年代，石龙在南铁路桥渡头增设汽车渡轮，石龙人开始乘汽车直接过河出行。改革开放后，石龙镇内相继建起数座连接外界的大桥，让石龙人外出无任何交通

改革开放初市民自行车出行（1995 年）

改革开放中期市民摩托车出行（2001 年）

障碍。2000 年后，驾车出行成为石龙人出行的首选。至 2019 年，石龙有 2.41 万户居民，汽车保有量接近 4.75 万辆，石龙乘火车到广州、深圳不超过 40 分钟。2015 年，东莞轨道交通 2 号线通车，石龙到莞城坐地铁只需十几分钟，到虎门约 40 分钟。石龙户籍人口男 60 岁、女 55 岁的，享申领老人优惠卡，凭卡在东莞市范围内坐任何公交车及城轨列车（地铁）全部免费。

石龙人的现代交通工具（2015 年）

竹器街用品店（2011 年）

用品　家具

中华人民共和国成立前，石龙普通人家用的家具大部分用竹、木制成，简单实用，客厅一般置有食饭台及椅、凳，房间有木板床及衣柜。富裕人家的家具较讲究，大厅有镂花刻草或带有“花开富贵”“竹报平安”等寓意的屏风和彩色玻璃，有用柚木、酸枝（红木）做成的八仙桌、太师椅、罗汉床、花几、香案等高档家具，房间的花梨大床装有锣鼓架以挂蚊帐，架前上面有楣，两侧有竖直外屏，屏上雕龙嵌凤。民国初期，石龙镇内木器店铺林立，从业者 800 多人。20 世纪 50—80 年代，石龙居民大多仍以竹、木家具为主。20 世纪 90 年代，石龙有木器厂、家具厂、红木家具工艺厂等，可以制作高级真皮沙发、山棕床垫、黄花梨、酸枝等家具，因而高档家具开始走进平常百姓家。

餐具　中华人民共和国成立前，石龙普通百姓的餐饮用具多为铁、铜、陶瓷制品，每家每户都有“广东三煲”（饭煲、汤煲和茶煲）。煮饭多用木柴或煤炭。20 世纪 70 年代，铝合金、不锈钢制品和细瓷器具普遍使用。20 世纪 80 年代后，随着人民生活水平的不断提高，餐具、饮具越来越讲究，吃饭时，不但饭碗、汤碗要分开，还会每人配骨碟，以免弄脏饭桌。普通家庭开始使用精细瓷器、建盏、紫砂、银器和琉璃器皿。煮饭用的炉灶逐渐被石油气炉代替。20 世纪 90 年代，电饭煲、消毒碗柜、抽油烟机、一体化橱柜、微波炉、电磁炉、电焗炉、电茶炉等逐渐出现，厨房器具多样化。

电器　20 世纪 70 年代，普通家庭高水平的标配是拥有“四转一响”（自行车、缝纫机、手表、电风扇、收音机）的家用器具。20 世纪 80 年代中期，收音机、电视机基本普及。20 世纪 90 年代起，收录机、摄像机、照相机、电话机、电冰箱、洗衣机、空调机、热水器、电脑、高级音响组合等物品逐渐成为家中普通的日常生活用品。

岁时习俗

春节 过春节，石龙人称“做新年”。春节前就开始扫尘、贴春联和门神，买年橘年花，小孩卖懒（取意是把懒惰卖掉，求得来年勤快），吃团年饭，期盼全家人在新的一年里吉祥、美好、平安顺利、阖家团圆。

从腊月二十八就开始进入迎新年。大扫除是迎新年的重要环节之一，家家户户打扫房子，清洗污垢，至今仍有“年廿八，洗邋遢（搞卫生）”的俗语流传。人们希望通过大扫除，把家里的霉运、晦气或过去一年不好的东西通通扫地出门，将新一年的美好及

中山路专门经营春联、灯笼的店铺（2006 年）

希望迎进来。大扫除后，开始送灶神、贴春联。祭灶神（送灶神）用糖糊其口，让他尝到甜头，以便“上天言好事，下界保平安”。除夕前，以柑橘和鲜花装点家里。所以，石龙每年年前都设花街，花街是专门销售年花的临时街道集市。

石龙人称除夕为“年晚”。这天要做新年食品，包括蒸年糕、炸糖环、油角、蛋散，做“鱼龙”。“鱼龙”（年糕）是每家每户的必备品，当地有“鱼龙是本，碌堆（煎堆）是利”的俗语。鱼龙寓意步步高升、鱼跃龙门。鱼龙制作考究，用料精细，主要材料是糯粉、糖，蒸的时间不但长，还有讲究。此外还有马蹄糕、千层糕、芋头糕、萝卜糕等糕点。拜祭众神及祖先后一家人围坐吃团年饭。团年饭不但丰盛，每样菜式还有应节吉祥的名字。像“发菜蚝豉焖猪手”叫“发财好市”，猪手叫“横财就手”，鱼是“年年有余”等，表示对未来的美好期望。

当晚全家老少洗头沐浴，将地扫干净，把扫帚藏好，大人给小孩“压岁钱”。然后，大家“守岁”，坐到23时后的“交子”，便上香拜祭，燃鞭炮互道新年祝贺。

迎春灯会（2003年）

石龙迎春花市（2010年）

中华人民共和国成立前，富裕人家过春节，人人新衣、新裤、新鞋、新袜，全身崭新。普通人家虽然不能购齐新衣服，但至少要有一件新上衣。尤其作为一家之主的男主人更需一条新裤子，寓意在新的一年里当个“新富”，而为全家带来富足的生活。还有一些人家，为在春节时有件体面的“新衣”，因买不起而把穿过的旧衣重新拿到染房染一次，就算一件新衣了。

石龙有大年初一不扫地不倒垃圾的习俗，认为会把一年的好运和财源扫掉倒掉。不少人家这天不杀生，吃素。这一天，人们外出到亲戚及朋友家中拜年，互道“恭喜发财、身体健康”等祝福语，不能说“死”“衰”等不吉利的字眼。拜年礼物无论多少，但一定要有橘子，大橘取其谐音“大吉”，有祝别人新的一年大吉大利之意。长辈见到小孩（不一定是亲戚、朋友、街坊、工友）都会赏“利是”（用红纸包钱），“利是”也是大吉之意，即为“送大吉”。“利是”数额不大，只为取个吉利，过去是几分钱，后来是几角钱，即使近年也是10元左右。家里来客人，捧出糖椰角、糖莲藕、糖冬瓜、糖果、花生及油炸食品和硬饼（炒米饼）以示欢迎，这些东西都含有吉祥的寓意。例如吃瓜子又叫“抓银”，吃橘子寓意“吉利”。送客时，主人会从来者的礼物中留下两个大橘，然后取出自家大橘交换，旨在互赠吉祥。

年初二又称“开年”，家家吃一顿丰盛的开年饭，菜式都要有美好的寓意，如发菜、生菜、蚝豉、鱼、虾、猪手等，寓意新一年生意兴隆、大吉大利、五谷丰登、风调雨顺等。做生意的人家，把这一天作为新年开张的日子，也是做头“祃”的日子。商家视这一天为特别重要的日子，因而把店铺布置一新，拜祭神灵保佑其生意顺利，兴旺发达。这一天，出嫁的女儿回娘家向父母拜年，并尽量多带礼物以示生活富足，让父母安心。

年初三称“赤口”，传说这一天容易与人发生口角，所以亲朋好友不适宜相互见面。这一天大家一般会留在家里，更多的是到寺庙拜神祈福。因此，这一天，附近的庙观常常人山人海，十分热闹。

年初七称“人日”，相传正月初七是“人类的生日”，家家都煮象征生日的寿星汤，在汤里加上家人数目的鸡蛋，每人吃 1 个，寓意“人人都生日”。

20 世纪 50 年代前，石龙商会、各坊及其他社会组织多在春节期间，邀请剧团或民间表演团体做大戏（唱粤剧），从正月初一开始直到正月十五才结束。石龙作为商埠，每到新年商人就会请龙狮队在店门表演助兴，既热闹吸引客人又有喜庆吉祥之意。还有一些几个人组成的舞狮队到街上舞，每当舞至店，店主就会派“利是”。

元宵节 石龙人叫“上元节”。据说这天是道教中天官（尧帝的化身）的生日，也叫“上元诞”。这一天，石龙的“三元宫”（供奉天官、地官、水官三位神祇的庙）就会设道场，设醮打斋，为信众祈福。由于过完元宵节，意味着“年”的结束，因而这一天人们都会尽情欢乐。这一天，会有舞龙、舞狮表演和赏花灯、猜灯谜等活动。

清明节 人们通常会聚族扫墓祭祖。扫墓俗称“拜山”，清明节前后祭拜俗称“拜

市民一起看龙狮舞表演共庆元宵佳节（2008 年）

清”。若提前在清明节前祭拜叫“划清”，祭拜新墓叫“应清”，如果在清明节前一日祭拜，叫“偷清”，在清明节当天祭拜，叫“骑清”。通过共同祭祖，怀念先人以联络族人的情感，又可以化解平日族人间的恩怨，因此石龙人特别重视这个节日。扫墓一般准备乳猪、鸡、纸钱、香、烛、果品、茶、酒、斋饭、斋菜、苹果、松糕、甘蔗、鲜花等祭品。祭祀完毕，大家在祖先墓前分享可食的祭品。每年清明，旅居港澳或海外的乡亲大多会回乡祭祖。他们扫墓祭祖，除了慎终追远之外，还带有族人团聚赏春的意味。

中华人民共和国成立后，学校、群众团体常在清明期间组织学生、工人到中山公园的周恩来东征演讲处、莫公璧纪念碑、李文甫纪念亭等处献花缅怀先烈。

端午节 这时是一年的春夏之交，南方的炎热天气由此开始，也是岭南“百毒”滋生的开始。所以，人们在端午节祭祀时，主要是祈求辟邪趋吉、家人身体健康。人们常饮雄黄酒，吃粽子，家里挂菖蒲，烧艾草，小孩身上要佩戴防虫驱蚊的香囊。是日，石龙还举行划龙舟趁景或夺标，基本每个村都有龙舟。

乞巧节 传为牛郎织女相会的日子，石龙人又称之为“七姐诞”。七月初七初更时分，凡未婚待嫁的女青年都盛装“拜七姐”，祭品多以鲜花、时果为主，而且每个种类都要与“7”有关，7 种鲜花、7 种水果、7 色线。如果自家姑娘人数少，就相约要好的姊妹一起拜祭。拜祭时，姑娘在朦胧的夜色中持七色线穿绣花针，能过者，便称巧手（乞到巧了），因此，又叫乞巧节。仪式过后到河边取水洗脸，洗手洗脚，意为“洗七姐水”，也有人用陶罐将当晚取回来的水密封起来备用。传说，用此水调药治热性疥疮有特效。

盂兰节 七月十四是石龙人俗称的“鬼节”，又称“盂兰节”。“盂兰”为梵文，意为救倒悬、解痛苦之意。相传当日阴间地府的鬼门会打开，于是无数鬼魂会涌到阳间流连。因而此日阳间可谓“阴气冲天”。按俗例，人们准备元宝、香烛及祭品，请巫师或尼姑打醮（斋）超度鬼魂，俗称“祭幽”。

中秋节 中秋节前，石龙各家各户都会到出嫁的女儿家中“送中秋”，将月饼、鸡、禾榇（柚子），以及送给外孙玩的灯笼等礼物送到女儿家。祭祀时，贡品丰富，除鸡和肉外，还有月饼、柚子、柿子、香蕉、杨桃、芋头、花生和田螺等。祭祀后，一家团聚品尝月饼、水果。历史上，石龙曾流传有“冬唔饱，年唔饱，八月十五得餐饱”的俗谚。意思是，过去穷人做冬至和过新年，都未必能让全家吃饱，但中秋节就一定能吃饱，因为这时候是秋收季节，各类食物又相对廉价。中秋节晚上，小朋友用竹挑着小灯笼上街游“沙碌”（因很早之前，灯笼是用柚子皮做的，故之后的灯笼都被统称“沙

商铺里的各式灯笼（2008 年）

碌”)。在游“沙碌”过程中，遇到灯笼里的油或蜡烛烧完，还可以到街上任何一间的油烛店里免费添油添烛助兴，小朋友边走边开心地唱“游鱼游沙碌，添油添蜡烛”童谣。2000 年后，灯笼多样化，全部换成电子产品。不但有光，还会发声，给儿童带来更多的欢乐。但街巷中的童谣声已不再响起。

重阳节 又称重九节。石龙人习惯这日扫墓祭祖，拜祭用品和形式与清明节相同。2000 年后，石龙镇政府在重阳节期间举行敬老节活动。通过近 10 年的打造，学校学生、企业员工都积极参与其中，让敬老成为一种风尚。

冬至 石龙人称为“阳生”，也是人们尊祖敬宗的日子，并有“冬大过年”的说法。是日，当年有添男孩的家人，都要送一大块猪肉（约 10 千克）到祠堂作祭品。祭祀后由族中的长辈将收到的猪肉公平地分给前来参加祭祖的族人（只有男丁才能参与分猪肉），俗称“太公分猪肉”。分猪肉时规定，60岁以下的男丁每人一份；60岁以上的两份；70岁以上的三份；80岁以上的四份；90岁以上的任取（只要拿得动无数量限制）。仪式结束后，60岁以上的老人还留在祠堂里吃“老人饭”。该风俗，有些村保存至今。过去，凡被农村雇主（地主）雇过的长工都在节前算“约满”回家，学校也是在冬至前放假，到次年春节后重新开学。

礼仪习俗

婚嫁 中华人民共和国成立前，石龙人的婚嫁习俗多按“父母之命，媒妁之言”，未婚男女双方通过媒人穿针引线，双方经过查“三代”即查祖父、父亲、当事人的“家底”（家财）、品格（有没有不良嗜好）、健康（有没有麻风等传染病）等，便进入“三书六礼”程序（“三书”是聘书、礼书、迎亲书；“六礼”是纳彩、问名、纳吉、纳徵、请期、亲迎）。纳彩，男家把礼物托媒人送到女家，递上求婚书柬；然后取女方的姓名及年庚八字，称问名；问名后请人占卦，看“年庚八字”是否适合，如果是相冲相克就此作罢；相配，便进行“纳吉”，将写有女方年庚八字的红纸摆在祖先牌位（神主牌）下，经过七日七夜，如果男家平顺、兴旺，说明可以娶；双方通过媒人商定订婚、结婚条件，便进入第四个程序“纳徵”；男家按议定条件，用果盒装上聘礼，聘礼包括礼金、金首饰、饼食等，找命好的妇人（父母双全，有儿有女）挑上，由媒人带引送至女家，并交换婚约书帖，正式订婚，女家受礼后回送饼礼、煎堆和一条新裤（寓意未来女婿当新富豪）。男家将礼饼分送给亲友，告知众亲友婚期，女方也会将男方送来的礼饼送给亲友并告知婚期。然后双方商讨迎亲日期，叫“请期”；男方择定迎亲吉日，通过媒人告知女方，双方确定婚嫁日。女方择吉日提前把嫁妆送到男家。

成婚的前一天，男家请亲戚朋友饮喜酒，新郎身披大红带，并请八音鼓乐手吹打开路，由亲人抬一牲、茶、酒、香烛、纸钱等供品到祠堂祭祖、庙堂酬谢神灵。回家后举行安装大床仪式。这一天的饮宴俗称“开厨”。同一天，男家把婚嫁双方协商好的酒菜、礼品、“利是”以及寓意吉祥的物品送到女家。女方随即把嫁妆派人送到男家，俗称“搬嫁妆”。嫁妆中的木制衣箱里，有伴娘在前一晚为新娘叠好的嫁衣，还有两封“利是”、两个大吉、两枝柏叶，以及铜钱或银圆。

“亲迎”之日，男方带迎亲书在“礼生”（伴郎）和八音鼓乐手吹打簇拥下，抬大红花轿到女家接新娘。新娘出嫁前 3 天由伴娘陪着“求阁”（躲在家的楼阁上），不得随便出门。还要请人“开脸”（又称“挽脸”，用棉线将女孩脸上的胎毛绞去），出嫁前家人帮新娘将代表姑娘的辫子梳成发髻，代表女孩已成妇人。迎亲队伍到女家时，陪娘要拦新娘，于是伴郎就要“抢人”，新郎与伴郎经“打阁”（讨价还价）后，讲好“出阁利是”，由伴娘一人打伞，“大妗姐”（女方专门请来送新娘出嫁的妇人）背新娘上花轿。到新郎家门口，新郎掀起花轿的布帘，“大妗姐”又背起新娘，跨过事先燃起的火盆进入新房，准备举行婚礼。

当晚，先举行“揭帕”仪式。新郎轻轻挑起新娘头帕，轻打 3 下。揭完头帕后，主婚人带一对新人拜堂“告祖”，然后点燃龙凤花烛，将新人送入洞房。花烛由伴娘护卫、剪芯，以保证花烛火焰旺盛、同时烧完。当晚新郎的兄弟、亲友同来“闹新房”逗乐。是日，男方大摆筵席，宴请族中各房亲戚和朋友，亲者邀请全家，疏者单请户主，谓之“正厨”。男婚女嫁喜宴的食材离不开“佳、余、久、连”等具有祝福之意的东西，如喜宴上的鸡，与佳是谐音，寓意“佳偶天成”，鱼是余的谐音，寓意“年年有余”，上九盘菜，有“长长久久”之意，还有莲子糖水，莲子寓意“连生得子”。

20 世纪 50 年代初石龙新娘游行庆贺婚姻自由

新时代的集体婚礼（2004 年）

结婚新床上放石榴籽、糖果、花生等，祈求子孙满堂。新房里摆放的水果亦以石榴（寓意多子多福）、蜜桃（寓意甜蜜美满）为多，绝对不让与“离”字同音的东西或相关的物件出现。因此，梨是不受欢迎的。有些人家连橘子也不让上台，原因是吃它时需一瓣瓣分开来吃，也是忌讳。

成婚第二天早上，新娘捧一盆水给家翁、家姑等长辈洗脸，俗称“洗和顺水”。这日谓之“尾厨”，男方亲友吃过饭后各自带喜饼等礼物回家。新婚夫妇则带上烧猪在媒人陪同下回娘家，叫“返面”即“回门”，代表夫家对这门婚事表示满意。新娘回婆家后要下厨，“大妗姐”会扶着新娘，新娘手拿菜刀一边象征式地破砧板上的大鱼，一边唱“新娘破鱼头，越来越风流，新娘破鱼心，越来越有银……”。该仪式意味着女方嫁到男家后丰衣足食，家境兴旺。

婚后第三天，男家让一名亲属挑着礼品，陪同新郎、新娘到女方家做“新女婿”。婚后一个月，男方家又备礼让新郎陪新娘回女方家做“满月”。在婚后的第一个春节的年初二，新郎要陪新娘到岳父母家拜年，叫“探新”。至此，整个婚嫁程式完成。

改革开放后，婚礼中的很多忌讳被年轻一代忽略。随着生活水平的提高，越来越多的人选择在酒楼、饭店举行婚礼，还会拍摄婚纱照，摄制婚礼录像，用鲜花将高档的小汽车装饰成花车，代替以前的花轿。现代的石龙婚俗既有传统习俗味道，亦充满时代气息，花样不断翻新。

自梳女 指中华人民共和国成立前那些不甘受婚姻束缚、矢志终身不嫁而求人生独立的妇女，她们是珠江三角洲地区独有的特殊群体。许多年轻女性看到一些姐妹出嫁后在婆家地位低微，甚至沦为家庭仆人和生育工具，更常受婆家虐待。于是，她们不愿受此束缚，追求独立，自愿梳起不嫁（“梳起”是当地婚后妇女的标志）。该习俗至晚清及民国间达到高潮。中华人民共和国成立后，由于女性的社会地位不断提高而消失。

按传统习俗，未婚女子都要扎辫子，出嫁时，由母亲帮她束髻盘发。那些自愿“梳起”不嫁的自梳女亦要举行一个束髻仪式，之后就不会有媒人上门提亲。有经济条件的家庭会给当自梳女的女儿一间房屋独住，俗称“姑婆屋”，无条件的就会找愿意收留她的自梳女共住。“自梳”仪式在“姑婆屋”举行。梳起当天，自梳女穿上新衣服、新鞋袜，把辫子散开，坐在屋子大厅中央，在屋内供奉的观音像前立誓永远不婚嫁。然后由年长的自梳女为她将头发盘起，梳成发髻，绑上红绳，并在额头抹上发蜡，向其他自梳姐妹行礼。此后，自梳女盘着发髻，身穿代表已成妇人的黑色衣裳。至 2019 年，石龙仍健在的自梳女有 3 人，其中 2 人是数年前从新加坡回国的华侨。

出世 石龙人在婴儿出生前 3 个月，就开始准备所需的物品，准奶奶还会为儿媳妇准备生姜、蜡丸、黄酒、鸡等供产妇食用的食品。姜是石龙人产子的头等重要之物，婴儿出生当天，产妇要食姜汤和蜡丸。家人要用万寿果、鸭蛋、粉丝、油豆腐等做成菜羹祭祀祖先，称之为“煮落地段”。婴儿出生后，必请亲友到家中食姜水（一种以姜、酒为主，并加上许多丰盛配料的汤），连摆弥月酒，亦称饮姜酒。

婴儿出生第十天，外婆家要将新外孙的衣服及鸡蛋、鸭蛋、酒和姜等食品送到女儿家里，婆家人要回赠酒菜以飨亲邻。该习俗称“做十朝”（“朝”是“日”的意思）。

满月 婴儿出世满一个月，俗称“出月”。家中长辈赐名，婴儿穿新衣戴新帽，拜谒祖先，家人给婴儿举行“弥月”仪式。当天，男婴儿必须“剃头”，女孩只刮掉额头和脸上的胎毛。将煮熟的鸭蛋或鸡蛋染红送给亲朋好友。如果生的是男孩，还必须加“粄堆”（煎堆）。摆“弥月”酒渐成惯例，称为“满月酒”或饮姜酒。

百日 婴儿出生一百天称为“百日”，又称为百岁、百晬。是日，父母长辈在家中设宴招待亲友，家中备“松糕”，以其寓意“高”，祈求孩子健康、快快长大，步步高升。此外，长辈还为婴儿喂食咸食物，俗称“食味”，让婴儿首尝人间“滋味”。

这一天，外婆送外孙一套“百岁”礼物，包括“百岁牌”（俗称口水肩）、背带（背小孩用）、小被子、新衣裤一套，且“百岁牌”、背带、小被子要用百家收集的碎布料裁剪拼接而成，像佛家“百纳”袈裟。这些由五颜六色、各式各样花纹的碎布料拼接在一起的衣被，寓意深远，饱含外婆一家对外孙的祝福。

开灯 “开灯”是一种入族仪式，即在男孩出生后第二年的正月上旬，按族中所定的日子举行“开灯”礼。“开灯”前，男孩家长先到祠堂查族谱，按祖上订下的字辈为男孩取名，先定做灯笼，灯笼写上本姓大名，有大花灯和小花灯，精致美观。“开灯”当天，家人将代表新生儿的花灯拿到祠堂挂上，按家庭在族中的长幼次序排队进入祠堂，在族中长辈指引下，全家一起拜祖先，将花灯挂起，燃放鞭炮。“开灯”的重头戏是要请亲戚朋友饮“灯（丁）酒”。过去重男轻女，因此灯酒会比满月酒还要隆重，而且只宴请族中的男丁。20 世纪 80 年代后，开始男女族人都请。有些家族大，添丁人多，就由上一年添丁的家庭联合一起在宗祠里设宴，因而这样的灯酒动辄都会摆上一二百席，这样就显得更为热闹及隆重。应邀的亲友会置办吉祥礼品，赠孩子饰物、衣服、“利是”等，称为“庆灯”。石龙的城镇居民没有家祠，就将大花灯吊在自家正堂中央，小的分挂在门楣上。当日家中做很多煎堆、松糕、“红鹅仔”，外婆则送来“灯袍”、“灯鞋”、“灯袜”、水果、鸡、猪肉等。20 世纪 80 年代后，即使有举行“开灯”仪式的家庭，仪式也简朴很多，且选择去酒楼饭店摆“灯（丁）酒”。

生日 石龙人做生日多从30岁开始，一般10年做一次，到60岁花甲之年较为隆重。往后 70 岁、80 岁越来越隆重。旧俗中，石龙人做寿男的一般是“做九不做十”，即 59 岁，便称作 60 大寿。以此类推，女的就可以“做十”。

中华人民共和国成立后，人们习惯60岁后才开始做生日，称为“上寿”或“做寿”。由儿孙辈操持，摆数桌酒席宴请亲戚朋友，席后还要送亲戚红寿桃。寿星要给祝寿的儿孙回赠红包，以示和大家一起分享寿庆。后来推广至给所有来贺寿的人都发红包。20 世纪 80 年代后，随着中西文化的交融互通，大家都喜欢到酒楼请客，切生日蛋糕，一起唱生日歌，实行中西结合，既增添气氛，也增加欢乐。

在寿宴中，不可缺少的是木瓜汤和长寿面。木瓜，东莞人称为“万寿果”，原因是木瓜树的叶子长得像个繁体字的“寿”，故石龙人摆寿宴时，万寿果汤是必备的一道菜。万寿果汤的主料是木瓜，但作料却非常丰富，通常有老鸭、猪肉、淡菜仔（一种像蚝的海洋生物）或蚝豉（干制的蚝）、花生、陈皮等。石龙人煲鸭、猪肉等汤一般会用姜片去“腥”，但万寿果汤却一定不能用姜，只能用胡椒代替，取“万寿（万寿果）无疆（姜）之意”。如果是女寿星，还得加一个猪肚，而且猪肚还必须是外嫁女儿送来，有感谢母亲十月怀胎之意。如果是男寿星，席上要有“霸王鸭”，这道菜除一只肥鸭外，作料也非常贵重，有发菜、鲍鱼、瑶柱、蚝豉、冬菇、莲子、云耳等，由于做工复杂，用时较长，后来的酒楼很少推出这道菜。

入伙 石龙人在入伙前，需“记火号”，先祭祀土地神，用筛箕（竹编织物）盛酒菜生果，然后点一大把线香，在新屋的每个角落燃点，最后用稻草扎成把，点着后，在墙的四角烧一下。意为请土地神保佑其日后阖家平安，烧火把寓意日后全家日子过得红红火火。

入伙前要“安神位”，先安祖宗神位，后安其他神位。在红纸或红木板上写“历代祖宗神位”贴在大厅正中，或放神楼正中。“土地、门官神位”贴大门外侧墙，“护宅门官”贴在门前右边，“五方五土、前后土地神位”贴门口左边墙角。入新屋时，由新屋主人或年长者手提姓氏灯笼先入，随后家人要各携平日所用的东西，按长幼依次进屋。带进屋的有一担谷箩，箩上有厨具、粮食、鱼肉、大橘（不应节时，用红纸写“大吉”二字代替）、扁柏叶、榕树叶等。入屋时要说吉利话，如大富大贵、大吉大利、子孙昌盛、兰桂腾芳、百子千孙之类。祭祀祖宗和各神位后，全家人一起食汤丸（取团圆之意），家长碗中或有两个鸭蛋，其余可用一个。吃糖水后，不住此新屋的家人才可以出门。但第一次离开者都要空手，不带任何东西出门。

入伙当天主人家需宴客。宾客要提前通知，因为宾客要提前送礼，多送镜或用布做的锦帐。女家亲人一定要送一面镜子，岳父、舅父等人送的镜子要放在厅堂正中，其余放两旁，舅父送的镜子有公正明白之意。如果日后外甥分家，都由舅父主持。因舅父与外甥无直接的经济关联，故能为外甥分家主持公正。

挽面 “挽面”又称“开脸”，石龙俗称“缠面”。“挽面”是中国民间流传的古老美容技法，有着悠久的历史。“挽面”就是拔除脸上的汗毛，使人脸面光滑柔嫩，涂上的粉妆更匀称。“挽面”的工具很简单，只要两张板凳，一高一矮，一卷细棉线，一块膨粉，就可以开始了。

中华人民共和国成立前，闺中姑娘平日是不可以随便修脸的，只能是在定亲之后、出嫁之前才可第一次修脸。因此，“挽面”是女子人生中第一件大事，故又称作“开脸”。“开脸”后，标志着从此成人。民国以前，“挽面”在石龙十分流行，中山路与百花路交界的骑楼下，有近10档由上了年纪的妇女摆设的“挽面”档。帮人“挽面”的大婶坐在高板凳上，用宽布条把客人的头发拢上，然后用膨粉先在脸上涂一层薄粉，再将一根棉线缠绞成3根，将线在左手食指上绕几个圈，并分成两角交叉状，牙齿咬住一边线头，右手捏住另一线头，约呈90度角，形如剪子，然后将左手食指的线圈贴近客人脸部，与右手拉锯似的来回扯动，双手一拉一合，一松一紧，细棉线绞缠分合就像剃刀般来回在妇女的脸上“挽”，随着棉细线的翻转，线圈在脸上游走，面部的细毛被连根绞除，干净又利落，再敷上面霜，显得光滑整洁、容光焕发，便大功告成。如今，该古老的民间美容业得到保存，但营业地点已不在街头巷尾，而是搬进了“美容院”，作为“美容院”的一项特殊服务。

丧葬礼仪 中华人民共和国成立前，石龙人的丧礼烦琐而又奢侈。人逝去后，必须停棺四十九日，并且满7日一祭，称“做七”，共祭7次。三七和五七拜祭时，更要通知亲友一起拜祭。至四十九日为止，称“满七”。满七后，再择吉地安葬。据说，古代粤俗认为，阳气循环往复，七日为一周期，人死后七日，家人会祭祀，冀求逝者在一阳之日复生，如此反复七次，再不复生，才会请巫师为亡灵开路安魂，并请来8人的奏乐队（称为“八仙贺寿”）为逝者落葬。落葬后，主家请送葬的亲友吃饭（以前在家门口摆上桌椅，现都上酒楼），上的菜只有7道。到百日之时，家人同样请来奏乐队为逝者举行“百日祭”。

20世纪80年代，实行火化制度，一切仪式皆从简，多举行追悼会和送别仪式。

特色习俗

游会

游会溯源 据记载，明清以来，东莞各乡每年均有举办“游会”的习俗，只是规模及所选时间各不相同。时间一般在每年的3月底至9月。对于周边乡村的游会时间，石龙有歌谣：“茶山游会雨淋头，石岗游会晒出油，温塘烂会年年有，寮步好会冇翻头。”歌谣里的地名都是石龙的周边乡村，是介绍各地游会的季节，由此出现的天气变化。中华人民共和国成立前，石龙每年都有庙会，被称为“石龙游会”（又叫“菩萨出巡会景”）。该庙会分别由双孖庙会和观音堂庙会两地所属的坊来主持。石龙人将所有敬拜的神称为“菩萨”，“出巡”叫作“游”，所以“出巡会景”就被简称为“游会”。

石龙游会起自何年，已难以考究。但清嘉庆年间任石龙龙溪书院山长的韩荣光有《竹枝词》记叙此事：“赛神福禄寿三坊，十里红楼斗艳装，节届中秋天气好，藕丝裙子白罗裳。”由此可见，当时的石龙游会已具规模。据一些老人回忆，以及现存的诗文记载，石龙游会一般选在农历八月二十四前后举行，一连3天。挑这个日子举办，原因是中秋为收获季节，石龙本是商埠，因而这段时间是石龙物品聚集、人气最旺的时候。石龙游会在对神灵保佑表达感激之情、祈求来年风调雨顺的同时，也希望促进当地的商贸发展。很多商家在游会活动中常担当主角，更会在活动中进行商品推广。

游会组织 巡游活动一般由石龙东、西两面的商会连同坊间组织一起举办。石龙有十四坊，各坊主持人由当地居民（以士绅、耆老、商户为主）推选产生，与镇内上层人物共同议事。每年游会都由东西片区的坊轮流负责主办，出巡的“菩萨”则挑香火最鼎

盛的寺庙中的神像。因此，石龙东面的组织一般都选旗下街那间规模最大的观音堂里的观音像，西面一般选长兴街香火最盛的帝帅宫（俗称新庙）里的康公元帅。因这两尊“菩萨”最受石龙大众欢迎，一位是大慈大悲救世“菩萨”，一位是商界奉为至尊的“财神爷”。让“菩萨”在3天时间里巡遍石龙的大街小巷，将恩泽布施到每一处。游会也是各坊的组织能力及财力的大比拼。

游会准备 每到会期，石龙各家各户都打扫一番，有的商户或大户人家都在其店铺或家门口张灯结彩，意在大做商品广告。全镇居民如过节般欢天喜地，并且遍邀亲朋好友前来赴会。大商户还请来外地客户，借机巩固合作关系。游会的3天是石龙人一年中最大规模亲友聚集的日子。其间，每一坊或路口都设一个巡游景点，多由该坊的商家赞助，这些景点是让居民向出巡的神像敬拜的地方。各景点的居民都努力将景点装饰得特别一点，各具特色。有的设一幅几平方米、有人物和景物、像走马灯式转动的图；也有的搭建彩楼。游会期间，本来已人气旺盛的石龙更是热闹非凡，沿街挤满了做买卖的小贩，商户也为此准备充足的货物。为增加巡游的神秘感，并提升市民对其关注度，每次巡游的路线，3天均有不同。3天里，只要巡游的队伍能通过的街巷，游行队伍都会将它游遍。为了每天的巡游路线让市民知晓，组织者都会编印一份每天的巡游“路程表”。由于有商家赞助，民国后的路程表上还附有商业、文化教育类的广告。

游会前一天晚上，要为准备出巡的菩萨打扮一番。先在庙宇诸神前点油灯、上香烛，庙中吊起多盏大光灯（打气的火水灯），然后由值事（理事）主持菩萨更衣仪式，具体由驻庙和尚或道士操作。值事三跪九叩后，为菩萨脱下旧衣，用香茅水清洗身体，再换上新衣。这时信众们会拥上前，讨要旧衣，接洗身水，图吉祥。菩萨更衣后，游会的准备工作便算完成。

游会过程 游会活动一般在午后举行。各坊游行人员在出巡菩萨所在的庙宇附近按次序排好队伍，打头阵的是穿古装打扮名叫“路程”和“飞报”的一男一女。“路程”是位壮汉，走在整支队伍的前面，手里拿着提示游行队伍路经的“路程”，向两边观众派发。其后是一位女性，骑一匹高头大马，作女英雄穆桂英装扮。头上装饰有漂亮的雉鸡尾羽毛，冲天而起，使人在很远的地方就能看见。人们看到后就知道游行队伍快要到来，故名“飞报”。紧随其后是叫“浪”的大罗伞，“浪”实际就是一把像皇帝出巡时所用的圆形五彩大罗伞，但这里不作伞用，却作为巡游队伍中一种表演的工具，其周边围满流苏锦绣，裙边挂满响铃，每串响铃的末端处吊着一串串点燃的小油灯。“浪”由几名身强力壮的大汉轮流执撑，边走边起劲地将它转动起来。油灯转成伞状，那响铃的“唧唧”声也响个不停，因此该物被称为“浪”。跟在“浪”后的是该次游会的首事，同时亦是该次游会最大的赞助人。首事个个身穿长袍马褂，头戴黑色礼帽，鼻梁上架着墨晶眼镜，胸前挂一串“芙翅”（宝玉）和一个用闪闪发光链子串起来的“陀表”（当地人称“怀表”为“陀表”）。再后是队中的值事，即活动的策划者。他们各执一把鹅毛扇，悠然自得地在巡游队伍中边走边扇扇子。接着是游会的主角——菩萨。菩萨坐在敞篷无盖、类似圈手太师椅的金漆神轿上，由两人或四人抬着，稳步行进。在“菩萨”后面便是乐队。乐队除有石龙的“新喜福”等两三个乐队外，还请外地的乐队前来助兴。队伍中有多只彩狮，边走边做“腾、挪、扑、跃”动作，接着是麒麟、舞凤、飘色等，还有二三十对风度翩翩的文巡和挑着花篮的美少女穿插其间。游会中的文巡，一般由男孩扮演，他们的穿戴基本与值事相同，只是儿童装着大人模样，有的手上还戴满金戒指，作“财主”模样。挑花少女们身穿华丽的宫装，头戴缀满各色鲜花的凉帽，肩上一根翠竹片挑着一对装满鲜花的篮子，可说是人花争艳。游行中，她们时而单手扶担，时而双手叉腰，变换着各种造型，将戴满金戒指的纤纤玉手和套着一串金手镯的手臂向两旁观众进行全方位展示。个别富家小姐手上戴的金手镯竟直排到肩胛上，表明小女孩的家长想借此机会炫耀一番。在每个挑花篮少女的旁边还有一个年长的妇人跟随，她们多数是少女的母亲、姑姑或者姐姐，这些陪衬者们也是满头珠翠、金饰，一身锦衣华服，手持鹅毛扇，在旁为汗流浃背的挑担少女扇风。有个别出巡的少女因戴的金饰太多，家人还会为她配上一个手持真枪的保镖在旁边护卫。

巡游行列中的飘色、银龙以及西洋乐队多从外地请来，而金龙则是石龙本地的组织。据记录，巡游的银龙一般租自香港，飘色一般来自佛山。“飘色”以板（或称台）为单位，每板由数名小朋友装扮成历史人物或神话故事中的人物，并由多人抬着游行。每队飘色都有六七板，甚至十多板组成多个故事。表演飘色的演员一般是三四岁的小女孩，因为她们身材娇小、体轻，表演、造型漂亮，且往往站在剑尖、花卉，或伞顶、扇面上进行各种“高难”动作，常引起观众咋舌不已。

游行队伍每到一个景点，都会稍作停留，让路边的信众参拜出巡的菩萨。武术队的队员也趁机亮相，将刀枪棍鞭等十八般“武艺”演练一番。他们精彩的表演，往往博得观众雷鸣般的喝彩。与此同时，群狮起舞，锣鼓喧天，金龙银龙欢快跳跃，飘色一上一下地抖起来，游会活动达到高潮。

每到游会日子，小镇就会万人空巷。一些爱热闹的人为不错过每一处的精彩表演，会在每一次表演结束后，即从内街小巷抄近路奔往下一个景点，等候游行队伍到来。

白天巡游结束，晚上就在出巡菩萨所在寺庙旁空地上搭建戏棚，通宵上演传统粤剧。戏棚内，座位均在离地30多厘米的棚架上，观众席正中还有竹椅竹床作“贵宾席”，票价不同。台前两米空地无座位，让买不起票的人站着看，由于舞台离地一般有两米高，因而站着看的观众，必须整晚仰着头，难免会累，但戏迷们仍十分满足。每次神功戏一连演3晚，请的都是“大班”（有名气的剧团）。

龙舟下水仪式（2016年）

除石龙镇组织的游会外，附近农村有游会活动的时候，游行队伍也常常到石龙转一圈，以便沾一沾石龙的名气、喜气。

抗日战争时期，石龙游会停办。抗日战争胜利后，又再恢复。石龙游会最后一次是1948年8月中秋后，从此一直停办。

端午节划龙舟　石龙端午节划龙舟习俗由来已久，明清时期，石龙各村都有龙舟。每年龙舟下水，全村老少都会到江边为自已村的龙舟捧场加油，俗称“睇龙船”。明末学者屈大均在《广东新语》记载：“广中龙船，惟东莞最盛。”石龙的龙舟，船身较宽，

可以并排坐两人。一般长十几米，可坐 40 ~ 80 人。船身用松木制，容易干裂。所以端午过后，人们会将龙船的船身埋藏在较浅河涌的河泥里，以保持船身湿润，不至于开裂散架。随着时代变迁，龙舟的木材从厚重的松木换成轻便的杉木，但杉木制龙舟不宜长期入水，因此不用泥掩，多放在祠堂风干。后来河涌消失，村民就在河边建一座“龙宫”，专门存放龙舟。龙头和龙尾则会供奉在祠堂或寺庙里。到每年的四月初八，村民们就会举行隆重的仪式将龙舟“请”出来（将船身从河涌的泥中挖起洗干净，又叫“起龙”，有“龙出大泽”之意，将龙头和龙尾从供奉的地方请出，再将三者拼凑在一起）。石龙蒲溪村的龙舟最有特色，在龙尾处立一尊“哪吒像”。起龙后即进行“采青”仪式，烧纸钱、燃放爆竹。采青后，锣鼓响起，扒龙船活动正式开始。石龙的龙舟队于 2004 年参加在日本举行的国际龙舟赛，夺得国际龙舟赛第一名。

石龙划龙舟分“趁景”“犒标”“斗标”3 种。“趁景”是各村将自家的龙舟尽力打扮一番，然后到别人村的河道里划行，而且边划行，边进行表演，以展示本村实力。“犒标”是别村的龙舟到自己村里“趁景”，该村嫁到此地的“出嫁女”，会对自己娘家过来的龙舟进行慷慨“犒劳”。她们一般用布匹、饼食、水果等，让娘家来的龙舟满载而归，

龙舟比赛观礼台（2012 年）

以表达对娘家的思念及敬意，也表示自己生活富足。“斗标”即龙舟竞赛，胜利者会得到奖品或奖金。

“斗标”场面热烈，划手们统一服饰，锣鼓手随船头指挥的节奏敲击，划手跟着鼓点前俯后仰，动作一致奋力划桨。船中时不时燃放鞭炮，十数艘龙舟在江面上驰行，在鞭炮的烟雾中，龙舟若隐若现，更显场景宏大，热闹非凡。

改革开放后，石龙龙舟竞赛活动由政府主导，并将这一活动打造为当地传统文化的一个重要项目。各村龙舟在参加“趁景”或“斗标”活动的当天，村民都会一起去祠堂吃“龙船饭”，以示普天同庆。龙船饭是饭菜合一，将肉粒、虾仁、腊味粒、鱿鱼粒、冬菇粒等炒熟，与煮熟的米饭混合在一起，再撒上炒香的花生仁、葱花，就形成又香又有营养的龙船饭。吃龙船饭时，村中无分男女老少，即使是来走亲戚的客人，一律免费享用。

做“祃”　“祃”音“mà”，广东话读“牙”音，过去是出征时祭祀的名称。所谓“祃”者，据《宋史》中记载：“师出必祭，谓之祃。”意思是，国家每逢派兵出征，为求旗开得胜，必先设祭，求神灵保佑。石龙民间商人取其意，在每月的初二及十六这两天，也设祭求神灵保佑其生意顺利，兴旺发达。因此，“祃”便成为石龙商人尤其重视的一种祭祀仪式。特别是每年正月初二做“祃”，因是新年第一次，故石龙人称之为“头祃”或“开祃”。每年农历十二月十六做“祃”，因是该年的最后一次，故石龙人称之为“尾祃”。这两次祭祀之所以令石龙人特别重视，因“头祃”是一年的开局，将其视为全年能否顺利的关键，而“尾祃”是一年的结局，有酬谢神恩的意味，也不可马虎。而且“尾祃”完后，亦是一年劳动的结束，大家会放假回家准备过年，到来年正月初二才重回工作岗位。所以，“尾祃”亦带有酬谢员工一年的辛勤劳动之意。这两次祃祭的供品一般会很丰富，祭祀后，老板与雇员一起吃饭，作为老板对员工辛勤劳动的酬谢。

在农村，雇主和商家常将“尾祃”作为评核员工表现的日子。是日，雇主除派利市（类似现代社会的双粮花红）奖励员工外，还借祭祀后大家团坐用膳的机会，以含蓄的手法指出裁员的人选，即所谓给人吃“无情鸡”。如果雇主决定要辞退某人，便会在一道菜中将鸡头对准那个下属，即代表要请他吃“无情鸡”；如果鸡头对准的是雇主自己，则代表他不会辞退任何人。直至 20 世纪 50 年代，石龙商家在做祃之日都会组织员工聚在一起吃一顿饭，而席上总会有一道以鸡为主的菜式，如果鸡头对着某人，表示那人将要被开除。

进入21世纪，劳资双方都希望能有一个较和谐的关系，所以“尾祃聚餐”时都将“鸡头”朝天，以免造成劳资关系紧张。时至今日，石龙仍有很多酒楼及海味店会在“尾祃”当日拜祭土地公及设宴款待新老员工，而“无情鸡”则已不再采用。

方言与歇后语、谚语

石龙话特点 石龙话与广州话比较，广州话音调较低，石龙话发音偏高。如普通话的“结尾”，广州话是“收尾”，石龙话也是“收尾”，但“尾”字发音特别高，读成“味”的上声。又例如普通话的“到处游玩”，广州话是“游车河”，“河”音是“可”，石龙话也是“游车河”，但“河”字发音成“呵”，也是上声。普通话的“蛮不讲理”，广州话将其说成“伥鸡”，石龙话也是“伥鸡”，但“鸡”字却提高了音调，发音有些尖。

石龙话往往在广州话基础上增加些助词。例如“肚子”，广州话是“肚”，石龙话是“屎肚”；普通话“赤膊”，广州话“打赤肋”，石龙话“打白肋赤”；普通话“可怜”，广州话“阴功”，石龙话“冇阴功”，虽然加上否定词“冇”，却没有否定的意思。此外，石龙话与广州话的口语表达方式不同。例如普通话的“胡说”，广州话“发噏风”，石龙话“打天瓦”；普通话的“昨天”，广州话“禽日”，石龙话“错日”（“禽”和“错”都是发音）；普通话的“一块（污）迹”，广州话“一笪迹”，石龙话“一驼迹”。

石龙话与莞城话不同，发音更接近广州话而多于莞城话。例如“那里”，广州话与石龙话都是“边道”，莞城话“斯处”，而“处”字，念“树”字音。最具代表性的是数字“8”的发音，广州话和石龙话发音都是“拔”音，而莞城话却是“别”音。石龙话中最具代表性的是一个“钢”字，表示“这、这样、如此”等意思，东莞及其他镇街没有相同的读音和表达方式。所以，在东莞范围内，只要说是石龙人，其他镇街的人马上就会接一句:“啊！是石龙钢。”

部分石龙话释义

背底　又叫“后背底”，即“后面”或“背后”的意思。

嘛口　意思是外面，广州话也是外面。

海皮　“皮”的意思是边。石龙人将海、河、江、涌均称为“海”。所以“海边”叫“海皮”,“江边”也叫“海皮”。

斗肆　意思是集体聚餐。广州话也是“聚餐”。

脸脸糯糯　意思是“慢吞吞”。广州话也是“慢吞吞”。

发疾桔　意思是身材矮小的人，有嘲笑别人长不高的意思。

茄螺拐　“螺”读lé。小朋友的戏称。广州话称行为古怪的人为“茄螺怪”。石龙人称古怪为“茄螺”,“茄螺拐”是对小朋友的戏称。

匹邪来　很多时候讲成“匹除来”。意思是别乱说。广州话是闸住。

生湿　意思是客气。广州话是客气或见外。

糜粢　意思是吝啬。广州话是“孤寒”。石龙话后期受广州话影响也有“孤寒”的讲法。

肥肥肭肭　“肭”音笠,“胖嘟嘟”的意思。

乱嗡炒蛤　意思是乱说话。广州话是“发嗡风”。

打头删尖　意思是多管闲事。广州话是“八卦”。

扽气　意思是憋气。广州话是“翳(音伪)气”。扽音邓。

冇鬼见　意思是拒绝。

落雨溦　下毛毛细雨。

仔爷仔乸　“乸”音那,“全家人”的意思。

喉焦颈敛　“口渴”的意思。

装冚　“冚”音襟,“设圈套”的意思。

顶喉顶佛　“抬杠”的意思。

眨眼眨鼻　“说谎”的意思。

普通话与石龙话（音）对照表

表 20

普通话	石龙话（音）	普通话	石龙话（音）
是的	系钢	不是	唔系
这样	咁架、钢样	那样	个样
父亲	阿爸、老窦	母亲	阿妈、老母
鸡蛋	鸡春	野蛮	塞笃
小孩	细蚊仔、细佬哥	赤足	打赤脚
伤疤	拿能	潜水	味水
爬竹竿	捋竹	爱管闲事	打头脷尖
阳光猛烈	热头烘	捆绑	陶住
模糊	麻茶（麻麻茶茶）	肮脏	赖塞
男子	佬、男子佬	椎	子口
媳妇	新抱	里边	埋便
祖父	爷爷、阿爷	外祖父	亚公
祖母	亚嫲、亚马	曾祖父	太公、伯公
外祖母	亚婆	曾孙	息（音“塞”）
曾祖母	太婆、伯婆	天台	天棚
家姑	家婆、亚娘	厨房	下间
岳丈	外父、丈人佬	底下	笃
小儿子	攂仔	蜘蛛	蠄罗
窝或巢	窦	麻雀	麻毕
大腿	大髀	嘴馋	为食
玩	料	房间	客间
闲谈	倾偈、打牙较	鬼祟	鬼鼠
骂人	闹人	阳光	热头
聚餐	斗肆	刚才	头先
小板凳	凳仔	顽皮	跳皮、百厌、费狮（废死）
剪刀	较剪	没趣	无瘾
耳朵	耳吉	墙角	角落头
骗人	呃人	静悄悄	静英英（平声）（营营）
木工（木匠）	斗木（斗木佬）	受骗	做老衬
妾	阿奶	得便宜	有着数
不答应	托手肘（踭）	丫鬟、婢女	妹仔
有趣	过瘾	好运气	好彩
回家	返屋企	不讲道理	盲虱（蛮塞）

歇后语

新庙戏台——紧脚

半夜食黄瓜——吾知头，吾知尾

大碌墨打更——乌叮叮

烂柴打狗——唔见咗（不见了）一截

牛肉炒苦瓜——两头缩

牛皮灯笼——点极都唔明

天狗食月——心知肚明

鸡食放光虫——心里明白

猪笼跌落水——头头入

无耳茶壶——得把咀

禾秆草穿针——唔过得眼

生骨大头菜——纵（种）坏

麻石地堂（场）铁扫把——硬对硬

老鼠拉鲢鱼——命搏命

老鼠嫁女——唔过屋

老鼠跌落天平——自己称自己

年晚煎堆——人有我有

蛋家鸡——见水饮吾着

无耳皮喼——只能托

生姜煮胡椒——辣斗辣

头毛穿豆腐——唔使提

泥水佬起门口——先过自己，再过得人

卖鱼佬冲凉——冇晒声气

密底算盘——冇疏漏

豉油捞饭——整色整水

谚语

晏昼起风唔过日，半夜起风冷缩骨。

坐卧不近风，走路要挺胸。

要开良心店，莫赚昧心钱。

无情岁月增中减，有味诗书苦后甜。

耽冬耽富贵，耽年耽矮细。

有心唔怕迟，六月都系拜年时。

泥水佬冇下间（厨房），斗木佬冇门闩。

人怕伪，米怕筛。

揸枝竹篙，唔晓过城门。

初穷难抵，初富难睇人。

起早三朝顶一工，起早三年唔使穷。

惨过梁天来，苦过《金叶菊》。

出门无六月。

朝虹风晚虹雨。

立秋望罗浮。

霜降三朝，过水寻桥。

武艺无假，把戏无真。

炒菜看火色，出门看天色。

人物

石龙文化底蕴深厚，乡土人才众多。特别是在中国近代史上，不时有石龙人的身影，无论是文化、艺术还是体育，都有石龙人的名字。从太平天国运动中的何六，到辛亥革命中的“石龙四杰”（李文甫、黄侠毅、莫纪彭、林直勉），有他们忠贞卫国的身影；从天才史学家张荫麟，到中国建筑现代化设计的先驱林克明，中国科学院院士何镜堂，他们在历史、建筑领域中取得辉煌；从中国第一个打破世界纪录的体育巨星陈镜开，到摘取奥运金牌的曾国强，打破世界最轻量级抓举世界纪录的叶浩波等等举重名将，无不闪耀着石龙人的拼搏精神。这些闪光的名字，足以令世人认识石龙，了解石龙，记住石龙。

地灵得名山作伴

人杰赖慧水滋养

人物传略

刘碧清（1243—1336），字湛之，号秋波。宋末，出仕南雄巡警。南宋景炎元年（1276）八月，东莞人熊飞起兵抗元，并会合新会的曾逢龙一起收复广州。接着，攻克韶州（今韶关市），占领南雄。刘碧清兄弟4人也加入熊飞的抗元队伍。元军元帅吕师夔围南雄，曾逢龙和刘碧清的三弟刘碧湖战死，熊飞部将刘自立开城门出降。熊飞在巷战中战死，刘碧清三兄弟只好突围南走。至黄木湾（今广州市黄埔区），二弟刘碧潭失散，刘碧清偕四弟刘仲琛走至东莞水南头（今石龙镇忠维村）隐居落户。刘碧清时年35岁，水南刘氏以刘碧清为二世祖，尊其父刘宗可为始祖。

林震洲（生卒年不详），石龙林屋村人。明嘉靖年间（1522—1566）在外经商，往来于石龙与广州、惠州等地。石龙中部陆家窝村因长期受洪水侵害，村民不胜其苦，村民决意集体外迁。由于缺乏搬迁资金，便希望有人能承接其村产。适逢林震洲经商归来，听说陆家窝村民搬迁有难，便出资财相助。后其友人、东莞名流王希文得知此事，大赞其义举，并协助林震洲开发这片土地，建议其有规划地出租土地建圩。林震洲接受王希文建议，筑堤填滩，平整土地，修建码头，划地建圩，并于嘉靖年间开业，从而奠定石龙数百年的商业基础。

刘杰（生卒年不详），字春沂，石龙水南头忠维村人，后移居莞城东门。其先太祖曾在翰林院修国史，传得钦天监天机秘书。刘杰潜心研究，并精于天文、谶纬、数学之学。其学识远离师法，不墨守成规。他使用勾股算法演算历法，深得郭守敬、僧一行之秘。西洋人庞迪我曾与他辩论，也自认为不及。明万历三十年（1602），因为历法失度，朝廷下诏求天下懂得历法的人。刘杰献上《历考刍言》万言。朝廷征刘杰为钦天监，刘杰以年老推辞，不赴任。刘杰创有百刻香、袖中日晷、马上罗经。著有《尺五谈天》《罗经解经》《奇门指示》《天文图》《罗经图》等。

蔡殷宝 （1724—1785），号恕轩，字器之，樟木头官仓村人，后定居石龙。蔡殷宝在官仓村读书时，私塾老师曾向他描述石龙圩的繁荣，他自小便产生到石龙增长见识及经商的念头。17 岁时，在石马圩收购稻谷 50 多担，从水路运往石龙。转手后，以所赚的钱为本，随老师在石龙定居经商。先是经营生油、谷米，后增加木材，兼营松香、纸把、铁锅等物品。后成为东莞四大财主之一，与茶山刘孔武、石步封绍仪、河凹（现属宝安县）陈三明齐名。他在 50 岁后，回乡过起田园生活。居家期间，他向家乡族人每年每户分派稻谷；儿童在本村读书不收费，并发奖学金，出外求学也能获奖学金。

何六 （？—1856），原名金殿，字贤相，祖籍顺德潭村人。因在兄弟中排行第六，故称何六。10 岁时，随父亲在石龙开米铺。从小喜武，有豪侠气，爱为民众出头，并在群众中颇有威信。清咸丰元年（1851），何六秘密结识各地天地会首领，后来成为广东天地会四大堂口之一的洪义堂堂主。咸丰三年（1853），何六以石龙新庙和茶山北门外武帝庙及旧文庙学社 3 处为据点，在东莞“沿乡拜会，广招会众”。咸丰四年（1854），何六被东莞知县江肇恩诱捕，后被四乡会众冲击县衙救出。何六乘机聚集数千人，于 6 月 8 日在石龙一河之隔的增城石滩小村龙地祭旗起义，响应太平天国运动。咸丰六年（1856）初，何六转战湖南茶陵，与曾国藩所属团练王鑫部作战，战死。

杨晟 （1867—1936），字少川，生于石龙镇旗下街，为满洲八旗后代。清光绪三年（1877）留学日本。光绪八年（1882）回国，考入广东同文馆。光绪十六年（1890），转入京师同文馆中的德文馆学习。3 年后以大考一等毕业。光绪二十二年（1896）5 月，以总理各国事务衙门候补员外郎一职留学德国，入柏林大学深造，学习法律和军事。3 年后毕业回国，参加朝廷补考验试，列优等。后出任官书局英文翻译官兼京师大学堂德文副教习。光绪二十六年（1900），被山东巡抚袁世凯聘为幕僚，任帮办山东军务兼洋务委员、铁路矿物处提调等职，成为袁世凯得力助手。光绪二十七年（1901）8 月，调京入总理各国事务衙门议约处当差，翌年 5 月被赏加二品顶戴。12 月，任出使奥地利、荷兰大臣。光绪三十一年（1905），改任出使德国大臣。回国后，任两江总督张人骏顾问。宣统二年（1910），任两江总署军事总参议（少将衔），并被委任为南洋商务交涉使兼督署军事总参议、两江督练公所军事参议官。民国初期，任江苏上海观察使。1915 年 11 月，调任陆海军大元帅统率办事处军事参议官。1922 年 8 月，任中国红十字会驻沪副会长。1926 年 7 月 29 日，任侨务局总裁。他关心故乡，热心慈善事业，曾任上海广东同乡会会长。

黄侠毅（1885—1943），原名焰辉，号燮侯，石龙黄家山村人。早年在师范学堂读书时，与李文甫、林直勉、莫纪彭等石龙同乡一起投身革命。曾在东莞创办《东莞旬刊》，在莞城开办振武神社，筹办醒天梦剧社，先后在莞城、石龙、广州等地演出熊飞、张家玉抗元、抗清历史剧。清宣统元年（1909）三月，随剧社在香港演出时，由香港同盟会会长冯自由介绍加入同盟会。翌年正月，广州新军发动起义，奉同盟会南方支部委派在广州高第街宜安里设置机关，储备手枪、炸弹。黄花岗之役入选先锋队第五队队长。武昌起义成功后，他打入驻守香山的前山新军内部，策动其反正，然后率领起义军进军广州。广州光复后，率新军两连回东莞，恢复当地秩序，后被选为民国首任东莞县长。他简政爱民，革旧制，兴共和。后为陈炯明所妒，借端把他拘禁于穗经略总署。1912 年 4 月孙中山为其平反，并以仪仗兵接他出狱。同年，黄侠毅为纪念战友、黄花岗七十二烈士之一的李文甫，在黄家山村建烈士祠。之后，协助林直勉整理东莞明伦堂沙田事务，协助邓仲元调查民国前后广东同志勋绩并列入表册。翌年秋，参与莫纪彭所办《讨袁日报》，二次革命失败后逃到香港。后任广东省税务局局长、福建省烟酒税局局长、十九路军少将参谋等职。抗日战争期间，在港管理东莞明伦堂财务。香港沦陷后，回东莞。1943 年 9 月，在韶关遇日机空袭身亡。

莫纪彭

莫纪彭（1886—1972），字宇非，化名莫侠仁，原籍东莞高埗，随父移居石龙。17 岁入读东莞师范学堂，在校创《东莞旬刊》倡民族主义，宣扬革命，被县令查禁。因素为校长、教员器重，极力掩护，才脱险。与同校生陈哲梅（后出家法号宽让大师）、黄侠毅，校外张伯和秘密集结。与李文甫、林直勉、黄侠毅组织醒天梦剧社，并一起加入同盟会。1911 年 3 月黄花岗之役，莫纪彭原计划是任先锋第三队队长，率志士攻两广总督衙门，占领观音山（今越秀山）。后因起义计划改变，莫纪彭第三先锋队未能及时加入起义。只有他一人在起义战斗打响后才加入，并与部分战友在起义失败后，仍坚持与清军打巷战。巷战打了一天一夜，最后他孤军力战连续 12 小时。在后来黄兴致南洋等人的信件中，评价莫纪彭：“莫君文而能武者，攻督署后，战于龙王庙一带，指挥甚中机宜。”1911 年 10 月，武昌起义成功后，莫纪彭与同乡何振（号仲达）、黄芙蓉等数人往香山县前山镇策动新军起义，于香山县前山镇首举义旗。成功后任香山军参谋长，与黄侠毅一起率军光复广州。民国时期，莫纪彭功成身退，不受勋奖，与刘师复创立心社，提倡世界大同。抗日战争期间，莫纪彭从东莞到重庆，任国民党中央党史纂修。抗日战争胜利后，莫纪彭回到广州建广东女子职业学校，创立霭文中学。中华人民共和国成立前，到台湾，著《革命史稿》，字数 50 万字，有诗集《秀园诗》1 卷。莫纪彭多才多艺，善草书。1972 年 7 月 27 日病逝于台湾，享年 87 岁。

林直勉

林直勉（1888—1934），原名培光，字直勉，祖籍增城，后随家人到石龙经商。林直勉少时，立志以救国救民为己任。他认为："当今外患方殷，内政腐败，非革新，莫能自救。"清宣统二年（1910）随醒天梦剧社在香港演出时，加入中国同盟会。得知同盟会南方支部严重缺乏资金，他将父亲在香港的万昌藤行转卖给族叔，取回 1 万两白银资助同盟会活动。宣统三年（1911）3 月黄花岗之役前，林直勉在广州育贤坊以开米铺为掩护，为起义军贮备军火，并作起义成员联络点。广州起义失败，林直勉在沙面躲过搜捕后逃到香港。10 月 10 日武昌起义成功，他奔赴石岐前山，联同黄侠毅、莫纪彭、何振等人组织新军反正，并光复广州。1912 年，林直勉奉命到武汉，与黄兴商议北伐事。1914 年 7 月，在日本协助孙中山组建中华革命党。后回到广东策划高雷（高州、雷州）起义，设秘密机关于广州湾。1916 年 4 月，朱执信举旗"讨袁"，林直勉奉命与邓仲元策反徐连胜率兵攻占仙村，进迫石龙，大挫龙济光部。1917 年 7 月，孙中山从上海到广州，出任广州军政府大元帅，聘林直勉为秘书。1918 年，林直勉奉孙中山命到美洲整顿各埠中华革命党党务。1920 年，林直勉被选为中国国民党美洲总支部部长。1921 年 4 月，林直勉被任命为大总统秘书。1922 年 6 月 16 日晚，陈炯明叛军围攻总统府，企图谋害孙中山。在危急情况下，林直勉和林树巍及陈志云等人保护孙中山离开越秀楼，安全到达停在珠江边的永丰舰上。1923 年 1 月，胡汉民为广东省长，林直勉为省府秘书长。1924 年，受命担任粤汉铁路督办。"九一八"事变后，竭力从事抗日救亡运动。他反对蒋介石消极抗日，直斥蒋介石为卖国贼，号召海外华侨起来反蒋。

1934 年夏，因肺病恶化，在广州去世。遗体葬于广州天平架。后火化，骨灰运回石龙，存于竹丝洲祖屋内。

李文甫（1890—1911），字炽，号夷丘，东莞石龙人。父亲李德，原籍莯兰（后属博罗县园洲镇），在石龙西禄元开设德记油烛店。李文甫是次子，少时就读于石龙。求学期间，除攻读经史百家外，喜欢阅读革命书籍，如《新民丛报》《中国日报》《革命军》等。李文甫在莞城师范学堂读书时，与莫纪彭、林直勉等创办《东莞旬刊》，宣传革命。组织振武社，社址设莞城西正街，以劝诫鸦片为名，痛斥清政府的腐败，指出时弊，宣传民主革命思想。他又组织醒天梦剧社，演出《熊飞起义》《张家玉会师》《袁崇焕抗清》等历史剧。剧社所到之处，备受欢迎。孙中山在香港闻及此事，派黄鲁逸到东莞邀请醒天梦剧社到香港演出。清宣统元年（1909）3 月，剧社在香港演出，轰动一时，场场满座。其间，经香港同盟会会长冯自由介绍，李文甫等人加入同盟会。不久，同盟会南方支部成立，李文甫任党务。冯自由聘请他任《中国时报》协理，后任经理兼主《时事画报》笔政。宣统三年（1911）3 月，同盟会集结广州的革命党人在黄兴带领下发动起义，围攻两广总督衙门。李文甫担任第七先锋队队长，协助黄兴分理指挥工作。起义当天，李文甫跟随黄兴、林时爽等攻入督署，与清军李准部遭遇，因寡不敌众，李文甫足部受伤，仍奋不顾身，掩护他人外撤。李文甫因行走不便被捕。翌日，被押赴黄花岗刑场，从容就义。石龙人为悼念他，特在中山公园内立碑建亭。

李文甫

殷仲铭（1890—1951），东莞茶山镇殷屋围人，受革命思潮影响，参加中国同盟会，任中国同盟会石龙执行委员会主任委员。清宣统三年（1911）4 月 27 日，同盟会在广州发动起义。殷仲铭随起义队伍攻打两广总督府，与清军展开激烈巷战，因寡不敌众，起义失败。殷仲铭藏入罗浮山冲虚观，后转赴香港，继续反清。1912 年元旦，孙中山在南京就任临时大总统，殷仲铭追随孙中山革命。1923 年 5 月孙中山挥师讨陈，殷仲铭随军参加讨伐。1926 年 7 月，其父遗下石龙大兴纸行，无人管理，殷仲铭因而回石龙继承父业。殷仲铭是中国松香业的先行者，生产松节油的创始人。20 世纪 20 年代后期，他引进外国一套蒸馏设备，改进生产技术，提高松香的产量和质量，并提炼出副产品松节油。他在东江沿岸地区先后办十余间松香厂。1938 年 10 月，殷仲铭以国家兴亡为重，积极参加抗日救亡运动，出任东莞县民众抗日统率委员会委员兼大队长。抗日战争胜利后，殷仲铭继续经营工商业。他一生乐善好施，曾任东莞县政府参议员、石龙慈善医院（惠育医院）董事长，并获国民党中央革命功勋委员会一等功勋章。

林克明

林克明 （1900—1999），出生于石龙，中国近代建筑的先驱，高级建筑师，是林直勉堂弟。1920 年赴法留学，在里昂建筑工程学院学习建筑。回国后，负责广州城市建筑设计，参与负责广州市立中山图书馆、中山纪念堂等建筑物的工程施工，在参加市政府合署办公楼的设计评选中，获第一名。1933 年，任勷勤大学建筑系主任，该校区规划和建筑设计皆由林克明负责。在职期间，他设计了中山大学农学院、理学院等 7 座教学楼和多间戏院、学校及蒋光鼐高级公馆。1950 年春，广州市副市长朱光和建设局局长邓垦登门拜访他，诚邀他担任广州市的城建工作，被委任为黄埔建港管理处处长。之后，他调任市城建规划委员会副主任。此后，广州体育馆、华侨大厦、广东科学馆、广州火车站、东方宾馆、新爱群大厦及假日酒店、华侨医院等地标式建筑拔地而起，全都凝结着他的智慧。从海珠桥起，沿海珠广场、广州市政府、中山纪念堂一直到中山纪念碑，这条长达 12 千米、贯穿南北的广州中轴线，是广州历史脊梁的重要组成部分，其建筑风格和谐统一，有赖于林克明的直言与独特的设计眼光。广州市政府大楼是林克明的另一扛鼎之作，其建筑风格、造型都是在“和而不同”设计理念下进行的。中山文献馆是林克明回广州后首个负责设计的项目，也是他第一次运用传统建筑形式进行设计的尝试。1999 年 3 月病逝。

徐民纲 （1901—1989），祖父原为博罗县龙华乡人，后到石龙一家棉花店做挑水工。徐民纲 8 岁入读私塾，13 岁读高等小学。1915 年，先后任警区署录事、粤海署收发室助理科员。1922 年夏，入石龙商团公所（后称民团）当文书。不久，又兼商会书记（文书）。1924 年孙中山讨伐陈炯明到石龙建行营，他作为商界代表到火车站迎接。之后，常与孙中山接触，敬爱之心日长。1925 年，蒋介石两度到石龙设立东征总指挥部，徐民纲都到火车站迎接，同时认识周恩来。1928 年，省撤石龙市为石龙镇，徐民纲任石龙第一任“民选”镇长。任镇长期间，促成莞龙公路的开通，参与筹办私立石龙中学。1932年，徐民纲以商界代表身份，当选为县参议员（石龙有3人）。中华人民共和国成立后，曾任广东省支前司令部水运科长、广州市轮船公会副主委、广州市交通运输管理局副局长。1951年，参加民主建国会。相继任广州市人民政府参事室副主任、民建广东省委员会顾问、民建广州市委员会名誉副主任、全国工商联咨议，为省政协第一、二届委员，第三、四、五届常委。1989年去世。

徐民纲

李源 （1904—1928），又名梦福、梦九、梦龙。清光绪三十年（1904）出生于石龙园洲莯兰李屋村。早年赴香港，在“亚洲皇后号”轮船当低级服务员。1921年，参加中华海员工会联合总会。1922年1月，参加香港海员大罢工。1924年回广州，参加省港大罢工和由罢工委员会组织的纠察队。1925年，经苏兆征介绍参加中国共产党。不久，任中共中华海员工会联合总会支部书记。1926年年初，国民政府财政部训练缉私检查队，李源受派去检查队任指导员。1927年4月15日，广州当局公开对共产党员和革命工人进行大屠杀，李源机智脱险。4月17日，中共两广区委改为广东省委，李源任省委特派员。秘密联络海员建立“义勇队”“工人自救队”等武装组织。10月23日，协助中共广州市委和省港罢工委员会发动数万工人举行大游行。是年，他被选为中共广东省委委员。1927年12月，在广东省委发动的工人暴动中，李源负责指挥第五区行动。13日，广州暴动失败。撤退中，李源担负掩护任务。1928年2月，省委派李源到海南岛工作，并于18日在乐会县召开海南党组织第二次党代表大会，讨论组织暴动、建立苏维埃政权、土地分配、职工运动、士兵运动等问题。同时，改选特委，李源任特委书记。在李源等的领导下，琼崖工人革命军发展到1200人，农军3000人；并成立琼崖苏维埃政府。1928年2月中旬，广东省委机关被破坏，李源回到香港，在省委机关工作。四、五月间，代理广东省委书记；不久任广东省委书记，并在中共六大会议被选为中共中央委员。1928年秋末，李源到潮汕、兴梅地区指导工作时，被反动民团逮捕。狱中，李源坚贞不屈，终被杀害，时年24岁。

古鸿烈 （1903—1969），字克怀，原籍五华县梅林镇优河村人。1927年，毕业于同济大学医学院。1928年，任东莞普济医院医师。1932年，在石龙原龙溪书院旧

古鸿烈

址创立克怀医院。1933 年，留学德国汉堡大学医院研究部，获医学博士学位。复回石龙行医济世。1938 年，他毅然从军救国，转赴粤北参加第四集团军为军医，先后任 179、182 部队后方医院院长。抗日战争胜利后，即辞第四集团军司令部第三后方医院上校院长职，回石龙克怀医院继续悬壶济世。其间，曾秘密医治中共广东省委领导人。1949 年，出资出力与石龙商界领袖人士兴办公璧中学。中华人民共和国成立后，历任广州中医院院长、广东省人民医院院长兼广州市卫生学校校长、光华医学院副主任委员、广东省卫生厅厅长、广东省参事室参事、民革广东省副主任委员等职，曾当选为广东省第一、二、三届人民代表大会代表，省人民委员会委员，省民族委员会委员，省体育运动委员会委员，省政协第三届常委。1961 年在中央社会主义学院学习时，受邀参加在天安门的国庆典礼。1969 年 5 月，病逝于广州。

周埈年（1893—1971），广东信托银行创办人。1911—1915 年，在英国牛津大学修读法律。1922 年起，被委任香港太平绅士。1929—1932 年，为香港洁净局局绅。1938 年，获授大英帝国司令勋章。1956 年，受封英国爵士。1961 年，获得香港大学名誉法律博士学位。

周锡年

周锡年（1903—1985），1923 年毕业于港大医科，随即去英国深造，成为耳鼻专科医生。后回港执业，声名鹊起。在第二次世界大战中，曾通过各种方式接济过许多知名人士。自 1946 年起，历任香港立法局议员（1953—1959 年为首席议员）及行政局非官守议员（1959—1962 年为首席议员），直到 1962 年任期届满。他离职时，大批厂商致函英女皇挽留他。周锡年于 1950 年获 CBE 勋衔（大英帝国司令勋章），1960 年获封爵士。创办华人银行和牛奶公司，并任多家公司董事长。

张荫麟（1905—1942），号素痴，石龙人。出生于石龙书香人家。16 岁考入清华学堂中等科 2 年级，成为梁启超的学生。他不喜欢交游，

张荫麟

只是孜孜不倦地博览群书，对中西文学、历史、哲学都有深入研究。经常在《大公报文学副刊》《清华学报》《燕京大学学报》《学衡》等学术刊物上发表文章。17岁时写的《老子生后孔子百余年之说质疑》在《学衡》杂志发表，质疑梁启超关于老子的考证，梁启超称赞他是史学天才。1929年清华学校毕业后，获公费到美国斯坦福大学深造4年，未期满，获哲学硕士学位。1933年应清华之聘，回母校任历史和哲学两系讲师，同时兼北大哲学课。1935年应教育部之聘，撰写高中历史教材。1936年，他被推举起草《北平教育界对时局意见书》，这就是后来闻名中外的《百名教授抗日宣言》。1937年“七七”事变后，张荫麟南下，在西南联大任教。其间，发表《上海英日人八次惨杀我国同胞始末》《告全国智识阶级》和《智识应当怎样救国？》等抗日文章。1940年年初，到遵义浙江大学任教。他反对当局非法逮捕学生，并挺身而出，给予保护。后由于积劳成疾，得肾脏炎症。1942年10月24日病逝，年仅37岁。张荫麟在短短20年中，发表论著200多篇，其未完成的代表作《中国史纲》是史学界公认的史学经典。

陈志仁（1906—1928），乳名安仔，博罗县园洲马嘶人。1921年，考入广东省立第一中学。1924年加入中国共产党，领导学校爱国学生运动。1925年7月，考取黄埔军校。10月，奉周恩来之命提前毕业后入国民革命军第四军政治部，参加南征。嗣后，进入广东农讲所学习。1926年8月，任第四军组织股股长兼前方救护伤兵委员会主任，随军北伐。在攻打汀泗桥战斗中，他冒着枪林弹雨到前沿阵地抢救伤员，并发动民众，组织担架队及时把伤员转移到后方。1927年上海“四一二”事变后，回家乡举办平民夜校，开展农民运动，建立农民武装军事训练队。1928年1月，参与组建中共石龙市委，负责军事工作。4月，任市委常委、宣传科科长兼士兵委员会主席。5月24日，领导策动国民党驻军起义时被捕。国民党军警对陈志仁施以酷刑，但他始终坚贞不屈。为使陈志仁屈服，国民党当局专门将陈志仁的同乡、惠州警备团团长陈文钱和花县县长陈星枢请来，企图利用宗亲关系对其进行拉拢软化。陈志仁当即揭穿了他们的诡计。国民党军警恼羞成怒，以砍掉十指相威胁，要陈志仁招供，陈志仁一言不发，怒目以对。结果军警残忍地将陈志仁的十个指头砍掉。国民党军警见陈志仁毫不屈服，于5月26日凌晨在红棉路东侧止轩亭旁将其杀害。11月25日，中共广东省委举行追悼活动，深切哀悼陈志仁等为革命牺牲的共产党人。中共广东省委机关报《红旗周刊》发表《纪念死难者先烈》一文，把陈志仁的名字与中共中央委员、中共广东省委书记李源，中共广东省委代理书记张善铭，中共广东省常委、广州起义工人赤卫队总指挥周文雍的名字列在一起。

黄不灭

黄不灭 （1906—1973），原名黄国雄，石龙黄家山人。自幼酷爱音乐，因家贫困无钱求师，常到茶楼曲艺歌坛以及办红白喜事的“八音班”旁听学艺。18岁加入民间乐队，不久进歌坛乐队为名伶伴唱粤曲，以操二弦（主奏乐器）任“头架”（乐队首席）。1935年开始从事粤剧伴奏，先后加入由千里驹、白驹荣、曾三多、马师曾、白玉棠、红线女等组班的“棚面”任伴奏。除领奏二弦外，还以吹奏喉管见长，擅于托腔保调名旦千里驹风靡一时的名曲《燕子楼》，即是黄不灭依据旦腔特点及其歌唱条件共同创造的，后成为粤剧学校、剧团培训学员的主要教材。20世纪50年代开始，黄不灭主要从事唱腔音乐设计，与粤剧演员马师曾、红线女合作多年。他设计的唱腔音乐特点是注重革新创造，善于根据剧情需要、人物性格、感情的要求进行创作，旋律优美顺畅，层次分明，雅俗共赏。在《盘夫》一剧中，将平淡的唱腔处理成新板腔和板式。在伴奏上，将原来只用齐奏，改成追、齐、补三种手法，使整个唱段大为生色。该剧在北京演出时，国务院总理周恩来看后称赞音乐设计得好，特邀黄不灭到家中做客。黄不灭的3个子女黄壮谋、黄继谋、黄英谋均为粤剧界中的顶尖人才。

莫公璧

莫公璧 （1910—1938），原是博罗园洲龙叫村人。13岁在中山大学附属中学读书期间写有《墨子经济学说》，让教师惊叹不已。大学时专攻物理，精于电学。莫公璧课余喜欢涉猎文艺，排演戏剧，还擅长足球、书法。20岁大学毕业后，有志游学海外深造，但顾及父母不愿远离。1933年秋，受聘东莞第三区区立石龙中学任校长。莫公璧任校长后，将石龙中学改区立为县立。不到一年，声名远播。1934 年夏，石龙中学第一届学生毕业，到广州参加会考，无一落第。从此，石龙中学吸引四乡学子远道到石龙求学。1937 年秋，莫公璧以身作则支持全民抗日。当时，敌机频繁袭击石龙，投弹伤人，石龙抗敌会救护团成立，莫公璧任主事，他还时常勉励学生，为后方服务做准备训练，教导他们用无线电通话，为日后作战培养通信人才。10 月 17 日，日军攻陷惠州，进迫樟木头，有窥伺石龙之势。莫公璧疏散家人到四会，自己留在石龙。组织志愿从军的学生奔赴抗日前线。在整装待发时敌机至石龙，狂炸中莫公璧不幸殉难，年仅 28 岁。后来，石龙人在中山公园建莫公璧纪念碑。

朱敬修

朱敬修 （1916—1966），名琛，字仲仁。生于四代中医世家，父亲朱子明早年在石龙行医，颇有名气。朱敬修就读于广东中医专门学校，以期继承父业。1937 年，他以优异的成绩毕业，参加东莞县中医师会试取得第一名。日军侵占石龙期间，他避居香港，被东华医院录取为中医师。朱敬修擅长中医及西方现代医学。日军占领香港后，朱敬修携眷回乡，在石排设馆行医。抗日战争胜利后，迁回石龙。他医德极好，病者求诊，不论贫富，一视同仁，遇贫困无钱者，常赠医施药，石龙群众对其医术和医德赞许有加。1956 年，朱敬修被广州中医学院聘为教授。朱敬修一生治学勤谨，著有《赞生堂存稿》若干卷，特别是《药性括要》一书，深受中医学院学生和中医临床工作者的欢迎与推崇。朱敬修在石龙行医期间，曾任石龙镇中医工会主席，3 次当选石龙镇特邀人民代表。到广州中医学院工作后，任全国中医学院教材编委会委员，被选为广东省人大代表。1966 年 5 月 8 日，在参加学习会时，突发心脏病去世。省政府、省人大为其治丧，时任广东省领导的陶铸等均致挽联。

陈枝 （1930—1987），原名陈旺枝，生于石龙，是举重运动员陈镜开、陈满林的大哥，陈伟强的大伯。1952 年，他与友人集资购买器材，自发组织举重训练班。1957 年，在镇政府的支持下，举重班改设为石龙镇青少年业余体育学校。镇政府为支持其事业，在石龙中心小学拨出一间课室作为举重训练室。其间，陈枝参加全国举重教练员训练班学习，回来后即组织学员开展大运动量加科学的训练，大大提高了业余举重队员的水平。1966 年，成为东莞县体委正式教练，留在石龙工作，是石龙举重事业的

陈枝

奠基人。在其指导下的石龙举重队先后向国家队和省队输送大批举重精英，有4破世界抓举纪录的叶浩波、3破世界推举纪录的陈满林、获中国第一枚奥运举重金牌的曾国强等。1987年，第六届全国运动会举重赛在石龙举行。陈枝在抓紧训练之余，全身投入“六运”会准备中。1987年10月12日，石龙体育馆在他的努力下进入最后装修阶段。但当晚陈枝回到家后却昏倒了，经医院抢救无效，于14日去世。

陈镜开

陈镜开 （1935—2010），石龙人，从小对体育有广泛的兴趣，除了举重，他也爱好体操、篮球、足球、游泳等。1955年1月，陈镜开被特招入中南军区体工队接受举重训练。6月，入选中国举重队，备战第二届国际青年运动会。赛前被送到莫斯科受训，不到4个月，成绩进步飞快。1956年6月7日，解放军八一队与上海举重队组成联队与苏联国家队在上海卢湾体育馆举行举重友谊赛时，陈镜开以133公斤的成绩打破美国运动员温奇132.5公斤的最轻量级挺举世界纪录，成为中国体育史上第一个打破世界纪录的中国人，也实现中国在国际体育世界纪录中“零的突破”。1957年8月，陈镜开参加在苏联举行的第六届世界青年联欢节、第三届世界青年友谊运动会，以140公斤的成绩打破自己133公斤的世界挺举纪录。陈镜开在成绩面前不自满，虽然伤痛不断，仍坚持训练。1959年8月，被查出椎骨出现严重的骨裂，椎骨的第一、第四节各有一处裂缝，第二、第三节各有3处，裂缝大的地方甚至还露出了脊椎神经。但他经过一段时间的治疗后提出重返国家举重队，之后又连续3次破世界纪录。在陈镜开的引领下，石龙的举重事业蓬勃发展。他心系家乡，每次回石龙，必然去体校看望那里的学生并进行指导。后来他的大哥陈枝成为国家一级举重教练，四弟陈满林也成为举重名将，3次打破世界纪录。侄子陈伟强八破青年世界纪录，两破成人世界纪录，并获1984年洛杉矶奥运会举重金牌。1987年，国际奥委会主席萨马兰奇向十破世界纪录的陈镜开颁发奥林匹克银质勋章。

黄松坚

黄松坚（1940—2017），出生在东莞企石博厦村。1959年，加入佛山石湾美术陶瓷厂，进石湾美术陶瓷学校学习。1961年毕业后，一直从事陶塑人物创作，作品具豪朴优雅、隽永传神的艺术特色。他早年在佛山祖庙、广州陈家祠等地临摹晚清民国时期石湾制作的“瓦脊公仔”，吸取其“贴塑”手法的精华。1962年，以“贴塑”手法创作的《吹笛仙女》雍容高雅、工细精巧，令人耳目一新，被选送第二届亚洲艺术节展出，藏于香港艺术博物馆。《持扇仕女》入选全国工艺美术展览，获中国工艺美术百花优秀作品奖。1993年，他与儿子黄志伟（中国工艺美术大师）合作，耗费一年多时间完成由形态各异、点缀季节饰物的陶塑组合作品《春夏秋冬》，结合贴、捏、雕、塑技法，表现东方女性古典美，获省级和国家级金奖，被评为国家珍品，被誉为石湾新贴塑陶艺的里程碑，开创和带动当今石湾陶艺一大流派。作品曾被送美国、加拿大、新加坡等国以及中国香港展览，众多作品及论文被选参加国内和新、马、日、德、澳、美等多国展览和研讨交流，作品藏于中国工艺美术馆。黄松坚荣获“杰出优秀美学贡献”证书。他的写实手法力作《龙之尊者》获国家优秀作品奖。同为写实手法作品的《雄风》，获国家百花奖。他与儿子黄志伟合作，为向邓小平百年诞辰献礼的陶塑《继往开来》，具深刻的思想性和高超的艺术性，成功表现毛泽东的雄才大略，邓小平的坚毅睿智，江泽民的坚定亲切。首创三代领导人承前启后、继往开来的风范形象于一个艺术作品，广受文化、陶艺、收藏界赞誉，被中国国家博物馆作永久收藏并出具证书。

1992年，黄松坚被评为高级工艺美术师。1994年，被国家评为“全国优秀技艺人员”，并获“创作科研成果一等奖”。1996年，被评为中国工艺美术大师。1999年，获国务院突出贡献表彰奖，享受国务院政府特殊津贴。2012年，荣获“国家级非遗传承人”称号。2010年、2012年、2014年，分别获中国工艺美术终身成就奖、中国陶瓷艺术设计教育终身成就奖、中华非物质文化遗产传承人薪传奖。撰写的《石湾陶瓷雕塑创作基本技法》被制成百余幅幻灯片，成为培训陶艺新人的宝贵教材。曾受邀赴美国路易斯安那州大学艺术学院讲学3个月，美国陶艺家、收藏家千里迢迢赶来听课并作学术交流。该学院为此增设石湾陶艺课程，将其著述译为英文版推广。

叶浩波

叶浩波 （1942—2007），石龙人。17 岁成为广东举重队队员。1963 年在长沙举行的全国举重锦标赛上，叶浩波获最轻量级冠军。1964 年 10 月 19 日，在广东省第三届运动会上，叶浩波以 108.5 公斤的成绩打破 56 公斤最轻量级的抓举世界纪录。叶浩波成为中国第二个打破抓举世界纪录的运动员。1965 年 5 月，第二届全国运动会选拔赛在石龙举行，叶浩波以 109 公斤的成绩打破自己创下的最轻量级 108.5 公斤抓举世界纪录。1965 年 9 月，在第二届全国运动会上，叶浩波以 113 公斤和 115 公斤的成绩，在一场比赛中两次打破最轻量级抓举世界纪录。

名人履痕

东莞名士王希文挂名石龙开圩人 王希文（1492—1565），字景纯，号石屏。明代莞城圆沙村人。明嘉靖七年（1528），中乡试解元。嘉靖八年（1529），连捷进士。初授刑科给事中，后改调南京刑科给事中。为官 6 年，遇事敢谏，弹劾不避权贵，最终因抗疏而辞官归乡。居家 30 年，曾在乡中主持创建王氏家庙（王氏宗祠），修《圆沙王氏族谱》；倡议修复莞城道家山（今莞城文化广场）的雁塔；作《却金留芳记》，表彰和赞扬重视与外商平等贸易而又廉洁却金的东莞清官李恺。特别是首倡石龙开圩，始有后来之繁荣宜居石龙镇。

明嘉靖年间，石龙陆家窝村多年受洪水威胁，村民多已搬离。余下的村民也决定整体迁至羊城（广州），村民却苦于缺乏资金，便决定将全村产业变卖作搬迁费用。适逢石龙水南头林屋村林震洲从外地经商归来，他得知此事，遂与本村村民商议，并带头出资将陆家窝全部资产承接，并告知辞官归来的好友王希文。王希文十分赞赏林震洲这种助人之举，并提议林屋村村民可将陆家窝村旁的沙滩筑堤填高，与陆家窝地块连成一片，利用这片土地发展租地设圩，任由承租者自行创业，造福大众。此建议获林震洲接纳，并按其主张施行。由于石龙是水路交通的交会点，加上圩市规划整齐，人流越聚越多，圩市也越来越繁华，王希文也就成为石龙的挂名开圩人。

龙溪书院山长卢应、邓淳、张其淦育英才 卢应，字锡垣，号梅关。东莞茶山增埗卢屋村人。清乾隆二十七年（1762），中乡试（举人）第二名。乾隆三十一年（1766），中进士，选庶吉士，授翰林院检讨，入值武英殿，充国史馆纂修，《四库全书》分校。后归家侍奉母亲。受聘主持龙溪书院和宝安书院20多年，培育了众多的东莞名士。

张其淦

邓淳，字粹如，号朴庵，东莞茶山邓屋人。东莞名进士邓大林之子，其母林兰雪是进士林蒲封之女，也是当时广东三大才女之一。邓淳于清嘉庆二年（1797）中秀才，后因父母病故，在家居丧尽礼，并研习陈白沙及王阳明学说。嘉庆二十三年（1818），两广总督阮元纂修《广东通志》，请他提供东莞方面的材料。道光十三年（1833），粤督卢坤聘他为龙溪书院主持。林则徐到广东主持禁烟工作，他献禁烟平英善后十策。

张其淦（1859—1946），字豫泉，号邵村，东莞篁村人。龙溪书院山长陈沣弟子。清光绪五年（1879），中举人。光绪十八年（1892），中进士，选庶吉士，后出任山西省黎城知县及山西巡抚文案。后因黎城有外国传教士被当地义和团所杀受牵连，被革职回籍，主持龙溪书院7年，并兼任明伦堂沙田总办。宣统二年（1910），授荣禄大夫（从一品），赏戴花翎，后出任安徽提学使。辛亥革命后隐居上海，著书20多种、数十卷。

孙中山到石龙视察 1923年，孙中山发动对叛军陈炯明的讨逆战争。3月2日，在广州设立海陆军大元帅府，开始东征，战事直指陈炯明的老巢惠州。5月，孙中山首次到石龙巡视军情并进行劳军。接着，孙中山将行营和大本营设在石龙，并20多次进出石龙，前往博罗、惠州视察战况。在石龙期间，孙中山还会见当地各界代表，召开重大军事会议。孙中山去世后，石龙人民为纪念他，将石龙公园改名为中山公园，又将改建后的马路命名为中山路，在孙中山东征军大本营所在地建中山纪念堂。

巴甫洛夫将军石龙殉难 巴甫洛夫（又译为巴富罗夫），苏联著名将领。1923年受苏联政府之托，带领十数名苏联军官前往广州，任孙中山军事大本营高级军事顾问。1924年7月18日早上，巴甫洛夫率苏联军事顾问团及航空局数名职员乘坐广九列车到石龙了解东征战事情况，当晚与中方军官在东江河面上一艘轮船上欢宴。宴后坐小艇回岸时，不慎被轮船上的船缆绊倒，失足落水。当时适逢雨季，洪水上涨。搜救人员直到第二天早上才在石龙电灯厂对面的江面上发现巴甫洛夫的遗体，并于20日晚运回广州。23日早上，在广州东较场开追悼会。孙中山偕夫人宋庆龄，连同在广州的各军队、政府要员出席追悼会，孙中山亲自主祭。

周恩来在石龙发表演讲 1925年10月8日14时，石龙各团体在石龙公园举行盛大的欢迎东征军大会。到会团体有石龙第三区党部第一区分部、第二区分部、商会、民团局、市党部、石龙区党部、油烛工会、车衣工会、县立第九国民学校、石龙农民协会、第二区党部、石龙市教职员联合会、石龙米面协进工会、理发工会、革履工会、茶酒楼工会等1000多人。会上，推举市党部执行委员罗伟疆任大会主席。商会代表陈翘南、农民协会代表何友逊、学联代表苏汉平、油烛工会代表谭锡及美洲华侨代表黄公石相继发表演说。后由东征军总政治部主任周恩来讲话，他号召人民与革命军联合，共同打败陈炯明军。联欢会上，东征军还散发《东征军第一军政治部敬告石龙各界同胞书》，阐明东征是为打倒陈炯明，救东江人民于水深火热之中，还要为统一广东进而统一全国，谋全国人民长治久安而东征。会后，石龙竹器工人连夜赶制长竹梯300架献给东征军，这批竹梯成为攻破号称千年不破惠州城的重要器械。

蒋介石提议修建莞龙路 广东革命政府为消灭广东境内的反动军阀势力，于1925年10月初进行第二次东征，讨伐陈炯明。蒋介石任东征军总指挥，并在石龙设东征军指挥部。10月7日，蒋介石在石龙作出攻占惠州城的部署。10月10日，蒋介石、周恩来等率东征军总指挥部人员由石龙乘船进抵博罗，设行营于县。10月17日，省务会议根据蒋介石提议，决定开筑石龙直达潮安的公路，以利行军。派公路局长陈耀祖率技师、工程师赴惠州城与蒋介石共商具体修筑事宜。在东莞期间，蒋介石特地召见东莞县县长毛秉礼，提议他筹款兴建莞城至石龙的公路。莞龙路最早曾由东莞人、原民国广东民政司司长钱树芬在任时提出兴建，后因缺乏资金而放弃，此事经蒋介石重提，于是莞龙路很快就开始建设，于1930年建成通车，成为东莞的第一条县级公路。

廖仲恺被扣石龙书舍街 廖仲恺（1877—1925），原名恩煦，又名夷白，字仲恺。广东省归善县陈江镇鸭仔埗乡窑前村人（现广东省惠州市仲恺高新区陈江街道幸福村）。中国国民党左派领袖、中国近代民主革命家。1922 年 6 月 14 日，陈炯明在石龙召开众将领军事会议，商讨兵变事宜。为削弱孙中山身边的力量，陈炯明发电报给廖仲恺，邀请他到石龙商量要事，怕廖仲恺不肯前来，编谎言说请他一起回惠州收盐税款。因廖仲恺当时身兼广东财政部次长，负有收取税款的任务，虽然廖仲恺当时已风闻陈炯明可能兵变，但他不能失职，而且他仍希望能与陈炯明当面交谈，说服陈炯明与孙中山和解。因此，廖仲恺依约前往石龙。但他一下火车，即遭到陈炯明的手下扣押，随后被押解到石龙书舍街同善堂内囚禁起来。廖仲恺被扣押后，坚贞不屈，视死如归，并写下有感诗 18 首。陈炯明发动军事政变后，廖仲恺被秘密押往广州石井兵工厂。后来，陈炯明为收买人心，稳定广州局势，于 8 月 15 日将廖仲恺释放。

“中国革命空军之父”杨仙逸驾驶飞机降落石龙 杨仙逸（1891—1923），字学华，号铁庵。原籍广东香山县北台乡（今中山市南区北台村人），出生于美国夏威夷。清宣统二年（1910）加入同盟会，随后考入哈里大学机械系，学习机械及兵器制造技术，是中国近代航空事业的先驱，被誉为“中国革命空军之父”。

1919 年，杨仙逸奉孙中山命令到福建漳州筹备组建中国第一支空军并任总指挥。1923 年 2 月，孙中山在广州成立大元帅府，杨仙逸被任命为航空局长，筹办广东飞机制造厂，杨仙逸兼任厂长。他主持制造了中国第一架飞机“乐士文”号。孙中山为尽快完结东征之战，在石龙黄家山择地修建军用机场，机场占地面积 20 万平方米。机场建成后，杨仙逸驾机从广州大沙头航空局机场飞至黄家山机场，并成功降落。后在惠州参与研放水雷时遇难。

杨仙逸

人物表

石龙明清时期进士、举人一览表

表 21

姓名	登科年份	官职	籍贯
进士			
张鸣鹤	明隆庆五年（1571）	四川成都知府	西湖
樊王家	明万历三十五年（1607）	广西提学副使	西湖
张邦宪	明万历三十五年（1607）武进士	汀漳守备	西湖
叶国昌	清光绪三年（1877）武进士	营用守备	新维
黄家驹	清同治十年（1871）	刑部主政	黄家山
举人			
张邦燮	明嘉靖三十七年（1558）	广西隆安知县	西湖
张应芳	明隆庆元年（1567）	知县	西湖
张起龙	明万历三十四年（1606）	宜黄县知县	西湖
樊王宁	明万历四十三年（1615）	—	西湖
张其猷	明天启四年（1624）武举人	—	西湖
麦世焜	清乾隆二十五年（1760）	惠民知县	老城区
李维谦	清乾隆五十七年（1792）	—	老城区
黄金榜	清嘉庆十三年（1808）	—	老城区
黄　照	清嘉庆十三年（1808）	湖北利川知县	黄家山
陈朝钰	清道光五年（1825）	—	老城区
叶雄滔	清同治六年（1867）武举人	陆路提标后营候补千总	新维
叶遇春	清同治九年（1870）武举人	—	新维
黄瀚华	清光绪十一年（1885）	大挑知县	黄家山
曾守信	清光绪二十三年（1897）	—	老城区
麦毓勋	清光绪二十三年（1897）	—	老城区

石龙镇革命烈士一览表

表 22

姓名	性别	出生时间	住址	职务	简要事迹
张招妹	女	清光绪十五年（1889）	博罗湖镇	中共地下工作人员	1943 年秋参加革命，石龙抗日交通情报站交通员。1945 年 5 月牺牲
李文甫	男	清光绪十六年（1890）	石龙镇	—	1911 年 3 月，参加广州起义。是黄花岗七十二烈士之一
张苞	男	1918	石龙镇	侦察股长，惠阳渔（盐）工委副书记兼武装部部长	1944 年参加东江纵队；1962 年 10 月 7 日，在惠东县小星山战斗中牺牲。1962 年 12 月，广东省人民政府、省军区授予他“民兵英雄”的称号，并记一等功
苏富	男	1919	—	石龙船民公会会员	1950 年 5 月，与 20 多名船工驾船 4 艘参加支前，在万山群岛激战中牺牲
徐毅平（又名徐沂）	男	1920	石龙镇	曲江县委书记	1937 年参加革命，1945 年在英德县沙口镇被捕遭杀害
何远帆	男	1921	—	石龙船民公会会员	1950 年 5 月，与 20 多名船工驾船 4 艘参加支前，在万山群岛战斗中牺牲
余焯（又名余巨动）	男	1926	石龙镇	粤赣湘边纵队一支三团海燕武工队税务员	1944 年参加中共领导的游击队，1949 年 8 月在东莞县附城凹头被叛徒杀害
黄洪妹	女	1942	石龙镇	三九二二部队护士	1962 年 9 月参加中国人民解放军，1971 年 5 月在广西因公牺牲
马锡亮	男	1955	石龙镇	五三五六二部队班长	1976 年参加中国人民解放军，1979 年 2 月在对越自卫反击战中牺牲。追记二等功
曾庆安	男	1972	石龙镇	石龙公安分局民警	1994 年，与劫匪搏斗中牺牲。公安部追授他为“全国公安系统二级英雄模范”，省人民政府追认为革命烈士

石龙镇受省部级以上表彰人员表

表 23

姓名	性别	出生时间	籍贯	工作单位	省部级以上表彰称号	表彰时间
刘希洪	男	1925	山东藤县	石龙木材厂	全国战斗英雄	1950
周洪	男	1931.7	广东东莞	石龙粮食加工厂	轻工业部授予“先进工作者”称号	1956.5

续表 23

姓名	性别	出生时间	籍贯	工作单位	省部级以上表彰称号	表彰时间
陈镜开	男	1935.12	广东东莞	—	“国家运动健将”	1956
					国家体委授予“国家体育运动荣誉奖章”（先后 5 次）	1959
					亚洲举重联合会授予“金质奖牌”	1983
					“中华人民共和国成立三十五年来杰出运动员”	1984
					国际健美协会授予“金质奖章”	1985
					国际奥委会授予“奥林匹克银质勋章”	1987
					“中华人民共和国成立四十五年来杰出运动员”	1994
张一雷	男	1917	广东东莞	—	国务院授予“全国先进工作者”称号	1957
黎满金	女	1932.8	广东东莞	石龙火柴厂	国务院授予“全国先进工作者”称号	1959.11
					中华全国妇女联合会授予“全国三八红旗手”称号	1960
梁兴	女	—	广东东莞	石龙火柴厂	广东省人民政府授予“广东省劳动模范”称号	1959
					中华全国妇女联合会授予“全国三八红旗手”称号	1983
单孔齐	男	1939	广东东莞	博罗食品出口公司石龙出口站	商务部授予“全国外贸系统先进工作者”称号	—
黎柏	男	1926.8	广东东莞	石龙农机厂	广东省人民政府授予“广东省手工业先进生产者”称号	1962.8
张苞	男	1918	广东东莞	—	广东省人民政府、省军区授予“民兵英雄”称号	1962.12
黄松帮	男	—	广东东莞	石龙竹一社	广东省人民政府授予“社会主义建设先进生产者”称号	1963
李少白	男	—	广东东莞	石龙食品厂	广东省人民政府授予“技术革新能手”称号	1964
张智年	男	1928.12	广东东莞	石龙西湖大队	广东省人民政府授予“农业先进工作者”称号	1964.1
叶浩波	男	1942	广东东莞	—	国家体委授予“国家体育运动荣誉奖章”（先后 2 次）	1964 1965
					“新中国体育开拓者”	1985

续表 23

姓名	性别	出生时间	籍贯	工作单位	省部级以上表彰称号	表彰时间
陈满林	男	1941	广东东莞	—	国家体委授予“特等功”	1965
					国家体委授予“国家体育运动荣誉奖章”（先后 4 次）	1965—1985
					广东省体委授予“一等功”	1977
					“新中国体育开拓者”	1985
					中国举重协会授予“40 年来为中国举重事业作出贡献荣誉奖”	1996.9
					国家体育总局授予“中华人民共和国体育工作贡献章”	2002.10
叶镇和	男	1957.9	广东博罗	石龙运输公司	58353 政治部授予“战时一等功”	1979.4
陈灿洪	男	1958.6	广东东莞	—	53561 部队授予“战时一等功”	1979.4
陈少明	男	1956.9	广东博罗	广永制衣厂	58353 政治部授予“战时一等功”	1979.5
陈伟强	男	1958	广东东莞	—	国家体委授予“国家体育运动荣誉奖章”（先后 2 次）	1979 1984
					当选由中央人民广播电台、中央电视台、《中国青年报》、《体育报》等首都 20 家新闻媒体联合评选出的“全国十佳运动员”	1979
					广东省人民政府给予记大功，并获晋升两级工资奖励	1984
					被授予全国及广东省新长征突击手称号各 2 次	1984
					广东省人民政府授予“广东省劳动模范”称号	1985
祁耀森	男	—	广东东莞	石龙中学	“全国农村千名优秀体育教师”	1981
王清	男	1926.5	广东东莞	石龙中学	“全国农村千名优秀体育教师”	1981
					“全国中小学德育先进优秀工作者”	1984
					“全国田径系统项目优秀工作者”	1987
梁建江	男	—	广东东莞	石龙中学	教育部授予“全国优秀教师”	1989
张振明	男	—	—	石龙中学	“全国农村千名优秀体育教师”	1990
					“全国体育传统项目学校先进工作者”	1998

续表 23

姓名	性别	出生时间	籍贯	工作单位	省部级以上表彰称号	表彰时间
方志坚	男	—	—	石龙中学	教育部授予“全国优秀教师”	1992
张欣生	女	1949.12	北京	石龙中学	中华全国妇女联合会授予“全国‘三八’红旗手”称号	2000
					中华全国妇女联合会授予“巾帼建功标兵”称号	2001
朱如葆	男	—	广东东莞	石龙中学	“全国优秀教师”“特级教师”	2007
黎沛林	男	1919.10	广东广州	东莞市松山湖中心医院	广东省人民政府授予“广东省劳动模范”称号	1982
					国务院授予“全国卫生先进工作者”称号	1983
许妙恩	女	1973.1	广东汕头	东莞市松山湖中心医院	中华全国妇女联合会授予“全国‘三八’红旗手”称号	1983
魏彩珠	女	1974.1	广东惠州	东莞市松山湖中心医院	国务院授予“全国模范护士”称号	1988.5
					广东省人民政府授予“广东省优秀护士”称号	1988.8
					广东省人民政府授予“广东省职工特等劳动模范”称号	1988.8
					国务院授予“全国先进工作者”称号	1989.9
					中华全国妇女联合会授予“全国‘三八’红旗手”称号	1989.9
					广东省人民政府授予“广东省社会主义文明建设积极分子”称号	1991.4
潘伟彪	男	1968.8	广东东莞	东莞市松山湖中心医院	卫生部授予“‘抗洪防病’先进个人”称号	1998
					卫生部授予“全国医药卫生系统先进个人”称号	2009
韩临晓	女	1961.4	河北	东莞市松山湖中心医院	广东省总工会授予“广东省五一劳动奖章”	2010.4
刘芙蓉	女	1963.5	广东梅州	东莞市松山湖中心医院	中国医药信息学会、中国电子学会医药信息学分会授予“中国医药卫生信息技术（医院类）优秀信息主管”称号	2011.1
邓伟均	男	1967.9	广东东莞	东莞市松山湖中心医院	中国医疗卫生事业创新峰会组委会授予“全国医疗行业管理人物”称号	2013.6
					中国医药信息学会、中国电子学会医药信息学分会授予“全国医药卫生信息技术杰出贡献人物”称号	2013.11

续表 23

姓名	性别	出生时间	籍贯	工作单位	省部级以上表彰称号	表彰时间
周光辉	男	1965.1	四川内江	东莞市松山湖中心医院	广东省人民政府授予“广东省名中医”称号	2017.10
曾国强	男	1965	广东东莞	—	国家体委授予“国家体育运动荣誉奖章”	1984
					广东省人民政府给予记大功，并获晋升两级工资奖励	1984
					“国际级运动健将”	1985
黎贺广	男	—	广东东莞	石龙通达工业公司	广东省人民政府授予“广东省劳动模范”称号	1985
王托	男	—	广东东莞	石龙通达工业公司	广东省人民政府授予“立功创先劳动模范”称号	1987
陈润锡	男	1940.7	—	石龙烟花厂	广东省人民政府授予“广东省劳动模范”称号	1985
					中华全国总工会授予“全国五一劳动奖章”	1990.5
岑祖强	男	—	—	石龙航道段	交通部授予“全国交通系统两个文明标兵”称号	1986
卢培辉	男	—	—	—	国家体委授予“国家体育运动荣誉奖章”	1987.9
袁其斌	男	—	广东东莞	农业银行	全国金融系统劳动模范	1989
梁天成	男	—	—	石龙公安分局	公安部授予“全国颁发居民身份证先进工作者”称号	1989
岳平田	女	1979	—	石龙公安分局	广东省人民政府授予“二等功”	1997.11
					广东省总工会授予“广东省五一劳动奖章”	1997.11
黄志和	男	1969.2	—	石龙公安分局	广东省总工会授予“广东省五一劳动奖章”	2002.4
朱永春	男	—	—	石龙环卫所	广东省总工会授予“广东省五一劳动奖章”	1994
张洪波	男	—	—	石龙职校	“全国工会职工教育先进工作者”	1994
袁锐光	男	1938.12	—	广东华南药业集团有限公司	广东省人民政府授予“广东省劳动模范”称号	1994.5
叶温全	男	1962.8	—	广东华南药业集团有限公司	广东省总工会授予“广东省五一劳动奖章”	1996.5
欧阳均达	男	1939.6	—	广东华南药业集团有限公司	广东省人民政府授予“广东省劳动模范”称号	1997.8
龙超峰	男	1962.7	广西	广东华南药业集团有限公司	中华全国总工会授予“全国五一劳动奖章”	2001
					国务院授予“全国劳动模范”称号	2005.4

续表 23

姓名	性别	出生时间	籍贯	工作单位	省部级以上表彰称号	表彰时间
李腾达	男	1980.9	—	广东华南药业集团有限公司	中华全国总工会授予“全国五一劳动奖章”	2009.4
谢洪涛	男	1971.8	广东丰顺	石龙镇中心小学	“全国优秀中小学美术教师”	1997
史丽华	女	1975.12	湖南临澧	石龙镇青少年业余体育学校	国家体委授予“国家体育运动荣誉奖章”	1997.12
					国家体育总局授予“国家体育运动荣誉奖章”	1999.12
叶庆棠（家庭）	—	—	—	—	中华全国妇女联合会、全国文明办授予“全国‘五好’文明家庭”“全国学习型家庭”称号	2004
李健民	男	1952	—	石龙镇外经办	商务部授予“全国商务系统先进工作者”称号	2008.1
钟惠庄	女	1975.3	广东东莞	东莞市第八人民医院	中华全国总工会授予“全国优秀工会积极分子”称号	2013.8
骆庆明	男	1974.8	广东东莞	东莞市第八人民医院	广东省总工会授予“广东省五一劳动奖章”	2018.4
周秋平	男	1964.11	江西九江	石龙第二中学	环境教育杂志社全国生态文明教育示范学校委员会授予“2017 全国生态文明教育创新人物”称号	2017.12
葛天斌	男	1970.11	湖北通城	石龙第二中学	环境教育杂志社全国生态文明教育示范学校委员会授予“2017 全国生态文明教育创新人物”称号	2017.12
冯鸿俊	男	—	—	东莞航标与测绘所	全国交通系统安全先进个人	2019
					广东省总工会授予“广东省五一劳动奖章”	2019.4
梁观平	男	1977.2	广东湛江	石龙第三中学	教育部课程教材研究所授予“优秀实验教师”称号	2019.12
陈国铨	男	—	—	—	中华全国总工会授予“全国五一劳动奖章”	2011
陈小华（家庭）	—	—	—	—	中华全国妇女联合会授予“全国低碳生活创新明星家庭”称号	2011
刘玉荣	男	1977.11	江西赣州	日本电产三协电子（东莞）有限公司	广东省总工会授予“广东省五一劳动奖章”	2017

大事纪略

石龙自明嘉靖年间开圩，历史悠久。数百年来，石龙在每一个历史阶段都留下深刻的岁月印痕。石龙商贸繁盛，百业兴旺，很快成为珠三角的粮食、木材集散地。清代，成为广东四大名镇之一。民国时期，石龙是东征军的大本营。中华人民共和国成立后，尤其是在改革开放的数十年间，石龙镇从信息化试点镇到中国历史文化名镇，再跃升为国际宜居城镇，每次转变都描绘出一幅幅恢宏画卷。

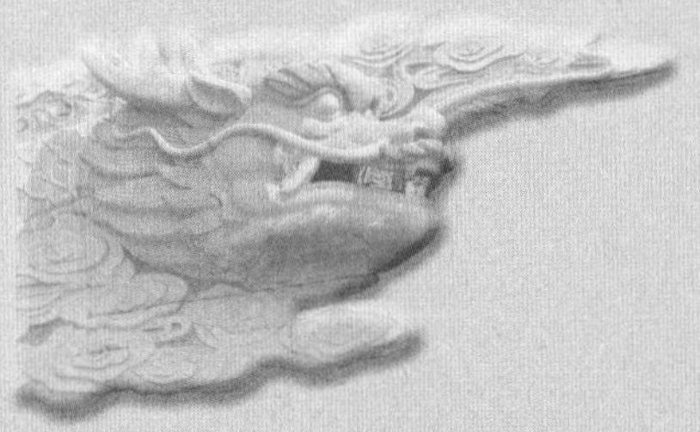

绿洲卧磐石

东江藏飞龙

4500 年前石龙西湖村人类遗址

根据考古专家在石龙沿江一带的实地考察，结果显示位于石龙西湖村的地方，早在 4500 年前已有人类在此处生活。因为专家推断在西湖樊屋村发现的贝丘遗址距今约 4500 年，是人类在此地渔猎群居遗迹。证明在 4500 年前就有人类在石龙西湖一带活动，他们以打渔为生，后慢慢向周边扩散，甚至从渔业向农业、商业发展。

从西湖樊屋村出土的 4500 年前的贝壳化石（2009 年）

明嘉靖年间石龙开圩

石龙于明嘉靖年间（1522—1566）某年正月初四开圩。当日，有位黄道人题《竹枝词》描写石龙开圩盛况：“石龙今日市廛开，车马纷纷涌进来。午后酒阑人尽散，白云依旧锁苍苔。”石龙自开圩后，百业兴旺、航运发达、手工业欣欣向荣，很快成为“惠（州）、潮（州）、嘉（应州）三府商贾总汇，货财云集之地”，是东江流域和省港地区重要的商贸重镇。清代，与广州、佛山、顺德陈村并称为“广东四大名镇”。

清咸丰三年（1853）何六起义

清咸丰三年（1853），以石龙何六为首，掀起东莞历史上最大的一次农民起义。起义军头裹红巾，故称红巾军。何六自封为东路大元帅，提出“拿龙（石龙）、捉虎（虎门）、劏羊（广州）、拜佛（佛山）、上西天（天京）”的口号。清咸丰六年（1856）初，何六率义军在茶陵与曾国藩所属团练王鑫部相遇，何六在作战中阵亡，起义失败。

清光绪二十九年（1903）石龙建成首家医疗机构

清光绪二十七年（1901），石龙商人李秀芝、袁伟猷、夏侯伟、王大光、林树蕃、石绮云等人发起倡建医院提议，并前往港澳向各界人士募捐，筹得白银2万两。其后又仿效广州广济医院式样，兴建医院大楼3栋。医院于光绪二十九年（1903）建成，清末探花陈伯陶书题“惠育医院”匾名。

清宣统三年（1911）石龙建成南北铁路桥

广（广州）九（香港九龙）铁路于清光绪三十三年（1907）8月21日开始修建，分华段和英段。华段从广州至深圳，英段从深圳罗湖桥至九龙红磡，两段同时开工。整条铁路工程难度最大的是石龙南、北铁路桥的建设。宣统三年（1911）3月石龙南、北两条铁路桥建成，同年4月24日，广州至石龙段通车。10月8日，石龙至深圳段通车，至此华段全线正式通车，而广九全线至1912年年初才全线通车。2007年3月，广深四线石龙南桥建成通车，石龙南铁路桥停用。

2011年，广九铁路石龙南桥被评为广东省第三次全国文物普查“十大新发现”。2013年5月，被国务院核定为第七批全国重点文物保护单位，被认定为近代的重要史迹及代表性建筑。石龙北铁路桥于2016年拆除。

石龙南铁路桥（2019 年）

1923 年孙中山在石龙设立东征大本营

1923 年 5 月，为讨伐盘踞在惠州的军阀陈炯明，孙中山亲临石龙并设立东征大本营。至 11 月，孙中山曾 20 多次进出石龙指挥前线战斗。1923 年 6 月 4 日，孙中山会见石龙各界代表，并发表演说，与各界代表合影留念。1925 年孙中山逝世后，石龙人民将石龙公园改名为中山公园，将 1929 年改建完成的马路命名为中山路。1937 年，在中山公园内建成中山纪念堂。2004 年，在石龙火车站广场竖立孙中山铜像。

1927 年中共石龙市委成立

1927 年秋，中共石龙市委成立，直属中共广东省委领导。由陈旺、陈志仁、麦金镛等人组成，陈旺为书记。市委机关设在石龙市园洲乡寮仔（今属博罗县）。1928 年 5 月，石龙市委在策反国民党石龙驻军士兵活动中遭破坏。之后，石龙市委与东莞县委合并，组成新的中共东莞县委会，县委机关设在莞城。

1929 年中山路建成

1929 年，由于石龙万胜街发生大火，该街几乎被烧尽。是年，经省批准由石龙工务局组织拆建该路，并将鱼安街、东禄元、西禄元、饱街、塘头等街道串联在一起，统一扩宽出一条直线大马路。大马路建成后，石龙人为纪念孙中山曾在石龙指挥平叛战斗而将其命名为中山路。

1956 年陈镜开首创世界举重纪录

1956 年 6 月 7 日，在上海卢湾体育馆举行的中苏举重友谊赛上，最轻量级的中国举重运动员陈镜开在第一次试举成功后，第二次试举要 133 公斤，他希望借此一举打破美国人温奇该级别 132.5 公斤的世界纪录。可惜这次试举没有成功。陈镜开在第三次试举中，将 133 公斤杠铃举过头顶，并取得成功。陈镜开成为第一个打破世界纪录的中国人。之后的数年，他一共打破 10 次世界纪录。为表彰他为国际举重事业发展所做的贡献，1987 年 11 月 21 日，国际奥委会主席萨马兰奇赴广州向他颁发奥林匹克银质勋章，陈镜开是中国第一个获奥林匹克银质勋章的运动员。

1984 年曾国强为中国夺得首枚奥运举重金牌

1984 年 7 月 28 日，第 23 届奥运会在美国洛杉矶举行。中华人民共和国成立后第一次派体育代表队参加该大型国际体育赛事。开赛不久，来自广东东莞石龙的中国举重运动员曾国强在男子 52 公斤级竞赛中夺冠，为中国夺得第一枚奥运举重金牌。当时中国派出征战奥运的举重运动员中有 3 名石龙人，他们是曾国强、陈伟强和赖润明。继曾国强之后，陈伟强获得男子 60 公斤级的奥运金牌；赖润明获得 56 公斤级的奥运银牌。在该届奥运会上，中国举重队共获得 4 金、2 银。

1984 年，参加第 23 届奥运会的陈伟强（左）、曾国强（中）、赖润明（右）（1984 年）

1984 年石龙镇获“举重之乡”称号

从 1956 年陈镜开首次打破世界举重纪录后，石龙镇举重名将不断涌现，除了 10 破世界纪录的陈镜开外，还有 4 破世界纪录的叶浩波、3 破世界纪录的陈满林。1984 年在美国洛杉矶举办的第 23 届奥运会中，石龙人还一举获 2 金、1 银，占中国举重队奖牌数一半的好成绩。为表彰石龙镇对国家举重事业的贡献，广东省人民政府于 1984 年 9 月 29 日命名石龙镇为“举重之乡”。

1987 年石龙镇承办第六届全运会举重赛

1987 年的全国第六届运动会组委会决定，在石龙镇举办该届全运会举重项目决赛。为迎接第六届全运会举重决赛的举行，石龙镇党委、镇政府决定兴建石龙体育馆，以承担第六届全运会举重比赛。1987 年 11 月 12 日，建筑面积 5000 平方米的石龙体育馆落成启用，第六届全运会举重决赛在这里举行。在该比赛中，石龙籍举重运动员叶焕明获 60 公斤级总成绩金牌。

1988 年石龙镇承办亚洲举重赛

1988 年 6 月 16—20 日，第 20 届亚洲举重锦标赛在东莞石龙镇举行。在这次比赛中，中国队获团体总分第一名，石龙籍运动员叶焕明获 60 公斤级抓举、挺举和总成绩 3 枚金牌。

1993 年，石龙又举办第六届亚洲女子“石龙杯”和第七届亚洲青年男子“欢乐杯”举重锦标赛。

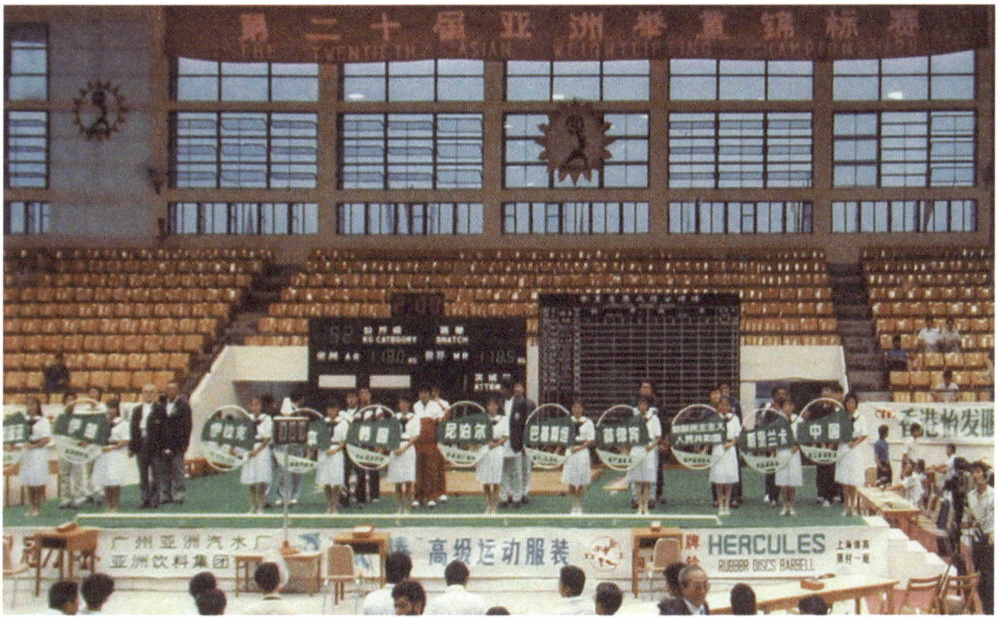

第 20 届亚洲举重锦标赛在石龙举行（1988 年）

1999 年石龙镇被评为首个国家信息化试点城镇

改革开放后，石龙镇注重在科技、经济、社会等方面的发展，并取得不菲成绩。1989 年，石龙镇被广东省科委认定为全省 4 个推动乡镇企业科技镇之一。1996 年，被国家科委批准为国家“星火”技术密集区。1999 年 12 月，石龙镇被国家信息办批准为“首个国家信息化试点城镇”（E-TOWN），为国家全面推进城市信息化起到示范作用。自此，石龙镇将信息化试点与“科教兴镇”战略相结合，通过“科技创新、信息推动”探索城镇信息化建设模式，以信息化带动工业走新型发展道路。1999 年年底，石龙镇有 54 项处于国内先进水平的科研成果试投产，其中省级高新技术企业和民营高科技企业 20 家，通过 ISO 9000 质量认证企业 17 家，科技进步对全镇经济增长贡献率达 58%；与国内高等院校合作成立产学研教育基地站 5 个；并与广东省科技情报所等研究机构结成科技服务联合体，建立长期科技服务合作关系。此后，石龙镇以信息研究建设为主导，致力于信息产业的开拓和发展，建成 2 座信息产业园区。至 2019 年，信息产业占全镇工业总产值的 90%。

2006 年石龙镇列全国千强镇第 19 名

2005 年，国家统计局在全国强镇发展论坛上公布第一届全国小城镇综合发展水平

1000强名单，石龙居第59位。2006年，在第二届"千强镇"前20名单中，石龙镇仅用一年时间跃居为第19位。这是石龙多年实行"科技兴镇、产业升级"可持续发展战略的结果。是年，石龙镇居民人均收入2.4万元，高于广州、深圳等城市。

2008年石龙镇获"中国历史文化名镇"称号

2008年12月23日，在住房和城乡建设部、国家文物局揭晓的"第四批中国历史文化名镇名村"名单中，有着深厚历史文化底蕴的石龙镇获"中国历史文化名镇"称号，这是东莞市唯一获该殊荣的镇街。

石龙镇有着近千年的历史文化底蕴和辉煌的历史。清代，石龙以活跃的商业贸易而驰名，与广州、佛山、顺德陈村并称为"广东四大名镇"，是东莞地区最早设镇的地方。石龙还有历史遗迹、文物近百处，有革命旧址、遗迹20多处，有李文甫纪念亭、中山纪念堂、周恩来东征演讲处等。石龙中山路是东莞至今保留最好、最完整、最大的民国骑楼建筑群。此外，石龙还保留有传统岭南特色的醒狮头、新昌鼓、灯笼仔、红漆描花传统木屐、麒麟等非遗制作技艺；粤剧在石龙也长盛不衰，是广东省"曲艺之乡"。

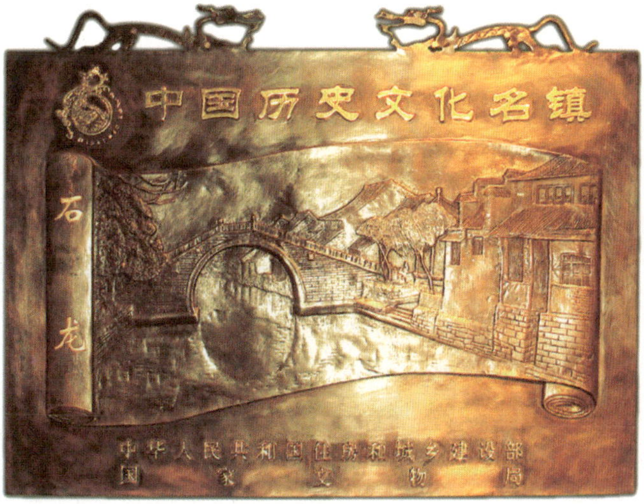

石龙获"中国历史文化名镇"称号（2008年）

2009 年石龙镇夺得国际宜居城镇第一名

2009 年，国际花园城市评选决赛在捷克共和国比尔森市举行，全球 70 多个国家 300 多个城市与社区参赛。在比赛中，石龙镇的“景观改善、遗产管理、环保实践、社区可持续发展、健康生活方式、未来规划”六大方面的成果得到评委一致好评。同时，石龙镇在历史文化遗产保护和城市发展模式方面，也得到评委的肯定。最终，石龙镇在进入决赛的 36 个城市与社区中脱颖而出，一举夺得国际宜居城镇组别第一名。

国际宜居城镇（2016 年）

2009 年石龙镇获“中国十大特色名镇”称号

2009 年 12 月 26 日，在北京举行的“庆祝共和国六十周年・三农盛典”上，石龙镇凭着在中国农村改革和社会主义新农村建设中的杰出表现，跻身“中国十大特色名镇”，成为广东省当选的两个特色名镇之一。

该评选活动由人民日报社网络中心主办，以“影响力”“推动力”“创新力”为评选标准，设有“中国十大特色名镇、名村”“十大创新乡镇带头人”“十大三农品牌企

业”“中国十大服务三农最具社会责任企业”等9个奖项。得到全国30多家媒体机构、40多家知名经济学术机构支持。活动筹委会对2009年“三农”建设进行系统的回顾与梳理，调查了200余名个人、村镇及企业，通过对相关人物、村镇和企业进行综合评选，同时参考网民意见，最后综合评定产生9大榜单。

2013年石龙镇获“全国法治县（市、区）创建活动先进单位”称号

石龙镇历届党委、政府着力推动政府依法行政、企业依法经营、社会依法管理、人民依法办事等工作，有效提升全社会的法治水平，促进法治与政治、经济、社会、文化的协调发展。2012年，石龙镇获“广东法治县（市、区）创建活动先进单位”称号。之后，石龙镇又结合城市和人文特点，把法治建设上升到城市治理、推动科学发展的高度，全力推进法治建设。2013年，石龙镇出台《石龙镇今后三年法治建设工作要点意

石龙镇获“全国法治县（市、区）创建活动先进单位”称号（2013年）

见》。2013 年 3 月，石龙镇被全国普及法律常识办公室授予“全国法治县（市、区）创建活动先进单位”称号。

2015 年广东（石龙）铁路国际物流基地开通运营

2009 年 1 月 15 日，中国外运长航集团与石龙镇政府签订《关于东莞中外运物流中心项目》合作协议，总投资达 10 亿元的东莞中外运物流中心项目落户石龙。12 月 31 日东莞中外运物流有限公司成立并举行挂牌仪式。2010 年 3 月 1 日，位于石龙镇红海区石龙港水铁码头的东莞中外运物流有限公司正式运作。2013 年 11 月 22 日，广东外运东莞石龙铁路发运中心启动；同日，首趟装载 38 个集装箱货物的专列（“粤新欧”国际铁路联运专列）开往俄罗斯。开通初期，每周 1 班。自 2015 年 4 月 1 日起，实现每周 2 班，并于 5 月起与华为公司合作开通“华为—中亚五国”国际集装箱产品专列，并实现每周 3 列稳定班次。2015 年 7 月 20 日，国家口岸办批复同意东莞石龙铁路国际物流中心临

从石龙出发的中欧班列（2018 年）

时对外开放。不久中心更名为广东（石龙）铁路国际物流基地。12 月 25 日，一列挂有“中欧（粤满俄）X8426/5”首发班列标识的铁路集装箱专列，驶出广东（石龙）铁路国际物流基地，标志着以广东省东莞市石龙镇作为始发站点的中欧班列（粤满俄）启动试运行。

2016 年石龙镇获“全国社区教育示范镇”称号

2016 年 5 月，石龙镇荣膺“全国社区教育示范镇”称号，这是继 2013 年荣获“广东省社区教育实验区”称号后，石龙镇社区教育工作再次取得重要突破。

石龙镇在发展经济的同时，始终将社区教育摆在重要位置，积极构建终身教育体系，着力整合各类教育资源，大力发展社区教育。2016 年，石龙镇拥有社区专职管理干部和专职教师 52 人，兼职教师 158 人，各类专家及有一定专长的志愿者 210 人，数量达到常住人口的万分之四，远超省、市的平均水平。石龙镇将社区教育经费列入政府财政预算，确保经费落实到位。2010 年，用于社区教育专项培训经费 116.7 万元。随后，石龙镇投入资金逐年增加，至 2016 年 5 月，共投入近千万元，为社区教育提供强有力保障。为帮助外来务工人员尽快成长、成才，更好地服务社会，石龙镇于 2011 年起实施广东新生代务工人员“圆梦计划”，帮助想读书而缺乏条件的外来务工人员圆大学梦。石龙镇还以“精品讲堂”为载体，开展先锋学堂、道德讲堂、青年学堂、市民学堂“四大活动”，将社区教育引向更深层面。

附录

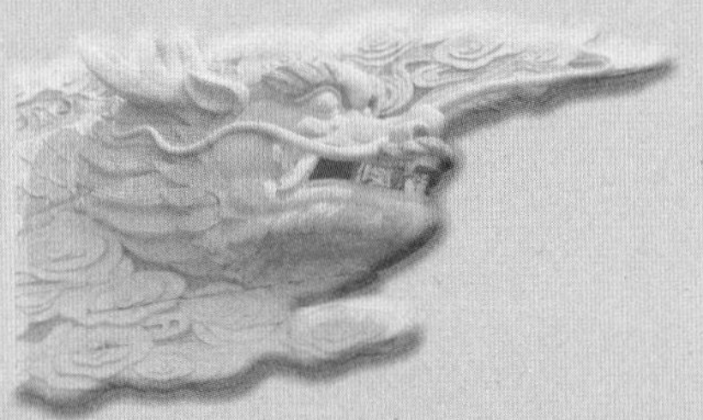

绿洲卧磐石

东江藏飞龙

文献辑录

东征军与石龙人民联欢情形

1925 年 10 月 8 日

东征军总指挥部政治部于六号行抵石龙后，即借该地棉花街市营部为办公地点。七日由宣传总队各分队在石龙市内演讲、发散传单、粘贴标语。八日联合石龙各界在公园开各界联欢大会。到会团体有石龙第三区党部第一区分部、第二区分部、商会，民团局、市党部、石龙区党部、油烛工会、车衣工会，县立第九国民学校、石龙农民协会、第二区党部、石龙市教职员联合会、石龙米面协进工会、理发工会、革履工会、茶酒楼工会等，到会人数千数百人。下午二时由主席团推举市党部执行委员罗伟疆为主席，旋即振铃开会。首由主席宣布开会，及恭读总理遗嘱，后向总理、廖党代表遗像行鞠躬礼。继由商会代表陈翘田，农民协会代表何友逊，学界联合会代表苏汉年，油烛工会代表谭口等，相继演说。大意皆谓国民革命军此次东征，确为打倒帝国主义，打倒陈炯明、洪兆麟、林虎，解除东江人民痛苦而来。石龙人民应即实行与政府合作，帮助国民革命军东征，谋广东统一和平云云。后东征军总指挥部政治部主任周恩来演说，略谓革命军几次经过石龙，均不能与石龙父老谈话，今日机会可谓难得。革命军前次讨伐陈炯明，后又回师广州，肃清杨、刘。自廖党代表被刺后，最近又肃清党内一切反革命派，胡毅生、梁鸿楷、魏邦平、郑润琦、莫雄等，破获熊克武勾结陈逆危害之阴谋。此次我们东征，都是为人民幸福而来，人民与革命军联合起来，如同一家兄弟一样，互相提携，帮忙去打敌人。继由代表巫杰臣，美洲华侨代表黄石公，解释共产二字，乃系敌人中伤离间之词、政府断不行此制度。国民政府所努力者，惟有三民主义。我人民切不可信这种无稽中伤的谣言，应帮助政府贯彻三民主义。演说毕，唱国民革命歌，高呼口号，大会尽欢而散，时已五时许矣。

国民革命军第一军政治部印

（《广州民国日报》1925 年 10 月 12 日）

国民革命军第一军政治部敬告石龙各界同胞书

1925 年 10 月 8 日

亲爱的各界同胞，今天我们大家在此欢叙，实是极难得的机会。这次我们重征东江，有许多人不大明白我们的意思，说我们是“行共产”“争地盘”，这实在是极大的错误。我们这次重征东江有两层重大的意义：第一，我们要打倒勾结英帝国主义蹂躏东江的陈炯明、洪兆麟、林虎、刘志陆，救东江人民于水深火热之中，谋广东和平统一而东征的；第二，我们是为要因统一广东进而统一全国，谋全国人民长治久安，完成国民革命而东征的。所以我们这次东征绝对不是地盘问题，更不是为少数人的利益，完全是为人民谋利益。因为要谋人民的利益，第一着便要减少人民的痛苦。所以不拉夫，不筹饷，不强占民房。这三个口号，便在我们的严格纪律之下，而保证其实行。我们是顾人民利益而东征。我们是人民的先锋。人民亦应该为自身谋利益而起来，作我们的后盾，共同去打倒祸害广东人民的军阀，谋广东永久和平，完成国民革命的使命。今天开这联欢会，就是人民与革命军合作的表现，希望诸君能持这个重大意义，由诸君之口传之于一般民众之中，使一般民众得了解国民革命与其本身利益，然后我们在这盛会中，才可以高呼：

打倒军阀！

打倒帝国主义！ 统一广东！

人民与国民革命军合作万岁！ 工农兵学商大联合万岁！

国民革命万岁！

国民革命军第一军政治部印

（《广州民国日报》1925 年 10 月 12 日）

周恩来在石龙军民联欢大会的演说词

1925 年 10 月 8 日

国民革命军总政治部主任周恩来同志率部第二次东征陈炯明经过东莞县石龙镇时，于一九二五年十月八日向欢迎群众发表了热情的讲话，其演讲词的大意略谓：

“革命军两次经过石龙，均不能与石龙父老谈话，这是第三次，今日能与诸父老见面，机会可谓难得。革命军前次打陈炯明，后又回师广州，肃清杨刘。八月二十日，反革命派见势不佳，就用最下流的手段，刺杀廖党代表。我们于最近乃将党内一切反革命派，胡毅生、梁鸿楷、魏邦平、郑润琦、莫雄等肃清，破获熊克武勾结陈炯明作乱之阴谋。我们这次东征，完全是为人民幸福而来，人民应与革命军联合起来，如同兄弟一样互相亲爱，互相提携，将敌人早日打倒才是。”

（摘自《惠州战役日记》，载《中国军人》1925 年第 8 期）

举重之乡　曾经一个小镇对抗整个世界
“石龙三杰”“陈氏三杰”共谱石龙举重雄风，昔日豪门如今仍在默默坚守

相约里约·奥运莞　巴西时间 8 月 7 日晚，里约奥运会举重男子 56 公斤级决赛中，中国选手龙清泉以 307 公斤打破了 16 年前土耳其神童穆特鲁创造的总成绩世界纪录，并夺得中国在本届奥运会上的首枚举重金牌。60 年前，石龙人陈镜开成为中国第一位打破世界纪录的运动员，同是石龙人的曾国强则是中国第一位奥运会举重冠军。如今，国内外举重大赛颁奖台上，已鲜见石龙人的身影。但面对诸多现实困境，“举重之乡”的石龙一直在坚守，并不断努力前行。

石龙人身影鲜有出现在领奖台　“挺举、窄硬拉、半蹲、高抓、宽硬拉……”在石龙镇体校的训练场上，一群十五六岁的小运动员们机械地重复着这些训练动作，几名教练穿梭其间，不停地纠正他们的动作。每天清晨六时，石龙体校里的这群孩子就会开始一天的训练和学习。

16 岁的刘海慧 2012 年入队以来，经过 4 年不间断的艰苦训练，终于在举重界崭露头角，在今年 6 月举行的全国青少年举重锦标赛上拿下了 75 公斤级抓举冠军。“我的目标是奥运冠军。”刘海慧被誉为石龙举重的未来之星，寄予厚望。

举重之乡 曾经一个小镇对抗整个世界

"石龙三杰""陈氏三杰"共谱石龙举重雄风，昔日豪门如今仍在默默坚守

《南方都市报》2016 年 8 月 17 日的报道

然而作为中国的"举重之乡"，自 1998 年之后，石龙举重成绩"一落千丈"，在国内外举重大赛的颁奖台上，已鲜有石龙人的身影。目前，石龙举重训练基地大约有 50 名队员，本地生源几乎没有，多是来自广西以及湖南等地。

石龙镇体校校长、国际一级裁判陈苏媚说，现在石龙举重基地共有 7 名队员入选省队，还有 2 名在八一队。"但相对而言，真正的尖子却极少，十多年一直如此。"陈苏媚说，十多年来，石龙举重成绩起伏很大，甚至还出现了青黄不接的情况，实在让人唏嘘不已。"无论是运动员选材、资金投入，还是家长观念等，每一个因素都制约着石龙举重的发展，成绩大不如前也实属正常。"

新中国第一个体育世界纪录　坐落在石龙镇中山公园西南面的"举重之乡"塑像，是石龙的象征。这座塑像高 4 米，主体是一个手捧鲜花、张臂欢呼的举重运动员形象，脚下放着一副硕大的杠铃，雕塑底座上刻有"举重之乡"的铭文，是国家体委前副主任荣高棠亲笔题写。可以说，石龙镇是中国举重界曾经的豪门，在举重领域占据着重要地位。曾有人如此形容石龙：一个小镇对抗整个世界。这其中引领石龙举重走向中国和国际的是陈镜开。

1956 年 6 月 7 日，3000 多名观众涌入了上海市卢湾区体育馆，一场中苏举重友谊赛在此举行。在最轻量级别的挺举项目上，美国人温奇已经将纪录占据了两年之久，成绩为 132 .5 公斤。但在这场友谊赛上，来自石龙的陈镜开举起 133 公斤。这是新中国的第一个体育世界纪录，当时陈镜开刚满 21 岁。随后，陈镜开受到国家领导人接见。此后几年，陈镜开连续 9 次打破最轻量级和次轻量级世界纪录。

紧随陈镜开之后，石龙人陈满林、叶浩波也站了出来，形成了"石龙三杰"，在上个世纪 60 年代，他们三人多次打破世界纪录。再后来，以赖润明、曾国强和陈伟强为代表，开始在奥运会、亚运会上扬威，其中曾国强还成为中国第一位奥运会举重冠军。

最为抢眼的非“陈氏三杰”莫属，他们就是陈镜开、陈满林、陈伟强。一副杠铃，一家三人，破15次世界纪录，震惊了世界。“陈氏三杰”共同谱写了石龙举重的辉煌。

1984年的洛杉矶奥运会，中国举重队5个队员中有3个是石龙人，并取得了两金一银的成绩。1987年广州全运会，广东举重队有一半是石龙籍运动员，且这些人都是世界冠军和世界纪录保持者。据介绍，石龙举重以陈镜开为起点，数十年来，从石龙镇走出了1000多名举重健儿，在国内外举重赛场上各领风骚，取得了巨大的成就。

青少年力量崭露头角　今年是陈镜开打破世界纪录60周年的日子，前段时间，石龙镇还特意举办了一场座谈会。在座谈会上透露，由石龙镇筹建的中国举重博物馆建设进展顺利，目前已收集展品1026件。如今，虽然成绩下滑得很厉害，但石龙举重依然在默默前行，尤其在青少年举重人才输送方面，依然是一股“不可忽视”的力量。

去年，在广东省青少年举重冠军赛上，以石龙举重代表队为班底的东莞青少年举重队夺得12枚金牌、11枚银牌和7枚铜牌，以总分456分获得团体总分第二名，不少青少年队员崭露头角。其中，最有代表性的是陈幼娟。2014年，在世界举重锦标赛上，她斩获了女子69公斤级的银牌和铜牌。这足以给“沉睡”已久的石龙举重注入一支强心针。

据统计，近五年来，石龙镇运动员在全国举重锦标赛及冠军赛上获金牌9枚，在国际赛事中获金牌3枚。同时，输送到八一队和省队的运动员8人，到省队集训16人。

自1984年担任裁判和教练工作后，陈苏媚见证了石龙举重这30年来的变迁，还带出了世界冠军史丽华，也见证了石龙举重的衰落。这十多年来，她和整个基地一直没有放弃，一直在坚守。她说，“这无疑是我们一直坚守的结果，并将继续为石龙举重坚守下去。”

（来源：《南方都市报》2016年08月17日，版次：DA05，作者：何永华　韩成良。有删节）

东莞市石龙历史古镇保护规划

第一章　总则

第一条　为保护石龙镇历史文化遗产，继承和发扬优秀的历史文化传统，使城镇的发展和建设既符合现代及将来的生产、生活要求，又保持其独有的传统风貌，特编制本规划。

第二条　规划依据（略）

第三条　石龙古镇保护规划期限与石龙镇总体规划相一致，即到2020年。具体描述为：近期为2007—2010年，中期为2011—2015年，远期为2016—2020年。

第四条　石龙古镇保护规划是石龙镇总体规划的专项规划，规划范围包括整个镇域，重点以古镇区为主。

第二章　历史文化特色与价值评估

第五条　石龙古镇的特色主要体现在传统街巷空间格局和以骑楼建筑、传统民居、宗祠为代表的岭南建筑特色风貌上。具体表现在：

（1）历史上逐渐形成的街巷格局和传统空间尺度。

（2）富有岭南特色的建筑风格。

第六条　石龙是中国近代史上具有重要纪念意义的历史古镇，古镇区内历史建筑、文物古迹和传统文化比较集中，拥有规模较大、集中成片的骑楼街、岭南民居等传统建筑群，能较完整地反映清末民初时期的石龙传统风貌和岭南地方特色，具有较高的历史、文化、艺术和科学价值。具体表现在：

（1）历史上东江流域和省港地区的水陆交通中心和重要的物资集散地；

（2）保存有骑楼商业街、竹筒屋、传统岭南民居和宗祠等不同类型的岭南风格建筑群，地方文化特色突出，能较完整地反映清末民初时期石龙镇的历史传统风貌；

（3）具有近代革命纪念意义，作为东征军的总指挥部和大本营，承载了孙中山、周恩来等革命伟人的战斗足迹，许多革命纪念物和纪念地保留至今；

（4）历史文化积淀深厚，文物古迹遗存丰富，非物质文化遗产类型多样；

（5）重教办学风气盛行，历史上名人辈出，在举重等多个领域做出重大贡献。

第三章　规划指导思想和规划原则（略）

第四章　保护目标和保护重点

第九条　保护规划总体目标：在有效保护历史文化遗产的基础上，改善城市环境，适应现代生活物质和精神需求，促进经济、社会协调发展。

第十条　近中期目标：以保护为主，保护和抢救面临破坏的文物古迹，搬迁不合理占用文物古迹的机关和单位。保护和整治历史街区，改善市政基础设施和街区环境。

第十一条　远期目标：文物古迹和历史建筑得到较好的保护和利用。历史街区环境得到有效的保护和整治。古镇格局和风貌得到保护。实现古镇社会、经济、文化的可持续发展。

第十二条 建立保护历史古镇、保护历史街区和保护文物保护单位三个层次的保护框架。

第十三条 保护内容

（1）保护古镇整体风貌和传统空间肌理特征。

（2）保护传统的街道尺度和空间关系。

（3）保护文物建筑、历史建筑以及其他有价值的建筑局部与构件。

（4）保护历史环境构成要素。

（5）保护其他历史遗迹和非物质文化遗产。

第十四条 保护重点

（1）重点保护各级文物保护单位和近现代优秀历史建筑。

（2）重点保护中山路等历史街区。

第五章 古镇格局和风貌特色保护

（一）分区分级保护

第十五条 规划确定石龙古镇区范围为东起江边，西至铁路；南起绿化路，北至东江江边。面积为 105.38 公顷。

第十六条 按照分区分级保护原则，根据文物保护单位、历史建筑和历史文化街区的分布状况和现状保存情况，规划在古镇区内划定重点保护区、建设控制地带和环境协调区。

第十七条 重点保护区

规划以中山路为核心划定重点保护区，总面积为 8.98 公顷。重点保护区内，保护街巷原有空间尺度，建筑以保护与整治为主，积极改善市政基础设施，提升环境质量。

第十八条 建设控制地带

规划在重点保护区外围划定建设控制地带，面积 29.9 公顷。在建设控制地带内，保护城市肌理，新建、改建的建筑在高度、体量和风格上与重点保护区相协调。

第十九条 环境协调区

规划在建设控制地带之外的古镇区为环境协调区，面积 66.5 公顷。在环境协调区内，新建、改建的建筑高度应与古镇区整体风貌相协调。

（二）城市总体规划层次的保护措施（略）

（三）视廊保护和建筑高度控制（略）

第六章　历史街区保护

（一）历史街区的确定（略）

（二）历史街区的保护内容

第四十条　保护历史街区整体风貌和肌理特征。具体包括建筑群体特征（建筑高度和屋顶平面）、街区、街道、坊、巷形成的历史空间结构和肌理。

第四十一条　保护街道尺度和空间关系。

第四十二条　保护文物建筑、历史建筑和其他有价值的建筑局部与构件（门头、彩画、雕刻等）。

第四十三条　保护历史环境要素。保护除文物古迹、历史建筑之外，构成历史风貌的环境景观要素。包括历史街区中的古树名木、古井、碑刻、街巷牌坊、地面铺装、街巷沿街界面特征等能够体现历史环境特征的环境景观要素。

第四十四条　保护其他历史遗迹和非物质文化遗产。包括历史事件、历史人物、历史变迁等的物质载体、民俗风情等。

（三）历史街区的保护原则（略）

（四）保护规划措施（略）

第七章　文物保护单位保护

第五十四条　必须要保护的各级文物保护单位共有 5 处，均为市级文物保护单位。其中古文化遗址 1 处，古建筑 1 处，古建筑群 1 处，纪念建筑 1 处，近代重要史迹 1 处。

第五十五条　必须保护的文物保护点共有 11 处。

第五十六条　文物保护单位的保护原则

（1）贯彻“保护为主、抢救第一、合理利用、加强管理”的文物保护方针。

（2）基本建设、旅游发展必须遵守文物保护法，其活动不得对文物造成损害。

（3）对文物保护单位应当尽可能实施原址保护。

（4）对不可移动文物进行修缮、保养、迁移，必须遵守不改变文物原状的原则。

（5）保护文物古迹，不仅要保护文物古迹本身，还必须保护文物古迹周围的历史环境。

第五十七条　各级文物保护单位应划定必要的保护范围，做出标志说明，建立记录档案，设置专门机构或者指定专人负责管理。

第五十八条 规划以文物部门公布的文物保护单位的保护范围和建设控制地带为依据，划定文物保护单位的保护范围和建设控制地带。

第五十九条 在文物保护单位保护范围内不得进行其他建设工程或者爆破、钻探、挖掘等作业。

第六十条 在文物保护单位的建设控制地带内进行建设工程，不得破坏文物保护单位的历史风貌；工程设计方案应当根据文物保护单位的级别，经相应的文物行政部门同意后，报城乡建设规划部门批准。

第六十一条 在文物保护单位的保护范围和建设控制地带内，不得建设污染文物保护单位及其环境的设施，不得进行可能影响文物保护单位安全及其环境的活动。对已有的污染文物保护单位及其环境的设施，应当限期三年内治理。

第六十二条 文物保护单位的修缮。

国有不可移动文物由使用人负责修缮、保养；非国有不可移动文物由所有人负责修缮、保养。对文物保护单位进行修缮，必须遵守不改变文物原状的原则，并应当根据文物保护单位的级别报相应的文物行政部门批准。

第六十三条 文物保护单位合理利用和展示。

核定为文物保护单位的属于国家所有的纪念建筑物或者古建筑，除可以建立博物馆、保管所或者辟为参观游览场所外，如果必须作其他用途的，应当经核定公布该文物保护单位的人民政府文物行政部门征得上一级文物行政部门同意后，报核定公布该文物保护单位的人民政府批准。国有未核定为文物保护单位的不可移动文物作其他用途的，应当报告县级人民政府文物行政部门。

（1）挖掘与继承优秀革命历史文化。李文甫纪念亭、周恩来东征演讲台、中山路、中山纪念堂等文物古迹，应通过多种手段加以挖掘与继承优秀革命历史文化。

（2）保护与利用岭南地域文化。加大对猪糠街 56 号、麦氏宗祠、叶氏宗祠等富有岭南地域特色的民居和建筑的保护和利用，在不改变主要结构和外观的前提下进行内部空间和功能的改善，满足现代化生活的要求。

第六十四条 文物保护点的保护要求。

尚未核定公布为文物保护单位的文物保护点，由县级人民政府文物行政部门予以登记并公布，并参照文物保护单位的保护要求实施保护。

第六十五条　规划建议林氏宗祠、叶氏宗祠、接龙桥、中山纪念堂、石龙老火车站、石龙铁路桥上报为市级文物保护单位；建国以前建的古井、保存完好的传统民居等历史建构筑物列为文物保护点。

第八章　优秀近现代建筑保护

（一）优秀近现代建筑的确定

第六十六条　优秀近现代建筑应当具备的条件

优秀近现代建筑指从十九世纪中期至二十世纪五十年代建设的，能够反映城市发展历史、具有较高历史文化价值的建筑物和构筑物，包括反映一定时期城市建设历史与建筑风格、具有较高建筑艺术水平的建筑物和构筑物，以及重要的名人故居和曾经作为城市优秀传统文化载体的建筑物。

第六十七条　规划确定石龙优秀近现代建筑为：中山纪念堂、莫公璧纪念碑、石龙老火车站、石龙铁路桥等。

（二）保护原则（略）

（三）保护与管治措施（略）

（四）合理利用

第七十五条　名人故居和优秀近现代建筑，原则上按照文物保护单位的保护要求进行保护，内部的改造利用不得损害原有结构并具有可逆性；对于一般历史建筑，应保护外观改造内部，增加现代化设施和改善市政基础设施以适应新的功能要求。

第七十六条　在有效保护的基础上，通过修复、利用和展示等手段，加强对富有岭南地域特色的民居建筑的保护和利用，在不改变内部结构和外观的前提下适当进行内部的现代化改造和功能置换。

第九章　非物质文化遗产保护

第七十七条　石龙的非物质文化遗产包括近现代名人及活动事迹、口头传统、传统表演艺术、民俗活动、礼仪和节庆、传统手工艺技能、相关文化空间等。

（1）民国时期孙中山、蒋介石、周恩来等人东征讨陈的革命事迹，抗日战争时期李文甫、张招妹等革命志士和当地民众英勇抗日的革命事迹。

（2）关于历史上石龙的沿革、名人、神鬼的民间故事和传说、历代关于石龙的诗词、方言、民间歌谣、谚语歇后语等口头传统。

（3）保护反映历史上行业分布和宗族聚居的历史街巷名称。

（4）粤剧、龙舟赛、舞狮子等传统艺术及民俗活动。

（5）与传统艺术及民俗活动、传统手工艺等相关的文化空间。

第七十八条　非物质文化遗产保护的原则

（1）发掘、整理与传承并重的原则。

（2）与物质空间载体紧密联系的原则。

（3）与社会经济发展相结合的原则。

（4）政府和公众广泛参与的原则。

第七十九条　非物质文化遗产保护措施

（1）名人文化。石龙古镇自明清以来商业繁荣，近代发生了清末农民起义、讨陈东征、抗日战争等事件，出现了大量历史名人。规划确定保护措施有：保护与名人相关的建筑物、纪念物；收集名人相关资料，利用历史建筑建立名人纪念馆和综合博物馆；引导和资助建立名人研究机构。

（2）传统民俗。建立传统民俗档案，详细记录民俗活动；组织传统节庆活动，营造活动氛围；与物质遗产保护相结合，选择合理建筑，建立专项民俗保护和展示场所；政策扶持或资金资助传统曲艺人才的培养和演出活动。

（3）传统工艺。通过文献研究或教育传承，记录传统工艺，建立档案；建立教育传承机制；引导传统工艺与市场经营相结合，增强其竞争力和生命力。

（4）文化空间。建立与传统民俗、传统工艺、名人相关的文化空间的详细档案；注意保护文化空间的真实性、完整性和文化属性；通过多种手段加强对文化空间的展示、宣传。

第十章　近期实施规划（略）

第十一章　规划实施的措施和政策建议（略）

中国城市规划设计研究院
石龙镇人民政府
2008 年 2 月

石龙镇国民经济和社会发展第十三个五年规划纲要

（2016 年 8 月 8 日经石龙镇第十六届人民代表大会第八次会议审议通过）

“十三五”发展思路与总体目标

（一）指导思想

高举中国特色社会主义伟大旗帜，以马克思列宁主义、毛泽东思想、邓小平理论、“三个代表”重要思想和科学发展观为指导，深入贯彻党的十八大和十八届三中、四中、五中全会，省委十一届五中全会和市委十三届六次全会精神，坚持“四个全面”战略布局，牢固树立创新、协调、绿色、开放、共享五大发展理念，立足新常态，适应新常态，以创新驱动发展、对外开放合作、重点改革突破“三个走在前列”为战略重点，以提高发展质量和效益为中心，以推进人民福祉为落脚点，以党建法治为保障，统筹推进经济建设、政治建设、文化建设、社会建设和生态文明建设，着力推动产业结构调整和发展动能转换，努力建成创新能力强、产业特色突出、城市功能完善、环境优美整洁、人民生活富裕的国际宜居宜商口岸新城，率先全面建成小康社会，为全省实现“三个定位、两个率先”目标和全市实现“三个走在前列”目标做出积极贡献，迈出率先实现社会主义现代化的坚实步伐。

（二）基本原则

创新改革 创新是引领发展的第一动力，要坚持勇于改革的精神，把创新摆在全镇发展全局的核心位置，以经济建设为中心，着力推进技术创新、产品创新、产业创新、模式创新、文化创新、制度创新，逐步消除不利于科学发展的体制机制障碍，通过实施商旅强镇创新战略和石龙创新驱动三年行动计划，加快推动经济发展动能转换，将石龙建设成为创新发展先行镇。

统筹协调 协调是健康发展的内在动力，要正确处理发展中的重大关系，充分发挥各方力量，重点推进产业互动发展，推进区域协调发展，推进新型工业化、信息化、城镇化同步发展，推进经济和社会和谐发展，推进产城融合发展，形成全镇经济社会发展协调有序的良好局面，不断增强发展整体性。

开放融合 开放是区域发展的必由之路，要综合运用国际国内两个市场、两种资源，以广东铁路国际物流基地和东莞火车站双引擎建设为契机，通过实施口岸战略和商旅强镇战略，积极参与“一带一路”建设，同步推进“引进来”和“走出去”，主动对接东莞自主创新示范区和水乡特色发展经济区建设，全面深化区域合作，构筑多层次、宽领域开放发展格局。

绿色低碳 绿色是永续发展的必要条件，要坚持既要金山银山，更要青山绿水的理念，进一步优化全镇生态空间格局，加强镇域宜居环境建设，通过实施健康强镇战略，把生态文明建设融入经济社会发展的方方面面，着力推进绿色发展、循环发展、低碳发展，建设国际生态名镇，形成人与自然和谐发展新格局。

以人为本 共享是社会主义的本质要求，要坚持发展为了人民、发展依靠人民、发展成果由人民共享，把增进人民福祉、促进人的全面发展作为发展的出发点和落脚点，发展人民民主，营造公平、和谐、包容的社会环境，充分调动人民积极性和能动性，使全镇人民在共建共享发展中拥有更多的主体性和荣誉感。

（三）发展目标

“十三五”期间，在确保率先全面建成小康社会基础上，以广东铁路国际物流基地和东莞火车站双引擎建设为核心动力，推动建成石龙铁路国际物流产业融合区和东莞火车站电子信息及商贸业融合区，实现发展动力转换和发展动能转变，新兴产业得到快速发展，转型升级效果明显，对外开放质量有效提高，宜居环境建设进一步加强，人民生活质量显著提升，基本建成国际宜居宜商口岸新城。

经济实力迈上新台阶 经济发展质量和效益持续提高，口岸辐射带动效应明显，力争完成市下达的有关经济指标任务，全镇地区生产总值增速保持在 5% ~ 6%，到 2020 年单位面积生产总值达到 9.63 亿元，人均生产总值达到 9 万元左右，本级可支配财政收入年均增长约 5%，各项税收总额增速保持在 6% ~ 8%，单位面积产出居全市前列。口岸经济保持良好发展势头，码头集装箱吞吐量和铁路集装箱装卸量共 40 万 TEU，码头散货吞吐量和铁路散货装卸量 15 万吨。创新驱动整体提速，全社会 R&D 经费支出占地区生产总值的比重约 4.5%，科技进步贡献率达 60%。

转型升级取得新突破 产业结构持续优化，内外源经济协调发展。电子信息产业智能化和高端化水平显著提升，医药食品业转型升级成效明显，现代服务业得到快速发展，并争取成为新的增长点，产业迈向高端化水平，基本建成具有较强综合竞争力的现代产业体系。到 2020 年，第三产业比重达 50% 以上，现代服务业占服务业比重达 65%，国家高新技术企业 20 家，争取推动 2 家企业上市。

生态建设取得新进展　“三旧”改造稳步推进，节能减排效果明显，主要污染物排放总量大幅减少，生态环境进一步优化，生产和生活方式的绿色化、低碳化水平明显提升，基本形成环境与产业和谐互动的绿色生态发展格局。到 2020 年，单位地区生产总值能耗、单位生产总值二氧化碳以及主要污染物排放稳步下降，基本完成市局下达指标，生活污水处理率达 90%，生活垃圾处理率达 100%，空气质量达标天数 300 天左右，人均公共绿地面积达 24.22 平方米。

社会民生达到新水平　全镇居民可支配收入持续增长，社会保障、健康水平和就业水平大幅提高，医疗卫生、教育文化等基本公共服务明显提升。到 2020 年，城镇登记失业率控制在 1.5% 以下，每千人口执业（助理）医师数 6 人，成功创建为全国健康促进区，教育日常经费占本级财政支出比重达 24% 左右，城镇职工社会保险覆盖率 90% 以上，农村社会保险覆盖率 100%。政府治理水平不断提高，平安建设体系更加完善，社会治安智能化水平稳步增强，人民法治意识全面提升。

艺文

艺文目录

表 24

年代	作者	题目	年代	作者	题目
明	樊王家	吊花溪熊义士	清	梁淯	舟中望水乡风物
明	黄道人	石龙开墟	清	梁淯	过榴花古塔有怀熊将军
清	伦丽宸	秋日游欧仙祠	清	梁淯	望罗浮
清	周序鸾	梅	清	梁淯	抵香港作
清	梁淯	七绝二首	清	梁淯	石龙巡警局喜晤铁荪十郎
清	梁淯	龙南草堂	清	梁淯	黄菊亭君以九龙小轮船招赴鲤鱼门观海口占一律呈同舟诸子
清	梁淯	秋夜杂诗	清	何仁山	竹枝词七首

续表 24

年代	作者	题目	年代	作者	题目
清	梁淯	春柳	清	韩荣光	竹枝词十二首
清	梁淯	南汉杂感	清	邓蓉镜	东莞竹枝词一首
清	梁淯	偕苏选楼君游钵盂山公园偶作	清	刘文亮	竹枝词一首
清	梁淯	出门	清	崔斯浚	石龙竹枝词一首
清	梁淯	大东沟战怀邓壮节公世昌	清	袁锦熙	竹枝词八首
清	梁淯	送尹溪先生还朝鲜	清	邓秀莹	竹枝词八首
清	梁淯	水南谒明督师袁襄愍公崇焕祠	民国时期	钟菁华	喜闻欧公祠修复，买舟重游，并访茂松居士
民国时期	廖仲恺	有感	中华人民共和国	袁仲	中山纪念堂
民国时期	徐毅平	无题	中华人民共和国	孔庆良	浣溪沙·泽紫荆
民国时期	廖仲恺	留诀内子（被陈炯明狱于石龙时作）	中华人民共和国	胡适中	金沙漾月·忆江南
民国时期	廖仲恺	诀醒女、承儿（被陈炯明狱于石龙时作）	中华人民共和国	黄启元	石龙金沙湾·忆江南
中华人民共和国	朱敬修	南昌庐山纪行	中华人民共和国	张秉泽	与诸友人畅游白云山
中华人民共和国	朱敬修	丁亥元旦试笔即柬诸友	中华人民共和国	张秉泽	哀悼华罗庚逝世
中华人民共和国	刘品薑	题扇面自画梅月	中华人民共和国	张秉泽	纪念抗战胜利四十周年
中华人民共和国	刘品薑	漫兴	中华人民共和国	张秉泽	波罗浴日亭
中华人民共和国	刘品薑	悼念周总理逝世一周年	中华人民共和国	莫椿龄	留别中医院领导暨诸同事
中华人民共和国	刘品薑	故乡峡口	中华人民共和国	莫椿龄	石龙沦陷逃难石排
中华人民共和国	钟藻彬	石龙南桥落成志庆	中华人民共和国	莫椿龄	赴莞任事
中华人民共和国	钟藻彬	竹枝词四首	中华人民共和国	莫椿龄	哭朱副处长敬修
中华人民共和国	祁光	沁园春·喜迎香港九七回归	中华人民共和国	莫椿龄	深圳揽秀
中华人民共和国	祁光	纪念东纵成立五十周年（一九九三）	中华人民共和国	徐子瑜	访中山公园李文甫碑亭

传说轶事（故事）

唐承恩传说

唐承恩，字希禹，号芝房。是清道光年间石碣水南唐洪村人。他自幼博闻强记，读书过目成诵，据说他7岁能文，被乡里视为神童。清道光二十四年（1844）中恩科举人。其父唐棣，是清嘉庆十五年（1810）举人。唐承恩父子乐善好施，不懂蓄财，故家境较清贫。居室不大，但书房却颇大，有100余平方米。由于水南唐洪紧靠石龙，而唐洪居民的日常生活又与石龙息息相关，因此唐承恩的传说，一向在石龙广为流传。

废卷中举 唐承恩虽文才出众，但平常写文章好用偏僻古字，因此多次参加乡试而未能中举。清道光二十四年（1844），唐承恩再次参加乡试，考官又嫌其文章中有许多怪僻字，不想费时去考查这些字是否可行，便将他的卷子弃于废卷堆中。眼看唐承恩再次落第，适逢朝廷官员龙启瑞奉命巡视，见考生中有唐承恩的名字，而且是东莞籍人氏，见其落榜，觉得奇怪，于是要求重新审视唐承恩的考卷。原来龙启瑞与唐承恩曾为同窗，常听老师称赞唐承恩的才学，龙启瑞也自认唐承恩的才学比自己强，故质疑其为何未能入选。于是考官从废卷堆中找出唐承恩的试卷呈给龙启瑞，龙启瑞认真阅览后，大为赞赏，并向考官推荐，唐承恩便得中。

过目不忘 在广州读书时，唐承恩为节约买书钱，常到书店“打书钉”（只看不买），一看就是一天。某日，唐承恩看了一天书后，放好要走。店主见他经常来看书，但只看不买，便上前问：“先生看什么书？”唐承恩答曰：“什么书都看。”店主说是问今天看了什么书，唐承恩随口把刚看的那本书从头至尾背下来。店主一听，大为惊奇，赞他有惊人的记忆力，因而与他结为好友。

倒背碑文 唐洪村临江江边有块大石碑。潮涨时，水会淹碑。潮退时，碑文微露。乡人都想知道碑上写的是什么，请唐承恩将其碑文抄下。唐承恩待潮退，迅即抹去石碑表面上的泥水，把碑文看了几眼，便背念碑文让人记下。刚念完，潮水已把碑淹没。为了防止念错或记错，唐承恩又倒背碑文，由尾至头进行核对。后来，人们数次待潮落时逐一进行校对。结果由头至尾无错，众人惊喜。

写出《超幽论》 唐承恩闲暇时，经常创作些“奇文”以自娱。他曾写了一篇《超幽论》，既是篇超度幽灵鬼怪的奇文，也是一篇自娱自乐文章，无意公开。某次聚会时朋友得知此事，便要求他拿出来交流。结果友人看了，认为是篇杰作，并将全文抄下收藏。后友人赴港定居，在参加香港人举行的大祭中，把唐承恩写的《超幽论》献出，并说是自己所作。唐承恩知此事后，淡然一笑，若无其事。《超幽论》在香港公开后，曾轰动一时后又传回石龙。当地一些“喃巫佬”（做法事者）亦用它来超度亡灵。石龙翟某藏有全文，知为唐承恩所作。虽然《超幽论》篇幅不长，全文只有500字左右，但许多“喃巫佬”文化不高，更无心欣赏，所以经常在做法事时背念不全。翟某听了曾帮他们纠正。

送客到天亮 唐承恩与住在石龙双孖庙的彭兴仁为莫逆之交，两家相距一里多路。一日，唐承恩晚饭后在彭家闲谈至深夜。告辞时，彭兴仁觉得路远人静，中途还要经过中围一片坟地，就提灯笼送客。他们边走边谈，不觉送到唐家门。唐承恩觉得彭兴仁送客这么热情，送得这么远，于是回送，结果又送彭兴仁到家门。彭兴仁觉得夜深人静再送唐承恩到家门……如是反复往来，不觉天明。此事流传开后，大家便将它作为笑谈。后来石龙更有了“唐承恩送客——送到天光（天亮）”的歇后语。

派粥赈饥 过去，由于堤围经常失修，石龙每年都会被洪水淹浸，只有被三村圩（音于，小堤也）围着的双孖庙、书舍街得免。每次洪水到，地势低的居民都会涌入双孖庙避灾。有时时间一长，众多的灾民难以解决吃饭问题。每逢此景，许多灾民都饥饿不堪。某次洪水为患，做布朴（手机织布的半成品）生意的彭兴仁便用煮布朴浆水的大锅，煮了两锅稀粥在双孖庙分赠饥民，以解灾民之困。唐承恩与彭兴仁是挚友，见此善举确能救急扶危，便送出两斗米，请彭代煮代派发。灾民大喜，奔走相告，于是紧邻书舍街内的同善书舍也仿效彭、唐派饥粥，从此成为石龙派粥济饥的开端。

挡路求修桥 石龙新维村与石龙圩的龙安里之间隔了条九龙涌（小河流），上面有座小木桥，是新维村村民出入石龙的必经之路。有一年，小桥年久失修，已成危桥。唐承恩知道后，怕新维村的村民出入有危险，但自己又苦于无钱捐修，便一直将此事挂在心上。某日，唐承恩得知县太爷要巡视石龙，会路经龙安里。便在县太爷到来之前，从植福馆（戏班会馆）借来一张演戏用的高椅，放在危桥旁，自己端坐在上面。县太爷巡视队伍到来时，开路的夫役见此人见官不避，便禀告县太爷，县太爷从轿中伸出头来一看，认出是唐承恩，便下轿询问缘故。唐承恩回答：“木桥损坏，怕路人过桥时有危险，因此坐在这里向路人提个醒。”县太爷问：“为何不将它修好？”唐承恩又答：“没钱。”于是县太爷马上答应拨款修桥，并将木桥改为石桥。后来，此桥一直使用到20世纪末。

袜带故事 唐承恩每遇缺钱，就拿袜带（昔日袜子无橡筋，要用布带绑住）去当铺当。袜带其实是根线绳，并不是什么值钱的东西。当铺掌柜知唐为人，每到必让承当，当是暗助唐举人渡难关。而唐每当到期亦必赎，非常有信用。

一天，唐承恩搭船去莞城。他不会游泳，怕水，而船顺流行得飞快，他吓得要命。忽然发现一只脚丢了一根袜带，便慌忙在船上四处寻找。船家问他丢了什么，他回答说是丢了袜带。船家以为举人老爷的袜带，与众不同，特别名贵，竟如此费力找。再问是怎样的袜带，唐承恩举起一只脚，露出另一根袜带，指着说：“与这条一样。”大家一瞧，原来只是一截妇人小儿常用的线绳，只不过它常被唐承恩送进当铺换钱救困，故对于唐承恩来说，可以说是贵重之物。船中人不知其故，都暗暗发笑。

搬梯送贼 一天晚上，唐承恩在蒙眬睡梦中，忽听屋梁上有声响，起来点灯一看，看见梁上有个人，将屋顶上的瓦揭开，人已钻入屋内，不用问便知这人是贼。其人知道被发现，一时狼狈不堪，险些失足跌下来。幸好双手紧抓横梁，身子却吊在半空，摇摇欲坠，处境危险。唐承恩见状，不但不加呵斥，反而叫他当心点，勿跌下，并取来梯子帮贼人慢慢下来。等小偷颤抖地下来后，唐承恩问：“为什么七十二行，行行不做，要做小偷，这样没出息？”窃贼回说：“因家贫，农田又失收，老母已经几日没有吃的，不得已才铤而走险，因是第一次出来偷东西，不识门户，触犯举人。”唐承恩听了，给了他白米一斗，叫他速速回家煮饭给母亲吃，并再三叫他以后好好做人。

给负债人让路 唐承恩虽不富裕，但对于前来向他借钱的人，会有钱必借。借出后，平时在路上再遇负债人，唐承恩都会刻意避开，另走别路。有人好奇问他何故，他答：“无钱，然后才会向人借；有钱，他一定会还，路上遇到他，刚好他又无钱，这会令他好难过，不如先避他，使他好过。”

面好底烂 唐洪村有父子俩，平日表面上对村民客客气气，但背后却勾结官府对村民进行勒索。有一天，县里的衙役受那父子暗地之约，又到唐洪村“查案”，企图借此勒索村民。衙役按规矩先去拜访当地有名望的乡绅，他们先到唐承恩家里，请他协助办案，并请他指证村里的坏人。唐承恩说：“最坏的，是一对‘两仔爷’（父子）。”边说边向衙役抬了抬自己那只脚，衙役望了望唐承恩那穿在脚上的鞋子，鞋面还是好的，但鞋底因摩擦已经坏掉。衙役知唐承恩有所指，便立刻告退，再不敢去和那对坏父子联系，勒索唐洪村的百姓了。

欧仙公显灵传说

相传在宋仁宗天圣年间（1023—1032），刚立村不久的黄家山，有一位十分熟悉水性而又心地善良、乐于助人的摆渡工，名叫欧东明。他为让村民及过往客人出入方便，一年到头，都住在自己那只渡船上。平日不管是寒暑，还是深夜，凡有人呼渡，他都会立马接应。即使是洪水暴涨，他都会冒着生命危险为人摆渡。村民与过客都十分称赞他。欧东明平日也信奉佛道，与罗浮山道士黄野人交情甚好。每有黄野人路过黄家山，欧东明都会热情招待。欧东明曾对村民说，他常会在深夜，疑似对岸有人呼救，起身摆渡到对岸后，却又空无一人。回来后，又听到有人呼渡，由于黑夜看不清，于是又摆渡回去，仍空无一人。欧东明笑称，可能是神明试探我是否有诚心。村民都称赞他心地好，脾气亦好。

在一个月明星稀的秋夜，欧东明正为一位村民摆渡。船到江心，欧东明忽然指着江面对村民说：“你看，那里有群仙翁在玩乐，还招手叫我过去一起参与，我走啦。”说完便跃入江中。村民以为他在开玩笑，等了好一会儿，仍未见他从江水中出来，便慌忙回村找人帮忙寻找。第二天一早，人们在渡口边看见他的遗体。虽然人已死去多时，但容颜却与生前无异。村民见状，都纷纷议论他是真的成仙了。

时间过得很快，传说几百年后的某一天东江河水暴涨，黄家山的堤围眼看就要被洪水冲垮，全村百姓都一齐涌到堤边去抢险。只见有段堤围在洪水的冲击下，出现了崩塌，洪水眼看就快涌入村里淹没农田及房屋。这时，人们在滔滔江水中，见一老翁，驾一叶轻舟冲向决堤之处，将船横在缺口上，挡住洪水。村民立刻一拥而上，用沙袋将缺口堵上，让村子转危为安。事后，人们再也找不到那位助他们一臂之力的老翁。村中老者说，这位救了全村的仙翁，应是本村的欧仙公显灵。

在清末咸丰年间，石龙有何六农民起义。当时石龙老百姓对何六义军有误解，一般人视之为匪。有天傍晚，突然有十几艘义军的战船停靠在黄家山渡口旁。当天晚上，黄家山的村民都在恐惧中度过，害怕义军会对他们不利。到天亮时，村民才发现，昨晚的战舰不知何因，全部都不见了。村民才将心安下来。事后，又有人传说，那晚上欧仙公又显灵了，吓退了何六的义军，保全了村民。

经过数百年的民间传说，欧仙公显灵的故事越来越多，建在村口的欧公祠的香火也越来越鼎盛。甚至有人说，黄家山渡头从无人在此遇难溺水，即使有，也会奇迹般生还，这全依靠欧公的保佑。

神篙故事

石龙在明嘉靖年间开圩后，各行生意兴隆，成为东江流域物资主要集散地，经济迅速发展，引得各路商人来石龙定居经营。其中烟丝业特别抢眼，一是产销好；二是经营者资金雄厚；三是自建店铺多而大，外观美。烟丝业商人基本来自新会一带。那里早年便是侨乡，带给石龙物质财富和新的人文理念。石龙本土人也十分欢迎烟丝商的到来，希望他们永远留下。但有什么办法能使他们永远留下呢？

据说，过去石龙地形像一艘船（连新维、蒲溪），船头在西。于是有人便想要使新会商人不走，就要让石龙这艘船不游荡，不让他们乘船跑掉。一班当地绅士左揣右度，灵机一动，想出要用一支篙插紧石龙这条船。于是便在新维（以前上下新维相连）之西的祀祖庙之旁建一座文塔。文塔外形像竹篙把石龙这艘船拴住，新会商人便不会走。

烟丝业在石龙一直发展了 200 多年，至中华人民共和国成立前，还有颇具规模的烟丝店 14 个，有员工 112 人，日产烟丝 39 条（合 11252 斤）。其中，茂华烟铺深长 30 米，高 4 层（烟叶要储藏 3 年才刨成烟丝出卖），至凉亭顶高 19.5 米，为中华人民共和国成立前石龙的地标性建筑，门口的设计和装潢也相当西化。神篙的传说表达了石龙人吸纳财富和新的人文理念。

宋湘与豆豉街

宋湘，梅县人，进士出身，是清代广东省著名诗人。他的书法相当有造诣。广为人们所赏识。清嘉庆六年（1801），他出任惠州丰湖书院山长，经常来往惠州与广州之间，中途常在石龙停留。有一次，他听朋友说石龙豆豉很出名，便在石龙逗留时派书童去买来作手信。由于书童是客家人，言语不通，只好用信笺写了碗口大的“豆豉”两字叫书童去办，并嘱咐他事后把字条毁去，书童跑到豆豉街一家店户去采购。那店主人粗懂书法，见这两字写得与众不同，特别遒劲有力，想是名家手迹，十分爱惜。书童买了豆豉后，随手把字条搓成一团，抛在他的店前。店主人见此，连忙把字条拾回来，如获至宝一般，并请人把它装裱好，挂在店内大堂正中处。后经与宋湘相熟的友人指点，才知道是宋湘所书，便更加珍惜。事情传出以后，不少人慕名前来欣赏，结果亦帮他带旺了生意。后来豆豉街要建门楼，门楼上“豆豉”两个字，就是宋湘的手笔。

燕窝村王姓官员放木鹅封地

王屋洲村以陈姓人最多，王姓次之。但村名却不像“黄家山”一样以大姓为村冠名，这与一个传说有关。据说清代中期，对岸石排燕窝村有王姓人在京城当五品大员，衣锦还乡之际，受皇帝赏赐回乡放木鹅封地（木鹅，就是用木头制成的鹅状木器。放木鹅封地，就是将木鹅放下水，随水漂浮，漂到何处靠岸，这木鹅经过的一带地方即属放木鹅之人的领地），当日他放木鹅时刚好起南风，因而木鹅被吹至东江河北面的沙洲处（今天的王屋洲村），于是此地即被封为燕窝王姓人属地，但由于隔着东江河，不方便耕种，于是就一直租借给外姓人耕种，王姓人则每年派族人过河收租。后来为方便管理，有王氏族人过河造房定居，“王屋洲”之名便由此而来。

泗洲村得名

据资料记载，约200年前，在博罗园洲与石排镇之间的东江河上，排列着4个小岛，当地人将江边的地方或江中露出水面的地方统称“洲”。由东向西数，第一个岛叫鲤鱼洲；第二个因岛上居民大多数姓熊，叫熊屋洲；后面两个小岛无特色，故叫“三洲”和“四洲”。随着时间的迁移，东江许多地方都经历着沧海桑田的变化，东江河上的“熊屋洲”沉入江底，岛上的居民大多迁入石龙圩居住。而“三洲”和“四洲”却不断扩大后与西北面的“山洲围”陆地连成一片，形成今天的新城区的一部分。多年后，“三洲”地名消失，而“四洲”就变成今天的“泗洲村”。

省级以上报刊发表、出版的文献书目

表25

作者	籍贯	作品名称	体裁	发表刊物、年度、期数	出版社、版次	收藏信息
张荫麟	广东东莞	老子生后孔子百余年之说质疑	—	1923年《学衡》21期	—	—
		明清之际耶稣会教士在中国者及其著述——《中国近三百年学术史·附表一》校补		1923年《清华周刊》300期		
		钱大昕和他的著述		1924年《清华周刊》309期		
		明清之际西学输入中国考略		1924年《清华学报》1卷1期		

续表 25

作者	籍贯	作品名称	体裁	发表刊物、年度、期数	出版社、版次	收藏信息
张荫麟	广东东莞	清代生物学家李元及其著作	—	1924 年《清华周刊》第 13 期	—	—
		纪元后来二世纪间我国第一位大科学家——张衡		1924 年《东方杂志》21 卷 23 号		
		安诺德《罗壁礼拜堂》诗	译诗	1925 年《学衡》39 期		
		威至威斯《佳人处僻地》（1799）	译诗	1925 年《学衡》39 期		
		张衡别传	—	1925 年《学衡》40 期		
		葛兰坚论学校与教育	译文	1925 年《学衡》42 期		
		宋燕肃吴德仁指南车造法考	译文	1925 年《清华学报》2 卷 1 期		
		宋卢道隆、吴德仁记里鼓车之造法	—	1925 年《清华学报》2 卷 2 期		
		自了篇		1925 年《清华周刊》364 期		
		罗色蒂女士《愿君常忆我》	译诗	1926 年《学衡》49 期		
		《荀子·解蔽篇》补释	—	1926 年《清华周刊·十五年纪念增刊》3 卷 1 期		
		中国印刷术发明述略	译文	1926 年《学衡》58 期		
		回粤见闻记	—	1926 年《清华周刊》384 期、385 期		
		明末女杰刘淑英传		1926 年《弘毅》1 卷 5 期		
		续评《小说月报》“中国文学研究号”		1928 年《大公报·文学副刊（天津版）》8 期		
		评三宅俊成《中国风俗史略》		1928 年《大公报·文学副刊》15 期		
		罗色蒂作《幸福女郎》诗	译诗	1928 年《大公报·文学副刊》19 期		
		评《清史稿》	—	1928 年《大公报·文学副刊》20 期		
		评戈公振《中国报学史》		1928 年《大公报·文学副刊》21 期		
		评梁乙真《清代妇女文学史》		1928 年《大公报·文学副刊》24 期		

续表 25

作者	籍贯	作品名称	体裁	发表刊物、年度、期数	出版社、版次	收藏信息
张荫麟	广东东莞	罗色蒂女士《古决绝辞》	—	1928 年《学衡》64 期	—	—
		王德卿传		1929 年《学衡》67 期		
		纳兰成德传		1929 年《学衡》70 期		
		革命诗选	译诗	1930 年《大公报·文学副刊》110 期		
		甲午中日海战见闻记	译文	1931 年《东方杂志》28 卷 6—7 号		
		二战士	译诗	1931 年《大公报·文学副刊》206 期		
		浮士德·楔子	译诗	1932 年《大公报·文学副刊》223 期		
		浮士德·天上序剧	译诗	1932 年《大公报·文学副刊》224 期		
		浮士德·本剧上部第一出·夜	译诗	1932 年《大公报·文学副刊》243 期		
		浮士德·本剧上部第一出·夜	译诗	1932 年《大公报·文学副刊》245 期		
		浮士德·上部第一出·城门前	译诗	1933 年《大公报·文学副刊》273 期		
		浮士德·本剧上部第一出·城门前	译诗	1933 年《大公报·文学副刊》280 期		
		浮士德本子问答	译诗	1933 年《大公报·文学副刊》280 期		
		浮士德·本剧上部第三出·书斋	译诗	1933 年《大公报·文学副刊》282 期		
		玩《易》	—	1933 年《大公报·世界思潮》59 期		
		甲午战后在日见闻记		1934 年《国闻周报》11 卷 28 期		

续表 25

作者	籍贯	作品名称	体裁	发表刊物、年度、期数	出版社、版次	收藏信息
张荫麟	广东东莞	读《南腔北调集》	—	1934 年《大公报·图书副刊》44 期	—	—
		甲午中国海军战迹考		1935 年《清华学报》10 卷 1 期		
		跋《水窗春呓》——记曾国藩之真相		1935 年《国闻周报》12 卷 10 期		
		严几道		1935 年《大公报·史地周刊》41 期		
		周代的封建社会		1935 年《清华学报》10 卷 4 期		
		沈括编年事辑		1936 年《清华学报》11 卷 2 期		
		读史杂记		1936 年《大公报·史地周刊》79 期		
		秦始皇帝		1936 年《大公报·史地周刊》87 期		
		中国古铜镜杂记	译文	1936 年《考古社刊》4 期		
		孔子	—	1937 年《大众知识》1 卷 8—10 期		
		陆象山的生平		1939 年《中国青年月刊(重庆)》1 卷 2 期		
		燕肃著作事迹考		1941 年《国立浙江大学文学院集刊》1 集		
		《中国史纲》		—	浙江大学史地教育研究室 1941 年 5 月 重庆青年书店 1941 年 6 月	
		《张荫麟先生文集》(李敏澍编)		—	九思出版社 1977 年	
		《张荫麟文集》		—	教育科学出版社 1993 年 4 月	

续表 25

作者	籍贯	作品名称	体裁	发表刊物、年度、期数	出版社、版次	收藏信息
张荫麟	广东东莞	《张荫麟先生纪念文集》（广东省东莞市政协主编）	—	—	汉语大词典出版社 2002 年 10 月	—
		《素痴集》（李洪岩编）		—	百花文艺出版社 2005 年	
		《张荫麟全集》（东莞市政协和龙石镇政府联合组编）		—	清华大学出版社 2013 年 6 月	
		《张荫麟书评集》（李欣荣编）		—	北京师范大学出版集团 2017 年	
姚柱林	广东东莞	《漫谈写戏》	—	—	花城出版社 1986 年 5 月 第 1 版	—
吴军	广东东莞	改编《中国通俗小说》	小说	—	新加坡联邦出版社 1992 年	—
		《美国习俗》	—		美国罗省长青文化公司 1992 年	
		《简说美国历史》				
张镇江	广东博罗	《太阳底下》	小说	—	香港中华文化出版社 1995 年 3 月 第 1 版	—
汪晟	江西	《三人行》	组诗	《诗刊》1996 年第 11 期	—	全国各地图书馆
		《子非鱼》	中篇小说	《大家》2004 年纪念专号		全国各地图书馆
		《野渡无人》	—	—	作家出版社 2003 年	全国各地图书馆
		《南方无季节》			大众文艺出版社 2012 年	石龙图书馆
		《读书是福》			中国文联出版社 2012 年	石龙图书馆
何真宗	—	《望一眼就心动》	—	—	重庆出版社 2003 年 8 月 第 1 版	—

续表 25

作者	籍贯	作品名称	体裁	发表刊物、年度、期数	出版社、版次	收藏信息
《石龙镇志》编委会	—	《石龙镇志》	—	—	岭南美术出版社 2004 年 12 月第 1 版	—
黄任锋	广西柳州	《第三种光芒》	—	—	中国文联出版社 2004 年 11 月第 1 版	—
黄任锋	广西柳州	《才郎梦》	—	—	大众文艺出版社 2008 年 6 月第 1 版	—
黄敬人	广东东莞	诗二首——《秋月》《云》	诗词	《当代诗词》2005 年第 2 期	广东中华诗词学会 2005 年 5 月第 1 版	—
黄敬人	广东东莞	《题友人山水画二首》	诗词	《当代诗词》2009 年第 1 期	广东中华诗词学会 2009 年 2 月第 1 版	—
黄敬人	广东东莞	《变脸》	诗词	《当代诗词》2009 年第 4 期	广东中华诗词学会 2009 年 10 月第 1 版	—
黄敬人	广东东莞	诗三首——《夏日山中即景》《过桃林》《下山》	诗词	《当代诗词》2010 年第 1 期	广东中华诗词学会 2010 年 1 月第 1 版	—
黄敬人	广东东莞	诗五首——《题友人山水手卷》《题梅焕兄〈一马当先图〉》《夜读》《喜晴》《乡间即事》	诗词	《当代诗词》2011 年第 1 期	广东中华诗词学会 2011 年 3 月第 1 版	—
黄敬人	广东东莞	诗六首——《开年》《春夜友人溪畔招饮遇雨》《春闲》《月夜小酌》《雨夜即事》《月下赏花》	诗词	《当代诗词》2011 年第 3 期	广东中华诗词学会 2011 年 9 月第 1 版	—
黄敬人	广东东莞	耕墨斋诗稿——《农民工》《游从化温泉有感》《市得秋兰》《登山》	诗词	《当代诗词》2014 年第 1 期	广东中华诗词学会 2014 年 2 月第 1 版	—
朱如葆	广东东莞	《哲海中的浪花》	—	—	海风出版社 2006 年 10 月第 1 版	—
朱如葆	广东东莞	《绿色原野》	—	—	群言出版社 2006 年 10 月第 1 版	—

续表 25

作者	籍贯	作品名称	体裁	发表刊物、年度、期数	出版社、版次	收藏信息
刘石养	广东东莞	《柔软如石》	—	—	群言出版社 2006 年 10 月 第 1 版	—
陈淦林	广东东莞	《笔耕四十载 爬格终不悔》 《一平方公里办成七件大事》	—	《岁月如歌》	作家出版社 2006 年 5 月 第 1 版	—
冷芬腾主编	广东东莞	《教苑拾穗》	文集	—	中国评论学术出版社 2007 年 11 月 第 1 版	—
安意如	—	《陌上花开缓缓归》	—	—	作家出版社 2007 年 3 月 第 1 版	—
曹世麟	广东东莞	《虞美人》	诗词	《当代诗词》 2008 年第 4 期	广东中华诗词学会 2008 年 第 4 期	—
		《咏水仙花》	诗词	《当代诗词》 2009 年第 3 期	广东中华诗词学会 2009 年 第 3 期	
		《咏桃花》	诗词	《湖南诗词》 2009 年第 3 期	湖南文艺出版社 2009 年第 3 期	
		《五绝・农夫》	诗词	《湖南诗词》 2012 年 12 月刊	湖南文艺出版社 2012 年第 12 期	
		《七绝・盆兰》	诗词	《诗词》 2012 年 2 月 29 日 A3 版	广州市文艺报刊社 2012 年 2 月 29 日	
		《七绝・惊梦》	诗词	《诗词》 2012 年 8 月 29 日 A4 版	广州市文艺报刊社 2012 年 8 月 29 日	
		《七律・除夕》	诗词	《当代诗词》 2012 年第 2 期	广东中华诗词学会 2012 年 第 2 期	
		《谒金门》	诗词	《诗词》 2012 年 2 月 29 日 A3 版	广州市文艺报刊社 2012 年 2 月 29 日	
		《回眸一笑》	—	—	中国戏剧出版社 2008 年 5 月 第 1 版	

续表 25

作者	籍贯	作品名称	体裁	发表刊物、年度、期数	出版社、版次	收藏信息
黄毅敏	广东东莞	《六龄童智斗老盲公》	散文	《广东民间故事全书·东莞卷》	岭南美术出版社	—
曹艳阳	湖南衡山	《飘落在异乡的尘埃》	短篇小说	《作品》杂志 2008 年 2 月号下半月刊	—	—
		《大山里的佛世情缘》	散文	《人民文学》杂志 2015 年第三届“观音山杯·美丽中国”全国游记征文获奖作品专刊	人民文学杂志社	
黄松坚	广东东莞	《黄松坚陶塑艺术选集》	—	—	岭南美术出版社 2008 年 12 月第 1 版	—
		《中国工艺美术大师全集·黄松坚》			四川美术出版社 2010 年 3 月第 1 版	
		《黄松坚陶瓷雕塑艺术》			中国文艺出版社 2010 年 7 月第 1 版	
陈淦林主编	—	《龙城欢歌》	—	—	广东旅游出版社 2009 年第 1 版	—
黄志伟	广东东莞	《黄志伟陶瓷雕塑艺术》	—	—	中国文艺出版社 2010 年 6 月第 1 版	—
		《黄志伟赴京展绝活》			中国文艺出版社 2010 年 6 月第 1 版	
		《继传统开前卫——黄志伟陶塑作品集》			广东人民出版社 2010 年 8 月第 1 版	
		《巧夺天工》			中国文艺出版社 2013 年 4 月第 1 版	
		《黄志伟陶塑艺术》			岭南美术出版社 2014 年 5 月第 1 版	
		《日月经天·黄志伟师徒艺术作品选集》			中国文艺出版社 2017 年 1 月第 1 版	
		《塑志·黄志伟雕塑作品集》			中国文艺出版社 2019 年 10 月第 1 版	

续表 25

作者	籍贯	作品名称	体裁	发表刊物、年度、期数	出版社、版次	收藏信息
冼周恩 黄贵洪 朱文晖	广东东莞	《石龙 2020：经济转型与科学发展》	—	—	中国经济出版社 2010 年 6 月 第 1 版	—
苏仲权	广东东莞	《苏仲权诗词佳作选》	诗词	《中华诗词十佳选集》	作家出版社 2010 年 8 月 第 1 版	—
谢洪涛	广东	《从平凡到精彩——谢洪涛教育与艺术之路》	—	—	东北师范大学出版社 2012 年 3 月 第 1 版	—
黎贺广	广东东莞	诗三首	诗词	《当代兰亭雅集》	中华国粹出版社 2012 年 7 月 第 1 版	—
王敬波主编	—	《石龙文学作品选（2012 年卷）》	—	—	大众文艺出版社 2012 年 3 月 第 1 版	—
骆庆明	广东东莞	《血浓于水》	—	—	大众文艺出版社 2012 年 8 月 第 1 版	—
		《成长的陷阱——儿童意外伤害》			辽宁科学技术出版社 2017 年 5 月 第 1 版	
袁芬	广东东莞	《耆年墨韵——袁芬书法诗词选》	—	—	长城艺术出版社 2013 年 8 月 第 1 版	—
胡素雯	广东东莞	《刘平：做一名快乐的志愿者》	—	《东莞好人 2008 年》	广东经济出版社 2013 年 8 月 第 1 版	—
		《林丽卿：照亮的不仅是别人》			广东经济出版社 2013 年 8 月 第 1 版	
		《叶美兰：百岁婆婆的好媳妇》		《东莞好人 2011 年》	广东经济出版社 2013 年 8 月 第 1 版	
刘怡贤	广东东莞	《张荣基：让母亲快乐每一天》	—	《东莞好人 2008 年》	广东经济出版社 2013 年 8 月 第 1 版	—

续表 25

作者	籍贯	作品名称	体裁	发表刊物、年度、期数	出版社、版次	收藏信息
周泽文	广东东莞	《何灿辉：为老人送上快乐》	—	《东莞好人 2009 年》	广东经济出版社 2013 年 8 月第 1 版	—
常惠森	广东东莞	《萧应祺：用心守望真孝爱》	—	《东莞好人 2010 年》	广东经济出版社 2013 年 8 月第 1 版	—
张娟	安徽桐城	《陆彩莲：用心守护老人十三年》	—	《东莞好人 2011 年》	广东经济出版社 2013 年 8 月第 1 版	—
姚小琴	广东东莞	《叶镇和：战场真英雄 企业好班长》	—	《东莞好人 2012 年》	广东经济出版社 2013 年 8 月第 1 版	—
《东莞市石龙镇新维村志》编纂委员会	—	《东莞市石龙镇新维村志》	—	—	羊城晚报出版社 2014 年 7 月第 1 版	—
王敬波主编	—	《石龙文学作品选（2013 年卷）》	—	—	光明日报出版社 2014 年 5 月	—
廖六志	湖南永州	《绿洲上的爬行者》	—	—	羊城晚报出版社 2015 年 10 月第 1 版	—
梁润泉、梁永明	广东东莞	《大美东莞》	—	—	岭南美术出版社 2016 年 1 月第 1 版	—
李想	广东兴宁	《师在想途》	—	—	吉林人民出版社 2017 年 9 月第 1 版	—
张仁远	—	《仁远诗集》	—	—	香港中国新闻出版社	—
梁润泉	广东东莞	《牛墟印迹》	—	—	岭南美术出版社 2019 年 12 月第 1 版	—

主要参考文献

〔清〕郭文炳修：康熙《东莞县志》。

〔清〕周天成修：雍正《东莞县志》。

〔清〕彭人杰修：嘉庆《东莞县志》。

屈大均编著:《广东新语》，中华书局，1985 年。

广东省东莞市地名委员会编:《广东省东莞市地名志》，广东高等教育出版社，1987 年。

陈伯陶纂修:《东莞县志》，东莞养和印务局，1927 年。

申士垚、傅美琳编著:《中国风俗大辞典》，中国和平出版社，1994 年。

东莞市地方志编纂委员会编:《东莞县志》，人民出版社，1995 年。

广东民国史研究会编:《广东民国史》上册，广东人民出版社，2004 年。

东莞石龙镇人民政府编:《石龙镇志》第一卷，岭南美术出版社，2004 年。

中共东莞市委党史研究室编:《东莞抗日实录》，中共党史出版社，2006 年。

东莞市政协编:《孙大元帅东征暨国民革命军东征》，广东人民出版社，2007 年。

刘志文主编:《广东民俗大观》上卷，广东旅游出版社，2007 年。

东莞市政协编:《东莞风俗叙述与研究》，广东人民出版社，2008 年。

李时权主编:《岭南文化》，广东人民出版社，2010 年。

陈伯陶纂修，谢创志整理:《胜朝粤东遗民录 宋东莞遗民录》，上海古籍出版社，2011 年。

胡荣锦著:《建筑家林克明》，华南理工大学出版社，2012 年。

东莞市政协主编:《东莞历代地图选》，广东人民出版社，2012 年。

李吉劭编著:《东莞方言分类词典》，广东人民出版社，2013 年。

郑子龙著:《莞邑姓氏》，花城出版社，2013年。

吴智文编著:《广府平安习俗》，广东人民出版社，2013年。

东莞市地方志编纂委员会编:《东莞市志（1979—2000）》，广东人民出版社，2013年。

东莞市博物馆编:《影像中的东莞故事》，广东人民出版社，2014年。

东莞市文学艺术界联合会编:《东莞历史名人评传丛书》，广东教育出版社，2014年。

李欣荣、曹家齐著:《张荫麟评传》，广东人民出版社，2014年。

《东莞市石龙镇新维村志》编纂委员会编:《东莞市石龙镇新维村志》，羊城晚报出版社，2014年。

张铁文编著:《东莞风情录》，广东人民出版社，2015年。

李君明编著:《东莞文人年表》，广东人民出版社，2015年。

历象编:《十年民俗月历（大字版）》，气象出版社，2016年。

谢小灵主编:《东莞古代史》，广东人民出版社，2016年。

沈从文、王孖著:《中国服饰史》，中信出版集团，2018年。

东莞年鉴编纂委员会编:《东莞年鉴》2005卷，中华书局；2006—2009各卷，岭南美术出版社；2010—2020各卷，广东人民出版社。

东莞市统计局编:《东莞统计年鉴》1978—1990卷、1991—1996各卷，内部资料；1997—2020各卷，中国统计出版社。

编后记

2017 年 5 月，石龙镇根据中国地方志指导小组办公室《中国名镇志文化工程实施方案》《中国名村志文化工程实施方案》、广东省人民政府地方志办公室《广东省贯彻中国名镇志、名村志文化工程方案实施意见》及东莞市人民政府地方志办公室《东莞市贯彻中国名镇志、名村志文化工程方案实施意见》，决定成立广东省东莞市石龙镇志编纂委员会和编辑部，启动编写《石龙镇志》。编委会主任由石龙镇党委书记担任，常务副主任由石龙镇镇长担任。同时，镇党委、镇政府还指派党政办负责人负责协审。

编辑部按照中国名镇志丛书要求制定《石龙镇志》编修规划，列出详细编写大纲和收集资料细目。编辑部人员参考 2004 年版《石龙镇志》的内容，到有关部门查阅、摘抄资料。先后查阅、摘抄清康熙版、雍正版、嘉庆版和民国版《东莞县志》，还有《东莞市志》《广东省东莞市地名志》《东莞统计年鉴》《东莞年鉴》《东莞抗日实录》《广东民国史》《石龙镇志》等有关书籍资料，同时积极开展调查，努力收集、挖掘石龙的历史资料。

2018 年 4 月，中国名镇志、中国名村志丛书编纂业务培训班在西藏林芝开班，石龙镇方志办负责人姚小琴参加培训，进一步学习了解中国名镇志编纂方法及篇目结构设计。11 月，在东莞市人民政府地方志办公室指导下，《石龙镇志》完成第一稿，并报市地方志办公室审查。2019 年 5 月、10 月，市政府地方志办公室领导率专业人员两次到石龙镇召开评稿会，对志稿进行点评，提出修改意见。12 月，在修志专家姚少华指导下，完成第二稿的修改，并报广东省人民政府地方志办公室专家组审查。2020 年 3 月，根据省专家组意见，石龙镇政府决定聘请姚少华承担对志稿的全面修改。4 月，在严格按照中国名镇志编纂方案进行修改的基础上，再次调整篇目结构，深入挖掘资料。工作人员先后到市档案馆、方志馆、图书馆查阅资料，同时加强与镇内有关部门的沟通，补充相关数据等。经半年多时间的紧张工作，于 9 月完成总纂，并经市、省志办专家复核，顺利报中国地方志指导小组专家学术委员会审查。2021 年 1 月，中国地方志指导小组专家学术委员会在对志稿给予充分肯定的基础上，提出进一步修改意见。石龙镇编辑部人员全力对志稿进行认真阅读、修改，并对图片进行调整、补拍。至 3 月中旬，修改完毕，再次提交上报。

“修史之难，莫过于志。”编纂志稿过程中，面临着诸多困难。石龙镇党委、镇政府十分重视名镇志的编纂工作，多次协调解决编纂工作中存在的具体问题，为编纂工作奠定了坚实的组织基础，使名镇志编修工作得以顺利进行。在石龙镇党委、镇政府的支持与领导下，石龙镇各部门也根据名镇志编纂要求，反复核对有关数据和史实，认真提供相关资料，其间，得到梁建江、张炽邦、何焕坚、陈耀、吴良钜等人的帮助，他们提供了部分资料，对史实进行了核对。《中国名镇志丛书 · 石龙镇志》是集体智慧的结晶，在此，谨代表《中国名镇志文化工程 · 石龙镇志》编纂委员会，对参与资料收集、编写、编辑、审稿、校对付出艰辛努力的各界人士、各位同仁致以崇高的敬意和衷心的感谢！

《中国名镇志丛书 · 石龙镇志》记述时间跨度长，从石龙开圩至 2019 年，需收集资料涵盖内容多，加之编纂者对志书的编纂经验不足，对历史知识的掌握还有一定差距，难免有所遗漏错误之处。其疏漏之处，敬请广大读者和各界人士批评指正。

编者

2022 年 9 月

中国名镇志丛书

《周庄镇志》
《第一关镇志》
《钱清镇志》
《冶源镇志》
《角直镇志》
《同里镇志》
《三阳镇志》
《枫泾镇志》
《李庄镇志》
《天穆镇志》
《虎门镇志》
《小榄镇志》
《北庭镇志》
《青木川镇志》
《永宁镇志》
《沙家浜镇志》
《虞山镇志》
《泽国镇志》
《南翔镇志》
《千灯镇志》
《东山镇志》
《巴城镇志》
《阳澄湖镇志》
《松口镇志》
《震泽镇志》
《黎里镇志》
《浏河镇志》
《锦丰镇志》
《寨市苗族侗族乡志》
《汤池镇志》（安徽）
《湾头镇志》
《中心店镇志》
《乌镇志》
《保安镇志》
《德凤镇志》
《瑷珲镇志》
《王家坪镇志》
《穆云畲族乡志》
《北京街道志》
《王村镇志》
《八一镇志》
《双林镇志》
《棘洪滩街道志》
《凤凰镇志》
《烟店镇志》
《光福镇志》
《梅李镇志》
《高家堡镇志》
《杨岭镇志》
《金港镇志》
《云梯畲族乡志》
《马口镇志》
《杨舍镇志》
《杨店镇志》

《河图镇志》
《浔中镇志》
《孤山镇志》
《汤池镇志》(湖北)
《伍洛镇志》
《汤家汇镇志》
《陇城镇志》
《塘桥镇志》
《兴隆华侨旅游经济区志》
《胜坨镇志》
《来凤街道志》
《木渎镇志》
《锦溪镇志》
《黄龙溪镇志》
《店塔镇志》
《镇湖街道志》
《北七家镇志》
《瓜洲镇志》
《安仁镇志》
《浦口镇志》
《唐崖镇志》
《和顺镇志》
《老城镇志》
《里耶镇志》
《芙蓉镇志》
《博鳌镇志》
《唯亭街道志》
《重安镇志》
《烔炀镇志》
《张谷英镇志》
《鸦滩镇志》
《玉皇庙镇志》
《木洞镇志》
《采育镇志》
《下司镇志》
《德平镇志》
《龙池镇志》
《浦市镇志》
《黄楼街道志》
《冉庄镇志》
《金庭镇志》
《石牌镇志》
《元和街道志》
《古现街道志》
《光塔街道志》
《邵伯镇志》
《石杨镇志》
《杨柳青镇志》
《天桥街道志》
《柘皋镇志》
《西沱镇志》
《咸水沽镇志》
《茶阳镇志》
《崖城镇志》
《中山镇志》
《石龙镇志》
《长安镇志》
《光禄镇志》
《洛带镇志》
《临涣镇志》
《元坑镇志》
《历阳镇志》